영의정 실록
(제4권)

조선왕조 영의정
173人의 삶과 권력

영의정 실록 제4권

초판 1쇄   2023년 2월 7일

지은이   박용부
발행인   김재홍
디자인   박효은
마케팅   이연실

발행처   도서출판 지식공감
등록번호   제2019-000164호
주소   서울특별시 영등포구 경인로82길 3-4 센터플러스 1117호 (문래동1가)
전화   02-3141-2700
팩스   02-322-3089
홈페이지   www.bookdaum.com
이메일   jisikwon@naver.com

가격   20,000원
ISBN   979-11-5622-778-6 04910
SET ISBN   979-11-5622-514-0

조선왕조 영의정 173人의 삶과 권력

영의정 실록 ④

박용부 편저

지식공감

목차

인종 시대

53 홍언필洪彦弼 - 청렴근면했던 부자지간 영의정

54 윤인경尹仁鏡 - 인사평가에서 여섯 번의 최고점을 받다

명종 시대

선조 시대 1

일러두기

1. 영의정 실록의 내용은 조선왕조실록 국역본에 실려있는 내용을 중심으로 작성하였다. 조선왕조실록 국역본에서 이해가 힘든 부분은 다시 현대적 의미의 글로 바꾸었고 한자어 사용은 자제하고 뜻을 이해하기 어려울 때만 한자를 한글과 병기하였다.

2. 본문에서 인용한 조선왕조실록의 내용은 세종대왕기념사업회와 한국고전번역원에서 발간한 조선왕조실록 한글번역본을 인용하였고, 국조인물고는 세종대왕기념사업회의 번역본을 인용하였다.

3. 인적사항과 주요 역사적 기록은 한국학중앙연구소에서 발간한 한국민족문화대백과사전과 한국향토문화대전, 세종대왕기념사업회에서 발간한 국조인물고의 내용을 기본으로 하고 미흡된 부분은 인터넷 검색을 통해 각 종친회 홈페이지나 블로그에 실려 있는 묘비명의 행장을 참고로 하였다.

4. 조선후기 영의정들의 승진과정은 조선왕조실록의 기록을 주본으로 하고 비변사등록과 승정원 일기도 함께 참고하여 미진한 부분을 보완하였다.

5. 극심한 당파싸움으로 왕조실록이 2개 본으로 작성된 선조실록, 광해군일기, 현종실록, 숙종실록, 경종실록의 경우 정본을 중심으로 작성하였고, 수정 보궐본은 정본에서 기록이 없을 경우에만 참고로 하였다.

6. 조선 초기에는 관제상 영의정이란 직제가 없어 최고위직으로 임명된 좌시중과 좌정승을 다루었고 조선말기에는 관제개편으로 최고위직으로 임명된 의정, 총리를 영의정에 포함시켜 작성하였다.

7. 조선 초기의 영의정 임명은 공신들 위주의 발령이어서 후임 영의정과 공백기간이 거의 없이 이루어 졌다. 중기이후 부터 각종 사화, 당파싸움에 의한 환국, 세력다툼으로 인하여 공백기간, 정승에 제수되면 한두번의 사양을 해야하는 예법 등으로 공백기간이 길어져 수개월간 자리가 비어 있거나 많게는 2년 이상씩 영의정없이 국정을 운영하는 경우도 있었다.
조선 초기 세종조에 1426년 5월 14일부터 1431년 9월 2일까지의 영의정은 왕조실록 어디에도 기록되지 않아 누구인지 밝힐 수가 없었다.

8. 영의정 개개인에 따라 야사가 있을 경우 역사적 이슈가 된 자료이거나, 인문학적 가치가 있다고 판단되는 자료일 경우 야사가 실린 원본을 구해 작성하였으나 원본을 구할 수 없을 경우 각 문중의 홈페이지, 카페, 블로그에 실린 내용을 참고로 하였다.

9. 이 책에서 다룬 173명의 영의정들은 모두가 영의정으로 발령된 것은 아니다. 초기에는 문하시중 자리를 비워두고 좌시중, 좌정승으로 발령이 났고, 후기에는 관제개편으로 의정, 내각총리, 총리대신 등으로 발령이 났다. 이들을 모두 영의정에 포함시켜 작성하였다.

조선왕조 왕권의 역사와
영의정 직의 변화 (인종~선조)

    반정으로 왕위에 오른 중종은 성종의 세 번째 왕비 정현왕후의 소생이다. 성종에게는 정비소생의 아들 둘이 있었는데 장자가 연산군이고 둘째가 중종이다. 중종이 왕위에 오르기 전에 맞이한 처 단경왕후는 연산군의 처남 신수근의 딸이라 하여 폐위되었고, 둘째 부인 장경왕후는 아들 인종을 낳은 후 일주일 만에 세상을 떠나니, 세 번째 부인 문정왕후가 왕비가 되어 인종을 길렀고, 20년이나 지난 뒤 아들 명종을 낳았다. 중종이 죽고 인종이 29세에 즉위하니 인종의 외삼촌 윤임을 비롯한 대윤들이 권력의 요직을 독차지하였다. 25년간 세자생활을 한 인종은 아버지 중종이 통치하는 동안 훈구세력과 개혁세력 간의 권모술수가 판치는 권력 다툼을 눈으로 직접 목격하였다. 이러한 연유로 훈구 세력들로 부터 벗어나 독자적 정치 체제를 구축하고자 이언적, 송인수, 김인후 등의 사림을 등용하였는데 불행히도 재위 7개월 만에 승하하여 모든 게 물거품이 되어버렸다. 인종이 죽자 독살설이 파다하였다. 효심이 지극했던 인종이 문안차 대비전에 갔는데 평소와 달리 문정왕후가 몹시 반기며 떡을 대접하자 감격하여 그 떡을 받아 먹은 뒤 시름시름 앓다가 죽었다는 이야기가 전해진다. 이때 문정왕후는 인종을 젖먹이 시절부터 길러 왕좌에 앉혔는데 권력은 인종의 외가세력들이 차지하여 문정왕후 자신과 동생들을 위협하고 있었던 것이다. 인종은 죽기 전 왕위를 동생 경원대군에게 물려준다는 유언을 남겼다. 인종 재위 7개월간에 영의정에 오른 인물은 홍언필과 윤인경이었다. 이들의 간략한 활동상은

    홍언필은 기묘사화 때 조광조 일파로 몰려 투옥되었다가 정광필의 변호로 풀려났고,

김안로의 모함으로 파직당하기도 하였다. 대사헌을 여섯 번이나 지낸 준엄한 관리로 중종과 겹사돈의 연을 맺고 있었다. 명종 때에도 영의정에 올라 두 번의 영의정을 역임하였다. 후임으로 영의정에 오른 윤인경도 윤임보다는 윤원형의 편에 서서 활약하던 인물이다.

인종 시대의 주요 역사 연표를 살펴보면

즉위   1544년 11월 20일 창경궁 명정전에서 29세에 즉위
퇴위   1545년 7월 1일 청연루에서 30세에 승하, 독살설 (재위 7개월)

왕후   인성왕후 파주박씨   / 후손없음
       후궁 4명   / 후손없음

영의정 : 홍은필(위사 2등공신), 윤인경(위사 2등공신)

주요 역사기록
       1545년 이언적의 소학언해 간행

후계자 : 이복동생 경원대군(명종)

인종이 후사 없이 7개월 만에 승하하자 뒤를 이어 오른 왕이 중종의 둘째 아들인 명종이다. 왕권을 두고 형제간에는 아무런 적개심이 없었으나 그들을 추종하는 무리들이 대윤이니 소윤이니 하여 권력을 독점하려 한 것이 문제를 만든 것이다. 명종이 11세에 즉위하니 국법에 따라 대비 문정왕후가 수렴청정을 하게 되고, 이에 문정왕후의 동생 윤원형은 날개를 달게 된 셈이었다.

명종의 등극과 함께 정권을 잡은 윤원형 형제가 가장 먼저 한 일은, 중종 말기에 문정왕후를 폐비시키려 했고, 인종 조에 자기 형제들을 실각시켰던 윤임 일파를 척결하는 것은 예고된 수순이었다. 집권하자마자 을사사화를 일으켜 대윤파 윤임과 사림들을 숙청하였고, 또 양재역 벽서사건을 조작하여 윤임의 잔당과 남은 사림들을 같은 파로 몰아 숙청하였다.

권력은 형제간에도 나눌 수 없었던 것인지 윤원형은 형 윤원로와 권력다툼을 벌이다가 형마저 유배시켜 사약을 내리니 권력욕은 끝이 없었다. 권불십년이라 했든가. 1565년 누이 문정왕후가 65세의 나이로 죽자, 윤원형은 첩 정난정에 의해 독살된 윤원형 본처의 계모가 정난정을 고발하면서 탄핵을 받아 고향 땅에 유배되었다. 조정의 빗발 같은 탄핵으로 정난정에게 사약이 내려지게 되고, 사약을 들고 오는 금부도사를 보고 정난정이 자결하자 윤원형도 따라 자결한 것으로 기록하고 있다.

명종은 아들 순회세자를 두었는데 세자가 일찍 죽자 중종의 서자 중에서 후계를 찾게 되었다. 중종의 서자 덕흥군의 세 아들을 비롯한 여러 왕손들을 궁중으로 불러들여 면담하였는데, 그 중 덕흥군의 셋째아들 하성군의 총명함을 보고 후사로 점찍어 두었다. 명종이 승하하면서 유고를 남기지 못하자 명종비 인순왕후가 하성군을 지명하여 왕위에 오르게 하니 15세의 선조이다. 명종 재위 22년 동안 영의정에 오른 인물은 7명이다. 이들의 간략한 활동상을 살펴보면 명종조에 영의정에 오른 인물들은 을사사화에 협조하여 공을 세운 위사공신이 된 인물들로서 윤원형 일파인 윤인경과 홍언필, 윤원형의 오른팔인 이기, 명종비의 조부 심연원 등은 모두 윤원형을 도와 영의정에 오른 인물들이다. 이어 윤원형의 지인인 상진, 윤원형 본인, 마지막으로 영의정이 된 이준경은 명종이 등용한 인물로 윤원형을 축출하는 데 앞장을 섰다.

명종조 영의정들의 면면을 살펴보면 윤원형이 누이 문정왕후의 후광을 믿고 얼마나 권력을 휘둘렀는지 알 수 있다. 역사의 평가는 윤원형을 두고 권력을 휘두르며 뇌물을 긁어모아 요부 정난정과 부귀영화를 누리다가 비명에 죽은 간신으로 규정하고 있다. 윤원형은 선조 때 관작을 추탈 당하여 조선조 내내 복권되지 못하였으며 묘비명도 쓰지 못하다가 국호가 바뀐 뒤 후손들이 묘비를 썼다고 전해진다.

명종 시대의 주요역사 연표를 살펴보면

즉위   1545년 7월 6일 경복궁 근정문에서 11세 즉위,
        문정왕후 수렴청정
퇴위   1567년 6월 28일 경복궁 양심당에서 33세 승하(재위 22년)

왕후   인순왕후 청송심씨 / 순회세자(13세에 졸)
        후궁 7명   / 후손없음

영의정 : 윤인경(위사공신, 소윤파), 홍언필(위사공신, 소윤파),
        이기(위사공신, 소윤파), 심연원(위사공신, 명종비의 조부),
        상진(윤원형의 지인), 윤원형(소윤),
        이준경(등용파, 윤원형을 축출)

주요 역사적 기록

　　　1545년 8월 을사사화.

　　　　명종이 즉위하면서 권력을 잡은 소윤파 윤원형은 그를 핍박
　　　했던 대윤파 윤임, 유관, 유인숙 등이 계림군을 왕으로 추대
　　　하려 한다는 역모설을 퍼뜨려 이들을 처형 또는 유배시킨 정
　　　치보복 사건이다. 이때 정치보복과는 무관한 계림군, 봉성군
　　　등의 왕족과 많은 사람들이 무고하게 죽음으로서 사화라
　　　부른다.

　　　1546년 4월 경기, 함경도 역병 창궐
　　　1547년 2월 대마도와 정미약조 체결
　　　　　　9월 양재역 벽서사건
　　　문정왕후의 수렴청정과 이기 등의 농간을 비난하는
　　　벽서 즉 "위로는 여왕(문정왕후), 아래로는 간신이 날뛰니
　　　나라가 곧 망할 것이다."라는 조작된 벽서를 붙여 대윤의
　　　잔당 송인수 이약빙 등을 죽이고, 을사사화를 피한 사람들이
　　　유배 또는 파면당하였다. 정미사화라고도 함

　　　1548년 4월 경상도 역병 창궐, 도량형 통일
　　　1549년 5월 기유옥사
　　　1550년 2월 백운동 서원에 소수서원 사액 하사
　　　　　　양명학이 전파됨
　　　1551년 9월 선과 설치(구 승과)
　　　1553년 7월 문정왕후 수렴청정에서 명종이 친정 실시.
　　　　　　9월 경복궁 화재
　　　1554년 8월 사가독서제 실시, 9월 경복궁 중건
　　　　　　비변사 설치, 구황찰요 편찬
　　　1555년 8월 을묘왜변

1558년 대전원전, 대전속전, 대전속집 간행
1559년 3월 임꺽정 출몰
1562년 1월 임꺽정 처형

공신 보익공신(위사공신 : 을사사화에 협조한 공신)
　1등공신 정순붕, 이기, 임백령, 허자 4명
　2등공신 윤원형, 홍언필, 윤인경, 김광준, 한경록 등 7명
　3등공신 이언적, 신광한, 송기수, 최언호 등 16명

후계자　　중종의 서자 덕흥대원군
　　　　　부인 하동 부대부인 정씨 /　1남 하원군, 2남 하릉군
　　　　　　　　　　3남 하성군(선조)
　　　　　　　　　조선왕조 최초 서자 출신 왕

　명종의 뒤를 이은 선조는 조선조에서 왕의 적자나 적손이 아닌 방계에서 왕위를 이은 첫 번째 왕이 되었다. 세자를 거치지 않고 왕위에 올랐기에 명종비 인순왕후의 수렴청정과 원상들의 도움으로 국사를 시작했는데 1년이 지난 후부터 직접 정치를 시작했다. 선조가 즉위한 재위 41년 동안 많은 일들이 일어났다. 즉위 초에는 부족한 학문을 보충하기 위하여 많은 책을 읽었고, 훈구대신들을 물리치고 사림들을 등용하여 문신정치를 펼쳤다. 기묘사화를 당한 조광조 등의 직위를 회복시켜 주었고, 사화를 주도한 남곤 등의 관작을 추탈하여 민심을 수습했으며, 을사사화를 일으킨 윤원형 등을 삭훈하였다. 이러한 정책으로 사림들이 정국의 주도권을 잡자 권력 다툼으로 김효원과 심의겸을 중심으로 당파가 발생하여 동인과 서인으로 나누어져 싸우니 조정이 시끄러웠다.

권력은 항상 권력을 가진 측에서 분파가 이루어진다. 권력을 장악하기 전엔 서로 힘을 합하여 싸우다가 권력을 잡게 되면 다시 나누어진다. 사림파도 그랬다. 훈구파가 정권을 잡았을 땐 모든 사림들이 힘을 합해 훈구파를 물리치려고 노력했고, 권력이 사림에게 돌아오니 사림간에 동인과 서인으로 분파가 이루어진 것이다. 이후 동인과 서인의 싸움에서 동인이 권력을 잡았고 동인은 다시 남인과 북인으로 나누어져 북인이 집권했다가, 북인이 소북과 대북으로 분파되어 싸우던 중 서인의 인조반정으로 권력이 서인에게 넘어갔다. 권력을 잡은 서인 정권은 노론과 소론으로 분파되었고, 노론은 다시 시파와 벽파로 나누어져 권력 쟁탈을 하며 세력이 강한 쪽으로 흘러나갔다. 권력은 항시 독점하려는 세력에 의해 이합집산하며 나아가는 것이다.

조정이 동인과 서인으로 나누어진 1590년 일본의 움직임이 수상하여 통신사 황윤길과 부사 김성일을 일본으로 보내 동태를 살펴보고 오라 하니, 당파가 다른 두 사람은 돌아와 상반된 보고를 하였다. 불리한 보고를 버리고 유리한 보고를 채택한 조정은 대비책을 세우지 않고 지내다가 1592년 4월 임진왜란을 맞으니 보름 만에 서울이 함락되고 선조는 국경지역 의주까지 피난하였다. 급기야 명나라에 구원병을 요청하여 겨우 국가를 위기에서 건져내니 국토는 전쟁으로 쑥대밭으로 변했고, 명나라에는 빚은 빚대로 져야만 했다. 이때 군사를 파병하여 도와준 명나라 황제 신종과 의종의 은덕에 감사하며 화양서원에 만동묘를 세워 그 뜻을 기렸다.

선조는 정비 의인왕후와 사이에서 적자가 없었고, 후궁 공빈 김씨가 임해군과 광해군을 출산한 후 세상을 떠났는데 의인왕후가 이 아이들을 돌보며 길렀다. 선조는 후궁들과 사이에는 여러 왕자들을 두고 있었는데 세자 책봉 이야기가 나올 때마다 꺼려하였다. 이때 선조가 총애하는 후궁 인빈 김씨 사이에 아들 신성군이 있었는데 광해군을 따르는 무리들이 신성군을 제거하려 한다는 소문이 나자 선조는 이를 불쾌하게 여기고 있었다.

1592년 임진왜란이 일어나자 국가의 위기 상황에서 세자를 책봉하지 않을 수가 없었다. 선조는 국가의 존망을 알 수 없는 상황에서 여론에 떠밀려 본인이 꺼리는 광해군을 세자로 책봉하였다. 세자에 책봉된 광해는 최흥원, 이덕형, 이항복 등과 함께 전란 속을 헤집고 다니며 민심을 수습하였고 군국 기무를 맡아 관군과 의병의 활동을 독려하였고 왕이 해야 할 일들을 대신하며 국난극복에 앞장을 섰다.

1594년 임진왜란 중 윤근수를 명나라에 파견하여 광해군의 세자 책봉을 주청하였으나 명나라에서는 광해가 적자도 아니고 서자 가운데 장자인 임해군도 있는데 광해를 세자로 책봉하려 한다며 책봉을 거절하였다. 이는 명나라 내부 문제 때문에 조선에 트집을 잡은 것인데 이 틈을 타 광해를 탐탁치 않게 여기던 선조의 마음도 돌아서 광해를 당황스럽게 했다.

전쟁이 끝나자 다시 세자 책봉 문제가 불거져 당쟁에 휘말렸다. 1600년 선조 나이 50세에 정비 의인왕후가 죽자 1602년 김제남의 딸을 두 번째 왕비로 맞아들이니 18세 된 인목왕후이다. 인목왕후는 광해군이 나이 30세가 되던 1606년에 아들을 출산하였는데 적자인 영창대군이다.

조정에서는 영의정 유영경을 중심으로 영창대군을 세자로 교체하려는 움직임이 있었고, 선조는 명나라로부터 세자 책봉도 받지 못한 자가 세자 노릇을 한다며 광해군을 핍박하기 시작했다. 2년이 지난 1608년 선조의 병세가 악화되면서 상황이 바뀌자 선조는 왕위를 광해에게 물려주고 세상을 떠난다. 서출 출신이던 선조가 적자 출신 아들에게 왕위를 계승시켜 보려던 노력이 물거품으로 돌아간 후유증은 조선 역사를 바꾸어 놓을 수밖에 없었다. 선조 재위 41년간 17명의 영의정이 등용되었는데 이들의 면면을 살펴보면

선조의 인재 등용술을 살펴보면 즉위 초부터 임진왜란이 일어나기 이전까지는 참신한 인재를 등용하기 위한 노력이 많이 보였으나 임진왜란 이후부터는 임란 공신들을 위주로 등용하였다.

즉위 초 영의정 이준경은 명종조 마지막 영의정으로 그대로 전위되었고, 두 번째 영의정에 오른 권철은 하급관리 때부터 인망이 높아 재상감으로 여겨졌던 인물로 권율 장군의 아버지이다. 이어 등용된 이탁은 이조판서로 있을 때 워낙 공평무사하여 정승직에 오를 때 어느 누구도 이의를 제기하는 사람이 없었다 한다. 청렴강직한 인물로 영의정에 적격한 인물이었다. 그다음의 홍섬은 영의정 홍언필의 아들이자 영의정 송일의 외손자로 한 집안에서 3명의 영의정이 배출된 명문 가문으로 청백리 출신이었다. 박순은 장원급제 출신이자 청백리로 이황, 성혼, 기대승과 교류를 한 문장가였다. 노수신도 장원급제 출신으로 사림의 중망을 받아 등용되었는데 후에 정여립을 잘못 천거한 죄로 파직하게된다.

임진왜란 이후 등용된 영의정 유전은 대제학을 거칠 정도로 학문이 뛰어났으며 정여립의 난을 평정한 평난공신이었고, 이산해는 동인출신이면서 북인의 영수가 된 평난공신이었다. 유성룡은 동인으로 남인의 영수였고 청백리이자 호성공신이었으며 이순신을 천거한 인물이다. 이양원은 조선 2대왕 정종의 후손이자 광국공신이었고, 최

흥원은 영의정 최항의 증손이자 위성공신이었다. 이원익은 태종의 후손으로 청빈하였고 호성공신이었다. 윤두수는 서인의 영수로 호성공신에 위성공신이었다. 이항복은 서인으로 임진왜란 때 병조판서만 6차례를 한 호성공신이자 청백리였다. 이덕형은 이항복의 친구이면서 남인 출신으로 이산해의 사위였으나 장인과도 당파는 달랐고 청백리였다. 윤승훈은 남인 출신으로 강직한 성품으로 등용되었고, 유영경은 동인 출신으로 소북파의 영수였다.

선조는 당파의 발생에 대해 단호히 척결하지 못했고 임진왜란의 대처를 잘못하여 우유부단했던 임금으로 비춰지긴 했어도 인재등용 면에서는 어느 한쪽에 편파적으로 치우치지 않고 능력에 따라 고루 등용했던 것으로 보인다.

선조때 주요 역사 연표를 살펴보면

즉위　1567년 6월 28일 15세 즉위
퇴위　1608년 2월 1일 56세 승하, 중풍 (재위 41년)
왕후　의인왕후 반남박씨 / 후손없음
　　　인목왕후 연안김씨 / 영창대군, 정명공주(1왕자 1공주)
　　　　　　　(선조 34년 계비를 맞음)
　　　서자인 광해군이 세자의 자리를 지키고 있던 터에 적자인
　　　영창대군이 태어나 조정에는 왕권 계승을 둘러싼 갈등이
　　　일어났다.

　　　후궁 9명 / 13군, 10옹주
　　　공빈김씨 / 1남 임해군, 2남 세자 광해군(2군)
　　　인빈김씨 / 1남 의안군, 2남 신성군,
　　　　　　　3남 원종(인조의 부친).

4남 의창군(4군 5옹주)

영의정 : 이준경(명종조 마지막 영의정),
　　　　권철(인망이 있어 등용, 권율 장군의 아버지),
　　　　이탁(청렴강직으로 등용),
　　　　홍섬(청백리, 영의정 홍언필의 아들),
　　　　박순(장원급제 출신, 청백리),
　　　　노수신(장원급제 출신, 정여립을 천거하여 파직),
　　　　유전(평난 2등공신), 이산해(동인, 북인의 영수, 평난공신)
　　　　유성룡(동인, 남인, 청백리, 이순신을 천거)
　　　　이양원(광국공신, 정종의 후손),
　　　　최흥원(호성공신, 최항의 증손),
　　　　이원익(호성공신, 태종의 후손),
　　　　윤두수(서인, 호성공신),
　　　　이항복(서인, 호성공신, 권율장군의 사위),
　　　　이덕형(남인, 영의정 이산해의 사위), 윤승훈(등용, 강직),
　　　　유영경(동인, 소북파 영수, 영창대군 지지로 사사)

주요 역사기록
　　　1568년 4월 조광조 영의정 추증, 12월 이황의 성학십도 올림
　　　1573년 12월 향약 간행
　　　1574년 1월 향약 시행 중단, 도산서원 건립
　　　1575년 6월 주자대전 간행,
　　　　　　7월 을해당론(동인 서인 분열)
　　　1575년 을해년 경동(건천동)에 살던 김효원 일파를 동인이라 하고 영수로 대사헌 허엽이 추대되었다. 경서(정동)에 살던 심의겸 일당을 서인이라 하고 좌의정 박순을 영수로 추대하였다. 이리하여 을해당론이 일어나 동서분당으로 정쟁이 시작되었다. 당시 동서 양당으로 갈라져 붕쟁의 조짐이 일자, 이이가 주동이 되어 정쟁의 주요 발단이 된 김효원과 심의겸을 지방관으로 파견한 사건이다.

1577년 12월 이율곡 격몽요결 간행
1584년 11월 종계변무 확정
1585년 1월 교정청校正廳 설치
1587년 2월 왜군의 전라도 침입
1589년 10월 기축옥사, 정여립의 난

기축옥사는 조선 선조 때의 옥사로 1589년 10월의 정여립이 모반을 꾸민다는 고변으로부터 시작되어 정여립과 연루된 많은 동인들이 희생된 사건이다. 정여립은 호남 지역을 기반으로 대동계를 조직하여 무술 연마를 하며, 1587년에는 왜구를 소탕하기도 하였다. 정여립이 '천하에는 일정한 주인이 없으며, 누구라도 임금이 될 수 있다'고 주장했다 하여 반역자의 누명을 쓰고 처형되었다. 이 사건을 처리한 정철은 서인으로, 정여립과 가깝다는 이유만으로 이발, 이호 등 동인을 대거 처형했다. 이를 '기축옥사'라고 하며 이를 통해 정철과 서인이 붕당 정치의 첫 번째 승자로 떠올랐다.

1590년 3월 조선통신사 일본 파견
1591년 1월 조선 통신사 귀국, 2월 이순신 전라 좌수사 임명
　　　　　　건저(세자책봉)문제로 서인 축소
1592년 4월 임진왜란(선조 25년), 7월 한산대첩,
　　　　　　10월 진주대첩, 비격진천뢰 발명
1593년 1월 평양수복, 2월 행주대첩, 10월 한성환도
　　　　　　중강개시(임란중 식량확보를 위해 교역)
1594년 2월 훈련도감 설치
1597년 1월 정유재란, 7월 통제사 원균 수군 대패
1598년 11월 노량해전, 통제사 이순신 전사, 왜란 종전
1599년 1월 명나라 사은사 파견, 4월 명나라군 철군
1601년 1월 녹봉지급 재개, 10월 서얼 허통 금지
1603년 1월 경재소 폐지, 7월 어염魚鹽에 과세
1604년 6월 임진왜란 공신 책봉
　　　　　　(호성공신, 선무공신, 위성공신)

1605년 4월 파발 확대 설치
1606년 4월 실록보관을 사대사고에 봉안
1607년 1월 회답 겸 쇄환사 일본에 파견

공신 광국공신(중국 역사서를 바로 잡는 종계변무에 공을 세운 공신)
　　1등공신 윤근수, 황정욱, 유홍
　　2등공신 이후백, 홍성민, 윤두수, 한응인, 홍순언 등 7명
　　3등공신 이양원, 정철, 이산해, 류성룡, 기대승 등 9명

　평난공신(정여립의 난 평정 공신)
　　1등공신 박충간, 이축, 한응인
　　2등공신 민인백, 정철, 이산해, 홍성민, 유전 등 12명
　　3등공신 이헌국, 김명원, 이항복, 이정립, 강신 등 7명

　호성공신(임진왜란시 선조를 호위한 공신)
　　1등공신 이항복, 정곤수
　　2등공신 이원익, 윤두수, 윤근수, 류성룡, 유영경 등 31명
　　3등공신 정탁, 허준, 최세준, 이연록, 이응순 등 52명

　선무공신(임진왜란시 국가를 수호한 공신)
　　1등공신 이순신, 권율, 원균
　　2등공신 신점, 권응수, 김시민, 이정암, 이억기
　　3등공신 정기원, 조경, 기효근, 이운룡, 류사원 등 10명

　위성공신(임진왜란시 광해군을 호위한 공신)
　　1등공신 최흥원, 윤두수, 이항복, 윤자신, 류자신
　　2등공신 정창연, 류희분, 황신, 김권 등 17명

3등공신 이효충, 최산립, 김신원, 김충남, 한천두 등 53명

인종
시대

53. 홍언필洪彦弼

청렴근면했던 부자지간 영의정

생몰년도	1476년(성종 7) ~ 1549년(명종 4) [74세]
영의정 재직기간	1차 (1545.1.13.~1545.윤1.2)
	2차 (1548.5.17.~1549.1.28) (총 9개월)
본관	남양南陽
자	자미子美
호	묵재默齋
시호	문희文僖
공훈	정난 위사공신(을사사화)
배향	인종 묘정에 배향
묘소	경기도 화성시 서신면 홍법리 산 30번지
기타	부자간 영의정이 된 청렴 근면한 인물
	김안로의 모함으로 파직
증조부	홍익생洪益生 – 동지중추원사
조부	홍귀해洪貴海 – 수군절도사
부	홍형洪泂 – 승지
모	조충손의 딸 – 사예
처	여산 송씨 – 영의정 송질의 딸
아들	홍섬洪暹 – 영의정
며느리	유홍의 딸
손자	홍기영洪耆英
손녀	하원군에게 출가
측실부인	정숙은의 딸

영의정 송질의 사위, 정난 위사공신

홍언필의 자는 자미子美이고, 호는 묵재默齋로 본관은 남양이다. 고조부 홍자경은 호조 참판을 지냈고, 증조부 홍익생은 동지중추원사를, 조부 홍귀해는 경상좌도 수군절도사를 지냈다. 아버지 홍형은 승정원 우부승지를 지냈으며, 어머니는 사예 조충손의 딸이다.

1495년[20세] 연산군 원년 홍언필은 사마시에 합격하여 성균관에 입학하였다. 1504년[29세] 연산 10년에 과거에 응시하여 2차 회시會試[1]에 합격하였는데, 3차 시험 전시殿試[2]에는 응시하지 않았다. 이에 연산군은 3차 시험에 응시하지 않는 자들에게 죄를 물었다.

> 임금이 전교하기를, "2차시험 회시를 본 뒤에 전시를 보지 아니한 자가 몇 사람인가?" 하니, 승정원에서 글로 아뢰기를, "문과 이세홍은 이극균의 삼촌이고, 윤탕은 윤필상의 오촌으로써 지방에 유배되어 있고, 홍언필은 홍형의 아들로 성 밖에 내보냈으며, 무과 박정손은 선비족이 아니므로 과거를 정지시켰습니다." 하니, 명하기를, "이들이 원망으로 익명서를 던진 일이 없지 않을 것이니, 잡아다가 국문하라." 하였다.
> 의금부가 아뢰기를, "이극균 등의 족친과 급제하고도 전시에 응시하지 않은 자 홍언필 등 3인을 오늘 빈청에서 국문하는 것이 어떠하리까?" 하니, 전교하기를, "그리하라." 하였다.

이 결과로 홍언필도 체포되어 심문을 당하고 갑자사화에 연루되어 진

---

1) 회시會試 : 2차 과거시험. 중앙과 지방 1차 시험에 합격한 자를 서울로 모아 보이는 시험으로 복시復試라고도 함. 33명을 선발함.

2) 전시殿試 : 회시 합격자를 대궐 뜰에 모아 3차로 보이는 최종 시험으로 복시 입격자 33명과 직부전시(초시·복시를 거치지 않고 달리 응시자격을 얻은 자) 된 자에게 시험을 부과하여 등급을 정하는 시험.

도로 귀양을 갔다. 1506년[31세] 중종 원년에 중종반정으로 억울하게 귀
양된 자들을 모두 사면하였고, 1507년 임금은 홍언필에게 과거 3차 시험
에 직부전시[3]하게 하였다.

주상이 근정전에 나아가 정책문의 제목을 내고 시험관 우의정 유순정 등이 생원 김
정金淨 등 36인을 뽑았다. 연산 10년 식년시 과거에서 2차시에 뽑혔다가 귀양갔던
자 3인을 함께 시험에 응시하게 하였기 때문에, 원래 정원에서 3인을 더하여 36인이
된 것이다. 귀양갔던 사람은 홍언필·이세홍·윤탕이다.

그 결과 증광시 문과 을과에 급제하여 승문원 권지로 보임되었다가, 홍
문관에 들어가 정자가 되었고, 이어 저작·박사·부수찬으로 승진하였다.

1510년[35세] 중종 5년에 삼포의 왜노가 반란을 일으켜 웅천진이 함
락되자 조정에서 정광필에게 위임하여 전라도 변방의 방비를 순찰하게
했는데, 정광필이 평소 홍언필의 기량과 학식을 알고 있어 종사관으로 천
거하였다.
임무를 마치고 돌아오자 마침 지평에 결원이 있어 여러 사람들의 의논
이 홍언필에게 뜻을 두었으나, 이조에서 품계가 안된다고 아뢰자, 임금이
두 품계를 올려 제수하라고 특명하고 지제교를 겸하게 했는데, 이때부터
지제교는 계속 홍언필에게 돌아왔다.

1519년[44세] 중종 14년 11월 15일 조광조와 내외종간으로 기묘사화
에 연루되어 옥에 갇혔다가 영의정 정광필의 변호로 다음날 풀려나, 병조
참지가 되었다.

---

3) 1,2차 시험을 면제하여 3차 시험에 직접응시하도록 하는 시험. 3차 시험은 합격자에 대한 등위를
결정하는 시험이다. 1차 시험을 면제하여 2차 시험에 응시하도록 하는 시험을 직부회시라 함.

1526년[51세] 중종 21년 11월 4일 공조판서로 특별 승진되니 간관이 이의를 제기하였다.

사헌부가 아뢰기를, "공조판서 홍언필은 종2품이 된 지 오래지 않았는데 특별히 품계를 올려 판서로 승진시킨 것은 온편치 못합니다. 허흡은 전에 이조 정랑으로 있다가 바로 교체되어 4품이 된 지 오래지 않았는데 갑자기 종3품의 직에 승진시킨 것은 역시 온편치 못합니다. 최항은 인물이 간사하여 전에 첨정이 된 것도 이미 과분한 것이었습니다. 더구나 지금 품계를 올린 것은 매우 온편치 못한 처사입니다. 이귀종은 인물이 경박해서 백성을 다스리는 직임에는 합당치 않고, 홍혼은 전에 아무런 경력이 없었는데도 지금 품계를 올렸으니 온편치 못합니다. 아울러 개정하소서." 하니, 명하기를, "홍언필은 어제 인사에서 이조가 추천할 만한 사람이 없다고 아뢰었기 때문에 종2품을 올려서 임명하라 명했다. 더구나 그 인품이 재상의 반열에 기용할 만하니 종2품이 된 기간을 따질 필요가 없다. 허흡은 오래도록 정랑으로 있다가 승진해서 4품이 되었다. 이제 보덕에 임명함에 있어 순자격[4]을 헤아리지 않을 수 없겠으나 인물이 쓸만하니 모두 일률적으로 순자격을 따질 필요는 없다. 나머지도 윤허하지 않겠다." 하였다.

– 중종실록 21년 11월 4일 –

1530년[61세] 중종 25년 11월 형조판서가 되어, 환갑을 맞이하였는데 자제들이 음악으로써 주흥을 돋우고자 하니, 홍언필이 말하기를, "내가 외람하게 숭고한 지위를 차지하고 있어서 항상 경계하고 조심하여야 하겠거늘, 감히 노래와 기생의 오락이 당하겠는가." 하며, 의복과 장식의 사치한 것도 모두 물리쳤다. 아들과 사위에게 관직이 이미 현저하여서도 매양 집에 와서 문안할 제 '물럿거라' 하는 벽제소리마저 금지하였다. 이처럼 홍언필은 몸가짐이 검소하고 번화한 것을 좋아하지 아니했다.

---

4) 순자격循資格 : 품계만 따라서 벼슬을 주는 격식. 본디 당唐나라 때에 비롯된 것으로 현명하고 어리석음을 막론하고 연한이 차면 자급을 올려주는데 자급에 넘치는 벼슬은 주지 않는다. 따라서 아무리 현명하고 능력있는 사람이라도 특별히 승자·승직시키지 않는 전형제도이다.

1535년[66세] 중종 30년 1월 9일 사헌부에서 홍언필의 아들 홍섬의 일에 대해 아뢰니 추문할 것을 명하였다.

사헌부가 아뢰기를, "홍섬이 대사간 허항의 집에 가서 '이때를 어떤 때라고 생각하는 가? 예부터 이러하고도 보전한 자가 있었던가. 우리 아버지(홍언필)도 늘 근심하며 사림도 다 의구심을 품고 있다.' 하여 두려움을 주어 동요하게 하는 말을 많이 하였으 니, 매우 흉패합니다. 일의 관계됨이 중대하니 의금부에 내려서 철저히 조사하여 시비를 정하소서." 하니, 답하였다.

"이제 홍섬의 일을 보니, 놀라움을 금할 수 없고 관계되는 바가 중대하다. 이렇게 조정에 크게 관계되는 일을 허항은 언론의 직책에 있으면서 들었으니, 일각이라도 어찌 지체할 수 있겠는가. 곧 상세히 아뢰었어야 옳은데 곧 와서 아뢰지 않고, 간원이 넌지시 홍섬을 논박하되, '마음 쓰는 것이 간사하다.'고 하여 상하가 시비를 모르게 하였다.
오늘 대신이 아뢰기를 '홍섬의 일은 상하가 그 뜻을 모르니 사실인가를 그에게 물어보자.'고 하였는데, 대신도 그 일을 의심하였기 때문이다. 그 묻는 일은 내일 대신이 대궐에 모이면 의논하려 한다. 간원은 홍섬을 논박할 때에 이 뜻을 잘 알았을 것인데도 분명히 논하지 않아서 사헌부가 다시 논하게 하였으니, 옳은 일인가? 홍섬을 조옥에서 추문하여 별말 없이 승복하면 그만이겠으나, 숨기고 승복하지 않으면 허항도 연루시켜 추문하여야 한다. 홍섬이 이렇게 말한 데에는 그 근원이 있을 것이니, 장차 큰 옥사를 일으키게 될 것이다. 또 대신이 의금부에서는 조사할 수 없다고 아뢰었는데, 이 뜻도 모르겠다."

– 중종실록 30년 1월 9일 –

이듬해에 근거 없는 모함을 받아 파직되어 남양 땅 선조의 논밭이 있는 곳으로 물러가 3년을 지내면서 시정 일에 대해서는 전혀 언급하지 않았다.

1537년[68세] 중종 32년에 10월 호조판서로 복귀하여, 11월에 대광보국 숭록대부로 승진되어 우의정이 되었고, 한달 뒤인 12월에 좌의정에 올랐다.

1544년[75세] 중종 39년 11월 15일 중종이 39년 동안 재위하다가 승하하고 11월 20일 인종이 즉위하였다. 인종즉위년 12월 16일 대간이 합동하여 홍언필의 교체와 예문에 따라 제사할 것을 청하였다.

대간이 합동하여 두 번째 아뢰기를,
"신들이 지금, 대신들의 아첨하는 말을 보니 통분함을 견딜 수 없습니다. 좌의정 홍언필은 본디 나약하고 겁이 많은 사람이라, 비록 글재주로 입궐했지만 본디 학술이 없고 한갓 몸을 보전할 계책만을 품고 있기 때문에, 임금을 섬기는 의리는 알지도 못하고 비위 맞추기에만 힘써 국사를 그르쳐서 공론에 용납되지 못한 지가 오래되었습니다. 지금 바르지 못한 세속의 금기 때문에 대행 대왕⁵⁾의 초상 제사를 폐하시므로 온 나라 신민이 통탄하고 민망해 하지 않는 자가 없습니다.

대신이 된 사람들은 백관들을 거느리고 힘을 다해 불가함을 아뢰어야 할 것인데도 태연하게 아무 말도 못들은 듯이 마음도 쓰지 않다가 여론에 눌려 간사한 말로 임금의 뜻에 아첨하니 이는 겉으로는 공론을 따르는 듯 하나 실은 정의를 해치는 것입니다. 대행 대왕의 옥체가 식기도 전에 갑자기 옛 은혜를 잊고 교묘하게 자신의 처지를 위하여 전하를 옳지 않은 곳으로 빠뜨리고 있습니다. 또 어머니에게 독재하신다는 허물을 면할 수 없게 하니 무상하기 그지없습니다. 국가의 안위는 3정승에게 매였으니 이런 사람을 하루라도 재상의 자리에 있게 해서는 안 됩니다. 교체하소서. 신들이 진작 지적하여 아뢰려고 하였으나 국가가 큰일을 당해 창황한 가운데 선대 조정의 대신을 경솔히 논란하는 것은 미안하므로 오늘에까지 이르렀습니다. 정사를 새롭게 하는 처음을 당하여 모든 조처하는 일들이 이와 같으니 국사가 날로 글러져서 구제할 수 없었기에 감히 아룁니다.

또 신들이 주상의 하교를 보니 매번 어머니께 아뢰어 결정하신다는 말씀만 하시고 대의로써 결단하여 예문을 따르지 않으십니다.

---

5) 돌아가신 전임 대왕. 중종을 말함.

무릇 상례는 정성을 다하는 데 있습니다. 처음에 털끝만큼만 미진하여도 나중에 한없는 유감이 있게 됩니다. 지금 대행 대왕께서 빈전에 계신데 구구한 세상풍속의 금기 때문에 제사를 그만두고 곡을 폐하여 상례를 크게 무너뜨렸으니 이는 큰 일에 마음을 다하지 않아서 일생 동안 망극한 한을 남기게 하는 것입니다. 사태가 이처럼 중대한데 어찌 구차하게 자전의 따를 수 없는 명을 순종하여 의리로 결단하지 않으십니까. 더구나 삼종三從의 도는 있으나 독재의 의리가 없는 것은 고금의 한결같은 예법입니다. 옛부터 어머니로서 누가 이 예를 어기고서 아름다운 이름을 보전한 이가 있습니까. 지금 만약 자전께 견제되어 상례를 폐한다면 자전의 전제하시는 허물을 드러낼 뿐만 아니라, 전하 역시 자신이 결단하지 못한 잘못을 면할 수 없을 것입니다. 대전과 또한 예문에 따라 참여하게 하소서." 하니

임금이 답하였다.
"제사를 폐한 일로 예문에 근거하며 이렇게 여러 날을 논란하는 것은 진실로 마땅하다. 재상의 지위에 있는 사람은 양론을 가지고 말했을 뿐인데 무슨 다른 뜻이 있겠는가. 지금 아뢴 것을 보니 놀라움을 금할 수 없다. 이렇게 창황한 때를 당하여 비록 조사할 일이 있더라도 할 수 없는데 하물며 교체시킬 수가 있겠는가. 지금은 진실로 동요해서는 안 될 때이다. 조석으로 곡하는 일은 예문에 따라 시행한다. 초하루와 보름에 제향을 정지한 일 및 대전관에 관한 일은 나의 뜻을 분명하게 모두 말하였다."

사관은 논한다. 홍언필이 젊었을 때 사람들간에 명망이 중하였는데, 이자李耔만이 유독 '홍언필은 진실로 국량이 큰 사람이지만 재상이 된다면 국사가 반드시 날로 그릇될 것이다.'라고 하였고, 조광조 역시 '홍언필은 험악한 사람은 아니나 품성이 비천하며 필시 비루한 일들을 할 것이다.' 했는데, 조정에 근무한 지 오래되었으나 시류에 따라 부침하며 정책을 건의한 것도 없고 녹봉을 생각하고 은총을 탐하여 오직 아첨하고 순종하기만 힘써, 그 폐단이 마침내는 장례식에 대한 제사를 폐하기까지에 이르렀으므로 당시 사람들이 모두 겉으로는 선량한 체하면서 속으로는 악덕한 향원鄕愿[6]으로 지목하였다.

– 인종실록 즉위년 12월 16일 –

---

6) 덕을 해치는 자로 세상에 아부하는 자.

1545년[70세] 인종 1년 1월에 중종의 시신이 빈전에 있었는데, 마침 궁중에 꺼리는 일이 있었으므로 간원이 홍언필이 힘껏 간언하지 않았다고 탄핵하며 파직시키려고 하였다. 이에 홍언필이 사직서를 제출하니 인종이 "선조의 오랜 신하는 진퇴가 가볍지 않다."라고 탄핵하는 상소문에 답하고는 영의정으로 승진시켰다.

1545년[70세] 1월 13일 영의정이 되어 1월 16일 영의정에서 물러났다. 홍언필은 비난을 받는 대신이 수상직에 있어서는 안된다며 병을 핑계로 물러가기를 원해 재삼 글을 올리니, 임금이 그 간청에 못 이기는 체하며 홍언필을 영중추부사에 제수하였다.

1545년[70세] 6월 29일 인종이 즉위한 지 7개월 만에 병세가 악화되어 위독해지니 후계를 명종에게 전위하고, 7월 1일 승하하니, 이때 명종의 나이가 12세였다. 대비인 문정왕후가 수렴청정을 하게 되어, 홍언필을 포함한 네 사람의 원상을 두었는데, 날마다 번갈아 승정원에 나가 기밀사무에 참여하였다. 문정왕후의 동생 윤원형이 을사사화를 일으키니 홍언필이 이에 가담하여 추성협익 정난 위사공신 1등에 책록되고 익성 부원군에 봉해졌다.

1548년[73세] 5월 다시 의정부에 들어가 좌의정이 되었는데, 당시 윤인경이 영의정이었으므로, 언관이 홍언필의 영의정 경력이 먼저여서 윤인경 아래에 있는 것은 불가하다고 하니, 선조 때의 고사를 널리 고찰하여 다시 영의정에 올랐다.

홍언필의 처와 딸들에 대한 왕조실록의 평가

홍언필의 처는 송씨다. 송씨는 성미가 사납다고 소문이 나서 남자들이 혀를 내둘렀는데 신혼 때 남편이 여종의 손목을 잡았다고 여종의 손목을 잘라버려 남편이 신혼 방에서 나가버렸다. 홍언필이 윤삼계의 여종과 간통을 하자 송씨는 직접 찾아가 간통한 여자를 불러내어 머리털을 자르며 쥐어뜯고 빗으로 얼굴을 그어버렸다 한다. 홍언필이 그럼에도 그 여자의 집을 계속 드나드니 화가 난 송씨는 남편의 수염을 뽑아버렸다. 임금이 홍언필의 수염이 없어진 것을 보고 송씨의 기를 누르려고 송씨를 대궐에 불러 사약을 내리니 송씨는 단숨에 마셔버렸다. 가짜 사약인 까닭에 송씨는 죽지는 않았지만 임금도 사나운 여자라고 손을 들었다. 이런 사가私家의 일인 송씨의 행위에 대해 왕조 실록에 까지 기록하고 있다.

1511년[36세] 중종 6년 4월 사간원 간원이 홍언필을 탄핵하였다.

간원이 아뢰기를,
"종친부 홍언필은 일찍이 윤삼계의 여종을 사통하였는데, 홍언필의 처가 여종을 꾀어내다가 매질을 수없이 하고 칼로 머리털을 자르며 빗으로 그 얼굴을 긁기까지 하여, 너무 참혹하므로 물의가 일어났습니다. 본 사간원에서, 그가 이미 죽었다는 말을 듣고 곧 윤삼계의 일을 아는 종을 잡아다가 그 사유를 심문하니, 진술하기를 '그때 죽지 않은 것을 광주로 떠메어 갔다.' 합니다. 이것은 매우 참혹한 일인데, 사헌부에서 지금껏 추문하지 않는 것은 필시 홍언필과 같은 소속이었던 관계로 비호하고 추문하지 않음일 것입니다. 홍언필과 사헌부를 함께 조사하여야 합니다." 하니, '그리하라.'고 전교하였다.

― 중종실록 6년 4월 18일―

1517년[42세] 중종 12년 6월 3일 송질의 딸들에 대한 평은 다음과 같았다.

대간이 이전의 일을 두 번 아뢰고, 사헌부가 홀로 아뢰기를,
"이형간의 처 송씨(송질의 딸)는 양반족 부녀라 본부에서 조사하기 어려우니 옥사에 내려 조사하소서." 하였으나, 모두 윤허하지 않았다.

사관은 논한다. 여원부원군(전 영의정) 송질이 딸 셋이 있었는데 성질이 모두 투기를 잘하며, 아비의 세력을 믿고서 남편을 매우 하찮게 여겼다.
하나는 홍언필에게 출가하였는데, 홍언필이 지평이 되었을 때 그 처는 홍언필이 간통한 여자를 끌어다가 머리털을 자르고 피투성이가 되게 구타하여 온몸에 성한 데가 없게 하였다. 홍언필이 관청에서 돌아오는 길에 그 여자의 친족을 만나니 그들이 호소하기를 '이것이 양반족 부녀가 할 짓인가? 지평이 어찌 아내를 잘못 가르쳐서 사람을 죽을 지경까지 만들었는가?' 하니, 홍언필은 부끄러워서 얼굴을 들지 못하였다. 그리고 대간이 논박하여 퇴직이 되었는데도 그 간통한 여자 집에서 출입하니 사람들이 그를 흉보았다.

또 한 여식은 덕산 현감 이형간에게 출가하였는데, 이형간이 명을 받고 출입할 때 날씨가 아주 추운데도 이불과 의복을 주지 않고, 집에 오면 또 문을 닫고 들이지 않아 결국은 병을 얻게 되었다. 어떤 날 집에 들어가려 해도 들어갈 수가 없어 바깥채에 누워 있었으나 아무도 와서 돌보는 사람이 없었는데, 볼 땐 구들이 과열되었으나 그는 몸을 움직일 기력도 없었으므로 지쳐서 죽은 것을 아침에야 비로소 알았다.

대체로 송질이 비록 재상까지 되었지만 본디 이렇다 할 품행이 없었다. 그의 처 양씨는 성질이 매우 악하여, 송질이 대신이 되기 전에 흙을 가득 담아 가지고 이것을 재물이라고 사람들에게 자랑을 하기도 하였다. 가정교훈은 아무 것도 없었고, 사위들은 세력에 눌리고 처에게 쥐여서 이 지경이 되었다.
법조가 조사하기를 청하였는데도 조금도 두려워함이 없이, 남편의 장례를 지내고는 가마를 타고 곧 서울로 들어왔는데 전후의 시녀와 노비가 줄줄이 늘어서니 보는 이들이 더욱 미워하였다. 옥사에 내리기를 청하니, 주상이 하교하기를 '부녀를 반드시 가두고 조사할 것이 있겠는가?' 하매, 이는 양반족을 중히 여기는 것이기는 하였으나, 사람들은 말하기를 '송씨의 패악은 정종보·허지의 처보다도 심하니 징벌하지 않을 수 없다.' 하였다.

정종보는 지금 상주 목사요, 허지는 전 집의였는데, 그들의 처는 모두 투기가 있었다. 허지의 처는 남편의 친척들을 보면 말하기를 '내 남편이 이미 죽었는데 어찌 알겠는 가?' 하고는 때로 노비에게 상복을 입혀 곡을 하게 하니 이웃사람들이 모두 통분히 여겼다. 그리고 정종보의 처는 남편과 대면하지 않은 지가 10여 년 되었는데, 스스 로 맹세하기를 '평생 같이 살지 않겠다.' 하며 여러 번 수령이 되었는데도 한 번도 따 라가려 한 적이 없었다.

– 중종실록 12년 6월 3일–

음관제도와 관리 태만에 대한 상소문

1525년[50세] 중종 20년 5월 26일 대사헌 홍언필의 음관 제도와 관원 태만의 폐단에 관한 상소문을 올렸다.

대사헌 홍언필 등이 상소하기를,
"대개 임금은 천지·귀신·만물을 맡은 분으로서, 덕 받들기를 힘쓴다면, 위로는 천도 天道에 순응하게 되고 아래로는 산천을 안정시키게 되며, 귀신과 미미한 금수·어별 같은 생물들도 각기 그의 천성을 완수하지 못하는 것이 없게 되는 법입니다. 이러므 로 옛적의 지혜밝은 제왕7) 들이 힘써 덕을 받들어 천도에 순응하고, 몸을 닦아 백 성을 편안케 하다가, 한 번이라도 재해를 만나게 된다면, 몸을 뒤척이며 착하기를 생 각하고, 허물을 들어 자신을 책망하였기에 '홍수가 나를 경고하는 것이다.' 한 말은 천지를 뒤덮는 홍수의 변을 극복해 내게 하였던 것이고 '근심되는 마음이 터지는 듯 하다.' 한 말은 가뭄을 이겨 내게 했던 것입니다.

신 등이 삼가 살피건대, 전하께서 즉위하신 이래 조심 조심하며 심신을 닦고, 천명을 공경하고 두려워하여, 한 가지 일이라도 잘못되면 마음에 병이 되도록 근심하고, 한

---

7) 성탕成湯이 여섯 가지 일 : 온 천하가 7년이나 크게 가물자, 탕임금이 상림 들에 나아가 기우제를 지내며 자책한 사항, 곧 "정사가 한결같지 못해서인가? 백성이 직업을 잃어서인가? 궁실이 웅장 해서인가? 여자가 성행해서인가? 뇌물이 행해져서인가? 참소하는 자가 번성해서인가?" 한 것.

사람이라도 재앙을 입게 되면 상처가 난 것처럼 측은하게 보며, 부지런히 민중들의 고통을 돌보고 신중하게 형벌을 살피시니, 마땅히 천지가 화평하고 오곡이 풍년들어야 할 것인데, 근래에 음양이 조화를 잃고 재해가 겹쳐 일어, 여름철에 서리가 내리고 가뭄이 한없으며, 우박이 벼와 보리를 망치고 역병으로 사람들이 죽어가며, 땅은 안정되어야 하는데 지진을 하고, 비는 내려 자라게 해야 하는데 내리지 않습니다. 한재는 금년이 더욱 심하여, 모든 귀신에게 두루 제사를 하여도 일찍이 효과를 보지 못하니, 생각건대, 전하께서 덕을 힘쓰는 공력이 미진한 데가 있는 것이 아니겠습니까?

역경에 '언행은 군자가 천지를 감동시키는 바인 것이다.' 했고, 동자董子는 말하기를 '사람들의 소위가 아름답거나 악하거나 간에 극도에 달하면 천지에 유통하게 되는 것이다.' 하였습니다. 사방에서 아름다운 말을 찾아 들이고, 오만 국정 속의 잘못된 정책을 닦아가며, 천도를 이어받아 자신을 바로잡고, 인사人事에 힘을 다해 하늘을 감응시키되, 엄숙하고 공손하게 반성하고 두려워하기를 잠시도 게으름 없이 하는 것이, 바로 전하의 당면한 시급한 일입니다.

곡례曲禮에 '밖의 말은 문지방 안에 들어가지 않고, 내정의 말은 문지방을 벗어나지 않는다.'고 했으니, 이는 내외를 엄격하게 하고, 청탁을 방지하는 방법입니다. 임금은 남정들의 교훈을 듣고 왕후는 내명부들의 훈계를 들으며, 각기 자신의 직책을 다하여 잘못됨이 없도록 하되, 비록 그윽이 방 한 구석에 있을 때라도 엄연하게 깊이 생각하기를 신명을 대한 듯이 하여, 깊은 궁중과 대궐이 함께 일체가 되어야, 천지가 감응하여 순탄하고, 만물이 번성하게 자라는 것입니다. 경전에 '임금은 국가의 심장이니, 심장이 다스려지면 온갖 관절이 모두 편안해지는 것이다.' 했으니, 어찌 온갖 관절이 편안하고서 영양이 고르지 못할 리가 있겠습니까? 지금 내척과 외척과 여자가 기탄없이 드나드니, 신 등은 내정의 말이 혹은 나오게 되고, 밖의 말이 혹은 들어가게 될까 싶습니다.

시절이 좋지 않은데 사치를 함은, 옛사람들이 경계한 일입니다. 전하께서 마땅히 검소하는 덕을 잘 지키시며 항시 영구한 계획을 마음에 두시어, 시급하지 않은 일은 치우고 유익하지 않은 일은 없애야 하시는데, 제 왕자와 사위들이 법도에 넘게 집 치장하기를 높고 화려하고 한없이 웅장하게 하여 서로 다투어 사치를 과시하므로, 백성이 곤궁하고 재정이 고갈되었습니다. 하늘에서 내게 되고 땅에서 이루게 되는 것이지만, 생산되는 재물은 한정된 수량이 있는 법이니, 만일 앞날에 부득이하여 건축할 일이 있게 될 적에는, 단지 재력만 부족할 것이 아니라 사세가 할 수 없게 될 것입니다. 서쪽 지방은 곧 오랑캐들의 요충인데 연사가 흉년들고 전염병이 퍼져 인가가 끊어지게 되었고, 동쪽과 서쪽은 재정과 물품공급의 창고인데, 큰 가뭄으로 모두 타버려 농가들이 병들고 있으니 불행히 전란이 일어나게 된다면 국가가 장차 어떻게 대처할 것입니까? 전에 '흙은 실로 물을 제어하는 것이어서, 토목 공사를 일으키면, 물 기운이 막히어 가뭄이 들게 된다.'고 했습니다. 제군들의 집 토목 역사를 여러 해 토록 끝내지 못했는데, 그 공사가 여러 만 냥이 들 뿐만이 아닙니다.

옛적에는 사람들을 임용할 적에 여섯 가지 덕과 행실인 육덕六德과 육행六行[8]을 고찰해보아, 각각 그의 재질에 따라 소임을 맡겼기 때문에, 사적인 정으로 된 관원이 없고 악덕한 벼슬아치가 적었는데, 후세에 와서는 인정이 날로 거짓되고 사기가 퍼져, 향리에서 현명하고 능숙한 자를 천거하는 향거이선鄕擧里選[9]의 법을 사세가 시행할 수 없기 때문에, 과거제도를 창설하게 된 것이니, 이는 진실로 선비들을 등용하는 좋은 법이자 뜻이 아름다운 것인데, 과거를 제외하고 추천을 하므로, 이미 그의 처신하는 바를 물을 수도 없고 또한 지키는 바를 고찰할 수도 없습니다. 지금 문음 자제들이 속에 포부도 없고 밖에 처신과 재능도 없이, 세력에 의해 벼슬을 얻어서 구차하게 녹만 먹고 구실을 하지 못하면서, 세상에 떠들어대고 요행을 바라므로, 선비들의 풍습이 천박하고 경솔해져, 한 품계만 귀중하게 여기고 육경은 천하게 여기며, 명절을 무너뜨리고 염치를 소멸시킵니다. 더러 가난하고 지체가 없는 가문의 힘이 약한 사람 중에 석학 박학한 인재가 있더라도 좌우에 의지할 데가 없는 사람은, 억울하게 침체되고 마침내 선발되지 못하여, 공정한 도리가 인사평가 속에서 없어지

---

8) 육덕六德과 육행六行 : 중국 주나라 시절에 만백성에게 가르치던 여섯 가지 덕과 행실. 육덕은 지혜[知]·인자[仁]·통달[聖]·의리[義]·충실[忠]·화평[和], 육행은 효도[孝]·우애[友]·동족간의 친애[睦]·이성간의 친애[親]·벗과의 신의[信]·가난한 이 돌봄[恤]이다.

9) 향거 이선鄕擧里選 : 주나라 때에 향鄕마다 향대부를 두어 육덕·육행 등을 가르친 다음, 3년마다 현능한 자를 중앙에 천거하는 것. 5가家를 비, 5비를 여閭, 4려를 족族, 5족을 당黨, 5당을 향鄕, 5향을 국國으로 하여, 각 여閭에는 숙塾, 각 당에는 상庠, 각 향에는 서序, 국國에는 학學을 두는데, 향의 우수한 선비를 사도司徒에게 올린 것을 선사選士, 사도가 선사 중에 우수한 자를 학學에 올린 것을 준사俊士라 하며, 사도에게 올려진 자에게는 향鄕의 부역이 면제되고, 학學에 올려진 자에게는 사도司徒의 부역이 면제되는데, 이를 조사造士라 한다. 대악정이 조사 중에 우수한 자를 임금에게 고하면 관원 후보에 보충되며, 이를 진사進士라 하는데, 사마司馬가 관원 재목을 분간, 그 중에 우수한 자를 임금에게 고하고 관직을 제수했다.

고, 사사로운 정을 쓰는 마음이 폭류처럼 쏠리니, 진실로 한탄스러울 뿐입니다.

삼가 바라건대, 전하께서 위엄스러운 하늘의 중첩된 꾸지람을 고려하시어 미진한 인사를 시정하고, 은밀한 궁중을 엄숙히 하여 청탁의 길을 막고, 검소한 덕을 밝히고 숭상하여 외람한 사택들을 억제하고, 현명한 사람을 추천할 바른 길을 넓혀 여러 부정한 사람의 굽은 길을 닦으소서. 이것이 하늘에 응답하기를 실이 있게 하는 일일 것입니다."하니, 주상이 아름답게 받아들였다.

– 중종실록 20년 5월 26일 –

대문에 날아든 화살

1525년[50세] 중종 20년 6월 11일 대사헌 홍언필의 집 문에 화살이 꽂히다.

대사헌 홍언필이 아뢰기를, "이번 11일 새벽에 신의 집 사립문에다 긴 화살을 쏘았는데 '홍언필'이라 씌었고 그 다음 두 글자는 희미하여 알아볼 수 없었으며, 끝에는 '수讐'자가 있었습니다. 요사이 보건대, 인심이 우악스럽고 사나워져 관청문에다 화살을 쏜 자는 있었지만, 가정집 문에다 화살을 쏜 것은 전에 있지 않던 일입니다. 신은 풍습과 도덕의 장관이 되어 신이 하나도 제대로 죄를 분간하여 심리하지 못했기에, 반드시 사적 원망을 가지는 사람이 많아 이런 변이 있게 된 것입니다. 만일 물망 있는 덕망있는 자를 가려 이 직을 삼으면, 세상 실정을 진압시켜 기필코 이런 일이 없게 될 것입니다. 사립문에 쏜 화살을 신이 지금 갖고 왔으니, 시급히 신을 교체하기 바랍니다." 하니, 명하기를,

"지금 아뢴 말을 듣건대 지극히 경악스럽다. 또한 화살의 글씨를 보건대, 경의 이름 밑을 자세히 보면 '등보수等報讐'란 글자가 있으니, 반드시 본부를 가리켜 말한 것이고 경에게 사적 원망을 한 것이 아니다. 요사이 인심이 억세고 사나워, 비록 관문에다 화살을 쏘는 자가 있어도 놀랍게 여기지 않으므로 드디어 가정집 사립문에다 쏜 것이다. 이는 본부를 동요시키려 한 것이니, 지금 만약 경을 교체한다면 곧 그의 흉

계를 키우게 될 것이다. 지난번에 사헌부의 문에다 화살을 쏘았을 때 본부가 직을 사면하려 했으나, 내가 동요되어 교체할 수는 없다고 했었는데, 그 뒤 스스로 저지되었었다. 이는 비록 경의 집 문에다 쏜 것이지만, 만일 본부를 지향한 것이라면 더욱 사직하지 말아야 한다." 하였고,

사헌부 집의 허관·장령 박우 장계문·지평 김희열 홍석견이 아뢰기를,

"지난밤 대사헌의 집 문에 화살을 쏘았는데 '홍언필 등에게 원수를 갚는다. [洪彦必等報讐]'고 씌었었으니, 이는 반드시 본부를 가리킨 것입니다. 요사이 인심이 억세고 사나워, 비록 장관의 집 문에 쏘았지만 반드시 본부를 지향한 것입니다. 이는 바로 신등이 원통한 일을 펴주지 못하고 일을 그르친 것이 많기 때문에 이렇게 된 것이어서, 신 등이 결코 직에 있을 수 없으니, 시급히 교체하기 바랍니다." 하니, 명하기를,

"대사헌의 집 문에 화살을 쏜 일은 지극히 경악스럽다. 또한 '등等'자를 쓴 것을 보면 곧 본부를 지목한 것이어서 더욱 한심스러운데, 인심과 풍습이 이러하니 진실로 마음 아픈 일이다. 전에 이미 관문에 화살을 쏜 자가 있는데도 내버려두고 조사하지 않았기 때문에 이런 변이 있게 된 것인데, 동요되어서 안 되니 사직하지 말라."

하였고, 홍언필이 다시 아뢰기를, "이번에 화살을 쏜 자가 관문에다 쏘지 않고 신의 집에다 쏜 것이 어찌 까닭이 없겠습니까? 신이 송사를 심리하여 원통한 일을 풀어 주어야 했는데 잘 살피지 못하여 원통한 곤란을 받게 한 일이 많기 때문에 이런 변이 있게 된 것이니, 모름지기 덕망있는 자를 선택하여 세상 실정을 진압시키고 풍습을 바로잡게 해야 합니다. 이런 조짐은 매우 관계가 있는 것인데, 누가 놀랍게 여기지 않겠습니까? 시급히 신을 교체하기 바랍니다." 하니, 명하기를,

"집의 이하의 뜻을 이미 들어보았는데, 대사헌만을 지목한 것이 아니라 곧 본부를 지목한 것이어서 나도 매우 놀랐다. 전일에 관문에다 화살을 쏜 일이 있었는데도 놓아주고 조사하지 않았기 때문에 이렇게 된 것이다. 이는 반드시 조정을 동요시키려한 것이어서, 조사하여도 되지 않은 다음에 그만 두어야 한다. 이는 조사하지 않아서는 안 되니 마땅히 삼공에게 물어 보라." 하매,

집의들이 또 아뢰었으나 윤허하지 않았고, 대사헌·집의 등이 함께 사직하였으나 역시 윤허하지 않았다.

삼정승이 아뢰기를, "비록 홍언필의 집 문에다 쏘았지만 실은 조정을 모욕한 것입니다. 사헌부 장관의 집 문에다 화살을 쏘는 일은 옛적에도 듣지 못하던 일이니, 일단 조사를 하되 비록 정확하게 그런 사람을 찾아내지 못한다 하더라도 그와 같은 무리들이 스스로 잠자코 있도록 할 것입니다. 만일 놓아두고 조사하지 않는다면 장차 큰 일이 있게 될 것이, 진실로 성상의 분부와 같기는 합니다. 그러나 중한 죄를 받은 자가 그런 짓을 했다 할 수는 없습니다. 사람의 마음은 각각 다른 법이어서, 중한 죄를 받은 자라고 반드시 그런 것도 아니고, 비록 작은 죄를 받은 자라도 반드시 그렇지 않은 것도 아닙니다. 만일 조사를 하려고 하면, 옥사가 반드시 복잡해져 사람들이 많이 갇히게 될 것이고, 형장 신문하여 죄가 없음을 밝히게 될 적에 형장 아래 죽는 사람이 많게 된다면, 죄인을 꼭 잡아내지도 못하면서 화기를 손상하여 재변을 초래함이 이보다 심한 일이 없게 될 것입니다. 그렇게 된다면 한갓 죄인을 찾아내지 못할 뿐만 아니라, 조정의 누가 되기에 알맞을 것입니다." 하니, 명하기를,

"문에다 화살을 쏘는 변이 누차 생기는데도 조사하지 않기 때문에 이러는 것이다. 조사한다면 거의 그 단서를 얻게 될 것이고, 다음에는 혹 이런 폐단이 없어질 것이기 때문에 내가 조사하려 한 것인데, 지금 증거가 없이는 조사할 수 없다고 하니, 이는 과연 조사할 수 없겠다." 하였다.

– 중종실록 20년 6월 11일 –

영의정을 길러낸 홍언필의 교육

홍언필의 부인은 곧 영의정 송질의 딸이다. 홍언필과 송질이 모두 수상이 되었고, 그의 아들 홍섬도 또한 수상이 되었다. 부인은 나이 90세를 넘겼고 홍섬은 80세에 복을 입고 상을 마쳤으니, 부인의 수壽와 복福은 옛날에도 있지 못한 것이었다. 정승 노수신이 홍섬에게 궤장을 내리는 연회석에서 축하의 시를 지어 말하기를

三從不出相門外 삼종이 모두 재상의 문을 벗어나지 않으니

此事於今始有之 이 일은 이제 와서 처음 있는 일이다

홍언필의 아들 홍섬 또한 명종 때 청백리에 오른 인물로 부제학, 경기도 관찰사, 대사헌, 이조판서, 대제학, 좌찬성 등을 역임하였고, 어떤 때는 한꺼번에 세 개의 관직을 겸하기도 하였다. 후에는 영의정을 세 번이나 중임하는 등 홍언필의 가문은 실로 당시 권력의 중심에 서 있었다고 말할 수 있다. 홍언필의 부인인 송씨 부인은 영의정의 딸로 영의정의 부인이 되고 후에 영의정을 낳았으니, 조선시대 제일의 부귀영화를 누릴 수도 있었을 것이다.

홍언필은 항상 몸가짐을 조심하고 검소했으며, 분에 넘치는 화려한 생활은 절대로 금하였다. 자손들에게도 이러한 가풍을 물려주어 검소한 생활을 유지하도록 하였다.

아들 홍섬이 처음 판서가 되었을 때의 일이다. 나이 마흔에 판서가 되었으니 홍섬이 매우 기뻐했던 모양이다. 당시 높은 벼슬아치는 수레를 타고 벽제('물렀거라')를 하였는데, 거리를 행차할 때, 종이나 나졸들이 가마 앞에 서서 소리를 외쳐 잡인들이 얼씬거리지 못하도록 하였다. 홍섬이 판서가 되어 수레를 타고 '물렀거라'를 하며 집으로 돌아오자 어머니인 송씨 부인이 대견스럽게 여겨 남편이 들어오자 이를 자랑삼아 이야기하였다. 그러자 홍언필은 펄쩍 뛰면서 크게 노하여 명했다. "여봐라, 가서 홍섬 대감을 모셔 오너라!" 자기 아들 홍섬에게 대감의 호칭을 쓰면서 모셔 오라고 하는 것이었다. 그리고는 홍섬을 꾸짖기 시작했다.

"대감이 판서가 되셨구려. 그렇다면 오히려 더욱 삼가고 삼가서 차는

것이 기울어짐을 두려워해야 할 것인데, 어찌 수레를 타고 돌아다니는 것이오?"

"소자가 잘못하였습니다. 아버님." 그래, 어디 한번 다시 수레를 타보시오. 벽제(물렀거라) 소리 크게 울리며 마음껏 돌아다녀 보시오."

홍섬은 아버지의 말씀에 따르지 않을 수 없어 초헌(수레)위에 올라 벽제를 하면서 자기 집 마당을 돌 수밖에 없었다. 그러자 홍언필은 뒷짐을 지고 맨발로 미투리 신발을 신고서 그 뒤를 묵묵히 따라다니는 것이었다. 홍섬은 실로 몸둘 바를 몰랐다. 이후부터는 홍섬도 언행을 조심하여 다시는 위세를 부리는 일이 없었고 후에 그의 벼슬이 영의정에까지 올랐다.

홍언필이 아들 홍섬을 가르치는 것이 이렇게 엄격하였다.

홍섬이 젊었을 때 계집종을 건드리는 것을 좋아했다. 어느 날 밤, 홍섬은 아내가 깊이 잠든 틈을 타 벌거벗은 몸으로 몰래 방을 나와선 마루의 계집종들 사이를 기어 다니며 점찍어 두었던 아이를 찾고 있었다. 마침 홍언필이 잠에서 깨어 그 모습을 보고는 송씨 부인에게 말했다.

"우리 아들이 다 장성했다고 생각했는데, 이제야 막 기어다니는 법을 배우고 있구려."

홍섬이 이를 듣고 다시는 계집종을 건드리지 않았다. 홍언필은 이처럼 자신은 물론 자식들에게도 엄격하여 예에 어긋나거나 분에 넘치는 행동을 금지하였다.

또 홍언필이 환갑을 맞았을 때의 일이다. 나이가 환갑에 달하고 벼슬은 영의정에 이르렀으니 실로 경사스러운 일이 아닐 수 없었다. 홍언필의 집안사람들이 광대와 기생을 불러 큰 잔치를 열었다. 그러나 홍언필은 오히려 언짢은 기색으로 말했다.

"이렇게 큰 잔치를 열어주니 매우 기뻐야 하는데, 나는 오히려 마음이 무거우니 이게 어쩐 일인고?"

"아버님, 그게 웬 말씀이십니까?"

"내가 이렇듯 높은 벼슬에 올라 영화를 누릴 수 있었던 것은 항상 마음속으로 경계하고 삼가함을 잊지 않았기 때문이다. 그러나 오늘 환갑을 맞아 기생을 불러 크게 한 번 놀고 있으니 이는 나를 죽이는 것이 아니겠느냐?"

홍언필의 신중한 처신이 일신의 안위를 위한 것만은 아니었다.

김안로가 권력을 쥐고 공포정치를 행할 때 그에게 반대하다 권력을 잃고 하향하기도 하였다. 홍언필은 자신의 안위를 위해서가 아니라 다른 관리들에게 스스로 모범을 보이기 위해서 올곧게 처세하였다. 벼슬이 높을수록 더욱 처신을 삼가야 한다는 것을 그는 알고 있었던 것이다.

– 고금소총. 묵재집–

홍언필의 졸기

1549년[74세] 명종 4년 1월 28일 영의정 홍언필의 졸기

영의정 홍언필이 졸하였다. 홍언필은 인품이 겸손하고 청렴하여 일상생활을 매우 검소하게 하였다. 부자가 함께 종1품에 있는 것에 대하여 성하면 쇠하고 차면 기운다는 경계를 의식하였다. 그의 아들 홍섬도 의관을 검소하게 하였고 감히 수레를 타지 않았으니 모두가 아버지의 가르침 때문이었다. 정유년에 권력을 쥔 간신의 미움을 받아 파직되어 남양에 가 있었을 때는 날마다 조심하고 자숙하여 두문불출하였다. 그러나 정승으로 세 조정(중종·인종·명종)을 섬기는 동안 한 번의 정책건의도 없었고 논의할 적에는 '주상의 전교가 지당합니다.'라는 말이 아니면 다른 정승의 말을 쫓을 뿐, 두려워하면서 자리 보존에만 급급하였으니 '어디다 쓰겠는가.' 하는 비난을 어찌 면할 수 있겠는가. 홍언필은 옛사람의 글을 많이 읽고 천성 또한 맑고 근면하였다. 그러나 마음속으로 항상 화를 두려워하여 바른말을 입 밖에 내지 않았으니, 나라가 혼란한 때에 동량구실을 할 재목이 아님을 알겠다.

영의정 홍언필의 부음이 알려지자 임금이 매우 슬퍼하여 조회를 철회하고 부의와 상제 등을 예보다 더하도록 하였다. 동료들은 문관에 모여 곡을 하고 유람하거나 집에 있던 선비들은 집과 거리에서 서로 조문하였다.

[승진과정]

1504년[29세] 연산 10년 갑자사화에 연루되어 진도로 귀양
1506년[31세] 중종 원년 중종반정, 억울하게 귀양된 자들을 모두 사면
1507년[32세] 중종 2년 3차 시험 직부전시, 증광시 문과 을과 급제,
　　　　　　 승문원 권지 부정자, 정자,, 저작, 박사, 부수찬
1508년[33세] 중종 3년 2월 저작, 10월 부수찬, 10월 사간원 정언
1509년[34세] 중종 4년 2월 검토관, 7월 홍문관 부교리
1510년[35세] 중종 5년 정광필의 종사관, 12월 지평 겸 지제교
1511년[36세] 중종 6년 11월 사간원 헌납
1512년[37세] 중종 7년 2월 홍문관 교리
1513년[38세] 중종 8년 9월 지평, 12월 사헌부 장령
1514년[39세] 중종 9년 1월 홍문관 교리, 7월 홍문관 응교,
　　　　　　 9월 사헌부 장령
1515년[40세] 중종 10년 2월 홍문관 부응교, 3월 홍문관 응교,
　　　　　　 11월 사헌부 장령, 12월 응교
1516년[41세] 중종 11년 2월 사헌부 장령, 7월 평안도 문폐어사,
　　　　　　 10월 사간, 11월 천문이습관
1517년[42세] 중종 12년 2월 전한, 5월 홍문관 직제학
　　　　　　 7월 모친상, 3년간 여묘살이
1519년[44세] 중종 14년 10월 승정원 우부승지,
　　　　　　 11월 15일 조광조와 내외종간으로 기묘사화에 연루되어
　　　　　　 옥에 갇혔다가 영의정 정광필의 변호로 풀려나다.
　　　　　　 11월 병조참지
1520년[45세] 중종 15년 5월 황해도 관찰사
1522년[47세] 중종 17년 11월에 병조참의
1524년[49세] 중종 19년 6월 도승지, 8월 대사헌, 자헌대부로 승진
1525년[50세] 중종 20년 3월 대사헌
1525년[50세] 중종 20년 9월 형조참판
1526년[51세] 중종 21년 5월 중국 황제 탄신 성절사, 9월 공조참판,
　　　　　　 10월 귀국 보고, 11월 공조판서,
　　　　　　 12월 호조참판 겸 예문관 제학,
1527년[52세] 중종 22년 5월 대사헌, 7월 공조참판, 11월 대사헌,
1528년[53세] 중종 23년 4월 재직자 중시에서 수석, 9월 첨지중추부사,

10월 예조참판

1529년[54세] 중종 24년 6월 한성부 판윤, 8월 이조판서

1530년[55세] 중종 25년 11월 형조판서

1531년[56세] 중종 26년 7월 대사헌, 8월 한성부 판윤, 10월 호조판서, 11월 병조판서

1532년[57세] 중종 27년 9월 좌참찬, 11월 호조판서

1533년[58세] 중종 28년 2월 대사헌, 4월 형조판서, 10월 좌참찬

1534년[59세] 중종 29년 3월 경기관찰사, 12월 우찬성

1535년[60세] 중종 30년 1월 근거 없는 모함을 받아 파직되어 남양
땅 선조의 논밭이 있는 곳으로 물러가 3년을 지내면서
시정 일에 대해서는 전혀 언급하지 않았다.

1537년[61세] 중종 32년 10월 호조판서,
11월 대광보국 숭록대부로 승진, 우의정, 12월 좌의정

1544년[69세] 중종 39년 11월 15일 중종 승하 11월 20일 인종 즉위

1545년[70세] 인종 1년 1월 13일 영의정, 1월 16일 영중추부사,
3월 영경연사 겸직, 7월 1일 인종 승하, 12세 명종 즉위,
문정왕후 수렴청정
추성협익 정난 위사공신 1등에 책록, 익성 부원군

1548년[73세] 명종 3년 5월 좌의정, 5월 17일 영의정

1549년[74세] 명종 4년 1월 28일 영의정 홍언필이 죽다.

54. 윤인경尹仁鏡
인사평가에서 여섯 번의 최고점을 받다

생몰년도	1476(성종 7)~1548(명종 3) [73세]
영의정 재직기간	(1545.윤1.6~1548.5) (3년 4개월)
본관	파평坡平
자	경지鏡之
시호	효성孝成
공훈	보익 1등공신(을사사화)
묘소	경기도 의정부시 신곡동
신도비	대제학 정사룡이 짓고, 6대손 윤양래가 글씨를 쓰다
기타	여섯 번의 인사평가에서 최고점을 받은 성실파로 윤원형에 협조하여 영의정에 오르다
증조부	윤돈尹惇 – 봉상시 주부
조부	윤계여尹繼與 – 삼척부사
부	윤후尹昫 – 부사정
모	진양유씨 – 유종柳琮의 딸
전처	김지수의 딸
후처	이영남의 딸
양자	윤현尹俔 – 무과 합격, 절충장군
며느리	이양필의 딸
손자	윤사철尹思哲 – 교상 현감
손자	윤사민尹思敏 – 사산 감역
손자	윤사신尹思愼 – 선공감 부봉사
손자	윤사흠尹思欽
딸	강순민姜舜民에게 출가
측실소생	윤억尹億 – 겸사복, 상호군

을사사화에 협조한 보익 1등공신

윤인경의 자는 경지鏡之이고, 본관은 파평이다. 증조부 윤돈은 벼슬이 봉상시 종6품 주부였고, 조부 윤계여는 삼척부사를 지냈으며, 아버지 윤후는 무관직인 오위도총부의 종7품 부사정으로 궁궐 방호를 책임진 하급 지휘관이었다.

윤인경은 말단 9품직부터 벼슬을 시작하였다. 그의 효성스런 인품은 주변 사람들의 칭송이 자자하였고, 이러한 그의 행실이 중종의 신망을 받게 되었다. 판서직에 오르는 동안 그의 인사평가는 대단히 좋아서 40세를 전후한 평가에서 여섯 번 모두 최고점을 기록하였다. 그의 능력과 인성을 엿볼 수 있는 대목이다.

이렇게 말단직에서 출발한 그의 관직 생활은 능력과 성실성과 효성 등으로 이미 충분한 평가를 받았음에도, 정승직에 이르러 을사사화에 관계되면서 역사기록의 인물평은 두 가지로 나뉘어 전해진다.

그의 묘비명에는 "윤인경의 사람됨이 의연하고 평생 나쁜 말을 하지 않았으며, 사람을 대하면서 귀천을 가리지 않고 한결같이 관용하였다. 좋은 일을 대하면 반드시 기뻐하고 할 수 없는 일은 힘쓰지 않았으나, 나라 일을 처리하는데 있어서 중심을 유지하였다."고 기록하고 있으나

명종실록에는 "정승에 올라서는 재앙과 복록에 겁을 먹고 여러 흉악한 자들과 함께 사람들 죽이기를 힘껏 하였고, 얽고 모함한 것이 이기李芑와 다름이 없었다. 경연에 입실하여서는 항상 '이기李芑의 뜻이 그러하다' 하였고, 의논할 때에는 '이기는 무어라고 하더냐?' 며, 한결같이 이기의 뜻

만 따랐지 조금이라도 다르게 하지 못해 마치 노예 같았다. 이에 사람들이 모두 침을 뱉으며 욕했다." 고 기록하고 있으며

사관의 논평에는 '윤인경은 시류에 얽매여서 바로잡아 구제한 바가 없으니 녹만 먹은 재상이라 하겠다.' 고 기록하고 있다.

윤인경이 그토록 두려워한 인물 이기李芑는 문정왕후의 심복으로, 윤임 등 대윤파를 숙청하는데 앞장섰던 윤원형의 오른팔이자 당대의 권력자였다. 결국 높은 벼슬자리를 지키기 위해 권력자의 눈치만 살피다가 초심을 잃고, 실록에 욕된 이름을 남기고 말았던 윤인경이 아닌가 싶다.

그의 승진과정을 살펴보면

1506년[31세] 중종 1년 별시 문과 정과 급제, 첫 벼슬로 성균관 정 9품 학록에 선발되었다. 32세에 예문관 검열을 거쳤고, 사간원 정언, 헌납, 사헌부 지평, 형조 및 병조 정랑 등을 역임한 후, 장악원 첨정으로 승진되었다가 부모님을 봉양하기 위해 근무지를 지방 고을로 청하여 태안군수로 나갔다.

업적이 특출하여 여섯 번의 고과에 연달아 최고의 점수를 받았다. 부친상을 당하여 상여를 모시고 걸어서 양주로 돌아가 장례를 치르고, 문밖을 나가지 않고 2년간 죽만 먹고 지냈다. 윤인경은 어려서 모친상을 당하였을 때도 극진한 여묘살이로 극도로 야위었고 일을 처리하는 바가 모두 예절에 합치되었는데, 천부적으로 독실한 효성을 타고났다. 상복을 벗자 사간원 사간에 임명되었다. 당시의 여론이 윤인경의 효행을 표창하려 하자, 윤인경이 굳이 사양하여 여론이 중지되기는 하였으나 명성은 더욱 더 중해졌다.

1522년[47세] 중종 17년 10월 사헌부 집의에 이어 조정의 공론이 윤인경의 명망과 행실이 강연관이 될 만하다고 하여, 특별히 품계를 높여 홍문관 부응교로 삼았다.

1525년[50세] 중종 20년 1월 충청도 관찰사로 나갔다가 돌아왔고, 1529년[54세] 중종 24년 1월 도승지가 되었다. 도승지로 지내는 중 사간원에서 상소문이 올라왔다.

사간원에서 백지 계본을 올린 호군 조침과 담당 승지의 조사를 청하였다. 간원이 아뢰기를,
"호군 조침趙琛은 전에 평안도 경차관이었을 때 이생지를 소송한 일로 논박받는데, 그 기별을 들으려고 빈 종이를 임금께 올리는 보고서라 칭하고 말을 징발하여 올려보낸 것이 잘못되어 승정원에 바쳐졌습니다. 대저 보고서나 서장書狀은 조금이라도 격식과 관례에 어그러진 데가 있으면 응당 조사할 것을 아뢰어야 할 것인데, 빈 종이를 보고서라 칭하고 역마를 태워서 올려보낸 것을, 승지의 지위에 있으면서 감싼 채 드러내지 않았으니, 그때의 도승지와 색승지(담당승지)를 다 조사하소서.

지평현감 조필은 인물이 어리석어서, 전에 의령현감이었을 때에 일에 어두워서 잘 보살피지 못하여 관민이 폐해를 받았으므로, 몇 달 동안도 지탱하지 못하고 논박받아 파직되었습니다. 지평은 경기 가운데에서도 흉악한 폐단이 더욱 심하므로 고을에서 이미 서경署經[10]을 넘겼는데, 여러번 서경을 넘긴 뒤에 교체시키면 그 고을이 오래 비게 될 것이니, 빨리 교체시키소서.

맹산현감 이지강은 서경할 때에 아내쪽의 사대조를 기록해야 할 터인데, 아직 아내를 얻지 않아서 서경하기 어려우므로 이제 서경을 넘겼으니, 교체시키소서.
또 겸춘추는 중요한 직임인데, 근래 이조가 전혀 가려서 차출하지 않으니, 매우 마땅하지 않습니다. 함경도 도사 김상과 안주 목사 김인명은 다 합당하지 않은 사람이

---

10) 서경署經 : 임금이 새 관원을 임명한 뒤에 그 성명, 문벌, 이력 따위를 써서 사헌부와 사간원의 대간臺諫에게 그 가부可否를 묻던 일. 오늘날의 서면 인사청문회에 해당.

니, 모두 교체시키소서." 하니,

임금이 승정원에 명하기를, "대간이 아뢴 조침의 일은 매우 놀라운데, 내가 전에는 몰랐다. 상세히 살펴서 아뢴 뒤에 대간에게 답해야 하겠거니와, 그때의 도승지와 색 승지는 누구인가?" 하매,

도승지 윤인경과 좌승지 김안정이 답하기를, "그 때에 윤인경이 도승지이고 김안정 이 색승지였는데, 세월이 이미 오래 지나서 그 날짜는 확실히 알 수 없으나, 지난 1528년 12월 쯤의 일이었습니다. 그 보고서가 과연 본 승정원에 이르렀는데, 아랫 사람들이 겉봉의 봉인이 분명하다 하므로 뜯어보게 하였더니, 빈 종이만이 있었습니 다. 고을에서 '이것은 잘못 올려보냈을 것이니 실제 보고서가 뒤따라 올 것이라.' 여 기고 의심하지 않았으나, 그 뒤에도 끝내 오지 않았는데, 일이 많은 사이에 미처 잘 살피어 조사할 것을 아뢰지 못하였습니다." 하니, 사간원에 답하였다.

"조침의 일은 매우 놀라우니, 아뢴 것이 마땅하다. 내가 전혀 모르므로 승정원에 물 었더니, 승지들이 말하기를 '그때 보고서가 과연 승정원에 이르렀는데, 봉인이 분명 하므로 뜯어 보았더니 빈 종이만이 있었으나, 승지들이 이것은 잘못 올려보냈을 것 이니 실제 보고서가 뒤따라 올라올 것이라고 생각하였으므로, 곧 조사할 것을 아뢰 지 않았다.' 하니, 이 생각은 마땅한 듯하다.

그러나 조침이 참으로 보고서를 올린 것이라면 전일 잘못 올려보낸 사연으로 오래 지 않아서 다시 보고했어야 마땅하며, 그 뒤로 오래도록 다시 아뢰지 않았다면 승지 들도 전일의 일을 아뢰어 조사하기를 청했어야 마땅한데 또한 그렇게 하지 않았으 니, 매우 온편하지 못하다. 조침은 별도로 조사하고 승지들도 아뢴 대로 조사하라." 하였다.

사관은 논한다. 조침은 본디 탐욕스럽고 간사한데다가 교만하였다. 지난 1520년 사 이에 정언에 제수되어서는 시류에 아부하여 기묘년의 사람들(기묘사화에 관련된 사람 들)을 힘껏 공박하였다. 이 때문에 명예가 자자하여 청요직의 벼슬에 두루 거용되니, 선비들의 의논이 그르게 여겼다.

－중종실록 24년 3월 28일 －

3년간 승정원 승지로 있으면서 왕명출납을 모두 소신껏 하였다. 그런데 뜻하지 않은 사건에 연좌되어 군위로 전직되었다가 곧바로 호조 참의로 제수되었다.

윤인경이 오랫동안 승진하지 못하고 여러 해를 같은 자리에서 맴돌고 있자, 중종이 특별히 두 등급의 품계를 승진시켜 가선대부가 되었다.

1532년[57세] 중종 27년 2월 예조 참판을 거쳐 3월 경상도 관찰사가 되어 나갔는데, 경상도는 큰 흉년으로 백성들이 굶주림에 시달리고 있었다. 윤인경은 체임 시기를 늦추어 밀과 보리가 익을 때까지 일선에 머물러 기근에 시달리는 백성들을 구원하는데 힘을 기울여 남쪽의 사람들이 칭송이 끊이지 않았다.

전일에 경상도 관찰사 윤인경에게 올 곡식이 익을 동안에는 그대로 재임하도록 유지를 내리셨는데 윤인경은 그 명을 보지 못하고 전언傳言만을 듣고 교체될 기일을 기다린다 합니다. 지방관을 그대로 재임하도록 하는 일에는 반드시 명을 내리시게 마련인데 내리신 서장이 오래도록 도착하지 않았다면 중간에서 지체하여 전해지지 않았다는 것을 알 수가 있습니다. 색승지(담당승지)는 방관만하고 살피지 않아 왕명을 중간에서 폐지되게 하였으니, 매우 그릇된 일입니다. 조사하소서." 하니, 전교하였다. "윤인경의 일에 대하여 색승지를 조사하게 하라." 하였다.

—중종실록 28년 7월 27일 —

1533년[58세] 중종 28년 10월 형조판서로 승진하였다. 어떤 빈한한 선비가 송사를 제기하였는데, 윤인경이 그의 억울한 사정을 바로잡아주자, 당국자가 미워한 나머지 끝내 죄를 만들어 파직되고 말았다. 곧 복직되어 호조판서, 예조판서를 거쳐 1537년에 이조판서가 되었다. 이조판서를 두 번 연임하고 호조판서로 있는데

1539년[64세] 중종 34년 6월에 임금이 승정원에 전교하기를 "이조의

당상이 전원 교체되어 인사할 사람이 없다. 이럴 경우 옛날에도 임무를 감당할 수 있는 사람을 불러서 판서에 임명하여, 인사를 맡긴 적이 있으니, 내일 윤인경을 불러서 인사를 담당하게 하라." 하여 윤 7월에 다시 이조판서가 되었고, 12월에 병조판서로 옮겼다.

1540년[65세] 중종 35년 4월에 의정부 우찬성이 되었는데, 8월에 임금이 대신에게 정승이 될 만한 사람을 주의注擬[11]하라 하니 소세양과 윤인경 등을 추천하였다.

윤은보와 홍언필 등에게 복상卜相하라 명하니 소세양·윤인경·유관·김안국을 문서로 아뢰기를, "지난날 복상할 때는 물망이 있는 노련한 인물로 한 사람만을 써서 아뢰었는데 지금은 그런 인물이 없습니다. 지금 아뢰는 자들은 직책과 인물이 서로 비등하므로 밑에서 감히 마음대로 선택할 수 없기 때문에 여러 사람을 기록하여 아룁니다." 하니,

임금이 명하였다.
"전일에 복상할 때도 한 사람이나 혹은 두 사람으로 한 적도 있었다. 지금 천거한 숫자가 많은 것 같으나 내가 요량하여 처리하겠다."

— 중종실록 35년 8월 26일 —

복상 단자卜相單子[12]를 승정원에 내리면서 일렀다.

"소세양·윤인경·유관·김안국은 다 삼공에 적합하다. 그러나 소세양은 아흔이 넘은 노모가 계시기 때문에 전일 조정 대신과 내가 모두, 노모를 모시고 와야 한다고 하여 노모가 올라왔었지만 곧 되돌아갔다. 이제는 종1품 찬성으로서 말미를 받아 내려

---

11) 주의注擬 : 관리를 임명할 때 문관은 이조에서 무관은 병조에서 후보자를 전형하여 왕에게 천거하는 일. 1명을 천거하는 경우를 단망이라 하고, 3명을 천거하는 경우를 비삼망이라고 하며, 4명 이상 여러 명을 천거하는 경우를 장망이라고 한다.

12) 복상 단자卜相單子 : 정승의 후보자 추천을 '복상卜相'이라 하였는데, 3의정 중에서 결원이 생기면 왕이 현직 의정 중 한 사람에게 3인의 후보자를 추천케 하여 선임하였다. 복상단자는 이조에서 추천한 후보자를 국왕이 선택하여 점을 찍던 낙점자 명단을 말함

갔으니 또한 폐단이 있다고 보겠다. 삼공(삼정승)은 좌·우찬성보다 책임이 무거운데 소세양이 노모 때문에 해마다 왕래해야 한다면 그 폐단이 적지 않을 것이다. 유관은 괜찮기는 하지만 전일 송숙근의 상피에 대한 보고서를 보았더니 윤은보와 내외 사촌이었다. 찬성 자리는 괜찮지만 삼공 자리는 사촌이 함께 있을 수 없다. 김안국은 적합하지만 찬성을 거치지 않았으며, 윤인경은 나이는 모르나 노련한 인물이다. 김안국을 단망[13]으로 찬성에 추천하고 윤인경을 우의정에 제수하라.'

- 중종실록 35년 8월 27일 -

1540년[65세] 중종 35년 8월 27일 윤인경이 오래도록 삼공의 명망을 지니고 있었으므로 중종이 여론을 받아들여 의정부 우의정으로 발탁하고 영경연·감춘추관사를 겸임시켰다. 9월 12일 그동안 파직시키고 직첩을 거두었던 재상과 조정 관료들을 빠짐없이 문서로 보고하라고 일렀다.

승정원에 명하기를, "직첩을 거두고 파직시킨 사람은 관례적으로 12월에 보고서를 올린다. 다만 재상이나 조정 관료를 징계시키기 위하여 직첩을 거두고 파직시키는 일이 많아, 서용하려고 할 때는 항상 사람이 부족한 것이 걱정이다. 전에도 평상시에 보고한 때가 있었으니 지금도 보고한다면 내가 죄의 경중을 짐작해서 서용하겠다. 이를 삼공과 의논하라." 하였다.

영의정 윤은보, 좌의정 홍언필, 우의정 윤인경이 함께 의논하여 아뢰기를,

"직첩을 거두고 파직시킨 인원을 연말에 보고하는 것이 관례이므로 이달에 보고하는 일은 그 시기가 아닌 듯합니다. 그러나 정무를 수행할 사람이 모자라 중요한 자리가 많이 비어 있어 더 보충하기가 쉽지 않습니다. 재상이나 조정 관료로서 관직이 파면된 자 중에 사건의 고의성이 없는데, 다만 징계시키기 위해 파직한 사람이면 불시에 서용해서 안 될 것이 뭐 있겠습니까?" 하니, 명하였다.

---

13) 단망單望 : 임명할 때는 인사를 맡은 관청에서 관직마다 후보자 3명을 선정하여 왕에게 올렸다. 이를 삼망 또는 비망·비삼망이라고 하고, 왕이 이중에서 1명을 택하는 것을 낙점이라고 했다. 그러나 때로는 단일 후보자를 올릴 때가 있는데, 이를 단망이라고 했다.→ 낙점

"대신의 의논이 이와 같으니 파직시키고 직첩을 거둔 재상과 조정 관료를 빠짐없이 보고하도록 이조와 병조에 이르라." 하였다.

- 중종실록 35년 9월 12일 -

1544년[69세] 중종 39년 9월 좌의정 홍언필 등과 대윤 윤임· 소윤 윤원형의 일에 대하여 염려하며 의논을 내리다.

좌의정 홍언필, 우의정 윤인경, 우찬성 성세창, 좌참찬 권벌, 우참찬 허자, 병조판서 정옥형, 공조판서 유인숙, 형조판서 상진, 예조판서 임권, 이조판서 신광한, 호조판서 임백령, 대사헌 정순붕, 대사간 임억령이 부름을 받고 대궐에 나아가니, 주상이 의논을 내리기를,

"오늘 경연에서 대사헌의 말을 들었는데, 이것은 심상한 일도 아니요, 또한 잘 알려진 일이다. 위에서도 밝게 가리지 못하면 인심이 어수선하고 선비들도 스스로 안정하지 못할 것이다. 그러므로 내 생각은 이러하다. 이 일은 두 윤씨가 저희끼리 무리를 만들었을 뿐 아니라, 한편은 세자(후에 인종)를 위하고 한편은 왕자(후에 명종)를 위하니 이는 매우 아름답지 못한 일이다. 국가를 어지럽히는 것이 어찌 중대하지 않겠는가. 여느 때에도 세자와 대군을 만나면 그 예에는 차등을 두나 치우치는 뜻이 없고, 세자와 대군은 바야흐로 우애의 정이 있으므로, 대궐 내의 위아래에 그럴듯한 꼬투리가 터럭만큼도 없는데, 뜻밖에 아래에서 이런 간사한 의논이 생겨 위아래가 안정하지 못하고 형제 사이도 화평하지 못하게 하니, 관계되는 바가 매우 크다.

윤임·윤원형은 다 지친인데 나도 어찌 돌볼 일이 없으랴마는, 큰일은 일찍부터 막지 않을 수 없다. 외척의 일을 위에서 결단하면 간사한 의논이 진정 될 뿐더러 죄받는 사람도 마침내 편안하게 될 것이며 사림도 인정될 것이다. 구수담이 그 기미를 발설하여 그 간사한 말을 진정하려 하였으나 내가 그 좋아하고 싫어함을 보이지 않았으므로, 이 말이 이제까지도 그치지 않는다. 윤임은 간흉에게 간사한 의논을 맨 먼저 내어서 이제까지도 그치지 않게 하였으므로 지극히 그르니 지방으로 귀양보내야 하겠고, 윤원형은 이렇게 진정되지 못하게 하였으니 파면해야 하겠다. 이렇게 하면 마땅할 듯하다." 하였다.

- 중종실록 39년 9월 29일 -

1545년[70세] 중종 39년 11월 15일 중종이 승하하자, 윤 1월 6일 영의정으로 승진하여 영경연·관각 관상감사를 겸하였다.

인종 원년 여름에 임금이 병석에 눕자 윤인경이 내의원 제조로서 주야로 임금을 모시고 살폈다. 임금이 승하하자, 병조의 책임자를 불러 의금부의 병력을 나누어 명종의 사저로 보내어 호위하도록 하고 친히 찾아가 맞아들여 그날로 왕위를 계승하게 하였다.

얼마 후 문정왕후를 등에 업고 윤원형이 을사사화를 일으켜 인종의 외척들을 모조리 숙청하자, 윤인경은 이에 협력한 공으로 보익공신 1등에 책록되고 파성부원군에 봉해졌다.

1548년[73세] 명종 3년 5월 윤인경은 선임 영의정이었던 홍언필이 자리가 바뀌어 좌의정에 머물게 됨을 미안해 하던 나머지 임금에게 청해, 자신이 좌의정으로 내려앉고, 홍언필을 다시 영의정에 오르도록 하였다. 이해 7월에 윤인경의 병환을 아뢰자 임금이 특별히 어의를 명하여 진찰하여 치료하도록 하고 여러 번 내관을 보내어 병을 살피었으나 결국 향년 73세로 세상을 떠났다. 시호는 효성孝成이다.

겨울 번개에 대한 대책을 묻다

임금이 겨울 번개와 같은 재변에 대한 대책을 여러 신하들에게 물었다. 뭇 신하에게 주상이 이르기를, "겨울 번개는 옛적부터 큰 변괴라 하였는데, 요사이 겨울 번개가 있었으므로 이미 잘못된 일을 듣기를 구하였는데도 어제 번개는 전일보다도 심하였다. 재변은 까닭 없이 생기지 않는 것이니 재변을 대비할 방도를 내가 모르겠다." 하며 여러 백관들에게 논의하라 하였다.

주상이 이르기를, "대저 재변은 모두가 인사人事의 잘못으로 말미암아서 일어나는 것인데, 지금 백성의 원망이 있을 터인데도 형벌이 너무 무거우니, 매우 옳지 못하다. 죄 있는 자가 요행히 면하고, 죄 없는 자가 억울하게 죄를 받게 하면 어찌 옳으랴! 그러나 이런 일은 모두 사람이 하기에 달린 것이니, 형조를 맡은 자가 실정과 법을 헤아려 처리하면 될 것이다." 하였다.

형조판서 윤순이 아뢰기를, "소신과 같은 자가 형옥의 관을 맡아서 능히 그 직임을 다하지 못하므로 이러한 재변이 생긴 것입니다. 하니,
주상이 이르기를, "형벌이라는 것은 잘 다스리기 위하여 돕는 도구로써 부득이하여 쓰게 되는 것이다. 쓰지 아니하면 강포한 자들이 제멋대로 행동하게 되므로 형벌을 쓰지만, 형벌을 쓰더라도 절도에 맞도록 해야 한다." 하였다.

우의정 정광필이 아뢰기를, "신이 순서를 뛰어넘어 정승이 되었으니 어찌 음양을 조섭하는 자리에 합당하리까! 음양을 조섭하는 자리를 병 요양하는 장소로 삼았으니, 이것이 어찌 정승을 두는 뜻이겠습니까! 지금 신을 갈면 실지로 하늘의 견책에 응한다고 할 수 있습니다. 지금 형벌이 너무 중하여, 신수근의 자손들과 윤구의 자식 등 아무것도 모르는 어린 것이 죄를 받았는데, 이들이 무슨 딴 마음이 있었으리까! 조정에는 임용할 수 없더라도 편의한 대로 할 수 있게 함이 어떠하리까? 하니,

주상이 이르기를, "반정이후에 연좌된 사람들이 누차 상소하였으나, 법사가 시행하지 말도록 하였다. 윤구尹遘의 자식은 조정에서 당초에 큰 계책 때문에 정죄定罪한 것이니 어찌 억울하지 않으랴! 하고,

참찬 윤금손이 아뢰기를,
"지금 형벌이 너무 중하니, 죄 없이 죽으면 어찌 억울하지 않으리까! 또 나이 찬 처녀들이 혼인하지 못하고, 사대부들이 혹 죄 없이 실무가 없는 벼슬아치가 되어 수용되지 못하니, 이런 일들이 또한 족히 화기를 손상할 수 있습니다. 그러나 재변을 만나 몸을 조심하여 행실을 닦는 것은 성상의 마음에 달렸습니다." 하고,

병조판서 신용개가 아뢰기를,

"옛 사람은 겨울의 우레는 정령이 한결같지 않고 형옥이 지나친 데에 대한 응험應驗이라고 여겼습니다. 이를 구제할 방법은 굶주린 자를 먹이고 형벌을 가볍게 하는 데에 있을 뿐입니다. 올 농사가 조금 잘된 듯하나, 해마다 흉년든 끝이므로, 시작하지 않아도 될 일까지 모두 시작하려면 폐단이 적지 않으니, 급하지 않은 일을 정지하면 백성이 은혜를 입을 것입니다. 또, 수령이 혹 사사로운 노여움으로 사람을 해치는데, 다행히 드러나는 자가 있으면 일체 죄를 주어야 합니다. 지금 북방으로 강제 이주한 자들은 비록 그 죄에 해당되기는 하나, 혹 경차관[14]의 위엄에 겁이 나서 거짓 자복한 사람도 있습니다. 전에는 군적감고[15]를 거의 농사권유로 정했는데 지금은 유향소[16]로 정하기 때문에, 마땅히 이주해야 할 자 중에서 혹 공적이 있으면 면하게 되나, 조상의 음덕이 없는 자는 이주를 면하지 못하니, 억울함이 적지 아니합니다. 신은, 백성들의 원망이 또한 여기에 있을 듯합니다."하고,

공조판서 정광세가 아뢰기를,
"성종 때에 구영안이 남의 여자를 간음하였다가 일이 발각되어 먼 지방에 유배됨으로써 영구히 과거길이 막혔다가, 그 뒤에 상소하여 과거 보는 것을 허가받아 급제했었습니다. 근자에 나인內人에게 빌붙었다가 죄받은 사람이 매우 많은데, 그 죄가 강상을 무너뜨리는 데에 이르지 않아서 애매한 자가 있으니, 그 중에는 등용할 만한 사람도 있습니다. 또한 사형이 결정된 옥사가 매우 많으나, 형방 승지[17]가 삼심을 아뢴 뒤에야 사형에 처합니다. 이 때문에 더러는 7~8년이 되도록 옥중에서 굶주리므로 빨리 죽고자 하는 사람이 매우 많으니, 그 억울함이 적지 않습니다. 이제부터는 형방 승지가 아니라도 날마다 빨리 아뢰어서 시행함이 어떠하리까?" 하고,

이조판서 김전이 아뢰기를, "신은 본래 용렬한데 인사하는 권한을 맡았으니, 하늘의

---

14) 경차관敬差官 : 어떤 일을 처리하기 위하여 지방으로 파견되는 임시 벼슬. 경차는 임금이 임명하여 보낸다는 뜻으로, 곧 중앙에서 지방으로 파견하는 임시 벼슬.

15) 군적 감고軍籍監考 : 군정의 대장(호적)을 만드는 일에 종사하는 실무자.

16) 유향소留鄕所 : 수령을 도와 풍속을 바로잡고 향리를 규찰하고 민정을 대표하는 등의 일을 맡아보게 하기 위하여 설치한 것으로, 여기에 종사하는 사람으로는 그 고을에서 유력한 자를 좌수座首·별감別監의 향직과 품계를 주는데, 이들을 유향품관이라 한다. 유향소는 이들이 집무하는 곳. 여기서 유향소라 함은 유향품관을 가리킨다.

17) 형방승지刑房承旨 : 형조에 관계되는 일을 맡은 승지. 여섯 승지는, 이吏·호戶·예禮·병兵·형刑·공工의 순서에 따라, 도승지·좌승지·우승지·좌부승지·우부승지·동부승지가 분담한다.

재변은 반드시 사람 쓰기를 잘못한 데에서 생겼을 것입니다."

하니, 주상이 이르기를, "인사를 잘하는 것은 사람 얻기에 달려 있다. 소소한 폐단은 모두 제거하지 못하더라도 사람만 잘 쓴다면 폐단이 저절로 제거된다. 사람을 쓰는 것은 임금에게 달려 있으나, 추천하는 일은 오로지 이조와 병조에 달려 있으니, 사람을 쓸 즈음에 바르게 선택해야 한다." 하였다.

예조 참판 강징이 아뢰기를, "마음을 바로잡으려면 마땅히 경敬을 먼저 해야 합니다. 서경書經에 이르기를 '조심하고 밝게 한다.' 하고, 또 '조심하되 오직 형벌을 신중히 하라.' 하였으니, 요임금·순임금도 모두 경敬을 근본으로 삼았습니다. 지금 경연에서 오직 사기·논어·맹자·중용·대학·시경·서경만 강의할 것이 아니라, 때를 가리지 말고 대면하게 하여 자주 대신과 접하여 정사를 자문하셔야 합니다. 대저 형벌만을 중히 여기면, 지방에 어찌 형벌을 지나치게 하는 일이 없으리까! 각도의 관찰사에게 글을 내려 형벌을 지나치게 하는 자에게 죄주게 하시는 것이 마땅합니다. 경창京倉[18]의 공채公債[19]는 해당 관사로 하여금 마련하게 해서 시행함이 어떠하리까?" 하였다.

하고, 도승지 이사균이 아뢰기를,

"옛말에 '조용히 혼자 있을 때에 부끄러움이 없다.' 하였으니, 항상 오늘 여러 신하를 대하는 때와 같이 하시면 됩니다. 또, 반정 이래로 국시가 정해지지 아니하여 각기 자기의 의견이 옳다고 여겨 모두들 내가 성자聖者라고 하니, 마음이 화평하다고 할 수 없습니다. 어제 내리신 분부에 '마음이 화평하면 기운도 화평하다.' 하셨는데, 전하께서 이렇게 하시고 대신도 이렇게 하면 됩니다. 지금 주상께서 재변을 만나 두려워하시는 때이니, 해당 관사의 일만 진달함은 마땅치 아니합니다. 오늘의 토의에는 연로한 대신이 병든 몸을 부축해서라도 입궐하여야 마땅한데, 더러 병 때문에 나오지 않는 사람이 있으니, 신이 적이 마음 아프게 여깁니다." 하였다. 〈중략〉

헌납 윤인경이 아뢰기를, "재변을 그치게 하는 방법은 다만 임금의 마음가짐에 달려 있습니다. 대간은 눈과 귀의 관직이므로, 합당하지 않은 인물이 있으면 자세히 알아보아 임금의 잘못을 따져 아뢰는 것인데도, 쾌하게 들어 주지 않고 대신들에게 물으시니, 이목의 관직을 믿는 뜻이 어디에 있습니까? 또, 전에는 사관도 인사행정에 참

---

18) 중앙 정부에서 지출하는 미곡米穀 등 현물 재원을 보관하고 지출하던 국영 창고의 총칭

19) 공채는 조세租稅를 미납하거나, 환곡還穀을 지급받고 원곡元穀 및 모곡耗穀을 갚지 않거나 하는 등 다양한 형태로 발생하는 국가에 대한 채무를 말한다.

여하였는데, 지금은 따로 장막을 두니 매우 옳지 못합니다. 이제부터는 사관으로 하여금 인사추천의 시작과 끝을 참관하게 하는 것이 옳습니다." 하였다.

윤인경의 졸기

1548년[73세] 명종 3년 7월 19일 좌의정 윤인경의 졸기

윤인경이 졸하였다. 주상이 부음을 듣고 몹시 슬퍼하여 3일 동안 간소한 반찬으로 줄였다. 윤인경은 일찍이 태안 군수로 있었는데, 상喪을 당하여 걸어서 관柩을 모시고 고향으로 돌아가 장사를 치뤘고 상례 역시 구차하지 않았으며, 족친을 아끼고 돌보았으므로 사람들이 효도와 우애가 깊다고 일컬었다. 정유년에 김안로가 형벌을 받은 후에 기묘년의 사림들인 김안국 등이 조정에 돌아왔지만 중직에는 임용하지 말라고 명하였었다. 윤인경이 그때 이조판서로 있었는데 서둘러 벼슬을 올리면서 말하기를 '이 사람들을 어찌 끝내 버려두고 쓰지 않아서야 되겠는가.' 하였다. 이로 말미암아 영예와 명망을 얻어 무난하게 재상이 된 것이다. 중종 말년에 황헌이 이기·윤원형과 결탁하자 시정 의론이 장차 황헌을 평안 감사로 내쫓으려고 하였는데, 이때 황헌은 이미 이조판서를 지냈었다. 하루는 황헌이 윤인경을 찾아가 말하기를 '내가 무슨 죄가 있기에 감사로 보내려 하는가?' 하니 윤인경이 꺾어 말하기를 '조정의 의논이 모두 공을 허물하여 외직에 제수하려 하니, 공은 가지 않을 수 없소. 그렇지 않으면 일이 여기에서 그치지 않을 것이오.' 하니 황헌이 꼼짝 못하고 물러 나왔는데, 당시 사람들이 통쾌하게 여겼다. 을사사화에 이르러 재앙과 복록에 겁을 먹고 여러 흉악한 자들과 함께 사림을 죽이기 힘껏하여 얽고 모함한 것이 거의 이기李芑와 다름이 없었다. 경연에 입실할 때면 항상 말하기를 '이기李芑[20]의 뜻이 그러하다.' 하였으며, 의견을 모을 때에는 문득 '이기李芑는 무어라고 하더냐?' 하면서 한결같이 그의 뜻만을 따랐지 감히 조금이라도 다르게 하지 않아서 마치 노예 같았다. 이에 사

---

20) 이기李芑 : 대윤과 소윤이 싸우게 되자 이기는 소윤 윤원형 등과 손잡고 대윤 윤임의 세력을 제거하면서 신진 사림파들 역시 대대적으로 숙청을 가하였다. 후에 영의정을 지냈다.

람들이 모두 침을 뱉으며 욕했다.

사관은 논한다. "윤인경은 시류에 얽매여서 바로잡아 구제한 바가 없으니 녹만 먹는 재상이라 하겠다." 라고 기록하고 있다.

임금이 매우 슬퍼하여 조회를 3일간 중지하고 부의와 치제를 여느 때보다 더 후하게 하사하였다.

양손자의 악행

윤인경이 죽은 뒤 5년이 지난 1553년 12월 12일 윤인경의 처 이씨가 양손자 윤사철의 악행에 대해 상소장을 올렸다.

사헌부가 아뢰기를, "고 영의정 윤인경의 처 이씨가 본부에 소장을 올리기를 '남편의 양손자 윤사철이 내 몸을 더럽히고 5개월 만에 낙태를 시켰다는 말을, 윤사철과 그의 아우 윤사신 등이 사람들에게 퍼뜨렸는데 (윤사철은 사람들이 수군대는 말을 듣고 자신을 변명하기 위하여 먼저 발설하였다.) 이 사람이 어디에서 들었는지 일의 전모를 조사하여 밝혀주기 바란다.' 하였고, 상주 윤사철도 본부에 소장을 올리기를 '전에 용강 현령이 되었을 때 하인들이 절취한 물건을 일일이 도로 가져다 놓게 하였더니 그들이 이 일로 혐의를 품고 입에 담지 못할 말을 꾸며낸 것이다. 옥사에 나아가 변명하겠다.' 하였습니다. 그 원본을 의금부로 보내어 신문하여 밝히게 하소서."

하니, 답하기를, "지금 올린 글을 보니 몹시 해괴하다. 일이 강상에 관계되니 아뢴 대로 하라." 하였다. 승정원이 의금부의 뜻으로 의정부·사헌부·의금부가 한자리에 모여 신문하기를 청하니 아뢴 대로 하라고 전교하였다. 우선 윤사철의 첩 의수 및 다른 관련자를 조사하였으나 아무런 단서도 얻지 못하였다. 사헌부가 다시 아뢰기를,

"윤사철은 본디 광패한 사람으로 전날 용강 현령이 되었을 때 도리에 어긋난 일을

많이 행하였는데, 상주를 협박하여 고기를 먹게까지 하였으므로 인심을 크게 잃었습니다. 하인들이 그를 원망하고 있을 때에 마침 첩 의수가 큰소리를 한 일이 있어 이로 인하여 퍼진 것입니다. 윤사철은 부끄러워하면서 몸둘 바를 몰라야 하는데도 버젓이 인근 고을의 수령들과 더불어 잔치를 베풀 때 공공연하게 떠들어 놓고, 온 동내의 사람들이 모두 안 뒤에야 아우인 윤사신을 시켜서 사람들과 의논하도록 하였습니다. 그러고는 일이 크게 벌어지게 되자 윤억이 꾸며낸 말이라고 하는가 하면 혹은 윤사신이 퍼뜨린 말이라고 하면서 앞뒤로 말을 바꾸어서 두 사람에게 죄를 뒤집어 씌웠으니, 그 반복 흉악함이 이루 말할 수 없습니다.

신들이 들으니 윤사철이 자기의 첩에게 준 쪽지에 '후일에 내가 너를 버리지 않을 것을 부모를 들어 맹세한다.'고 하였는데, 첩 의수가 소박을 당한 후에 큰소리를 한 적이 있다는 말이 나돌았으니, 이로 보면 소위 큰소리라는 것은 아마도 부모를 들어 맹세한 말을 가리키는 것이 아닌가 합니다. 듣는 사람들이 맹세한 말을 모르고서 다른 일로 의심하여 전파한 것입니다. 이는 용강·함종 사람들이 듣고 의심하여 이같이 전파했고 윤담의 첩 대비가 또 윤사철의 첩 의수의 말을 듣고 전파한 것입니다. 여덟 사람을 신문하였는데도 끝내 아무런 단서가 없는데, 단지 이 사건이 의심스럽다 하여 지금도 신문하고 있습니다. 첩 의수가 바친 서로 맹세한 쪽지는 비록 언문으로 되어 있으나 과연 이것이 윤사철의 필적이라면 언문이라고 하여 신뢰하지 않을 수는 없습니다. 더구나 윤사철이 조모祖母와 의논한 언문 쪽지도 있으니 그것과 대조해 보면 알 수 있을 것입니다. 그 언문 쪽지의 맹세가 확실하다면 이는 첩 의수가 이 쪽지로 윤사철을 협박하여 사랑을 굳히려 한 것일 수도 있는 것입니다. 만일 그 발언으로 인하여 마침내 대옥사가 일어나 여러 사람이 죽게 된다면 어찌 원통하고 억울한 일 중에 큰 것이 아니겠습니까.
윤사철은 이미 윤담의 첩과 간통하였고, 아비의 상중에 있으면서 영흥 기생과 간통하였으며, 지금 또 사실이 아닌 일로 윤사신과 윤억을 모함하였으니, 그 정상을 살펴보면 지극히 흉패합니다. 이것으로 신문하여 치죄하여도 그 악을 징계할 수 있으니, 대신에게 의논하소서." 하니, 아뢴 대로 하라고 답하였다.

영의정 심연원이 의논드리기를,
"사헌부가 무고한 사람이 애매하게 많이 죽지나 않을까 염려하니 그 형벌을 신중히 하는 뜻은 지극하다 하겠습니다. 그러나 강상을 더럽히는 것은 인륜의 대변입니다. 지금 바야흐로 의금부에서 추국하고 있는데, 심판관에게 전임시키고 대간도 참여시켜 끝까지 추궁한다면 그 단서를 얻을 수 있습니다. 그런데 죄가 없다는 명백한 사실이 드러나기도 전에 갑자기 석방하고 다른 죄로 다스린다면 진실을 잃을 우려가 있을까 염려됩니다."

하니, 주상이 따랐다. 드디어 관련자들을 모두 석방하고 윤사철만을 국문한 결과, 숙부의 첩을 간음하고 부친상에 있으면서 관기와 간통한 사실을 모두 승복하였으나 양조모 이씨를 간음한 일은 끝내 승복하지 않고 형장 아래에서 죽었다.

사관은 논한다. 윤사철의 사건은 애매한 것 같으나 죄가 강상에 관계되어 사건이 아주 중한데, 갑자기 부실한 언문 쪽지로써 석방하기를 아뢰었으니 사헌부의 행위가 공에서 나왔다 하겠는가. 사에서 나왔다 하겠는가? 그 실정을 끝까지 추문하지 않고 대죄를 풀어주는 것은 크게 법을 잃은 것이다.

[승진과정]

1504년[29세] 연산 10년 사마시 합격

1506년[31세] 중종 1년 별시 문과 정과 급제,
첫 벼슬로 성균관 정9품 학록에 선발

1507년[32세] 중종 2년 기사관, 6월 예문관 검열

1508년[33세] 중종 3년 대교, 기사관, 예문관 봉교, 성균관 전적,
예조좌랑, 병조좌랑

1511년[36세] 중종 6년 5월 사간원 정언, 한성부 판관, 황해도 도사,
승문원 교리

1513년[38세] 중종 8년 8월 사간원 헌납

1514년[39세] 중종 9년 6월 사헌부 지평

1515년[40세] 중종 10년 2월 사헌부 지평 연임, 사간원 헌납, 형조 정랑,
병조 정랑

1520년[45세] 중종 15년 사간원 사간, 사재감 부정, 사복시 부정,
사섬시 부정, 보덕, 사성을 역임

1521년[46세] 중종 16년 11월 사간원 사간

1522년[47세] 중종 17년 10월 사헌부 집의, 이어 사복시 정·상의원 정,
홍문관 부응교

1523년[48세] 중종 18년 2월 응교, 윤 4월 동부승지로 발탁,
7월 우부승지

1524년[49세] 중종 19년 8월 예조참의, 9월 대사간, 상호군으로 강등

1525년[50세] 중종 20년 1월 충청도 관찰사

1526년[51세] 중종 21년 1월 승정원 좌부승지

1528년[53세] 중종 23년 8월 좌승지

1529년[54세] 중종 24년 1월 도승지, 8월 황해도 관찰사,

1531년[56세] 중종 26년 6월 동지중추부사
중국 연경에 동지사로 갔다가 돌아오다.

1532년[57세] 중종 27년 2월 예조 참판, 3월 경상도 관찰사

1533년[58세] 중종 28년 7월 한성부 우윤, 9월 병조참판, 10월 형조판서

1535년[60세] 중종 30년 2월 호조판서, 3월 우참찬,

1536년[61세] 중종 31년 3월 예조판서 겸 도총관 및 지의금부사·
동지 성균관사

1537년[62세] 중종 32년 8월 호조판서, 10월 이조판서
1538년[63세] 중종 33년 10월 이조판서 연임
1539년[64세] 중종 34년 2월 호조판서, 윤 7월 이조판서, 12월 병조판서
1540년[65세] 중종 35년 4월 의정부 우찬성,
          8월 의정부 우의정에 발탁, 영경연·감춘추관사 겸직
1544년[69세] 중종 39년 9월 윤임·윤원형의 일에 대하여 의논하다
1545년[70세] 중종 39년 1월 13일 중종 승하, 좌의정, 산릉 총호사 겸직
1545년[70세] 인종 1년 윤 1월 6일 영의정, 영경연·관각관상감사 겸직,
          인종 승하, 을사사화, 보익공신 1등, 파성부원군
1547년[72세] 명종 2년 궤장 하사
1548년[73세] 명종 3년 5월 좌의정
1548년[73세] 명종 3년 7월 19일 좌의정 윤인경이 죽다.

명종 시대

55. 이기李芑
원한을 권력으로 풀다가
간흉이란 이름을 남기다

생몰년도	1476(성종 7) ~ 1552(명종 7) [77세]
영의정 재직기간	(1549.5.21.~1551.8.23.) (2년 3개월)
본관	덕수德水
자	문중文仲
호	경재敬齋
시호	문경文敬
공훈	보익 1등공신, 정난위사 1등공신
출생	서울 출신
묘소	충남 당진군 송산면 도문리 산 79-1번지 봉화산에 안장
기타	점필재 김종직의 문인
	쌓인 원한을 권력으로 풀다가 간흉이란 이름을 남기다.
증조부	이명신李明晨
조부	이추李抽 - 지온양군사
부	이의무李宜茂 - 사간
모	창녕 성씨 - 상희의 딸
형	이권李菤 - 전라좌도 수사
동생	이행李荇 - 좌의정
동생	이영李苓
동생	이봉李芃
처	김씨 - 군수 김진金震의 딸
장남	이원우李元祐
장녀	안응원에게 출가

2대공신(보익 1등공신, 정난 위사1등공신)

이기의 자는 문중文仲이고, 호는 경재敬齋로 본관은 덕수이다. 증조부는 이명신이고, 조부 이추는 사헌 감찰을 지냈으며, 아버지 이의무는 점필재 김종직의 문인으로 청백리이자, 사간원 사간을 지냈다. 어머니는 창녕 성씨로 사육신 성삼문과는 6촌간이며, 교리를 지낸 성희의 딸이다. 생육신인 성담수, 성담년이 이기의 외삼촌이다. 동생 이행은 신증동국여지승람의 집필에 참여했으며, 이행 역시 좌의정과 판중추부사를 지냈다. 이율곡의 아버지 이원수도 이기의 조카였으니 이율곡의 재종조부인 것이다. 당조카 이원수는 그의 문하에 찾아가 글을 배우려 하였으나 신사임당이 이를 말렸다고 한다.

이기는 삼사를 비롯한 청요직의 직책이나 6경[21] 등의 서경을 필요로하는 지위에는 나아가지 못하였다. 그가 요직에 오르려 할 때마다 장인 김진이 군수 재직 중 뇌물을 받은 일로 장리贓吏[22]의 사위라 하여 반대하였으며, 그의 글재주를 안타깝게 여겨 서경의 직무에 허통[23]하려 하자 조정 관원이 모두 안 된다고 하였는데, 당시 대사헌 이언적만 유독 될수 있다고 강력히 주장하여 허통하게 되었다. 그의 능력을 아깝게 여겨이기를 천거했던 이언적은 어느 날 이기를 두고 음험하다는 말을 했다가이 말이 그의 귀에 들어가게 되면서 보복을 당하게 된다. 결국 이언적은이기의 보복을 피할 수 없어 삭탈관직을 당해 귀양을 가기도 했으나 그

---

21) 6조 판서

22) 뇌물을 받은 관리 또는 횡령 등으로 재물을 얻은 관리를 지칭하는 말

23) 풀어줌

는 자신의 허통을 위해 노력했다 하여 사형은 모면하게 해주었다.

이기의 출세가도를 살펴보자면

1501년[26세] 연산 7년 식년시 문과에 급제하였다. 그의 장인인 군수 김진이 장리였기 때문에 좋은 벼슬을 얻지 못하고, 종사관·종성 부사·경원 부사·의주 목사 등으로 전전했다.

1522년[47세] 중종 17년 공조참의를 지내고, 이어서 함경도 병마절도사·동지중추 부사를 역임하였다.

1527년[52세] 한성부 우윤이 되어 성절사로 명나라에 다녀왔다. 그 뒤 경상도 관찰사·평안도 관찰사를 거치면서 민정과 국방에 이바지했다.

1533년[57세] 공조참판에 오르고, 이어서 예조참판·한성부판윤을 역임했다. 1539년[63세] 진하사로 다시 명나라에 다녀왔다. 그 동안의 공로로 임금이 병조판서에 임명하려 했으나, 이조판서 유관이 장리의 사위로서 서경을 받을 수 없다며 반대하였다. 이 때문에 유관은 나중에 보복을 당했다. 임금의 신임과 이언적의 주장으로 형조판서가 되었고, 이어 병조판서로 발탁되었다.

1543년[68세] 의정부 우찬성에 이어 좌찬성·우의정에 올랐다. 그러나 인종이 즉위하여 대윤파가 득세하자, 윤임 등이 부적합하다고 탄핵하여 판중추부사·병조판서로 강등했다. 이에 원한을 품고 있던 중 명종이 즉위해 문정왕후가 수렴첨정을 하자, 윤원형과 손잡고 을사사화를 일으켰다. 윤임·유관 등을 제거하고, 추성위사 협찬 홍제 보익공신 1등에 책록되었다.

대광보국숭록대부가 되면서 병조판서를 겸하여 조정의 대권을 장악하고 풍성부원군에 봉해졌다. 이어 좌의정이 되고, 1549년 명종 4년 영의정에 올랐다. 이기를 반대한 사림은 거의 모두 숙청되었다. 죽은 뒤 문경文敬이라는 시호가 내려졌으나, 을사사화의 원흉이라 하여 선조 때 모든 관직이 삭탈되고 묘비까지 제거되었다. 역사는 윤원형과 이기를 가리켜 2흉凶이라 하였으며 선조 초에 공훈작위를 삭제하고 묘비마져 쓰러뜨렸다.

장인의 장리죄로 걸림돌이 되다가 윤원형과 손잡다

1501년 연산 7년 식년시 문과에 급제했으나, 장인인 군수 김진이 뇌물을 받아먹은 장리인 까닭으로 좋은 벼슬을 얻지 못하고 주변직을 전전하였다. 1507년 부친상을 당하여 3년간 여묘살이를 마치니 1510년[35세] 중종 5년 2월 12일 성균관과 사학의 결원이 많아 별도 추천케 하여 임용되었다.

이조판서 신용개가 아뢰기를, "이기李芑·이행李荇 등이 여묘살이를 하다가 복제를 마치었으니, 모두 서임하여야 하나, 이조·병조에 상피[24]가 있어서 사세가 어렵습니다." 하고, 영사 성희안이 아뢰기를, "대저 상피의 법은, 후세에 사정을 두고 권세를 부릴까 염려하여서입니다. 만일 그 사람이 어질다면 부자간이라도 천거할 수 있습니다. 이기 같은 사람들은 법에 구애하지 말고 쓰는 것이 무방합니다." 하니, 주상이 이르기를,
"상피의 법은 본래 훼손할 수 없는 것이다. 이기 등은 재임 중에 상사를 당한 것이니, 불러 써도 무방하다. 다만 서임한 후에는 상피법을 쓰지 않을 수 없다." 하였다.

---

24) 상피相避 : 이조·병조의 관리는 본가의 사촌 이상 친족과 사위·손서·매부·외가의 사촌 이상 친척과 처가의 장인·장조·처남·동서를 관리의 후보로 추천하지 못하는 법이다. 이기·이행 형제는 이 법에 걸리는 친척이기 때문에 이러한 의논이 있게 된 것이다.

신용개가 또 아뢰기를, "전적의 결원이 많고 문신의 감찰도 아직 임명하지 않은 것이 많으니, 사관四館[25] 관원 중에서 전례에 의하여 별도 추천하기를 청합니다."

하니, 주상이 이르기를, "성균관과 사학의 장에 결원이 많으니, 별도 추천해도 좋다." 하였다.

－중종실록 5년 2월 12일 －

1510년[35세] 2월 12일 대간이 상피법을 어긴 이조판서 신용개를 조사하고 이기의 관직을 고칠 것을 아뢰었다.

대간이 아뢰기를, "이위李偉 등의 과실이 매우 크니, 파직하고 조사하지 않을 수 없습니다. 이기 형제는 이조·병조에 모두 상피가 있는데 이조판서 신용개가 먼저 서용할 것을 아뢰니, 불가합니다. 비록 서용하라는 명령이 있더라도, 그 조에서는 원래 법을 지킬 뿐입니다. 청컨대 신용개를 추문하고, 또 이기 등의 관직을 개정하소서."

하니, 명하기를, "이위 등에게 죄를 줄 수 없다는 것은 전에 이미 전교하였다. 이행 등의 일은 경연에서 이조판서와 우의정이 말하였는데, 내 생각으로는 법을 훼상할 수 없다고 본다. 그러나 이기 등이 재임 중에 상사를 당하였고, 지금 이미 상사가 끝났으니, 만일 상피 관계로 서임하지 않는다면, 반드시 오래 정체될 것이다. 처음 서임에서는 상피법에 불구하고, 후일 전임될 때에는 상피법을 적용하여야 한다. 지금은 개정할 수 없다." 하였다.

－ 중종실록 5년 2월 12일 －

1516년[41세] 중종 11년 여러 차례 승진했지만, 삼사를 비롯한 청요의 직책이나 6경 등 서경署經[26]을 필요로 하는 지위에는 나가지 못했다.

---

25) 사관四館 : 예문관·성균관·승문원·교서관.

26) 서경署經 : 서는 서명, 경은 거친다는 뜻이다. 서경은 인사담당 부처에서 관원을 선발하여 사령장에 해당하는 고신을 작성하면, 고신과 4대 조상을 기록한 단자를 대간에 보낸다. 대간에서는 관원 2~3명씩을 보내 양사(사헌부, 사간원)가 합좌하여 신임관원의 가계와 전력, 인물됨 등을 심사하여 전원이 찬성하면 고신에 서명했다. 부결되면 '작불납'이라고 쓰고 서명하지 않았다. 서경을 통과하지 못하면 관원은 해당관직에 취임할 수가 없었다. 반대가 나오면 3차까지 재서경

1518년[43세] 중종 13년 7월 의정부가 이기李芑는 재기가 쓸 만하고 변방 일도 맡길 만하다고 천거하여, 1519년 중종 14년 9월 10일 의주목사가 되었다.

성동이 아뢰기를, "이기李芑가 금번에 의주목사가 되었는데, 이기는 무재가 있고 또한 계략을 가졌으니 반드시 소임을 잘 볼 것입니다. 그러나 의주는 요충지여서 불행한 일이라도 있게 되면 마땅히 갑옷을 입고 말을 달려 몸소 화살 속에 앞장서는 사람이라야 그 소임에 능란한데, 이기는 그러하지 못할 듯 싶습니다." 하니, 주상이 이르기를, "전일에 대신들이 말했고, 이장곤이 또한 이기는 무사 직도 능하여 그 소임을 감당할 만하다고 말하기 때문에 그렇게 한 것이다." 하였다.

-중종실록 14년 9월 10일 -

1529년[54세] 중종 24년 4월 22일 사간원에서 경상도 관찰사 이기의 교체를 건의하다

사간원이 아뢰기를, "경상도 관찰사 이기李芑는 술을 즐기고 활쏘기를 좋아하여 직무를 버려두며 또 체모를 잃은 것이 많습니다. 경상도는 큰 곳이므로 감사에 합당하지 않으니, 교체시키소서." 하니, 윤허하지 않았다.

- 중종실록 24년 4월 22일 -

1533년[58세] 중종 28년 11월 김안로가 이기가 사림을 모함하고 '주상

을 하여 그래도 부결되면 임명이 취소되었다. 가계나 전력에 결함이 있어 인사담당부서나 청요직에 임명할 수 없는 자는 '인사부서외'라고 단서를 달았으며, 특정한 직위 이상 승진할 수 없는 한품서용 대상자는 '한품자'라고 적었다. 조선은 중앙집권제를 강화하여 지방관을 대폭 증가시키고, 이들의 품계를 6품 이상으로 상승시켰다. 서경은 백성을 직접 통치하는 직책인 이들 관직에 대신의 친인척·측근·문객 또는 토관 및 서리 출신이 왕이나 대신에게 특채되는 것을 견제하는 데 커다란 의미가 있었다. 조선 후기에 지방관의 매관매직, 문음자 임명 등이 증가하자, 지방관인 도사·수령은 4품 이상 관원도 서경하게 했다. 서경은 양반 관료사회의 품격을 유지하고 신분제의 문란을 막는 데도 중요한 목적이 있었다.

의 사랑하는 자식과 사랑하는 첩까지도 보전할 수 없다.' 고 한데 대해 삼공이 금부 당상·승지·사헌부·대사간과 함께 이기와 김형을 홍례문 밖에서 국문하였다.

이기의 진술은 "지위가 2품에 이를 정도로 임금의 은혜가 지중한데 사람을 미워하는 마음이 추호인들 있겠습니까. 김형과 결탁하여 그를 앞잡이로 삼았다는 것은 천부당 만부당한 말입니다.
김형은 원래부터 사특하고 형편없는 사람이기에 평소에도 마음을 서로 허락한 일이 없었는데 내가 비록 딴 뜻이 있었다고 하더라도 어찌 그와 모의를 했겠습니까. 더구나 그런 사실들이 전혀 없는데 무슨 말을 더 할 것입니까.
김형 자신이 사람을 싫어한 나머지 그와 같은 말들을 제멋대로 재상들 집을 찾아다니며 뇌까렸던 것이지, 어찌 신이 시켜서 한 말이겠습니까. 김형이 영상의 집을 제 혼자 가고서도 이기와 함께 갔노라고 끌어들였습니다.

또 김안로가 지적한 '주상의 사랑하는 자식과 사랑하는 첩까지도 보전할 수 없었다.' 한 말도 모두 김형 자신이 꾸며낸 말이었던 것을 김안로가 따지지도 않고 그대로 써서 아뢰었던 것입니다. 김형과 함께 일을 꾸며 세자를 위태롭게 만들고 사람을 모함하려 했다는 것은 전혀 그럴 리가 없는 말입니다." 고 고변하였으나,

김형의 진술에는, "신이 이기와는 조석으로 왕래하면서 장기와 바둑을 즐길 만큼 정의가 두텁습니다. 지난 10월 20일 쯤에 신이 이기의 집에 갔더니, 이기가 먼저 말을 꺼내기를 '조정에 재상의 숫자가 적어서 자리 하나가 비더라도 사람을 추천할 수 없고 대간들의 탄핵이 너무 과격한 상황이니, 우리 둘처럼 여론에서 버림받고 있는 사람이야 무슨 말을 하고 싶어도 누가 믿고 들어줄 것인가.
김안로는 재상들 사이에서도 중한 명망을 얻고 있어 그 사람이면 그 폐습을 바로 잡을 수가 있을 것인데 그대는 김안로와 가까운 인척 사이니, 그대가 가서 한 번 말해 보라.' 하기에, 신이 '그대의 말이 임금을 아끼고 나라를 사랑하는 마음에서 나온 말인데, 그 말을 전하기가 뭐 그리 어려운 일이겠는가.' 하였습니다.

다음날 김안로의 집을 찾아가 이기가 말한 대로 전하였더니 김안로가 '지금 대간으로 있는 자들은 다 나이 젊고 또 교분도 없는 자들인데 어떻게 말할 수가 있겠는가.' 하였습니다. 신이 김안로와는 매우 가까운 사이어서 평상시에도 마음속에 있는 뜻

을 모두 다 말하곤 하였는데 그날도 곧 다시 '요즘 일에 대해 외인들이 모두 말한다는 것은 그대도 아는 사실이 아닌가? 만약 뜻밖의 화라도 터지는 날이면 그대도 면하기 어려울 것이다.' 하였고, 영상의 집에는 가끔 왕래가 있었으므로 언젠가 그러한 말을 한 적이 있습니다.

윤지임의 집은 그의 아들의 한림 잔치 때 선생으로서 가서 잠시 그러한 말을 하였을 뿐 다른 곳에서 그러한 말을 한 적은 없습니다. 전번 조사 때는 매를 이기지 못하여 거짓 자복을 하였지만 사람을 제거하기 위하여 계획을 짜고 이리저리 주선한 사실은 전혀 없습니다." 하·였다.

-중종실록 28년 11월 6일 -

11월 9일 이 사건으로 이기는 장 일백에 강진康津으로 유배되었다.

1537년[62세] 중종 32년 김안로가 제거되자, 11월 중종이 승정원에 명하였다. "정광필·김극성·이기·김형·홍섬 등에 대해서 어제 대신들이 서용하였으면 하고 아뢰었으나, 나의 생각에는 파직된 사람들은 신년 초에서 아뢰는 것이 전례이므로, 그 때에 가서 차차 서용해야겠다고 여겼으나 다시 생각해 보니, 이렇게 사람이 모자라는 형편에 굳이 다음 달을 기다릴 필요가 없겠다. 모두 직첩을 돌려주어 서용하도록 하라" 하였다.

1539년[64세] 중종 34년 12월 중종은 그 동안의 공로로 이기를 병조판서에 임명하려 했으나, 이조판서 유관이 장리의 사위로서 서경을 받을 수 없다며 반대하였다. 12월 임금이 사정전에서 친히 정사하여 이기·정대년 등의 관직을 거론하였다.

주상이 사정전에서 친히 정무를 보았는데 이기李芑의 이름을 써서 이조판서 유관 등에게 내리면서 이르기를, "이 사람은 병조판서에 마땅하겠기에 써서 내린다." 하였다. 유관 등이 답하기를, "이기는 변방 일을 많이 아니 진실로 합당합니다. 다만 그의 장인이 탐관오리로 되어 있는데, 대전大典[27]의 서경署經조에 '처가의 사대조도 아울러 조사한다.'고 한 것은 필시 서얼이 있지 않는가 해서 그런 것입니다. 후속록[28]에는 '뇌물받은 자의 사위는 의정부·이조·병조 등의 관직에 서용하지 않는다.'고 했는데, 이 법이 시행되고 있기 때문에 인물은 합당한 사람이라도 일찍이 추천한 일이 없었습니다. 아내와 자신은 적자인데 가도家道가 바르지 못한 사람이라면 안 되기 때문에 사대조를 아울러 조사하는 것입니다. 그러나 여론은 재상인 경우에는 이 법에 구애될 것이 없다고 합니다. 후속록의 법은 통용되는 것도 있고 통용되지 않는 것도 있어 신들은 매번 조정과 의논하려다가 아직까지 하지 못했습니다. 어떻게 해야 할지 모르겠습니다." 하니,

주상이 이르기를, "이기의 장인 일은 내가 알지 못하던 바이다. 그렇다면 반석평으로 하라." 하였다.
유관 등이 답하기를, "반석평 역시 변방 일을 잘 아니 합당합니다. 다만 이조는 정밀히 인선해야 하는데 반석평은 평소 인망이 가볍습니다. 어떻게 해야 합니까?" 하니,
명하기를, "그렇다면 추천하여 아뢰는 것이 좋겠다." 하였다.

-중종실록 34년 12월 20일 -

1540년[65세] 중종 35년 1월 형조판서에 제수했다가 곧 법조문에 구애됨 없이 이기를 인사부서에 두기로 하다.

명하기를, "이기李芑는 병조판서에 합당한데도 단지 장리(뇌물을 받은 사람)의 사위라서 법조문에 구애되어 임명하지 못한다. 옛날 조종조에서는 어진이를 쓰는 데는 신분을 따지지 않았으므로 등용할 만한 인물이면 서얼의 신분도 따지지 않고 벼슬길에 나오는 것을 허락하였다. 작은 일에 구애되어 등용해야 할 인물을 등용하지 않는다면 인재를 등용하는 도리에 방해가 되는 것이다. 이것을 의정부에 의논하는 것이 좋겠다." 하였다.
영의정 윤은보 등이 예조와 의논해서 아뢰기를, "대전大典에 '장리의 아들과 손자는 의정부 등 3품 이상직에 서용하지 않는다.'고 했으나 사위는 언급하지 않았습니다.

---

27) 경국대전

28) 대전후속록大典後續錄 조선시대 대전속록 이후의 법령을 정리 편찬한 법전

후속록에 '장리의 사위는 의정부 등의 직에 제수할 수 없다'라고 한 것은 반드시 속록 서경 조의 '처의 사대조도 아울러 조사한다'는 조문으로 인해 그렇게 되었을 것입니다. 후속록은 방해되는 부분이 많기 때문에 시행할 만한 조문이 있더라도 행정명령에 맞도록 한 뒤에 적용하고 나머지는 다 쓰지 않습니다. 이기가 장리의 사위라고는 하나 이미 육경六卿이 되었고 문무의 재주가 있으며 변방 사무에 대해 많이 아니 인사부서에 둔다고 해도 괜찮겠습니다." 하니, 명하였다. "알았다. 이기의 일은 모두 대신들이 의논한 대로 하라."

- 중종실록 35년 1월 12일 -

1540년[65세] 중종 35년 1월 사헌부에서 후속록 조항을 무시하고 이기를 등용하는 것을 반대하여, 7월에 호조판서에 제수되었다.

이언적의 도움으로 정승직에 오르다

1541년[66세] 중종 36년 8월 11일 다시 의정부 우참찬에 제수되었다. 중종의 신임과 이언적의 주장으로 형조판서가 되고, 이어 병조판서로 발탁되었다. 이런 일로 후에 좌의정까지 올랐던 유관은, 권력을 잡은 이기에 의해 목숨을 내 놓아야 했고, 이기를 천거한 이언적은 두고두고 사림들의 눈총을 받아야 했다.

1545년[70세] 인종 1년 1월 13일 이기가 우의정에 제배되자 대간이 즉시 임금의 잘못에 대해 아뢰었다.

대간이 아뢰기를, "이기李芑는 본디 물망이 없어서 찬성에 제수되었을 때부터 의론이 있었는데 중한 자리에 오래 있었으니 외람됨이 이미 심했습니다. 정승 자리로 말하면 결코 시비를 가릴 수가 없는데 우의정을 삼았으므로 물정이 해괴하게 여기니 빨리 개정하소서." 하니, 답하기를, "추천할 때에 어찌 범연하게 생각해서 하였겠는

가. 고칠 수 없다." 하였다.

- 인종실록 1년 1월 13일 -

이튿날인 1월 14일 다시 대간들이 합사하여 이기의 우의정 임명에 반대하며 아뢰었다.

대간이 합사하여 아뢰기를, "우의정 이기는 인물이 비열하고 본디 지식이 없으며 처신과 행사에 꺼리는 바가 없습니다. 한때 요행히 찬성의 자리에 외람되게 올랐으나 물론에 용납되지 못한 지 오래입니다. 추천시 품계 때문에 참여되어 드디어 정승 자리에 올랐으나 물정의 기대 밖에서 나온 것이니 빨리 개정하소서."
하니, 답하기를, "우상은 선조 때부터의 기구인이고 벼슬도 차례가 닿았으므로 제배한 것이다. 대신을 이미 제배하였으니 가벼이 움직일 수 없다. 가벼이 움직이면 대신의 자리가 도리어 중하지 않게 되고 사람들이 이런 사실을 듣게 되면 소요스럽게 될 것이니, 개정할 것 없다." 하였다. 다시 아뢰었으나 윤허하지 않았다.

- 인종실록 1년 1월 14일 -

3일째 되는 1월 15일에도 대간들은 물러서지 않고 임명의 불가함을 아뢰었다.

대간이 합사하여 아뢰기를, "대신이 중한 논박을 받으면 완고하고 어리석어 부끄러움이 없는 사람이라도 감히 다시 그 벼슬에 나아가지 못하는 것이니, 이기의 일에 대해 위에서 '대신이 이미 제배되었으면 경솔히 움직일 수 없다.'고 하였으나, 적격자가 아니라면 국가의 위란이 뒤따르는 것이니 어찌 제배되었다 하여 개정하지 않을 수 있겠습니까. 또 '가볍게 움직이면 대신의 자리가 도리어 중하지 않게 될 것이다.'고 분부하셨으나, 적격자가 아닌데 그 자리에 무릅쓰고 있게 된다면 그것이 곧 그 자리를 더욱 가볍게 하는 바가 되는 것입니다. 적격자를 얻지 못한다면 열 번을 바꾸더라도 소요스러움이 되지 않는 것입니다. 한 나라의 흥망을 생각하지 않을 수 있겠습니까. 더구나 지금은 왕위를 계승하신 처음으로 더욱 삼가서 선발하지 않을 수 없으니 빨리 개정하도록 명하소서."

하니, 답하기를, "정승의 자리에 대해 내 생각으로는 가볍게 고칠 수 없다고 여기고 있다. 그러나 지금 나라의 큰 일이 이미 임박하였으므로 애써 공론을 따른다. 다만 이기의 품계 승급은 고칠 수 없다." 하였다.

- 인종실록 1년 1월 15일 -

파직 강등되어 원한을 품고 소윤파에 앞장서다

그러나 인종즉위 후 윤임 등 대윤파가 득세하자 대간을 통해 이기의 우의정 직이 부적합하다고 탄핵하여 판중추부사·형조판서로 강등시켜 버렸다.

1545년[70세] 인종 1년 1월 18일 대간이 이기의 자급 개정을 청하자 허락하여 임용 5일 만에 우의정 직에서 면직되다.

대간이 아뢰기를, "이기에게 중한 품계 승급을 그대로 줄 수 없으니 개정하도록 명하소서." 하니, 답하기를, "여러 날 논쟁하므로 윤허한다." 하였다.

사관은 논한다. 이기는 윤원로·윤원형과 교제하고 몰래 내전과 통하여 중종께 중하게 여김을 받아 정승의 반열에까지 이르렀다. 영상 윤은보가 졸한 뒤부터 사림이 모두 이기가 정승이 되리라고 의심하여 이미 탄핵할 뜻을 굳히고 있던 차여서 이러한 명이 있었으나 이기가 끝내 보전할 수 없었다.

- 인종실록 1년 1월 18일 -

1545년[70세] 인종 1년 3월 9일 형조판서로 강등되어 3월 19일에 병조판서로 옮겼다. 우의정에서 판서로 강등된 이기는 그를 탄핵했던 대윤파와 사림들에 대해 원한을 품게 되고, 대윤파의 반대세력인 문정왕후와 동생 윤원형의 소윤파에 가담하여, 뜻을 같이 하게 된다.

1545년 8월에 명종이 즉위하자 이기는 소윤파의 중심에서 윤원형과 더불어 을사사화를 기획하여 자신을 홀대한 대윤파들을 전격적으로 제거하였다.

9월에는 명종을 추대한 공으로 추성협익 병기 정난 위사공신 대광보국 의정부 우의정 풍성부원군에 봉해졌고, 권력을 잡자 그를 폄하했던 대신급 인물들 10여명과 성종의 손자 계림군까지 대역죄인으로 몰아 죽이는 행위를 저지른다. 윤임 일파를 제거하면서 신진 사림파들 역시 대대적으로 숙청을 가하였다.

그러나 이언적을 공격하는 윤원형·윤춘년의 주장에는 주저하고, 유관·유인숙·윤임 등에게 죄를 줄 것을 청하는 탄핵에는 가담하였다. 유인숙은 이기와 내외종 간이었다.

한번은 이기가 그의 누이의 외손 한경직에게 편지 심부름을 시켰는데, 그 집 종이 잘못하여 윤원형과 이기가 내통한 그 편지를 유인숙에게 전달하였다. 당시 이기와 유인숙이 모두 판서로 있었기 때문에 "판서 댁에 전하라"는 말을 유 판서로 잘못 안 것이다. 사촌 유인숙이 이 편지를 사림들에게 알려, 유인숙은 이기의 분노를 샀다. 어렸을 때부터 절의를 목숨처럼 중히 여겼던 유인숙은 화를 당하여 아들 4형제와 함께 참혹하게 죽었다.

1549년[74세] 명종 4년 5월 21일 의정부 영의정에 올랐다.
1551년[76세] 명종 6년 8월 19일 영의정 이기가 병으로 체직을 청하자

허락하다

영의정 이기가 사표를 제출하였는데, 그 사직서에 이르기를, "신이 늙은 몸으로 중풍을 얻어서 움직이지 못하고 오랫동안 병석에서 일어나지 못하여 맡은 직책을 오랫동안 폐기하였으므로 정치에 손실이 있게 했으니 송구스러움을 금할 수 없었습니다. 지난번에 두 차례나 사직했어도 윤허를 얻지 못하고 조리나 잘하라는 비답批答을 읽고는 감격하여 눈물을 흘리며 몸둘 바를 모르면서 애써 자리를 지키면서 지금에 이르렀습니다. 성상의 총애하심은 말로 표현할 수 없으나 노신老臣의 병은 몇 날 몇 달이 걸려야 회복될지 기약할 수도 없습니다. 그러나 신은 중풍이 들었는데도 다만 성상의 명령을 저버리지 않을 줄만 알고 국가를 위한 원대한 생각에는 어두워서 굳게 사양하지 못했습니다. 그런데 요즈음 직책을 저버렸다는 의논이 공론公論으로 나오기에까지 이르렀으니 속히 체직시켜 주소서."

하니, 답하기를, "경의 병이 나아 출사하기를 나는 날마다 바랐는데 아직도 이토록 완쾌되지 않았으므로 할 수 없이 경의 뜻을 따라 체직한다. 그러나 이는 부득이한 데서 나온 것이니 나는 실로 측은하게 여긴다."하였다.

사관은 논한다. 심하다. 임금이 소인에게 현혹됨이여. 이기는 음흉하고 사나운 무리의 괴수이다. 그런데 불행히도 국가가 불운한 때를 만나 사사로운 감정을 품고 함부로 분풀이를 하였으며 세력을 믿고 사림을 죽였으니, 오직 국가를 해친 신하가 될 뿐이요 국가를 위한 공신이 될 수는 없었다. 그런데도 지금껏 정부에서 병을 요양하면서 오래도록 물러나지 않으므로 사람들은 오히려 분해하여 그의 고기를 씹고 싶어하는 데도, 주상께서는 도리어 애석해 하는 뜻이 이와 같이 지극하여 측은해 한다는 분부를 내리니, 이 늙은 도적을 보호하고 양성하여 장차 어디에 쓴단 말인가. 아, 소인은 반드시 임금의 뜻을 맞추어 그 자신의 위치를 굳게 다진 연후에 거리낌이 없이 방자한 행동을 하는 것이니 소인배를 제거하기가 이토록 어려운 것이다.

– 명종실록 6년 8월 19일 –

1551년[76세] 명종 6년 10월 25일 양사에서 자신들의 체직을 청하며 이기의 처벌을 주장했으나 불허하다 대사헌 이명규, 대사간 김주 등이 아뢰기를, "영중추부사 이기의 죄악이 공론에 뚜렷하게 제기된 지 오래입니다. 신들은 눈과 귀의 관원으로서 즉시 논계하지 못하고 공론이 시종에게서 먼저 제기되게 하였으니, 신들의 직분을 잘 수행하지 못한 것이 심합니다. 신들을 체직하소서."

하니, 답하기를, "보고 듣는 데는 선후가 있는 법이니, 어찌 이것이 직분을 잃은 것이겠는가. 사직하지 말라." 하였다.

이어 아뢰기를, "이기는 본래 음흉한 사람으로서 자기의 공만 믿고 마음대로 방자하게 굴면서 정권을 농락하고 사림을 제압하여 감히 입을 열지도 못하게 하였으며, 조금만 자기 마음에 맞지 않으면 곧바로 죄로 다스리니 그 권세는 날로 치성하여 아무 거리낌이 없었습니다. 벼슬의 제수가 모두 그의 손에서 나오므로 뇌물을 바치고 청탁하려는 사람들이 그의 문을 메우니 현능 여부는 가리지도 않고 오직 재물의 경중에 따라 하였으며, 만약 이조와 병조의 장관이 조금만 자기 뜻을 거스르면 공공연하게 성을 내며 끝내 죄에 빠뜨려 해를 입히는 등 조정의 기구를 자기 한 몸의 뇌물 얻는 도구로 삼았습니다.
또 둔전屯田이 있는 지방의 병사와 수사 및 수령들에게 촉탁하여 그 둔전을 자기 소유로 만들었으니, 황주·봉산 및 전라도·청홍도 병영의 둔전은 모두 그에게 빼앗겼고 그 밖에도 빼앗긴 곳을 낱낱이 열거할 수 없습니다. 이들 병영과 각읍은 이로 인하여 잔폐해져 지탱할 수 없게 되었고, 양민들의 감축이 오늘보다 더 심한 때가 없었습니다. 주상께서 이를 염려하시어 경연석에서 누차 간절하신 분부가 있었습니다. 그런데도 이기는 오랫동안 수상 자리에 있으면서 성상의 마음을 잘 이어받아 준행할 생각은 하지 않고 정원외의 사반私伴[29]이 한 고을에 십여 명에 이르고 전국에 없는 고을이 없으니 이를 합하여 계산하면 몇 백 명이나 되는지 알 수가 없습니다.

또 방납防納[30]은 바로 간사한 백성의 모리謀利하는 술책이므로 비록 필부라도 약간의 식견이 있으면 오히려 이것을 부끄럽게 여기는데 이기는 삼공의 반열에 있으면서 차마 못할 짓을 하였으니, 그의 마음씀을 알 만합니다. 열읍列邑에서 한없이 거두어

---

29) 사반이란 사적으로 거느리는 수하 반당(당원)

30) 방납이란 각 군현에서 담당 관청에 바치는 공물 가운데 백성들이 스스로 준비할 수 없는 것을 대신 바친 후에 그 값을 보상받는 대납代納과 같은 의미였다

들이는데 수령들도 그 뜻을 받아서 뇌물 실은 짐바리가 줄을 이었습니다. 또 노비를 가진 사람이 있으면 공공연히 탈취하고, 만약 그 억울함을 송관訟官에게 호소하여 그 소장을 접수시킨 자가 있으면 즉시 그 송관의 장을 불러다가 위협으로 겁을 주었습니다.

이기의 형편없는 정상이 한결같이 여기에 이르렀는데도 공론은 형적도 없고 도리어 서로 이를 본받아 습속이 날로 비루해지고 탐욕의 기풍은 날로 치성하여 민생을 피폐하게 하여 백성이 이미 흔들리매 나라의 형세가 위험하여 패망의 화가 조석에 임박해 있으니 식견있는 인사라면 어느 누가 통분해 하지 않겠습니까. 만약 일벌 백계의 본보기를 보이지 않는다면 온 나라가 함께 망하는 화를 장차 구할 수 없게 될 것입니다. 속히 멀리 귀양보내어 많은 사람의 심정을 통쾌하게 하소서."

하니, 답하기를, "공이 크고 죽음이 임박한 대신을 어찌 귀양보낼 수 있겠는가. 공론이 이와 같다면 마땅히 허물을 고치고 스스로 경계할 것이니, 윤허하지 않는다. 그리고 정수 밖의 반인伴人[31]과 둔전을 강탈 점유한 사실은 열읍에 조사해 보면 허실을 알 수 있을 것이다." 하였다.

사관은 논한다. 이기가 을사년에 윤임 등을 살해하고 훈적에 오르고는 드디어 조정의 권세를 마음대로 농락하면서 탐욕과 횡포를 자행하니, 한때의 이름난 선비들이 남김없이 귀양하고 살해되어 사람들이 호랑이처럼 무서워하였다. 이때에 이르러 이무강 같은 그의 오른팔과 충견의 무리가 모두 외지로 쫓겨나자, 사람들이 비로소 그 악을 공격하였다.

－ 명종실록 6년 10월 25일 －

명종 6년 12월 29일부터 명종 7년 4월 7일까지 사헌부와 사간원이 이기의 일을 아뢰기를 거듭하였으나 들어주지 않았다. 이후부터 흉당凶黨이 기세를 떨치게 되었으니, 국가의 일이 차마 말할 수 없게 되었다.

---

31) 반인伴人이란 높은 지위의 사람을 따라다니면서 그를 돕거나 신변을 보호하는 사람. 사반과 같은 뜻임.

이기의 졸기

1552년[77세] 명종 7년 4월 28일 영부사 이기의 졸기

이기가 졸하였다. 이기는 이의무의 아들이다. 그의 아우 이행·이미가 모두 경상卿相의 지위에 올랐는데, 형제들의 품성이 음흉하여 사람들이 모두 두려워하였다. 이기는 처음 장리贓吏의 사위라는 것으로 청현직에 서용되지 못하고 산질散秩³²⁾을 역임하여 2품의 지위에까지 올랐다. 중간에 김안로의 비위를 거슬려 죄를 입고 귀양살이를 하다가 김안로가 실각하자 다시 환조하였다. 이기는 인품이 흉패하고 모습은 늙은 호랑이와 같았으므로 그 외모만 보아도 속마음을 알 수가 있었다. 평소 집에서 책을 펴고 글을 읽으며 자칭 학문의 심오한 뜻을 깨쳤다 하고 조그마한 일에 구애하지 않고 대범한 척하였다. 일찍이 개성의 일사逸士 서경덕과 학문을 논하다가 서경덕이 그의 학문을 인정하지 않자 노기를 나타냈다.

중종 말년에 재신宰臣이 그가 쓸 만하다고 천거함으로써 흉계를 부릴 길이 드디어 통하게 된 것이다. 윤임의 일이 있자 이를 자기의 공으로 삼아 드디어 정승의 지위를 점거하고 또 권병權柄을 장악하였다. 그리하여 모든 정사가 그에게서 나왔고 권세는 임금을 능가하였다. 당당한 기세는 타오르는 불길 같아 생사여탈을 마음대로 하였으므로 공경·재상·대간·시종이 모두 그의 명령을 받아 움직였다. 따라서 모든 화복은 그의 희노喜怒에 좌우되고, 은혜를 갚고 원수를 갚음에 있어 사소한 것도 빼놓지 않았다. 자신을 의논할 경우 처음에는 알지 못하는 것처럼 하다가 끝내는 철저히 보복하여 전후 살해한 사람이 매우 많았다. 그러므로 온 나라 사람들이 모두 숨을 죽이며 조심하여 감히 이기에 대해 언급하지 못하였다.

사방에서 실어오는 물건이 상공上供³³⁾보다 많았으며, 귀천貴賤이 마구 몰려들어 그 문전은 마치 저자와 같았다. 그의 자제子弟·희첩姬妾·비복婢僕·배종陪從 등이 배경

---

32) 일정한 직무가 없는 벼슬자리

33) 왕실 경비와 국용경비

을 믿고 작폐한 것은 이루 다 기록할 수 없었다. 이기의 아들 이원우 역시 교활 우매하고 연소한 일개 무인인데, 아비 이기의 연줄로 승지가 되었다. 동료들이 함께 있는 것을 부끄럽게 여겼으나 감히 말하는 사람이 없었다. 이기가 끝내 수상이 되어 스스로를 정책국로定策國老에 비기면서 하지 않는 짓이 없었으므로 대간이 이에 사력을 다해 논박하여 상위相位만은 체직시켰으나 호랑이를 찔러 완전히 죽이지 못한 두려움은 남게 되었다. 이기가 다시 수상이 되자 과연 맨먼저 발의한 대간을 죽이는 등 마구 흉독을 부렸다.

하루는 입실하였다가 갑자기 풍현증을 일으켜 주상 앞에서 넘어졌다. 수레에 실려 집으로 돌아와 인사人事를 살필 수 없는 지경이었는데도 수년 동안 권병을 놓지 않았다. 그리하여 대간이 논계한 뒤에야 비로소 체직하였고, 그가 거의 죽게 됨에 미쳐서는 온 조정이 논계하였으나 끝내 윤허를 받지 못하였다.

이기가 평소 무사를 많이 길렀는데 그 의도를 알 만하다. 나라에 화를 심고 사류를 죽이고 생민을 해쳤으며, 그의 사반私伴이 나라의 반을 차지하고 있었다. 그의 아우 이행의 아들 이원록이 이기의 소행을 뼈아프게 여겨 숙부라고 부르지 않자 이기가 노하여 그를 귀양보냈다. 이기는 끝내 흉측한 몸을 보전하고 있다가 편히 자기 집에서 늙어 죽었다. 이런 사람에게 임금의 은총이 끝까지 쇠하지 아니하였으므로 나라 사람들이 모두 분개하여 그의 고기를 먹고 그의 가죽을 깔고 자지 못하는 것을 통한하였다. 3일간 아침조회를 파하였다.

그가 죽자 문경文敬이라는 시호가 내려졌으나 그가 받은 훈록은 선조 초년에 모두 삭탈되었다. 선조 즉위 후 을사사화가 날조로 밝혀지면서 훈신들의 훈작이 삭제되었다. 1567년 선조 즉위 후 이준경이 그의 묘비를 넘어트리고 삭탈관직과 삭훈을 청하는 상소를 올렸다. 이후 그는 윤원형과 함께 을사사화의 원흉으로 지목되고, 사림에게 해를 가했다 하여 심통원, 이량, 이감 등과 함께 선조 초년 언관들의 맹비난을 받고 묘비도 제거되었다.

[승진과정]

1496년[21세] 연산 2년 진사시에 합격하여 성균관에 입학
1501년[26세] 연산 7년 식년시 문과 병과 급제.
　　　　　　 장인인 군수 김진이 뇌물 받은 장리인 까닭으로
　　　　　　 좋은 벼슬을 얻지 못하고 주변직을 전전하였다.
1507년[32세] 중종 2년 부친상을 당하여 3년간 여묘살이
1510년[35세] 중종 5년 2월 성균관과 사학의 결원이 많아 별도
　　　　　　 추천케 하여 임용되었다
1510년[35세] 중종 5년 2월 대간이 상피법을 어긴 이조판서 신용개를 조사하고 이기
　　　　　　 의 관직을 고칠 것을 아뢰었다.
1511년[36세] 중종 6년 4월 재직자 시험 정시에 합격
　　　　　　 5월에는 무신에 재주있는 문신으로 천거되었다.
1515년[40세] 중종 10년 선교감 첨정
1516년[41세] 중종 11년 1월 종성부사.
　　　　　　 여러 차례 승진했지만, 삼사를 비롯한 청요의 직책이나
　　　　　　 6경 등 서경署經을 필요로 하는 지위에는 나가지 못했다.
　　　　　　 1월 이기의 다섯 형제가 과거에 급제하자 예조에서는 아들을 교육시킨
　　　　　　 목사 이의무에 대한 관직을 추증하였다.
1518년[43세] 중종 13년 7월 의정부에서 이기李芑는 재기가 쓸 만하고 변방 일도 맡길
　　　　　　 만하다고 천거하였다.
1519년[44세] 중종 14년 1월 형조참의. 9월 3일 경원부사.
　　　　　　 9월 10일 의주목사
1522년[47세] 중종 17년 4월 공조참의
1524년[49세] 중종 19년 1월 함경북도 병마절도사
1526년[51세] 중종 21년 2월 동지중추부사. 5월 명나라 성절사
1527년[52세] 중종 22년 9월 한성부 우윤
1528년[53세] 중종 23년 윤 10월 경상도 관찰사
1529년[54세] 중종 24년 7월 동지돈녕부사, 9월에 평안도 관찰사
1532년[57세] 중종 27년 6월 동지중추부사, 9월 한성부 우윤
1533년[58세] 중종 28년 8월 공조참판. 10월 동지중추부사.
　　　　　　 11월 김안로로 인해 장 일백에 강진康津에 유배되었다.
1537년[62세] 중종 32년 김안로가 제거되자, 직첩을 돌려받고 서용된다.

1538년[63세] 중종 33년 2월 예조참판으로 복직,
           5월 한성부 판윤, 10월 공조판서, 12월 형조판서
1539년[64세] 중종 34년 지중추부사, 10월 한성부 판윤,
1540년[65세] 중종 35년 1월 형조판서, 7월 호조판서, 11월 한성판윤
1541년[66세] 중종 36년 6월 의정부 우참찬, 8월 우참찬,
           9월 10일 형조판서, 9월 15일 병조판서
1542년[67세] 중종 37년 8월 의정부 우찬성,
           10월 순변사로서 도원수가 되어, 건주위 여진족 토벌
1543년[68세] 중종 38년 12월 좌찬성
1544년[69세] 중종 39년 겸 의금부 판사, 7월 경상도 순변 체찰사,
           10월 좌찬성
1545년[70세] 인종 1년 1월 13일 우의정
1545년[70세] 인종 1년 3월 9일 형조판서로 강등, 3월 19일 병조판서
1545년[70세] 명종즉위년 8월 우의정 겸 병조판서,10월 좌의정
1547년[72세] 명종 2년 의정부 좌의정 겸 병조판서
1548년[73세] 명종 3년 5월 좌의정 면직, 풍성부원군
1549년[74세] 명종 4년 5월 21일 의정부 영의정
1550년[75세] 명종 5년 9월 문신에게 강경 시험을 보이던 중 이기가
           기절하여 정지하다
1551년[76세] 명종 6년 8월 23일 영의정 사직, 풍성부원군,
           12월 영중추부사
1552년[77세] 명종 7년 4월 28일 영부사 이기가 죽다.

56. 심연원沈連源
명종비의 조부

생몰년도	1491년(성종 22) ~ 1558년(명종 13) [68세]
영의정 재직기간	(1551.8.23.~1558.5.19) (5년 9개월)
본관	청송
자	맹용孟容
호	보암保庵
군호	청천부원군
시호	충혜忠惠
공훈	정난 위사공신, 을사사화에 공적
배향	명종 묘정에 배향
묘소	경기도 김포시 통진면 옹정리
기타	인순왕후(명종비)의 조부
	김안국의 문인
증조부	심회沈澮 – 영의정(성종조), 청송부원군
조부	심원沈湲 – 내자시 판관
부	심순문沈順門 – 사인舍人
동생	심달원沈達源 – 기묘명현己卯名賢, 좌통례
동생	심봉원沈逢源 – 동지돈녕부사
동생	심통원沈通源 – 좌의정
부인	경주 김씨
아들	심강沈鋼 – 명종의 장인, 청릉부원군
손자	심인겸沈仁謙 – 남부 주부
손자	심의겸沈義謙 – 병조판서(동서분당의 주역)
손자	심신겸沈信謙 – 가산군수
손자	심충겸沈忠謙 – 병조판서
손자	심효겸沈孝謙 – 신천군수
손자	심제겸沈悌謙 – 수운판관
손녀	명종비 – 인순왕후仁順王后

정난 위사공신, 왕족과 혼맥

청송 심씨는 고려 때부터 명문가로 다른 성에서는 따를 수 없는 융성함을 청송 심씨 집안에서만 볼 수 있다. 특히 왕족과의 혼맥은 집안의 가업처럼 이어져 내려왔다. 선조 심덕부는 고려조 문하시중을 지내고 조선조에 들어와 태조 때 최고위직인 좌정승을 지냈다. 그의 아들은 세종의 장인이자 영의정을 지낸 심온이며, 심온의 아들이자 심연원의 증조부는 세조 때의 영의정을 지낸 심회이다. 심연원의 조부는 내자판관을 지낸 심원이고, 아버지는 의정부 사인 심순문으로 심연원이 열 네살 때 사헌부 장령에 올랐다가, 연산군이 입은 옷의 크기를 두고 간언했다가 40세 나이로 처형을 당하였다.

심연원은 어릴 때 집안이 화를 당해 아버지를 여의고, 어머니 슬하에서 자랐으나 영의정까지 오른 입지전적인 인물이다. 초년기의 벼슬과정은 특별하게 남다른 점이 없었으나 49세 때 대사간이 되었을 때, 그의 손녀딸이 왕자 시절의 명종과 혼인하였다. 이것이 계기가 되어 명종이 즉위하자 아들 심강은 국구가 되고, 심연원은 왕비의 친정 할아버지가 되어 그의 입지가 지극히 높아졌고, 윤원형이 왕비의 친정 할아버지를 챙겨 을사사화 때 위사공신에 책훈되고 곧 삼정승에 올랐다. 이로 조선조에 들어 심씨 가문에서 네 번째 영의정이 된 것이다.

왕조실록에서 심연원에 대한 인물평은 '왕비의 친조부로 수상의 자리에 있었는데, 성질이 탐욕스러워 보화를 거두어들였으며, 전답이 여러 고을에 널려 있었고, 뇌물 바치는 사람들이 그 집 문간에 가득하였다. 그는 정해진 자리나 메우는 경우였을 뿐 정책을 건의한 것이 없으니, 이는 위태하여도 부지하지 못하고, 거꾸러져도 세우지 못한다는 뜻이다. 그러나 해치고 시기하는 마음이 없고, 근신하고 순박한 행실이 있었으며, 은혜와 원한을 갚으려는 마음을 갖지 않고, 오로지 경박한 것을 진정하려고 애를 썼다.'고 평하고 있다.

같은 실록의 다른 한편에는 '나라에 죄를 짓지 않고 중벌을 받게 된 자는 풀어주고, 조정에서 화를 꾸미고 일을 만들기를 좋아하는 무리는 반드시 물리쳤다. 죽기에 임박하여 당시의 병폐를 절실하게 맞혀서, 원로한 신하가 임금에게 고하는 체모를 깊이 얻었으니, 이 때문에 선비들이 칭찬하였다.'고 기록 하고 있다.

심연원은 어릴 때 집안의 화를 만나 아버지를 여의고 어머니의 옳은 방도로 이끎에 따라 학문에 뜻을 두어 게을리 하지 않았다. 외숙부인 서령 신원이 심연원의 큰 인물됨을 중히 여겨 김안국에게 수업을 받게 하여 더욱 밝게 강구하였다.

1516년[26세] 중종 11년 생원이 되고, 1522년[32세] 식년시 문과에 을과로 급제한 뒤, 승문원 권지 정자를 거쳐 예문관에 들어가 검열·대교·봉교를 역임하였다. 사헌부 감찰과 공조·예조·이조의 좌랑을 거쳐, 1526년[36세] 문과 중시에 병과로 다시 급제하였다.

1531년[41세]에는 검상·사복시 부정을 거쳐 진휼 경차관에 뽑혀 굶주린 백성을 구제했으며, 1533년 의주 부사에 올랐다.

1537년[47세]에는 동부승지가 되고, 2년 뒤 예조참판으로 진향사가 되어 명나라에 다녀와 병조참의·대사간을 역임하였다. 1541년에 대사성,

이듬해 특진관·형조참판, 1543년 한성판윤, 다음 해 호조참판이 되었다. 1545년[55세] 명종 즉위년에 호조판서로 지경연사를 겸임하였다.

이 해 을사사화가 일어나 위사공신 2등에 녹훈되고, 청천군에 봉해진 뒤 감춘추관사로 『인종실록』 편찬에 참여하였다. 1547년 좌참찬·예조판서·우찬성·판의금부사·좌찬성 등을 거쳐, 우의정에 오른 뒤 좌의정을 거쳐 1551년[61세] 영의정이 되었으며 청천부원군에 진봉되었다.

문장에 능하고 일처리에 세밀하였다. 특히 중국과 우리나라의 지리에 밝아서 혹 남의 질문을 받으면 직접 자신이 목격한 것처럼 막힘없이 응대하였다. 일찍이 탐라목사로 있을 때 그곳 산천을 살펴 지도를 그려두었다. 1555년[65세] 남해변에 많은 왜구가 침입했을 때, 가장 요충 지역이던 탐라가 당시 심연원이 그려둔 지도에 의거하여 대응책을 세워 이를 막아냈고, 이에 사람들이 심연원의 선견지명에 감복했다 한다. 사후에 명종 묘정에 배향되었고, 시호는 충혜忠惠이다.

벼슬이 가득 참을 경계하며 올린 6조목의 상소문

1557년[67세] 명종 12년에 네 번이나 직위를 사직하며 그 뜻이 간절하였으나 윤허하지 않았는데, 심연원이 비록 병 때문에 사직함을 명분으로 삼았으나 실상은 너무 벼슬이 가득찬 것을 두려워한 것이다. 가을에 세자 책봉식이 있어 심연원에게 그 일을 감독하게 하자, 의식의 도구를 제도에 맞게 강구하여 차등 있게 구별하였으므로 사람들이 체제를 얻은 데 탄복하였으며, 임금은 특별히 말과 안장을 하사하여 포상하였다. 이 때 명나라에서 칙사가 오게 되었으므로 심연원이 병들어서 접대하기 어려울 것을 알고 상소하여 해임시켜 줄 것을 재삼 간절히 청하였는데, 임금이 유시하기를 "평소에는 경솔하게 허락함이 마땅치 않겠지만, 이번에는 칙사가 지켜보는 터라 영의정에 결원이 있도록 해서는 안 되기 때문에 청한 바를 따르겠다." 고 하자,

좌의정 상진이 아뢰기를, "덕이 높은 원로대신이 떠나고 머무는 것은 족히 조정의 가볍고 무거움에 관계 됩니다. 청컨대 그대로 유임시켜 병이 나을 때를 기다리게 하소서." 하니, 임금이 사관을 보내어 심연원에게 타이르기를, "어제 경의 체직을 허락한 것은 내가 마지 못하였는데, 오늘 좌우 정승이 서로 같은 말로 유임시키자고 아뢰니 이는 공론이라. 경은 그대로 유임하여 조리하도록 하라." 하였다.

심연원이 오랫동안 병환 중에 있으면서 직위를 보전하는 것은 탐욕과 애착이라 여겼기 때문에, 직위를 벗어나게 되면 고질병을 몸에서 떨어버리어 목숨을 이어가는 것을 기대하였다가 그대로 유임시킨다는 말을 듣게 되자 병세가 갑자기 심해지므로, 다시 사임의 글을 올리지 않고 상소를 갖추어 사퇴하여 고향에 가서 뼈를 묻겠다는 심정을 아뢰었는데, 임금이 친필로 답하기를, "근일에 경의 사퇴를 윤허한 것은 나의 실수이다. 좌의정의 아룀은 역시 여러 사람들의 심정이니, 이에 청원함을 윤허하지 않는다."고 하였다.

1558년[68세] 명종 13년 5월 18일 영의정 심연원이 사직하고 6조목의 상소문을 바치다

영의정 심연원이 병 때문에 사직하고, 인하여 6조목의 상소문을 바쳤다. 첫째, 학문을 부지런히 할 것[勤學], 둘째, 간언을 따를 것[從諫], 세째, 어진 사람을 가까이할 것[親賢], 네째, 간사한 자를 멀리할 것[遠佞], 다섯째, 백성을 돌볼 것[恤民], 여섯째, 포상

을 삼가 할 것[愼賞]이었는데, 전교하였다.

"영상의 상소를 보건대, 격렬하고 절실하다 하겠다. 대신은 직임이 중대하므로 쉽사리 움직일 수 없으나, 늙고 병든 사람을 편안하게 보전하는 것도 임금이 원로한 사람을 우대하는 도리이다. 그러니 어찌 해직시켜서 안심하고 조리하게 하지 않겠는가. 이제 들어 주어야겠다. 사관을 보내어 이 상소를 좌상과 우상에게 보이고 답하게 하라."

사관은 논한다. 심연원은 임금 장인의 아버지로서 수상의 자리에 앉아 책임이 중대하고 은총이 극성하였으니, 충성을 다하여 임금에게 몸바치고 백성에게 은택을 입혀 주공·이윤의 자취와 같이 하였다면, 중대한 위임에 부끄러울 것이 없었을 것이다. 이때 음양이 조화를 잃어 재변이 거듭 이르고 상벌에 법도가 없고 쓰임과 버림이 적당하지 않으며, 변방이 불안하고 민생이 고달팠으니, 심연원이 재상의 직임으로 바로잡아 구원하는 학문이 없고 한 시대를 구제하는 책략이 부족하였음을 알 만하다. 임금의 신임을 저렇게 오로지하고 국정을 저렇게 오래 맡았어도 다스린 효과는 저렇게 작았으니, 장차 저런 정승을 어디에 쓰겠는가. 사퇴를 고하던 날에도 6조목의 상소가 느슨하고 절실하지 못하여 격절하고 요긴한 뜻이 없었으니, 대개 심연원의 사람됨이 바로 평소 지위를 차지하기에 골몰하여 얻지 못하였을 때에는 얻고자 걱정하고 얻은 뒤에는 잃을세라 걱정하여 움츠리고 꺼려서 말을 다하지 못하였기 때문이다.

― 명종실록 13년 5월 18일 ―

1558년[68세] 명종 13년 5월 21일 좌승지를 통해 심연원에게 내린 교서

좌승지 심수경을 보내어 심연원에게 가 문병하게 하고, 또 교서를 내려 하유하였다.
"아, 대신은 국가에 대하여 그 의리가 중대하다. 집을 잊고 나라를 생각할 뿐이요 사私를 잊고 공公을 생각할 뿐이며, 진퇴에 따라서 그 지조를 바꾸지 않고 쓰임과 버림에 따라서 그 충성을 잊지 않아, 죽을 때까지 부지런하고 정성스럽게 하는 것이다.

때문에 이윤伊尹에게는 고로告老의 계誠[34]가 있었고 한기韓琦에게는 섬서陝西의 소疏[35]가 있었다. 경은 성품이 충순하고 기국과 식견이 넓고 멀어 특별히 뛰어난 재주가 높고 넉넉히 포용하는 도량이 깊어, 선조에서 권장하여 쓰기를 특별히 하여 중외의 직을 두루 거침에 있어 공적이 많았다. 더구나 내가 어린 나이로 즉위하여 의심스러운 것이 있으면 반드시 묻고 어려운 일이 있으면 반드시 물었으니, 그 돌보아 주고 의지하게 해준 중대함이 어찌 내를 건널 때의 배나 몹시 가물 때의 장맛비와 같을 뿐이었겠는가.

이제 연령이 아직 직을 물러날 나이에는 이르지 않았고 사물에 대한 판단력 또한 상도常度를 벗어나지 않았는데 갑자기 오래도록 낫지 않은 병이 나서 여러 번 고로의 글을 올리니, 경에게 있어서는 번거로운 일에서 벗어나 휴양하는 것이 꼭 필요하겠으나, 하루라도 경이 없으면 어떻게 나라를 다스리겠는가. 또 생각하건대, 대신의 직임은 아름다운 계책과 꾀를 내어 임금의 일을 돕는 데 있는 것이지 아침저녁으로 바쁘게 직무를 지키는 데 있는 것이 아니므로 자주 말미를 주면 조리하고 취직하리라 여겼더니, 세월이 지나도 오래도록 약을 쓰지 않아도 되는 기쁨이 없다. 경이 이제 서너 번이나 더욱 간절하게 면직을 구하니, 좌우의 손을 잃은 듯한 내가 마음의 서운한 것이 어찌 한량이 있겠는가.
그리고 사퇴를 청하는 날에 경계하는 의리를 잊지 않고 6조목의 일을 상소하여 평소에 품은 뜻을 다 진술하였는데, 이는 경연의 시강侍講을 오래도록 못하며 갑자기 죽어서 아뢰지 못할까 늘 걱정해 오던 것을 지극한 정성으로 간절하게 말한 것이니, 충애忠愛의 성대함은 비록 옛날의 대신이라 한들 어떻게 이보다 더하겠는가. 근학勤學·종간從諫으로 말하면 모두가 임금이 자기 몸을 바루는 중요한 도리이고, 친현親賢·원녕遠佞은 또한 다 예나 지금이나 잘 다스리기를 꾀하는 자들이 먼저 힘써야 하

---

34) 이윤伊尹에게는 고로告老의 계誠가 있었고 : 요순시대 이윤이 늙어서 벼슬을 그만두고 떠날 때에 태갑太甲이 덕德을 순일純一하게 지니지 못하고 마땅하지 않은 사람을 임용할까 염려하여 《서경》의 함유일덕편咸有一德篇 지어서 훈계하였다.

35) 한기韓琦에게는 섬서陝西의 소疏가 있었다. : 한기는 송나라 인종·영종·신종 때에 벼슬한 어진 재상. 인종 때에 섬서 경략 안무 초토사가 되어 반란한 서하西夏의 조원호趙元昊를 칭신稱臣하게 하였다. 그러나 조원호가 거란契丹을 끼고 요구하는 것이 많았는데, 당시의 재상들이 전쟁을 꺼려서 요구대로 다 들어 주려 하므로, 한기가 그 부당함을 아뢰고 먼저 시행해야 할 일곱 가지 일과 폐단을 바로잡을 여덟 가지 일을 아뢰었다. 신종 때에 거란이 와서 대북代北 땅을 요구하니 신종이 손수 조서詔書를 써서 한기에게 물었는데, 또 폐단 일곱 가지 등을 아뢰었다.

는 일이며, 휼민恤民은 근본을 튼튼하게 하고자 함이요, 신상愼賞은 외람됨을 막고자 함이다. 성현에 고질考質하고 경전經傳에 출입한 것이라서 의리가 명백하고 사기詞氣가 충후하니, 이에 따라 다스리면 어찌 성취하지 못하겠는가.

경이 나를 사랑하는 마음이 지극하고, 경이 나라를 위하는 마음이 도탑다. 내가 영민하지 못할지라도 어찌 생각하지 않겠으며, 어찌 힘쓰지 않겠는가. 아, 경이 사퇴를 청하는 것을 따라 주는 것이 어찌 내가 바라는 것이겠는가마는, 요는 평소에 몸을 조리하려던 소원을 이루어 주고 또한 도리를 논하고 나라를 다스리는 정승의 직임을 중히 여겨서이니, 경은 더욱 충성을 도타이하고 더욱 자중하기를 생각하여, 몸을 강녕하게 돌보아 뒷날의 보람을 꾀하라."

- 명종실록 13년 5월 21일 -

임금이 글로 써 승정원에 내리기를, "원로를 유임시키는 것이 비록 나라를 위함에 있어 절실하겠으나 요양함을 허락하는 것 역시 신하를 보전하는 데 중대한 일이니, 그 점을 좌·우상에게 유시하노라." 하였다.

두 상신이 심연원의 해임을 청원한 간절함을 알고서 아뢰기를, "심연원은 선왕조 때의 옛 신하로서 아무런 까닭없이 퇴임하려고 함이 아닐 것이고, 직위를 오래 비워두어 시일을 경과하기 때문에 중임을 벗으려는 것 뿐입니다. 신 등이 전일에 유임을 청한 것이 어찌 오늘에 이르도록 병이 낫지 않고 위중해질 줄 헤아렸겠습니까? 오늘날 비록 사임을 허락한다고 할지라도 병이 나은 뒤에 다시 씀이 또한 고사에도 있으며, 또 그의 병으로 사직하는 상소에 아름다운 말을 조목별로 적어 올려 경계함을 잊지 않았으니, 원하건대 가납하시고 또 특별히 교서를 내려 그의 뜻에 보답하소서." 하니, 대답하기를, "경의 소원에 따라 해임을 허락하고 영중추부사를 제수하겠으며 상소에 답하는 교서는 또한 명을 내려 타이르겠다." 하였다.

심연원의 졸기

1558년[68세] 명종 13년 6월 19일 영중추부사 심연원의 졸기

영중추부사 심연원이 졸하였다.

심연원은 성품이 자상하고 온아하며 마음 쓰는 것이 겸손하고 근신하였다. 두 번 급제하고 청현직을 두루 지내다가, 김안로에게 미움을 받아 외직으로 나가 제주 목사가 되었었고, 국구의 아버지로서 정승 자리에 있게 되어서는 늘 부귀가 극성하는 것을 경계하였다. 더욱이 사류를 애석히 여겨 김규金虬가 옥에 있을 때에 억울함을 밝혀서 구해준 적이 많았으며, 김여부 등이 붕당을 맺고 난을 선동하는 것을 사람들이 감히 말하지 못하였는데 맨 먼저 경연에서 아뢰어 조정이 안정되게 하였다. 그러나 정승으로 있던 10여 년 동안에 크게 정책을 건의한 것이 없고 두려워하고 머뭇거린 자취가 많이 있으며, 또 농토를 넓게 차지하여 집을 크게 지었으므로, 탐욕하고 사치한 병통이 있는 것을 면하지 못하였다.

사관은 논한다. 심연원은 왕비의 친조부로서 수상의 자리에 있었는데 성질이 탐욕스러워 보화를 거둬들였으며 농토가 여러 고을에 널려 있었고 뇌물 바치는 사람이 그 집 문간에 가득하였다. 그는 자리나 채우는 성원이었을 뿐이고 정책 건의한 것이 없으니, 이는 참으로 이른바 위태하여도 부지하지 못하고 거꾸러져도 붙들어 세우지 못한다는 자였다. 그러나 해치고 시기하는 마음이 없고 근신하고 순박한 행실이 있었으며 은혜와 원한을 갚으려는 마음을 갖지 않고 오로지 경박한 것을 진정하려고 힘썼다. 그러므로 국가에 죄를 짓지 않았는데 장차 중한 벌을 받게 된 자는 반드시 구해서 풀어 주고, 조정에서 화를 꾸미고 일을 만들기를 좋아하는 자는 반드시 물리쳤다. 죽기에 임박하여 한 말이 당시의 병폐를 절실하게 맞혀서 노성한 신하가 임금에게 고하는 체모를 깊이 얻었으니 이 때문에 사론이 칭찬하였다.

[승진과정]

1516년[26세] 중종 11년 3월에 생원시에 장원, 성균관에 입학
1522년[32세] 중종 17년 식년시 문과 급제, 승문원 권지정자, 예문관 검열, 대교, 봉교,
　　　　　　부사정으로 좌천, 봉교, 사헌부 감찰, 공조 좌랑, 예조좌랑, 시강원 사서,
　　　　　　이조 좌랑
1526년[36세] 중종 21년 중시에 급제, 사건에 연좌되어 파직,
　　　　　　전적으로 복직, 이조정랑,
　　　　　　모친상으로 3년간 여묘살이 후 예조 정랑
1531년[41세] 중종 26년 3월 의정부 검상, 사인, 사복시 첨정
1533년[43세] 중종 28년 1월 경상우도 진휼 경차관
1533년[43세] 중종 28년 11월 의주 목사로 나갔는데 사간원에서 무예가
　　　　　　없다고 부당함을 아뢰다.
1533년[43세] 중종 28년 군기시 정으로 승진
1534년[44세] 중종 29년 9월 제주 목사로 승진 발령
1537년[47세] 중종 32년 예조참의, 성균관 대사성, 이조참의,
　　　　　　승정원 동부승지, 첨지중추 부사
1539년[49세] 중종 34년 봄에 명나라 황후 조문사절 진향사
　　　　　　돈녕부 도정, 호조·형조·이조 참의
1539년[49세] 9월 사간원 대사간, 병조참의, 가선 대부로 승급
1540년[50세] 중종 35년 1월 경상도 안찰사
1541년[51세] 중종 36년 10월 사헌부 대사헌, 11월 대사성
1542년[52세] 중종 37년 10월 형조 참판, 부총관 겸직, 동지중추부사,
　　　　　　의금부 동지사 겸직
1544년[54세] 인종 원년 호조 참판
1545년[55세] 명종즉위년 8월 자헌대부로 승급, 호조판서 정헌대부,
　　　　　　중국어가 유창하여 사역원의 제조 겸직, 지중추부사
1547년[57세] 명종 2년 1월 의정부 좌참찬, 지경연 도총관 겸직
1548년[58세] 명종 3년 예조판서, 춘추관 동지사, 4월 우찬성,
　　　　　　7월 좌찬성
1548년[58세] 명종 3년 8월 을사사화, 위사공신 2등에 녹훈, 청천군
1548년[58세] 명종 3년 12월 의정부 우의정, 청천 부원군,
1549년[59세] 명종 4년 9월 좌의정

1551년[61세] 명종 6년 8월 23일 영의정
1553년[63세] 명종 8년 가을 경복궁에 큰 불

이 궁궐을 처음 창건할 때 청성백 심덕부가 주관하여 건축되었는데, 심연원이 또 영의정으로서 중건의 공을 세우니, 같은 조상과 자손이 함께 공사를 관리하는 노고가 성대하게 드러났으므로 사람들이 다들 이상한 일이라고 하였다.

1555년[65세] 명종 10년 겨울에 병을 이유로 들어 두 번 사직
1558년[68세] 명종 13년 5월 19일 영의정 면직, 청천부원군,
6월 영중추부사
1558년[68세] 명종 13년 6월 19일 영중추부사 심연원이 죽다

57. 상진尙震
내 죽거든 무덤에 작고
둥근 비석을 세워라

생물연도	1493년(성종 24) ~ 1564년(명종 19) [72세]
영의정 재직기간	(1558.5.29.~1563.1.17) (4년 7개월)
본관	목천木川
자	기부起夫
호	송현松峴, 향일당嚮日堂, 범허재泛虛齋
시호	성안成安
공훈	위사 원종공신
출신	충청도 공주 임천군
묘소	서울 서초구 상문고등학교 내
기타	내가 죽거든 비碑는 세우지 말고 작고 둥근 비석을 세우게 하라
증조부	상영부尙英孚 – 증 이조판서
조부	상효충尙孝忠 – 우후
부	상보尙甫 – 찰방
모친	연안 김씨
처	정경부인 전주 이씨
아들	상붕남尙鵬南 – 선무랑
손자	상시손尙蓍孫
손부	청송 심씨 – 좌의정 심통원의 딸
장녀	정인수에게 출가 – 현감
2 녀	이제신에게 출가 – 예문관 검열
측실	훈련 도정 김윤종의 딸
서자	상존성尙存省 – 관상감 직장

위사 원종공신으로 원만한 인간관계를 맺다

조선 시대의 재상 가운데 공명으로 그 일생을 마친 사람은 어느 시대나 없지는 않으나, 상진은 여러 조정의 임금을 섬기면서 신상에 화를 당한 일이 없고 장수하여, 세상을 마치도록 임금의 은총을 받았다. 상진의 자는 기부起夫로 호는 송현松峴이다. 그의 선조는 목천인으로 상국진이다. 고려 초에 상象으로 성을 받았다가 뒤에 상尙으로 고쳤다. 상영부는 호군으로 상진의 증조부이다. 조부 상효충은 수군 우후를 지냈고, 아버지 상보는 안기도 찰방을 지냈는데, 상보가 김휘의 딸에게 장가를 들어, 1493년 6월 상진을 낳았다.

상진의 증조인 호군 공이 임천에서 살고 있을 때 가세가 풍족하였는데, 일찍이 채권을 불살라 버리고 말하기를, "나의 후손은 반드시 창성할 것이다." 하였다. 그 후 음덕을 심어 경사가 거듭 생기면서 상진을 낳게 되었는데, 상진은 태어나면서부터 모습이 보통 사람과 달랐다. 5세에 어머니를 여의고 8세에는 아버지를 여의어, 그 후 큰누나인 하산군 성몽정 부인에게서 양육되었다. 천성이 온화하고 인정이 두텁고 침착하여 이미 어른스러웠으니, 아무리 고통스러운 일을 당해도 말과 얼굴빛이 바뀌지 않았다. 아버지 상효충이 상진이 아직 어리다고 하여 늙은 노복에게 집안일을 맡아 달라고 부탁하였는데, 그 노복이 죽자 상진은 그에게 곡식 1백말을 주어 장사를 치르게 하니 사람들이 이미 그 큰 도량을 알았다.

나이가 15세가 넘도록 유학에 종사하지 않다가 동료들에게 조롱을 당하고 난 뒤 드디어 분발하여 학문에 힘썼다. 큰누나가 상진의 뜻을 시험해볼 생각으로 벼슬살이를 하라고 권하자, 상진은 "글을 읽는 것은 큰 공업을 세우기 위해서일 뿐입니다." 하므로, 큰누나가 그 뜻을 기특하게 생각하였고, 이행과 김안국이 상진의 저술을 보고 다 같이 칭찬을 아끼지 않았다. 상진은 성수침·성수종 형제와 교유하며 학문을 갈고닦아 날로 진보하였다.

기묘사화 때 시류에 영합하는 자가 사림파를 중벌로 처단하려고 하였는데 상진이 그 말을 듣고 그 사람을 미워하여 친지들에게 이야기하였다가, 그 말이 누설되어 탄핵을 받고 오랫동안 잡직에 정체되었다.

1546년[54세] 명종 원년 1월에 의정부 우참찬으로 전임되었고 위사 원종공신에 녹훈되어 정헌대부로 오르고 지춘추관사를 겸하고서 중종과 인종의 실록을 편찬에 참여하였다.

9월에 병조판서가 되었는데 사관이 기록하기를 '상진은 성품이 완악하고 아둔하며 얻지 못하여서는 얻을 것을 걱정하고 얻고 나서는 잃을 것을 걱정하는 사람으로 세상의 흐름에 부앙俯仰[36]하며 향배向背를 요령있게 잘 하였다. 일찍이 동궁(인종)에게 아들이 없다는 것으로 윤원로와 깊은 관계를 맺어 뒷날의 기반을 구축하려다가 인종이 즉위하면서 경상도 관찰사로 파출되었다. 이 때에 이르러 이기의 적극적인 추천으로 이 직에 제배되었다.'고 기록하고 있다.

문정왕후가 수렴청정을 함께 할 때 선교 양종의 제도를 다시 시행하려고 상진에게 이야기하기를, "승려들이 계통이 없다. 양종을 설치하여 통섭되도록 하고 싶다."고 하니, 상진이 아뢰기를, "오래도록 폐지한 지금 다시 시행한다는 것은 어찌 어렵지 않겠습니까?" 하였다. 상진의 생각은 은

---

36) 남이 하는 대로 따라하여 조금도 거역하지 아니함

미하고 부드러운 말로 넌지시 고하여 임금의 뜻을 돌이키려고 기대하였
는데, 상진의 생각을 모른 사람은 주상의 뜻에 영합하였다고 의심하였
다.

상진은 그 말을 듣고 "유교와 불교의 시비는 흑백처럼 분명한 것인데
내가 어찌 군주에게 영합하기까지 미칠 사람인가? 대체로 평소에 행동한
것이 남에게 신임을 받지 못하였기 때문에 이러한 의심을 갖게 만들었다
고 본다. 스스로를 반성할 따름이다." 하였다.

1548년[56세] 명종 3년 숭정대부에 올라 우찬성이 되었으나, 질병으로
사임하였다.

1549년[57세] 명종 4년 1월에 윤원형의 추천으로 이조판서와 판의금
부사를 겸직하였다가, 9월에 우의정에 올랐다.

1551년[59세] 명종 6년 8월에 좌의정에 오르다.

1558년[66세] 명종 13년 5월 29일에 영의정에 올라 5년 동안 국정을
총괄하였다. 재임하는 동안 황해도 평산 일대에서 임꺽정의 난이 일어나
자, 이를 평정시켰다. 좌의정 이준경과 더불어 사림을 등용하는 데 힘썼
다.

1559년[67세] 명종 14년 봄에 상진은 오랑캐가 태도를 바꾸고 백성들
이 화합하지 않으며, 모든 관원이 직무를 제대로 수행하지 않는 것은, 다
재상의 자리에 있는 자가 적격이 아니기 때문이라고 하면서, 허물을 자신
이 책임지고 힘써 자리를 사피하겠다고 청하니, 주상이 위로하고 달래며
허락하지 않았다.

1562년[70세] 명종 17년에 상진은 나이 70세로 예에 따라 사직하겠다

고 하자, 따뜻한 말로 허락하지 않고 궤장을 하사하였다. 잔치를 여는 날 문정왕후(중종비)·인성왕후(인종비)·명종·인순왕후(명종비)가 모두 술과 고기를 보내 왔으므로, 상진은 또 감사의 글을 올렸다. 임금이 비답하기를, "인생칠십고래희人生七十古來稀라고 하였듯이 나는 나이 많은 덕을 귀하게 여긴다. 1기(紀:12년) 동안 재상으로 있는 일은 세상에 많지 않다. 어찌 원로한 사람을 물러가게 하겠는가?" 하였다.

1563년[71세] 명종 18년 1월 17일에 물러나기를 한층 더 간절히 요구하니, 임금은 상진의 뜻을 어기기 어려워 비로소 그 청을 윤허하면서 영중추부사에 제수하고 그대로 영경연사를 겸하게 한 후, 나라에 큰 일이 있을 때는 반드시 자문을 구하였다. 얼마 되지 않아 동궁이 불행을 당하자 장례식장으로 달려가 며칠을 먹지 않았다. 이때부터 심장병과 위장병으로 몇 달 동안 위독하였다.

임금께서 상진이 병이 들었다는 말을 듣고 문병이 잇달으며, 심지어 수랏간의 진미를 나누어 보내기까지 하는 등 위안할 만한 일은 빠짐없이 하였으나, 하늘은 끝내 이 세상에 놓아두지 않아 1564년 명종 19년 윤2월 23일 향년 72세에 세상을 떠났다.

상진에 대한 인물평은 두 가지로 평가되고 있다.

좋은 평을 보면 상진의 사람됨은 '너그럽고 도량이 있었으며 침착하고 중후하여 남과 경쟁하지 않았다. 평생에 남의 잘못을 말하지 않았으며 사사로이 많은 은혜를 입혀 많은 사람들의 칭찬을 얻었다.'고 기록하고 상진은 자품이 충후하고 풍채가 침착하고 무게가 있었으며, 낯빛이 부드럽고 기운이 온화한데다 도량이 크고 사려가 깊었다. 많은 사람들 사이에 처해서도 모가 나거나 남과 틀리는 행동을 하지 않았으며, 다른 사람이 언짢게 해도 더불어 다투지 않았다. 행동이 여유가 있어 황급한 상황 속에서도 말을 빨리 하거나 당황한 기색은 보이지 않았다. 그 외모로 볼 때 느리고 무딘 듯 하지만 내면으로는 강하고 용맹하면서도 모나게 행동하지 않았다. 행동과 처신에 있어서는 짜여진 법도를 중시하지 않으면서도 항상 기질을 바로잡고 덕성을 함양할 것을 추구하여 벽에다 스스로 경계하는 글을 쓰기를,

"경망함은 진중함으로써 바로잡아야 하고 급박함은 완만으로써 바로 잡아야 하며, 편협함은 너그러움으로써 바로잡아야 하고 조급함은 조용함으로써 바로잡아야 하며, 사나움은 화기로써 바로잡아야 하고 거칠고 차분하지 못함은 세밀함으로 바로잡아야 한다." 고 써 두고 스스로를 일깨워 나간 것으로 알려졌다.

다른 한편으로는 상진은 천성이 탐욕스럽고 기개와 절조가 없어 일을 잘 회피하였으며, 벼슬을 얻기 전에는 얻을 것을 걱정하고 얻고 나서는 잃을까 봐 걱정하여 세상의 추세에 따라서 향배를 잘하였다. 인종 즉위 초에 유인숙이 인사권자로 있으면서 상진을 내쫓아 경상 감사로 삼으니, 그는 항시 분노를 품고 유인숙에게 언급될 때면 반드시 노奴라고 꾸짖었다. 또, 문정왕후가 선종과 교종 양종을 세우려고 몰래 심연원을 시켜 상진의 뜻을 넌지시 떠보았는데 상진은 답하지 않고 우물쭈물하다가 물러났으므로 성균관 유생들의 비난이 심했는데, 상진이 송순에게 "자네가 묵묵히 말하지 않는 나를 비난하는 것은 참으로 옳다. 그러나 불평스런 말을 많이 하여 이리저리 귀양다니는 것이 과연 무슨 맛이 있겠는가?" 고 하였는데, 이 말을 들은 사람들은 더럽게 여기었다. '직책은 수행하지 못하면서 벼슬만 차지하여 하는 일 없이 봉록만을 타먹으며 처음부터 끝까지 귀히 되고 현달하여 하루도 곤궁함이 없었다' 고 평하고 있다.

상진의 졸기

1564년[72세] 명종 19년 윤 2월 24일 영중추부사 상진의 졸기

영중추부사 상진이 졸하였다.

그의 자字는 기부起夫이다. 사람됨이 너그럽고 도량이 있었으며 침착하고 중후하여 남과 경쟁하지 않았다. 보는 사람들이 정승감으로 기대하였다. 어렸을 적에 멋대로 행동하면서 공부하지 않았으므로 일찍이 같은 성균관의 생도에게 욕을 당했었다. 이에 드디어 분발하여 독서하면서 과거 공부를 하여 날로 더욱 진보되어 오래지 않아 사마시에 합격하였다. 기묘사화때 선비들이 몸가짐을 조심하는 것으로 일을 삼았는데 상진은 그것을 미워하였다. 이때 성균관에 유학하면서 짐짓 모자를 쓰지 않고 다리도 뻗고 앉아서 조롱하고 업신여기었다. 과거에 급제하여 정광필을 찾아뵙고 나가니, 정광필이 남에게 말하기를,

"조정에 게으른 정승이 나왔다." 하였다.

남의 잘못을 말하지 않았으며 사사로이 많은 은혜를 입혀 많은 사람들의 칭찬을 얻었다. 전후 고시관이 되어서다. 평생에는 반드시 나쁜 답안지를 취하여 따로 두었다가 점수 매기기가 끝나기를 기다려 내어 보이면서,

"이와 같은 것도 취할 수가 있겠는가?"

하였다. 하급 관료들이 모두 비웃으며 떨어뜨리려 하니, 다시,

"이 사람은 복福이 있는데 어찌 꼭 억지로 물리치겠는가."

하였다. 이 때문에 상진으로 말미암아 합격한 사람이 매우 많았으므로 세상 사람들이 모두 그의 덕에 쏠리었다. 벼슬을 구하는 사람이 있으면 반드시 먼저 그의 운명을 점쳤으며, 집에 있을 때에 법도가 없어서 종의 말을 듣고 벼슬을 임명하도록 청탁

하였으므로 진영이나 포구의 작은 벼슬이 그의 집안에서 많이 나왔다.

모든 의논에 있어서 옳고 그름을 따지지 않고 오직 남의 의견을 따랐으므로, 을사년간에 말한 것이 권세를 쥔 간신들과 합하는 것이 많았다. 정언각이 전라도 관찰사가 되어 남의 종을 빼앗으려고 꾀하다가 일이 발각되자, 주상이 잡아다 추고하게 하였다. 이때 상진이 경연 석상에서 아뢰기를,

"정언각의 성품이 곧으니 반드시 이런 일이 없을 것입니다."

하고는, 힘써 구원하여 주었다.

진복창이 한창 총애를 받아 권력을 휘두를 적에, 언젠가 술에 취하여 상진을 방문하고는 거만한 태도로 무례히 행동하였다. 농으로,

"상씨尙氏 어른! 노래하시오."

하니, 상진은 본디 노래를 잘하지 못하였으나 흔연히 노래를 불러 그의 뜻을 기쁘게 해주었다. 돌아가고 나서는 탄식하면서 슬퍼하기를,

"내가 이 사람에게 욕을 당하였다."

당하였다." 하였다. 서법書法에 조금 뛰어났는데, 한창 권력을 휘두를 적에 상진이 병풍 글씨를 써주기를 구하여 궤장을 하사받는 잔치에 쳐 놓았다. 이양도 그 연회에 참석하였는데, 상진이 병풍을 가리키면서 이양에게,

"하늘이 이 보물을 주어서 나의 노년을 즐겁게 해주었다."

이양이 세상에 아첨하고 남을 기쁘게 해주는 것이 대략 이러하였다.

문정 왕후가 선종과 교종 양종을 세우려고 몰래 심연원을 시켜 상진에게 넌지시 떠보았다. 그 뒤에 상진이 입궐한 것을 알고 물었으나 상진은 간하지 않고 우물쭈물하다가 물러났으므로, 그 일이 끝내 이루어졌다. 조정과 유생들이 여러 달 다투었으나

뜻을 이루지 못하니 중론이 떠들썩하여 상진을 나무랐다. 그러자 상진은 마음이 편하지 못하여 병을 핑계 대면서 면직하기를 청하였으나 주상이 허락하지 않았다.

상진이 언젠가 송순에게,

"자네는 어찌하여 불우하고 침체되기가 이러한가?"

하니, 송순이, "내가 만일 목을 움츠리고서 바른 말을 하지 않았으면 정승의 지위를 벌써 얻었을 것이네." 하였다. 그러자 상진이 웃으면서,

"자네가 묵묵히 말하지 않는 나를 비난하는 것은 참으로 옳다. 그러나 불평스런 말을 많이 하여 이리저리 귀양다니는 것이 과연 무슨 맛이 있겠는가?"

하였는데, 이 말을 들은 사람들은 더럽게 여기었다. 직책은 수행하지 못하면서 벼슬만 차지하여 하는 일 없이 봉록만을 타먹으며 처음부터 끝까지 귀히 되고 현달하여 하루도 곤궁함이 없었다. 일찍이 숨어사는 선비인 성수침·조욱과 서로 친하여, 정승의 위치에 있었으나 속세를 바친 사람과의 교제를 맺어 처음부터 끝까지 쇠하지 않았다. 임종 무렵 자제들에게 말하기를,

"내가 죽거든 비碑는 세우지 말고 다만 작고 둥근 비석을 세우되, 거기에 '공은 늦게 거문고를 배워 일찍이 감군은感君恩³⁷⁾한 곡조를 연주하였다.' 고만 쓰면 족하다." 하였다.

시호는 성안成安이다. 왕이 부음을 듣고 조회와 시장을 걷고 고기반찬을 물려 애도를 표하였다. 5월 19일로 경기도 과천 동쪽 상초리 곤좌 간향의 언덕에 장사지냈다. 이후 묘소를 이장하여 서울특별시 서초구 상문고등학교 안에 있다.

---

37) 임금의 은덕을 사해와 태산에 비유한 악장

[승진과정]

1516년[24세] 중종 11년 생원시에 합격, 성균관 입학
1519년[27세] 중종 14년 별시에 합격, 승문원 부정자, 예문관 검열
1523년[31세] 중종 18년 예조좌랑, 북도 평사
1526년[34세] 중종 21년 예조 정랑으로 성절사 서장관에 보임되어
　　　　　　북경에 다녀왔다.
1527년[35세] 중종 22년 4월 사헌부 지평
1528년[36세] 중종 23년 5월 시강원 필선 9월 사헌부 장령
1529년[37세] 중종 24년 6월 사헌부 장령, 시강원 문학
1531년[39세] 중종 26년 2월 사헌부 헌납, 7월 장령, 10월 홍문관 교리
1532년[40세] 중종 27년 3월 사헌부 집의
1533년[41세] 중종 28년 2월 홍문관 부응교, 2월 홍문관 전한,
　　　　　　5월 통정대부 특별승급, 대사간, 9월 부제학, 강원도관찰사
1534년[42세] 중종 29년 3월 사간원 대사간
1535년[43세] 중종 30년 6월 부름을 받아 동부승지
1536년[44세] 중종 31년 4월 좌부승지
1537년[45세] 중종 32년 2월 사간원 대사간, 10월 형조참판에 특별 제수
1538년[46세] 중종 33년 7월에 경기관찰사
1539년[47세] 중종 34년 형조판서, 동지중추부사, 6월 한성부 우윤,
　　　　　　6월 한성부 좌윤, 9월 사헌부 대사헌, 10월 평안도 관찰사

1541년[49세] 중종 36년 9월 평안도 관찰사, 특명으로 한성부 판윤,
　　　　　　겨울에 동지중추부사
1542년[50세] 중종 37년 2월 한성부 판윤, 도총관 겸직
1543년[51세] 중종 38년 6월 공조판서 7월 특명으로 병조판서
1544년[52세] 중종 39년 2월 숭정대부로 승급, 우찬성,
　　　　　　4월 지돈녕부사 겸 지의금부사, 5월 형조판서
1545년[53세] 인종 원년에 유인숙의 미움을 받아 경상도 관찰사로 나가니 사람들이 다
　　　　　　안타깝게 생각하였다.

1545년[53세] 명종즉위년 10월 지중추부사
1546년[54세] 명종 1년 1월 의정부 우참찬, 위사 원종공신에 녹훈,
　　　　　　정헌대부, 지춘추관사, 9월 병조판서

1548년[56세] 명종 3년 6월 겸 지의금부사, 7월 숭정대부, 우찬성
1549년[57세] 명종 4년 1월에 이조판서, 판의금부사 겸직, 9월 우의정
1551년[59세] 명종 6년 8월 좌의정
1557년[65세] 명종 12년 7월 동궁 책봉, 세자부
1558년[66세] 명종 13년 5월 29일에 영의정. 세자사 겸직
1562년[70세] 명종 17년 궤장 하사
1563년[71세] 명종 18년 1월 17일 영중추부사 영경연사 겸직
1564년[72세] 명종 19년 윤 2월 24일 영중추부사 상진이 죽다.

58. 윤원형尹元衡

소윤, 문정왕후의 동생

생몰년도	1509?년 ~1565년(명종 20) [57세]
영의정 재직기간	(1563.1.17.~1565.8.15) (2년 7개월)
본관	파평坡平
자	언평彦平
묘소	경기도 파주군 교하면 당하리
기타	수많은 재산을 쌓고 무소불위의 권력을 쥐었으나,
	유배지에서 자결로 마감하다.
증조부	윤계겸尹繼謙 – 영평군
조부	윤욱尹頊 – 내자시 판관
부	윤지임尹之任 – 파산 부원군
모	전성부대부인 전의 이씨
형	윤원개尹元凱 – 장예원 사평
형	윤원량尹元亮 – 돈녕부 도정
조카	숙빈 윤씨, 인종의 후궁
형	윤원필尹元弼 – 호조참판
형	윤원로尹元老 – 돈녕부 도정
	윤원로의 아들이 김안로의 손녀딸과 결혼
누이	문정왕후(중종의 계비)
매형	중종
외조카	명종
본처	연안 김씨 – 현감 김안수金安邃의 딸, 김안로金安老의 당질녀
장남	윤계尹繼
2 남	윤효원尹孝源
3 남	윤충원尹忠源
4 남	윤담연尹覃淵
후처	정난정鄭蘭貞 – 부총관 정윤겸의 서녀
서녀	윤씨

문정왕후의 동생

윤원형의 자는 언평彦平으로 본관은 파평이다. 증조부는 영평군 윤계겸이고, 조부는 윤욱으로 내자시 판관을 지냈으며, 아버지는 중종의 국구 파산부원군 윤지임이다. 윤지임은 5남 1녀를 두었는데, 윤원형은 다섯째이다. 1녀인 누이가 문정왕후로 중종의 계비가 됨에 따라 그 세력을 업고 권력을 떨치다가 악명과 오명을 남긴 대표적 인물이 되고 말았다.

윤원형은 과거시험 합격자 발표시 부터 불합격자로 발표되었다가 합격자로 방을 고쳐 발표되는 등 관직 생활의 첫 시작부터 권력을 등에 업고 출발해서인지 윤원형의 일대기는 권력 남용 그 자체였다. 왕실의 외척으로 교리·지평·응교 등의 청요직을 두루 역임하면서 초기부터 권력을 마음껏 누렸다.

중종 말기에 세자(인종)를 등에 업은 외숙 윤임 일파와 문정왕후의 아들 경원대군(명종)을 등에 업은 윤원형 일파가 권력 싸움을 벌였는데, 중종이 죽고 인종이 왕위에 즉위하자 윤원형은 권력에서 밀려났다.

인종은 재위 7개월 만에 의문 모를 죽음을 맞았고, 뒤를 이어 문정왕후의 아들 경원대군이 등극하니 명종임금이다. 12세의 명종을 대리하여 모후 문정왕후가 수렴청정을 하며, 윤원형을 불러들여 을사사화를 일으키니 조정은 피바다로 변해 버렸다. 대윤파 좌찬성 윤임, 그의 아들 3형제, 좌의정 유관, 이조판서 유인숙, 계림군 등 그들을 따르던 일파들과 사림의 선비들이 떼죽음을 당하니 이를 을사년의 흉변이라 하여 '을사사화'라 한다. 한쪽은 죽임을 당하고 한쪽은 포상잔치를 벌이니 이 사건으로 윤원형은 위사공신에 오르고 서원군으로 군호를 받았다.

윤원형이 권력을 잡자 이조판서 직과 병조판서 직을 번갈아 맡으며 인사권을 움켜쥐고 벼슬을 매개로 뇌물을 챙겼다. 팔도의 진영과 고을에 추종하는 무리를 여기저기 임명하여 바닷길과 육지로 끊임없이 진상품을 받아 챙겨 10여 채의 집에 진기한 보화들로 가득 채웠고, 가정집이 나라보다 부자고 개인이 임금보다도 사치스러우며, 그가 거처하는 곳은 연회장·집기·노비·음식을 빠진 것 없이 갖추어놓고 마음 내키는 집에 가서 먹고 잠을 잤다. 벼슬자리를 주고받는 일, 사람을 살리고 죽이는 일이 모두 윤원형의 말 한마디에서 나왔다.

본처를 멀리하고 첩 정난정과 놀아나니, 정난정은 본부인 김씨를 독살하고 안방을 차지하였다. 정경부인이 된 정난정은 문정왕후의 장수를 빈다며, 밥을 지어 한강에 물고기 밥으로 뿌리기를 몇 차례씩 거듭하니, 허기진 백성들은 '백성의 밥을 빼앗아 물고기에게 먹인다며, 송장을 까마귀에게서 빼앗아 개미에게 준다는 옛말보다 더 심하지 않는가!' 하고 통탄하였다.

윤원형은 형 윤원로와 권력을 나눠 쓰기가 두려웠든지 형을 사사하게 하였고, 권력을 휘두르고 이문을 탐하는 일이란 하지 못한 것이 없었다. 수차례의 역모 사건을 조작하여 반대파를 숙청한 윤원형은 우의정에 올랐고, 1563년 1월에는 영의정 상진의 후임으로 영의정에 올랐다. 그러나 권력은 항상 종말이 있었음이 역사의 교훈이다.

권력의 원천이었던 문정왕후가 죽으니, 잠자코 고개 숙이고 지내던 대관들이 윤원형을 거세게 탄핵하였고 명종도 대세에 눌려 윤원형을 삭탈관직하여 황해도 강음으로 유배시켜 버렸다.

윤원형이 유배가는 길에 백성들이 모여들어 침을 뱉고 돌을 던지며 욕을 했고, 돌로 찍어 죽이려는 자까지 있었다. 유배지에 숨어살던 윤원형과 정난정은 윤원형의 본처 친정 계모 강씨가, 딸이 정난정에게 독살당한 사실을 조정에 고발하니, 의금부에서 강상의 변이라며, 정난정을 잡아다 문초하기로 정하자 정난정은 이 소식을 전해 듣고 비상 독약을 마신 채 자결해 버렸다. 정난정이 죽은 뒤 윤원형도 정난정의 뒤를 따라 비상을 먹고 자결하였다.

누이 문정왕후의 권력을 등에 업고 영의정까지 올랐던 윤원형은 세상 두려운 줄 모르며 권력을 휘두르고, 수많은 금은보화를 창고 가득히 쌓았으나 사용해보지도 못한 채, 누이가 죽자 권력도 금력도 잃은 채 57세의 나이로 타향 객지에서 자결로 세상을 마감하였다. 그의 욕된 무덤이 경기도 파주시 교하면 지산리에 남아 있다.

부정으로 합격한 과거시험

1533년[25세] 중종 28년 4월 별시 문과 합격자를 발표하였는데 윤원형은 1차 합격자 방에 불합격되었다가, 수정하여 합격자로 발표되었다. 이때 수정하여 발표된 합격자 방은 1등 1인은 원계검, 2등 3인은 정언각·한주·이도남, 3등 10인은 경혼·임열·이세구·이희손·윤원형·민구·박붕린·이현충·남궁숙·김기이다.

수정전 합격하였다가 수정 후 떨어진 자는 곽희영과 김언부이고, 수정전 떨어졌다가 수정 후 합격한 자는 윤원형·민구·박붕린·남궁숙이다. 합격자 방이 고쳐져 발표되자 대사헌 정옥형 등이 전일 과거의 파방을 아뢰었고 이에 임금이 전교하였다.

대사헌 정옥형, 대사간 양연, 집의 임백령, 사간 송순, 장령 박홍린과 허항, 지평 신거관과 김광진 등이 아뢰기를,

"과거시험은 국가의 중대한 일이므로 조금만 잘못이 있어도 결코 서용할 수 없습니다. 위에서는, 처음의 합격자 방은 정식 방이 아니라고 하였습니다만 이미 등수의 순서를 결정하여 합격 방이 났는데 마침 왕실 친척 가운데 앞서는 떨어졌다가 뒤에 붙은 자(중궁의 오라비인 윤원형)가 있습니다. 위에서 지극히 공평무사하게 했다는 것은 의심의 여지가 없습니다만, 사람들은 주상의 지극히 공평무사한 뜻을 모르고 의논이 떠들썩한 상황입니다. 지금도 이러하니 후세의 일이야 어떻게 알 수 있겠습니까? 이번 합격자 방의 합격자는 결단코 서용할 수 없습니다. 속히 통쾌한 결단을 내리소서."

하니, 답하기를,

"경들이 이제 삼공이 아뢴 말을 들으면 절대로 취소할 수 없다는 뜻을 알 수 있을 것이다. 그리고 전일 전교한 내용을 들었다면 이 일의 전말을 알 수 있을 것이다. 왕실 외척 중에 앞에서는 떨어졌다가 뒤에 붙은 자가 있어 의논이 떠들썩하다는 일은, 위에서는 밖의 의논을 모르고 있으니 경들이 주상으로 하여금 알게 해주는 것이 옳다.

그러나 이런 말을 하는 것은 매우 이치에 어긋난다. 만약 시험관이 낙제로 아뢰었는데도 위에서 왕실 외척이라 하여 기록하게 했다면, 이런 말이 없어도 사사로운 정을 썼다는 논란을 면할 수 없는 것이다. 처음 명한 일도 위에서 한 일이다. 왕실 외척이라 하여 뽑고 싶었다면 당초에 뽑았지 무엇 때문에 떨어진 뒤에 다시 뽑겠는가. 이로 보더라도 나에게 조금도 사정이 없었다는 것을 알 수 있다.

그때 날이 저물어 궁문을 닫을 때가 되었으므로 미처 전례를 고증하지 못하였다. 단지 전의 복시 때에도 강경 시험과 제술 시험에 모두 합격된 자를 뽑았던 것이 생각났기 때문에 강경과 제술에 모두 합격된 자를 뽑으라고 명했던 것으로, 이는 특별히 법을 고칠 것이 아니다.

이번 일은 상하가 미처 살피지 못한 소치일 뿐이요, 그 사이에 특별한 사정을 쓴 일

은 없었다. 취소시키려 하는 자는 반드시 왕실 외척을 핑계 대고 어지러이 떠들 것이니, 대간인들 어떻게 이런 내용을 알 수 있겠는가? 왕실 외척의 강경 점수가 낮은데도 위에서 뽑으라고 했다면 잘못이라고 할 수 있겠지만, 강경 점수가 가장 우수했고 그 아랫사람 가운데는 7점으로 합격한 자도 많았다. 이런데 아무는 왕실 외척이라는 것을 혐의하여 뽑지 않을 이유가 뭐 있겠는가? 지금와서 경들이 도리어 왕실 외척을 들어 말하니 이는 분변하기 어려운 얘기다.

또 할 말이 한 가지 있다. 경들은 다만 처음 명한 것 (강경과 제술에 모두 합격된 자를 뽑으라는 명을 말함) 만 고집하여 감히 척도에 의거 점수에 따라 출방한 이번 과거를 취소시키려 하지만, 식년 복시에 점수를 따라 결정하는 법은 어디다 둘 것이며 또 오는 식년에는 어떤 법을 써야 하겠는가? 하물며 예전에는 중의 노자로서 과거에 합격한 자가 있었으니, 이는 크게 잘못된 일이었다.

그러나 과거를 중히 여겼기 때문에 역대왕조에서는 취소한 일이 있었다는 말을 못 들었다. 그리고 근일의 일로 살펴보면, 기묘년의 출방에도 대간과 시종이 취소시키자고 했었으나 이는 중요한 일이므로 끝내 파방하지 않았고, 지금에 와서도 취소하지 않은 것을 옳게 여기고 있다. 법에 의거해서 사람을 뽑은 이상 무엇 때문에 처음 잘못한 것만 고집하여 취소시키려 하는가. 이렇게 하면 뒷 의논이 없을 수 있겠는가." 하였다.

이어 삼공에게 전교하기를,

"취소해서는 안 된다는 일에 대해선 상하의 뜻이 같기 때문에 이미 답하였다. 대간의 말이 이러하지만, 이 아룀과 답함의 사연을 보면 경들도 알 수 있을 것이다. 왕실 외척인 사람을 내가 사적으로 뽑으려 했다면 무엇 때문에 처음에는 떨어뜨렸다가 곧바로 다시 뽑겠는가. 내가 처음에는 잘못 생각하였다가 뒤에 잘못을 깨닫고 경들과 의논하여 개정하였다. 따라서 점수의 순서에 따라 7점 이상인 사람을 뽑았는데 그 가운데 마침 점수가 가장 우수한 왕실 외척이 있었다. 내가 어떻게 털끝만큼인들 사적 의견을 둘 수 있겠는가? 기어이 취소시켜 요행이 있기를 바라는 자들이 이를 핑계로 마구 떠드는데, 위에서 말 한마디 없이 취소하면 이는 마구 떠드는 사람들의 술수에 빠지는 것이다. 이를 통하여 요즘 세상의 인심을 알 수가 있다. 조정이 도리어 그들의 술책에 빠져 스스로 벗어나지를 못하니, 취소에 대한 가부는 조정의 공론에 의하여 결정해야 되겠다. 사세가 이 지경에 이르렀으므로 위에서도 변설하기 곤란하다.

대저 이 일은 위에서 즉시 명하여 바로 개정한 것이 아니었다. 시관이 다시 아뢰자 내가 즉시 개정하기가 어려웠기 때문에 경들의 의논을 모았었고, 그 공론에 따라 뽑은 것이다. 위에서 사의를 품고 뽑으려 했다면, 아무리 어리석은 자일 망정 짧은 시간에 이렇게 전도되게 뽑았다 떨어뜨렸다 하겠는가. 더구나 경들에게 의논할 적에, 감히 이 출방을 파기시키기 위해서 강경에 합격된 전원에게 다시 제술 시험을 보여 법에 의거 뽑자고 했겠는가. 뽑는 데서 사의가 없었다는 것을 알 수 있을 것이다. 이 말은 대간이 발론한 것이 아니고, 취소시키려는 바깥 사람이 이렇게 떠들기 때문에 대간이 소문을 듣고 아뢴 것이니, 실로 아름다운 일이다."

하니, 정광필 등은 같은 내용으로 아뢰기를,

"당초 위에서 이미 점수를 계산하도록 척도를 정하게 하였습니다. 그런데 합격자를 방할 때 위에서 깜박 잊으시고 단지 강경과 제술에 모두 합격된 사람만 뽑았습니다. 그러나 시관에서 계산해야 된다는 말을 듣고 즉시 깨달으시어 의논을 모아 고쳤습니다. 따라서 앞서 합격된 자가 뒤에는 떨어지고 앞서 떨어진 자가 뒤에는 합격되었습니다. 여기에 고시관들의 사사로운 정이 개재된 것은 아니지만 일은 잘못된 것이므로 지금 추문하고 있습니다. 일의 기미가 이러하니 대간의 논계가 당연합니다. 왕실 외척에 관한 말은 대간이 바깥 소문에 따라 아뢴 것이니 위에서는 놀랄 것이 없습니다. 위에서 지공무사하였다는 뜻을 반복해서 대간에게 해설하여 주시면, 대간 또한 어찌 헤아리지 못하겠습니까?"

하고, 한효원은 홀로 아뢰기를, "대간이 주장을 고집하다가 갑자기 그만둘 수 있겠습니까?" 하니, 명하였다. "삼공이 아뢴 내용은 알았다."

– 중종실록 28년 5월 5일 –

을사사화를 일으키다

1543년[35세] 중종 38년 2월 윤임을 대윤, 윤원형을 소윤이라 함을 대사간 구수담이 아뢰다.

대사간 구수담이 아뢰기를, "근래 강상綱常의 변(삼강오륜의 변)이 겹쳐서 한때의 풍습이 도리어 자포자기 하는 대로 귀착되고 있습니다. 위에 있는 사람이 의논을 세운 다음에야 아랫사람들이 그 의논을 사사로이 하지 못할 것입니다. 지금은 유생이면서도 책 읽는 것을 힘쓰지 않고, 조정 선비이면서도 직무 수행을 급하게 여기지 않고, 사사로운 주장에만 힘써 헛된 낭설을 전파하고 있습니다.

신이 근래 강릉 부사가 되었다가 조정에 돌아와 보니 잇따라 시종과 대간의 직을 더럽히고 있는데, 풍문에 의하면 간사한 의논이 비등하여 '윤임을 대윤이라 하고 윤원형을 소윤이라 하는데 각각 당파를 세웠다.' 합니다. 그 실정을 따져보니, 윤임은 부귀가 이미 극에 달했고 윤원형은 청년으로 과거에 급제하여 좋은 벼슬을 역임하였으므로, 이미 부족한 것이 없는데 무슨 일을 일으키려고 다시 당파를 세운단 말입니까? 가령 저들이 당파를 세우려 한다 해도 식견 있는 사람이 어찌 그들에게 붙겠으며 또 어찌 다시 그들의 말을 들을 리가 있겠습니까.

사람이 세상을 삶에 있어 어찌 친구와 친족이 없겠습니까. 하필 왕실의 친척이라는 것으로 당파라는 의논이 비등하니 매우 음험하고 사악한 주장입니다. 이처럼 세상 풍습이 경박하여 뜬 말을 전파하기를 좋아하니, 소인들이 틈을 타 술수를 부려 사람의 마음이 동요되면 후일의 걱정이 될까 두렵습니다. 지금의 이 간사한 의논을 조정에서 그 누가 모르겠습니까마는 형적이 없으므로 어떤 사람이 한 말인지를 알지 못할 뿐입니다. 주상께서 미리 아신다면 후일에 간사한 의논이 발생한다 하더라도 절로 동요되지 않을 것입니다." 하고,

사헌부 집의 이몽량은 아뢰기를, "요즈음 간사한 의논을 시행케 하려는 것은 반드시 당파의 의논을 형적이 없이 전파시켜 술수를 부릴 바탕으로 삼으려는 것입니다. 그 기미를 모르고 간사한 의논을 시행되게 한다면 반드시 큰 환란이 있을 것입니다. 이

간사한 의논은 형적이 없어서 다스리기가 참으로 어려우니, 주상께서 깊이 그 기미를 살펴 진정시키는 것이 마땅하겠습니다." 하니,

주상이 이르기를, "이것은 매우 해괴하고 경악스런 말이다. 저들은 모두 외척인데 당파를 세운다고 지적하는 의논이 있으니, 이는 소인들이 틈을 타서 화평한 조정을 어지럽게 하려는 것이다. 처음으로 간사한 의논을 조성한 자를 문초한 다음에야 진정시킬 수 있을 것이다." 하였다.

- 중종실록 38년 2월 24일 -

1543년[35세] 5월 윤원형이 명나라 성절사가 되어 중국을 다녀왔다.
1544년[36세] 중종 39년 2월 사간원에서 성절사 윤원형·서장관 민전·천추사 김만균과 원혼 등의 사절단 만행을 아뢰었다.

사간원에서 아뢰기를,
"근래 북경에 가는 사신들이 국법을 무시하고 단속을 태만하게 하므로 아랫사람들이 많은 은을 가지고 가서 지나치게 많은 물건을 사온다는 소문이 전국에 파다하여 모든 사람들이 통분해 하고 있습니다. 지난번 성절사 윤원형과 서장관 민전, 천추사 김만균·원혼, 서장관 이홍남 등은 금지하지 않아 제멋대로 방자하고 외람한 폐단이 전일보다 더욱 심했습니다. 그래서 중국에서 상거래를 하는 사람들이 이익을 다투다가 죄를 받았고 심지어는 정7품 주사가 범법 사실을 갖춰 '국왕에게 전달하라.' 고 까지 했으니, 사신의 명을 더럽히고 국가의 체면을 손상시킴이 이보다 더 심한 것은 없습니다. 청컨대 모두 파출시키소서. 두 행차의 통역관은 범한 죄가 매우 중하니 모두 의금부에 내려 끝까지 죄를 다스리소서. 두 행차의 사신을 점검하는 하억수와 이중열 등은 국법이 엄중한 것을 알면서도 심상하게 보고 또 철저하게 점검도 하지 않았으니 매우 그릅니다. 아울러 추고하소서.

연경에 사신단이 갈 때에 은을 가지고 중국에 가는 자가 있으면 대동찰방이 엄중히 검속하는데 검속을 게을리 했다가 뒤에 발견되면 파출시킨다는 법이 대전속록에 실려 있으니 찰방 이현당을 파직시키소서. 통역사 박장련은 주사가 준 물목이 반나절의 거리에서 닳아 찢어질 리가 만무한데 첫 장을 고의로 찢어버린 실정이 없지 않으니, 문초하여 죄를 다스리소서." 하니, 답하였다.

"요즘 은을 금하는 법이 엄중한데도 연경에 가는 사신들이 대개 금지하지 않아 이렇게까지 되었으니 아뢴 말이 지당하다. 주사가 써서 준 서류를 보니 날짜의 선후가 뒤바뀐 사실은 면밀히 꾸민 흔적이 많으므로 이미 예조로 하여금 분별하여 문초하게 하였다.

지금 보고들은 사건을 보니 주사 송유원은 천추사가 연경에 도착한 이후에 이 관직으로 온 듯 한데 다른 관원이 소관했던 일을 써서 줄 리는 없을 듯하다. 은을 가진 것이 적발되면 사신 등이 파직된다는 것은 법으로 정해져 있는 일이다. 또 박장련이 서류의 첫장을 찢어버린 정상은 미리 면밀하게 꾸민 것 같다. 이러한 일들은 예조가 결론지어 아뢴 뒤에라야 결말이 날 것이다. 찰방은 파직하라."

— 중종실록 39년 2월 11일 —

이어 사헌부에서도 윤원형의 성절사 행차시 무절제한 행동을 탄핵하였다.

사헌부가 아뢰기를,

"윤원형·김만균·원혼·민전·이홍남 등의 일은 신들이 어제 한숙 등이 아뢴 것만 보고 파직만 시키라고 아뢰었으나 지금 주사가 쓴 서류를 보니 '법을 어기면서 은을 사용한 것이 지금보다 심한 때가 없었다.'고 했습니다. 윤원형 등이 금지하지 않아 중국으로부터 기롱당하고 욕됨이 국가에까지 미쳤으니 매우 놀라운 일로 파직만 시켜서는 안 됩니다. 모두 문초하여 죄를 다스림으로써 뒷 폐단을 제거하소서. 두 행차의 통역사들은 많은 은을 가지고 가서 지나치게 많은 물화를 무역하여 주사가 글을 갖추어 임금께 아뢰도록까지 했으니, 그들이 국법을 두려워하지 않고 거리낌 없이 제멋대로 행동함이 너무 심합니다. 속히 의금부에 내려 철저히 추문하여 엄하게 다스리소서.

근래 중국으로 사신들이 데리고 가는 군관들은 모두 무재가 있는 자들이 아니고 또다 친자제들도 아니며, 간혹 이익을 꾀하는 무뢰배들이 있습니다. (유희령의 군관 박수팽, 윤원형의 군관 박정원, 원혼의 군관 권효성은 모두 시정의 장사치들이었다.) 많은 뇌물을 주고 사신 행렬을 따라가는 길을 구하여 그 욕망을 성취시키는 자들이 많기 때문에 시중 의론이 분분하고 듣는 자들이 비루하게 여깁니다. 두 행차의 군관 자제들도 추고하여 죄로 다스리고 두 행차의 사신 행렬을 점검하는 점검단도 아울러 추고하여 죄를 다스리소서."

하니, 답하였다.

"성절사의 행차에 대한 것은 조정에서 지금 한창 분별하느라 끝까지 추궁하는 중이니 거짓이 귀결되면 저절로 그 죄가 있을 것이다. 은을 많이 가지고 간 것은 어떤 행차라고 해서 기필코 외람된 일이 없었다고 하겠는가? 두 행차의 서장관 등은 모두 파직하도록 하라. 통사·자제 군관 등의 일은 성절사에 대해 진위를 분별하고 있는 중이니 추문할 수 없다.

천추사 행차의 외람됨은 이미 현저하니 추문함이 좋을 듯하다. 다만 지적되는 사람이 없는데 끝내 큰 옥사를 일으키게 되면 반드시 상하는 사람이 많아 옥석이 함께 타게 될 것이니, 신중히 하지 않을 수 없다. 점검단에 관한 일은 아뢴 대로 하라."

-중종실록 39년 2월 13일 -

윤임 일파의 탄핵으로 윤원형을 비롯한 성절사 일행의 파면 조치가 있은 후 그해 9월 '윤임이 김안로와 더불어 왕비(문정왕후)를 폐하려고 했다.'는 풍문이 나돌자 임금은 윤임의 고신을 빼앗고 윤원형을 파면토록 하였다.

대사헌 정순붕, 대사간 임억령, 집의 한두, 사간 한주, 장령 정희등·백인영, 헌납 성세장, 정언 조광옥·심세림 등이 아뢰기를,

"신들이 보건대, 위에서 분부하기를 '윤임은 지방으로 귀양보내고 윤원형은 파면해야 한다.' 하셨으니, 신들은 매우 놀랍습니다. 오늘 아침에 아뢴 것은, 간사한 말이 멋대로 돌아 조정이 의심하고 두려워하므로 위에서 거짓임을 환히 아시고 내외에 다시는 의심이 없게 하여 인심이 스스로 안정되게 하려는 것이었을 뿐인데, 이제 중간의 간사한 말에 따라 문득 두 사람의 죄를 정하시니, 아마도 안정되지 못하고 도리어 어수선할 듯합니다. 위에서 간사한 말에 흔들리지 말고 공명한 뜻을 넓히소서."

하니, 답하였다.

"오늘의 일은 저 사람들 한 몸에만 관계되는 것이 아니라, 일이 국가에 관계되니, 이

두 사람을 다스리면 인심이 저절로 안정될 것이다. 전일에 그 기미가 나타나기는 하였으나 말한 자가 뚜렷하게 하지 않았으므로, 잘 아는 자만이 인심을 안정시키려다가 도리어 안정시키지 못하였다. 이런 일을 간사한 사람이라고 하더라도 어떻게 스스로 꾸밀 수 있겠는가. 정유년에 허경이 공초한 것으로 말미암아 이런 말을 떠드는 것이다. 이 때문에 윤임은 등급을 더하여 외방으로 귀양보내고 윤원형은 파면하면 인심을 안정시키려 하는 것이다. 이것은 저 사람들이 스스로 보전할 길이기도 하다. 물의가 이러한데도 전혀 버려두고 좋아함과 싫어함을 보이지 않으면, 간사한 말이 끝내 진정되기 어려울 것이다. 윤임은 직첩만을 빼앗고 윤원형은 파면하고서 다음 형편을 기다리라."

-중종실록 39년 9월 29일 -

10월 대간이 윤임·윤원형을 죄주지 말도록 청하였으나 허락하지 아니하다

대간이 합사하여 아뢰기를,

"간사한 사람이 간사한 말을 교묘하게 꾸며 전파해서 인심을 두렵게하니 어찌 계획한 것이 없겠습니까. 조정을 어지럽혀서 그 간사한 술책을 펴려는 것입니다. 어제 아뢴 것은, 임금께서 통촉하여 뭇사람의 의심을 깨뜨리시게 하고자 함이었는데, 지금 근거 없는 험악한 말로 인하여 갑자기 두 사람을 죄주시니 하루 사이에 인심이 극도로 흉흉하게 되었습니다. 간인이 계획한 것이 바로 이것입니다. 주상께서는 여러 번 김안로가 왕비를 폐하려던 사건을 끌어내서 하교하시나 신들이 허경 등을 자세히 보니, 그 말은 모두 허항이 윤원로 등을 해치려고 허언을 만들어 허경을 꾀어 홍문관으로 하여금 발의하도록 한 것 같았습니다. 간흉이 꾸며낸 말은 결코 믿어서는 안 되는데 주상께서는 말의 근거가 있다고 하시니 신들의 마음은 실로 편안하지 못합니다. 조용히 진정시켜서 인심이 안정되도록 힘쓰소서."

하니, 답하였다.

"정유년에 이미 허경의 추안을 보았기 때문에 그런 말을 하기는 했지만, 이것을 지적해서 말한 것은 아니다. 발의된 처음에 내가 즉시 물리쳐서 스스로 근신하도록 하였더라면 왜 이처럼 그치지 않았겠는가. 지금 또 그 사실을 알면서 내버려 둔다면 필시 더욱 그치지 않을 것이다. 지친의 죄를 다스리는 일은 아랫사람들이 말한다고 해도 나는 듣지 않을 것인데 어찌하여 이같이 고집하는가? 내가 이번에 물리치는 뜻을 보여야 인심이 스스로 안정되겠기에 할 수 없이 이렇게 한 것이다."

사관은 논한다. 윤원로와 신수경이 일찍이 '윤임이 김안로와 더불어 왕비를 폐하려고 했다.'는 근거 없는 말을 만들어 내어 위협을 하고 이 사건으로 동궁에게 누가 미치도록 하고자 하였다. 주상이 허경의 추안을 추고하도록 한 것이 바로 이 때문이었다. 주상이 이러한 조치가 과연 지공 무사한 것이었다면 윤임과 윤원형에게 같은 죄를 주었어야 하는데 한 사람은 파직시키고 한 사람은 유배하여 벌의 경중이 현격하니 한쪽으로 치우친 잘못을 볼 수 있다. 이는 모두 윤원로의 농간인데, 대관이 그것을 모르는 바도 아니었으나 큰 화가 자기에게 미칠까 두려워하여 한 사람도 특출하게 말을 하는 자가 없었으니, 당시 기개와 절조의 투박하고 사치스러움을 볼 수 있다.

또 논한다. 주상이 처음 정유년의 일[38]을 끌어다가 말한 것은 윤임에게 모후를 폐하려는 음모를 꾸몄다는 죄를 씌우려 한 것이었는데, 조정에서 주상의 뜻을 알고 힘써 막았기 때문에 주상 역시 말을 굽혀 대답하여 윤원로의 음모는 저절로 궁색하게 되었다. 주상이 진실로 인심을 진정시키려고 그렇게 했다면 주상의 마음을 정하는 것보다 우선할 일이 없다. 주상의 마음이 정해지지 않았기 때문에 윤원로의 참소가 끼어들게 되어, 그 폐단이 부자가 서로 의심하는 데에까지 이르렀으니 어떻게 인심을 진정시킬 수 있겠는가. 인심이 위태롭게 여기고 두려워하는 것은 진실로 주상의 마음이 정해지지 않았기 때문이다. 그렇다면 이 두 사람을 죄주어 인심을 진정시키려고 하는 것이 어찌 헛된 일이 아니겠는가.

- 중종실록 39년 10월 1일 -

1544년 중종 39년 11월 15일 중종 승하하고, 11월 20일 인종 즉위하였다.

1545년[37세] 7월 1일 인종이 승하하고, 7월 6일 명종이 즉위하였다.

---

38) 정유년의 일 : 정유년은 1537년 중종 32년 당시 좌의정으로 있던 김안로는 동궁을 보호한다는 구실 아래 허항·채무택 등을 심복으로 삼아 전횡하였다. 이해에 김안로는 윤원로·윤원형 형제를 파직케 하고 왕비까지 폐하려는 음모를 꾸미다가 중종의 밀령에 의해 체포, 사사되었다.

8월 22일 을사사화를 일으켜, 윤임·유관·유인숙의 일을 논하고 죄를 정하였다.

1545년[37세] 7월 대윤과 소윤에 대한 사관의 평

사관은 논한다. 가령 하늘이 인종을 오래 살게 하였다면 비록 대·소윤이란 설이 있다 하더라도(대윤 윤임은 곧 장경 왕후의 아우이고 소윤 윤원로와 윤원형은 문정왕후의 아우이다) 절로 봄눈 녹듯 했을 것이고, 하늘이 명종에게 어진 보필을 주었다면 대·소윤 사이에 틈이 있다고 하더라도 또한 화의 단초가 해소되어 난이 그치게 되었을 것이다. 왕후가 어린 임금을 옹립하여 국가의 형세가 매우 위태로운 때에 유관柳灌이 좌의정으로서 국권을 담당하였는데 그는 충직함은 남음이 있지만 지식이 부족한 탓으로 대·소윤을 모두 파출하여 국난을 풀게 할 줄은 모르고 유독 윤원로를 다스리는 데만 급급하였으므로 그 자취가 흡사 대윤을 방조하고 소윤을 공격하는 것 같이 되었다. 그래서 대비가 더욱 진노하게 되었고 윤원형의 무리도 구실을 얻게 되어 공적인 명분을 가탁하여 사적인 원한을 갚기 위해 살륙과 유배를 마구 자행하여 하늘이 행할 직분을 더럽혔으므로 그 재앙이 수십 년에 이르도록 그치지 않았던 것이다. 예로부터 외척들이 권세를 다투어 서로 도모할 경우 국사를 크게 그르치는데 이르지 않은 적이 없었다. 그렇다면 왕후의 마음으로는 비록 사사로운 마음을 다 씻어버리고 조정을 안정시키려고 한들 누구와 더불어 죄를 씻어줄 것이며, 비록 대신들에게 충성을 다해 나라를 돕기를 힘입으려 한들 누구에게 의뢰하겠는가? 아, 마음 아픈 일이다.

– 명종실록 즉위년 7월 7일 –

1545년 8월 30일 을사사화에 공훈을 세운 홍언필·윤인경·이기 등에게 공훈과 관직을 제수하였다.

홍언필을 추성 위사 홍제 보익 공신 익성 부원군에, 윤인경을 추성 위사 홍제 보익 공신 파성 부원군에, 이기를 추성 위사 협찬 홍제 보익 공신 겸 병조 판서 풍성 부원군에, 이언적을 추성 위사 홍제 보익 공신 여성군에, 정순붕을 추성 위사 협찬 홍제 보익 공신 숭정 대부 의정부 우찬성 겸 지경연사 온양군에, 권벌을 추성 위사 홍제 보익 공신 길원군에, 신광한을 추성 위사 홍제 보익 공신 영성군에, 임백령을 추성 위사 협찬 홍제 보익 공신 숭선군에, 윤개를 추성 위사 홍제 보익 공신 영평군에, 민제인을 추성 위사 홍제 보익 공신 여원군에, 정옥형을 추성 위사 홍제 보익 공신 금천군에, 허자를 추성 위사 협찬 홍제 보익 공신 양천군에, 임권을 공조 판서에, 심연원을 호조 판서 겸 지의금부사에, 최보한을 호조 참판에, 김익수를 호조 참의에, 김광준을 추성 위사 홍제 보익 공신에, 송기수를 추성 위사 보익 공신에, 최연·송세형·이문건·정원·이윤경을 추성 보익 공신에, 홍서주를 장례원 판결사에, 조언수를 홍문관 전한에, 백인영을 사헌부 장령에, 김천우를 홍문관 응교에, 남응룡을 부교리에, 박승임을 수찬에, 왕희걸을 정자에, 이원우를 추성 보익 공신에, 정만년을 추성 보익 공신에, 안함·조박을 추성 위사 보익 공신에, 김홍윤을 강원도 관찰사에, 김만균을 동지중추부사에 제수하였다.

사관은 논한다. 김광준은 성품이 교묘하게 속여 이기와 윤원형에게 아첨하여 간사한 의논을 부추겨 훈신의 명부에까지 오르니 사림이 비루하게 여겼다. 허자는 본디 학술이 없는데 공을 탐하고 이익을 꾀할 생각만 가지고 간신에게 아첨하여 1등 공신에까지 이르렀으니 그 사람의 심술을 알 만하다. 민제인은 김광준의 무리와는 같지 않으나 역시 심술이 바르지 못하고 권력을 가진 간신의 사주를 받아 그들의 뜻을 맞추고 악을 도운 일이 많았다.

- 명종실록 즉위년 8월 30일 -

9월 11일 윤임·유관·유인숙 등의 참형을 명하다.

의금부 낭청을 보내어 윤임은 성산에서 유관은 과천에서, 유인숙은 문의에서 사후 참형하고 3일간 효수한 다음 그 수급과 수족을 사방에 돌려 보이게 하였다. 또 이휘·이덕응은 군기시 앞에서 참하여 3일간 효수한 다음 그 수급과 수족을 사방에 돌려 보이게 하였고, 이유의 아들 이시·이형·이후와 유인숙의 아들 유희민, 윤임의 아들 윤흥례, 금이 등은 노량에서 교형에 처하게 하였다. 의금부 낭청을 보내어 윤임의 아들 윤흥인은 여산에서, 유인숙의 아들 유희증·유희맹·유희안은 문의에서, 유관의 아들 유광찬은 천안에서 교형에 처하게 하였다. (윤흥인은 낙안으로 귀양가다가 당도하기 전에 여산에 수감되어 있었다. 유희증 등은 아버지의 시체를 가지고 돌아오는 중에 문의에 수감되어 있었고, 유광찬은 그의 장인이 온양에 있는 까닭에 천안으로 옮겨 수감하였었는데,

그들이 있는 곳으로 가서 죽였다.)

사관은 논한다. 유광찬이 죽을 적에 나졸이 그를 난폭하게 다루어 갖은 구타와 욕을 다 당하였으나 얼굴빛이 흐트러지지 않은 채 차분하게 '죽는 것도 달게 여기는데 구타와 욕지거리하는 것쯤이야 무엇이 두렵겠는가. 너희들 마음대로 하라.' 하였다. 죽음에 임박하여 시詩를 지어 그의 가족에게 보냈는데 그 시에, '평생에 나쁜 마음 가지지 않으려 했었는데 지금 옥에 갇혔으니 원통함이 너무 깊구나. 날마다 하늘을 바라보았건만 하늘은 말이 없으니 하늘의 뜻 믿기 어려움을 이제야 알았네' 하였는데, 이를 들은 사람들은 눈물을 뿌리지 않는 사람이 없었다. 정희등을(노모가 있었는데 정희등이 귀양가게 되었다는 소식을 듣고 만나서 영결하고 싶어 성 밖으로 나갔다가 정희등이 죽었다는 말이 들리자, 노복은 돌아가려고 하고 그의 어머니는 돌아가지 않으려고 하여 서로 가자거니 그만두자거니 다투면서 노상에서 방황하며 통곡하니, 길가는 이들치고 가슴 아프게 여기지 않는 사람이 없었다.) 용천에, 정욱을 곤양에, 정자를 광양에 안치하였는데, 이는 판결이 나지 않았다는 것으로 특명이 있었기 때문이었다. 나식을 흥양에 유배하고, 나숙을 풍전역에 박광우를 동선역에다 강제노동에 처하였다.

윤임·유관·유인숙·이유·이휘·이덕응 등의 어미·딸·아내·첩 및 나이 어린 아들들을 몰수하여 종으로 삼고 재산을 몰수하였으며, 형·아우·숙부·조카 등은 외방으로 귀양보냈다.

사관은 논한다. 1537년 중종 32년 이후부터 조정에 대윤·소윤 이란 말이 있었는데 일을 만들어 내기 좋아하는 뭇 소인들이 끌어대어 맞추어 말들이 많은 가운데 당파를 지적하여 구분하였다.

이기·임백령·정순붕·최보한 등은 남몰래 윤원형 형제와 결탁하여 중종을 동요, 세자를 바꿔 세울 뜻이 많았었다. 당시 유관이 진영의 중신으로서 큰 소리로 그 뜻을 꺾어버리자 윤원형의 무리들이 그 흉계를 시행하지 못한 것을 분하게 여겨 마침내 틈이 벌어져 원수같이 되었다.

임백령은 윤임과 같은 동네 사람으로 대윤·소윤 사이를 이간시켜 불측한 일을 모의한 것이 많았었다.

인종이 승하한 뒤에 윤원형은 자기가 때를 얻은 것을 기뻐하여 은밀히 보복할 생각을 품고 유언비어를 위에 아뢰어 없는 죄를 꾸며서 공포를 조성시켰다. 그러자 자전이 윤원형에게 밀지를 내려 염려스럽고 두렵다는 뜻으로 효유하였다. 이에 이기·임백령·정순붕·허자 등이 고발하였다. 좌의정 유관, 형조판서 윤임, 이조판서 유인숙을 외방으로 귀양보내자 온 조정이 과중하다고 논하였다. 그러자 이기의 무리들이 짐짓 애석하게 여기는 척하면서 함께 간쟁하는 대열에 참여함으로써 안으로는 주상의 마음을 격분케 하는 한편 겉으로는 영구하는 것처럼 하였다. 그 흔적이 훤히 드러나 선비들이 모두 곁눈질로 보았다. 정순붕이 병을 칭탁하고 집에 있으면서 상소를 올려 유관 등이 종묘사직을 위태롭게 하려고 모의한 정상을 극론하고 또 권벌이 그들을 신구한 죄에 대해서도 논하니, 드디어 정부·육경·양사와 옥당의 장관을 충순당으로 불러 자전이 수렴청정하고 정순붕의 상소를 보이면서 '모두들 유관 등을 처벌한 것이 과중하다고 하는데 이 상소를 보라. 경들이 죄인을 구하고자 하는 까닭이 무엇인가?' 하니, 이기가 바로 '상소의 내용이 정말 그렇습니다.' 하였고, 임백령은 좋게 말을 꾸며 사림에게 화가 끼칠까 염려하는 척하였지만 속으로는 해치려는 뜻이 있었으며, 허자는 묻는 데 따라 대답만 할 뿐이었다.

이언적은 눈물을 흘리면서 '살리기를 좋아하고 죽이기를 싫어하는 것은 임금의 아름다운 덕입니다. 임금의 명이 일단 내려지면 감히 다시 청할 수 없으니 짐작하여 처벌하소서.' 하고, 나머지 사람들도 모두 각각 의견을 아뢰었다. 자전이 '경들과 의논하여 조처하려는 것이 아니라 나의 의견을 말하고 처리하려는 것이었다. 속히 나아가라.' 하였는데 말이 대단히 거칠었다. 마침내 차례대로 나아가 경회루 문 밖에 줄지어 앉았는데, 대내에서 유관·유인숙·윤임은 사약을 내리고 이임은 변방으로 귀양보내며 권벌은 병조판서에서 교체시키라는 명이 내렸다. 이때 홍언필이 전임 의정으로서 서열이 수반이었는데 그로 하여금 3인을 사사한다는 교서를 짓게 하니, 홍언필이 머리를 숙이고 눈을 감은 채 한참 있다가 '애석하구나, 애석해.' 하고서는, 큰 소리로 '죄가 참으로 그러하니 어찌할 수 없다.' 하고서 교서를 썼다.

그리고 전국에 반포하도록 명하고 신광한에게 반포하는 글을 짓게 하였는데, 밤이 삼경이라서 정신이 흐리다는 핑계로 한 자도 쓰지 않으니, 최연이 도승지로서 대신 지었다. 신광한의 문장으로 어찌 한 글자도 못 쓸만한 것이었겠는가. 또 논공하여 상을 내리라고 하교하니, 이기·임백령은 기쁨이 얼굴빛에 나타나고 신바람이나 옷소매를 팔랑거리면서 자리에 가만히 앉아 있지를 못하였고, 허자도 스스로 잘난 체하는 태도가 있자, 권벌은 말을 피하기 위해 좌우에게 두루 인사하고 먼저 나갔다. 그러자 허자가 비웃어 손가락질하면서 저 사람이 왜 절을 하는가 하였다. 세 사람의 사사는 그들의 죄가 아닌 것으로 사람들이 모두 오랜 혐의에서 기인된 것이라는 데 분노하여 논의가 그치지 않았다.

이튿날 주상이 사관에게 명하여 정순붕에게 가서 공훈을 녹훈할 뜻을 효유하게 하니, 정순붕이 거짓 크게 놀란 척하면서 '과연 이런 것을 공으로 여겨 논공할 수 있겠는가. 어찌 이런 일이 있을 수 있겠는가.' 하면서 두세 번 거짓 놀란 척하면서 다른 말은 할 여가도 없었다. 마침내 정순붕을 제1등으로 삼고 임백령·이기·허자 등을 차등으로 삼는데, 윤원형 등 20여 명도 공신에 참여되었다. 사람들의 여론이 흉흉하자 임백령 등은 스스로 자기의 공으로 삼아 남몰래 주상의 뜻을 견고히 하였으면서도 겉으로나마 부끄러워하고 겸양하는 척하였으나, 이기는 언제나 조정에 갈 적마다 기꺼워 우쭐거리면서 '이 일은 내가 먼저 알았다.' 하였다.

계림군 이유는 윤임의 생질로서 화가 자신에게 미칠까 두려워한 나머지 몸을 빼어 도망가 사람들이 간 곳을 몰랐는데 김명윤이 와서 고발하였다. 이리하여 다시 큰 옥사가 벌어져 연좌되어 체포된 죄수가 수십 명이나 되었는데 모두가 이덕응의 진술에서 나온 것이다. 이덕응은 윤임의 사위로서 당초에 체포되어 추문당할 적에 송세형이 승지로서 심문관의 반열에 있었는데 울면서 이덕응에게 '네가 윤임의 흉악한 모의를 모두 진술하면 살아날 수 있을 것이다. 함께 죽은들 무슨 이익이 있겠는가.' 하면서 간곡하게 꾀자, 이덕응이 죽음을 두려워하고 살기를 바란 나머지 그의 말을 믿고서 하지 아니한 말이 없어 마침내 큰 옥사가 이루어졌다. 임백령이 집에 있다가 이덕응의 진술을 듣고 미칠 듯이 기뻐하였다. 그때 한주가 그의 형 한숙도 진술에서 나왔다는 소식을 듣고 임백령에게 가서 물어보니, 임백령이 앉았다가 섰다가 하면서 손을 어루만지며 큰 소리로 '내가 본디 이들의 흉악한 모의를 알았다.' 하였다.
이로부터 각자 사직을 편안히 하고 위의스러움을 안정시킨 공로를 자부하여 평상시 자기에게 아부한 사람은 충량스런 사람으로 여기고 자기와 의견을 달리한 사람은 두 마음을 가진 사람으로 여겨 저편 이편으로 판별하였다.

이기와 임백령의 무리는 사류에 끼이지 못한 지가 오래였기 때문에 당시의 맑은 벼슬아치들이 모두 미움과 모함을 당하여 마침내 사림의 화가 일어났는데 조정에서 명분없는 화가 이때보다 더 참혹한 적은 없었다.
하루는 주상이 이기와 임백령을 빈청으로 불러 하문하기를 '원종공신의 녹훈이 너무 지나친 것 같으니 삭제할 만한 사람이 있으면 삭제하라.' 하니, 이기가 바로 '주상의 말씀이 지당합니다. 삭제하겠습니다.' 하였다. 임백령이 이기에게 귓속말로 '이런 무리들은 삭제하여야 된다. 그러나 하면 아마 주상께서 일마다 모두 이럴 것으로 의심하지 않겠는가?' 하니, 이기가 깜짝 놀라면서 '과연 그렇다.' 하고서 마침내 '지금의 원종공신은 모두 녹훈할 만한 공들이 있어 십분 정밀하게 뽑았는데 어찌 지나친 것이 있을 수 있겠습니까.' 하였다. 이로써 본다면 이기는 뛰어난 흉물이고 임백령은 뛰어난 간인인데, 여기에다 정순붕의 잔혹스러움과 윤원형의 험독스러움이 합쳐져서 한 동아리가 되어 큰 화를 빚어내어 당시의 이름난 선비들을 일망타진한 것이니 어찌 천운이 아니겠는가.

처벌자들이 진술한 조서 내용과 처벌내용은 다음과 같다.

"윤임은 화를 일으킬 마음을 품고서 국모를 해치기를 도모하여, 대행 대왕의 병세가 위급할 때에 봉성군이 입실하고 있으면 도모하여 즉위시킬 수 있다고 여겼으며, 병세가 매우 위급할 적에 봉성군이 문안드리러 안으로 들어가 인종에게 아뢰고서 그 자리에서 임금의 자리를 전위케 하면 누가 그것을 막을 수 있겠는가고 여겼으며, 명종이 왕위를 계승하여 윤원로가 뜻을 얻게 되면 그의 가문이 필시 멸족당할 터이니 계림군이나 봉성군 중에서 즉위시키면 명종은 축출될 것이라고 여겼다. 그리하여 부자간에 사랑방에 앉아 비밀히 모의하면서 하인들이 모르게 하였다. 유인숙에게 준 서간의 내용은 봉성군을 계승시키려는 것이었는데 의견을 같이 하여 폐립을 모의한 사람은 유관·유인숙이다.

지난 7월 24일 밤 계림군 이유가 윤임의 집에 오자 함께 뜰에 앉아 이유에게 말하기를 '주상이 나이가 어리고 또 눈병도 있어 궐내로 출입할 때에 남들이 알까 염려하여 옷으로 둘러싸 가리곤 한다. 한쪽 눈만 병이 있어도 즉위시킬 수 없는데 더구나 양쪽 눈이 병이 있는 데이겠는가. 네가 당연히 즉위하여야 된다.' 하면서, 옷자락으로 자신의 눈을 가리고 걸어가면서 안질을 가리는 흉내를 내었다. 궐내에 서간을 통하여 주상의 안질이 어떠한가를 물었으며 또 여러 곳에 은밀히 물어 보았다. 그의 생각은 주상이 안질로 인하여 정사를 총괄하여 다스리지 못하게 되면 그의 흉악한 모의를 성사시켜 자신을 보전하려 한 것으로, 주상이 안질이 있다고 사칭하여 종묘사직을 위태롭게 하려 모의한 죄이다.

유관은 윤임과 남몰래 결탁하여 인종의 병세가 크게 위급할 적에 후사에 대해 여쭐 것을 윤임과 비밀리에 논의하여, 종묘사직을 위태롭게 하려고 모의한 죄이다.

유인숙은 윤임과 사돈을 맺었으므로 남몰래 두 마음을 품고서 주상이 현명하다는 말을 듣기 싫어하여 기뻐하지 않는 낯빛을 드러냈으며 남몰래 서로 서간을 통하여 종묘사직을 위태롭게 하려고 모의한 죄이다.

계림군 이유는 윤임과 함께 종묘사직을 위태롭게 하려고 모의한 죄이다. 이휘는 남몰래 윤임에게 아부하여 은밀히 두 마음을 품고서 널리 사람의 의견을 채탐하여 역모를 조성한 죄이다. 이덕응은 윤임의 사위로서 윤임의 역모에 처음부터 끝까지 동참한 죄이다.

이상은 대명률의 모반대역죄를 적용, 윤임·유관·유인숙·이유·이휘·이덕응 등은 주범과 종범을 구분할 것 없이 모두 능지처사에 처한다.
그들의 아들로서 나이 16세 이상은 모두 교형에 처하고 15세 이하와 어미·딸·아내·첩·할아비·손자·형·아우·누님·누이 및 아들의 아내·첩 등은 공신의 집에 나누어주어 노비로 삼고 재산은 관에 몰수한다. 단 남자로서 나이 80세이거나 위중한 병이 있는 사람, 부인으로서 나이 60세이거나 폐질이 있는 사람은 모두 연좌를 면제한다. 백부·숙부와 형제의 아들은 호적의 같고 다름에 관계없이 모두 유배 삼천리에 안치시키고, 연좌된 사람일지라도 동거한 사람이 아니면 재산을 관에서 몰수하는 규정에 해당시키지 않는다. 만약 여자로서 이미 정혼하였으면 그 남편 집으로 보내고, 자손이 남의 양자로 들어가 남에게 입적된 사람과, 아내로 맞기로 약속하고 아직 성혼하지 않은 사람은 연좌시키지 않는다.

나식은 진술에 의하면 이휘가 그의 집에 와서 왕자들이 여럿이라는 것을 말하고 이어 봉성군이 어질다고 칭찬하였는데 나식이 이휘가 와서 물은 뜻을 모르고서 대답하기를 '적통은 자연 돌아갈 데가 있는데 어째서 이런 잡된 말을 하는가.' 하였고, 다른 날 이휘가 또 말하기를 '소윤小尹 등을 요직에 앉히는 것이 어떠한가?' 하니, 나식이 대답하기를 '이들에 대해 사람들이 많이 비방하니 요직에 등용할 필요가 없다.' 하였다고 하였으니, 대명률의 모반을 알고도 고변하지 아니한 죄를 적용하여 장 일백 유배 삼천리에 처한다.

박광우는 중학에서의 모임이 끝난 뒤에 유관을 가서 만났으니, 그 죄는 대명률의 제서를 훼손한 비율을 적용하여 장 구십 중노동 이년반에 처한다.

나숙은 진술에, 이휘가 그의 집에 와 말하기를 '주상과 대군이 형제간에 이간될 조짐이 있고 또 여러 왕자들이 많아서 적통이 장차 다른 사람에게로 돌아갈까 염려스럽다.' 하니, 나숙이 '주상이 비록 후사가 없으시지만 대군이 아직 있으니 적통이 자연 돌아갈 데가 있는데 어째서 이런 무리한 말을 하는가?' 하였으며, 이휘가 또 '그 렇다면 소윤 등을 요직에 앉히는 것이 어떠한가?' 하니, 나숙이 '윤원로는 잡된 말을 많이 하니 이런 사람을 대군에게 가까이하게 해서는 안 된다. 이런 무리들이 대군에 게 친근히 하지 못하게 해야만 대군의 과오가 없어져 적통이 자연 바르게 될 것이 다.' 하였다 한다.

그 죄는 경국대전 추단조에 난언을 한 자와 이를 알고도 고발하지 아니한 자의 경우를 적용하여 장 일백 중노동 삼년에 처한다. 모두 장을 집행하고 직첩을 다 빼앗는다."

– 명종실록 즉위년 9월 11일 –

1561년[53세] 명종 16년 5월 11일 을사사화에 관해 논하다.

주상이 아침 경연에 나아갔다. 통감강목을 강하다가 주상이 이르기를,

"을사년의 일[39]에 대해서는 영부사가 아뢴 것이 옳다. 그때 윤임 3부자가 대전 내에 들어가서 직접 인종의 옥체를 안고 승하할 때까지 있었으며 곡하려 하였으나 윤임 등이 하지 못하게 하였다. 당시 조정의 대신과 대간은 모두 그들의 간계에 빠져 있었 기 때문에 아무도 따져 묻지 못하였다. 다행히 원훈 재상이 종묘사직을 위하여 간신 을 제거함에 힘입어 다시 왕실이 편안해졌으니, 이는 범연한 일이 아니었다. 그러나 인심이 예스럽지 못하고 세상의 도가 점점 비하되어 당시의 일을 오히려 흔쾌히 여 기지 않는 논자들이 있으니 매우 경악스럽다. 지금 말이 언급되었기 때문에 이르는 것이다."

하니, 윤원형이 아뢰기를,

"윤임의 경우는, 어느 제왕인들 외척이 없겠습니까마는 사사로이 스스로 입실하여 주야로 옥체를 안고 있을 수 있겠습니까? 그야말로 의심스러울 때인데 윤임 등이 궁 궐에 있으면서 유관과 통하여, 임금을 밖에서 택하게 함으로써 다른 사람에게 전위 시키려 한 것입니다. 마침 윤인경이 수상으로 있었기 때문에 유관이 마음대로 할 수

---

39) 을사년의 일 : 명종 즉위년 1545년 장경 왕후의 아우인 윤임과 문정 왕후의 아우인 윤원형과의 세력다툼으로 빚어진 사화임. 결국 윤원형이 이기·임백령·허자 등과 함께 윤임·유관·유인숙· 계림군 이유 등 많은 사류를 살해한 사건이다.

가 없어서 윤인경에게 '후왕을 택해야 하지 않겠는가?' 하니, 윤인경이 '적통이 있는데 어찌하여 이런 말을 하는가?' 하였으므로 유관의 계략이 마침내 저지된 것입니다.

신은 3~4년 이래 질병이 떠나지 않고 있어 경연에 입실하지 못하였기 때문에 지난 번 경악스러운 말을 듣고도 아뢸 수가 없었습니다만, 오늘 입실하였다가 마침 말이 거기에 언급되었기 때문에 아뢰는 것입니다. 인심이 예스럽지 못하다는 것은 과연 주상의 분부와 같습니다.

을사년 사람들의 모의 반역 정상이 환히 드러났는데도 '윤임은 모역죄를 받은 것이 당연하지만 유관을 모역으로 논한 것은 부당하다.'는 어긋난 논의가 있으니, 이렇게 경악스러운 말이 어디 있겠습니까? 그때 임금께서는 어린 몸으로 즉위하셨으나 역적들의 정상을 모르는 것이 없으셨습니다.
당초 신이 윤임 등의 역모에 대해 임백령에게 말했더니 임백령은 믿지 않았습니다. 그래서 야간에 만나 누차 말했어도 역시 믿지 않으면서 하는 말이 '윤임은 인종 때에 대윤·소윤의 설이 있다가 하루아침에 권세를 잃었기 때문에 스스로 불안해 하는 마음이 있다. 형적이 이상했던 일에 대해서는 임금이 어려 나라 사람들이 의심하는 때이니 부득이 형적이 조금이라도 이상한 사람을 제거하는 것은 가하거니와 역모로 죄를 정하는 것은 불가하다.'고 하였습니다. 그 뒤 대간이 중학에 모여 회의하였으나 의논이 한결같지 않았으므로 그만두었고 재상이 입계하여 단지 벼슬을 빼앗고 추방시키는 데에 그쳤는데 권벌이 유관을 구원하였습니다. 그러나 정순붕의 상소가 있게 되자 그가 모역한 정상이 모두 드러나고 말았습니다. 그때 역모로 죄를 정하지 않고 사사만 한 것은 왕법에 있어 구차스러운 것이었습니다.

신이 강목을 보니, 모왕이 적통을 이어갈 수 없게 되었는데 그때 두 명의 번왕이 있어 누구를 세워야 할지 정해지지 않았습니다. 그리하여 대신들이 두 번왕의 당부에 대해 논의해 결국 한 번왕이 즉위하였는데, 옥사가 크게 일어나 죽은 사람이 3백여 인이나 되었습니다. 이 경우는 관명과 직위가 확정되지 않아 두 사람 중에서 어진 이를 가려서 세운 것인데도 오히려 이와 같았으니, 진실로 왕위는 지중한 것이어서 이론이 있어서는 안 되기 때문인 것입니다. 을사년의 경우는, 사사에만 그쳤으므로 인심이 울분하여 도리어 온당치 못하게 여겼습니다.

김명윤이 경기 감사로서 계림군 이유의 일에 대해 글로 아뢰자 이유는 도주하여 버렸고, 윤임의 자제들을 추국할 적에는 모역을 따지지 않았으나 이덕응의 진술에서 모역한 정상이 드러나고 말았습니다. 계속하여 윤임의 노복이 안세우의 집으로 도망가서 윤임 등이 모역한 정상을 말하였으므로 안세우가 이를 포박하여 승정원에 데려다가 물으니 하나하나 다 말했습니다. 윤임이 모역할 적에 형세가 대신과 의논한 것이 틀림없고 그러한 간흉의 정상이 절로 드러났으니 이는 죄에 얽어 넣은 것이 아닙니다. 그런데도 인심은 오히려 유관이 모역하지 않았다고 하니 어찌 이런 일이 있을 수 있단 말입니까. 이런 의논을 제기하는 자는 적발하여 죄를 다스려야 합니다. 그러나 근거없는 말이라서 누구라고 분명히 지적할 수가 없습니다.

사론이 아직도 이러하니 신의 생각에는, 승정원으로 하여금 을사년의 난을 바로잡은 기록을 뽑아서 윤임과 유관이 동모한 정상을 중외에 효유하고 나서 그 뒤에도 이런 의논을 제기하는 자가 있으면 마땅히 무거운 법으로 다스려야 된다고 여깁니다."

하고, 김명윤은 아뢰기를,

"신이 경기 감사로 있을 적에 인종께서 미령하시었는데 상시의 문안은 참여할 수 없었습니다. 그러나 승하할 때에는 2품관이면 지방직 근무에 있다 할지라도 물러가 있을 수가 없기 때문에 참여하였고, 상진도 경상 감사로서 부임하지 않고 참여하여 문안하였습니다. 임종할 때에는 물러가기가 미안하여 중추부에 모여 있었는데, 밤이 되자 궁문이 활짝 열린 것이 비상한 때인 듯해서 문을 열고 드디어 입궐하였습니다. 그런데 윤임 3부자가 대궐 내에 들어가 있은 지가 이미 오래이고 윤임 뿐만이 아니라 이유도 대궐 내에 들어가 있다는 말을 들었습니다. 어찌 이런 놀라운 일이 있을 수가 있겠습니까. 신이 이유와 윤임이 함께 모의하여 인종에게 바라는 것이 있다는 말을 들은 적이 있었는데, 이 말을 듣고 나서는 더욱 놀라웠습니다. 당시의 대신·대간이 그것이 그른 줄 모르지 않았으나 간흉을 두려워하여 아무도 감히 발언하지 못하였던 것입니다. 그 뒤 윤임 등의 죄를 정할 적에 이유는 참여하지 않았습니다. 신이 마침 이유가 도망하려 한다는 말을 듣고 지방직으로서 아뢰기가 곤란한 것 같았으나 국가에 관계되는 일이기 때문에 감히 아뢰었던 것입니다만 이유는 이미 도망가 버렸었습니다. 결국 국가에서 가까스로 체포하기는 했습니다."

하고, 윤원형은 아뢰기를,

"이유의 진술을 보면 윤임·유관과 모의한 정상이 사전에 협의하지 않았는데도 흉도들의 진술과 똑같았습니다. 윤임 등을 삭탈관직한 뒤 이유가 즉시 안변의 산속으로 도망하여 들어갔으니 조정의 일을 어떻게 들을 수 있었겠습니까. 그런데도 그의 진술이 신표처럼 들어맞았으니, 이것으로 논한다면 어찌 유관의 죄가 애매할 까닭이 있겠습니까."

하니, 주상이 이르기를,

"이 말은 놀랍기 그지없다. 삼흉의 공모에 대해 거론한 각인의 진술은 속 무정 보감에서 모두 볼 수가 있다. 당초 도리에 어긋난 논란이 있을까 우려하여 무정 보감을 반포했는데도 인심이 아직 진정되지 않고 있으니, 어찌 이렇게 놀라운 일이 있을 수 있겠는가. 파성부원군 윤인경은 순수하고 바른 대신으로 바르고 정직한 말을 했기 때문에 유관이 마음대로 하지 못하였던 것이다. 따라서 국가가 이를 힘입어 부지되었고 종사가 위험한 상황에서 다시 안정되었으니, 매우 한심스러운 일이다. 이유의 일도 그러한데 광평군 김명윤이 아뢰어 즉시 제거했던 것이다. 도리에 어긋난 의논을 제기하는 자가 누구인지를 알 경우에는 마땅히 왕법으로 다루어야 하는데 근거 없는 말이라서 분명히 지적할 수가 없다. 난을 일으킨 내용을 뽑아 전국에 알렸는데도 그릇된 의논이 그치지 않으면 죄주어 마땅하다."

하였다. 김명윤이 아뢰기를,

"말세에는 그릇된 의논을 제기하는 자가 있어도 이는 무식한 자들입니다. 유식한 사람들이야 어찌 그릇된 의논을 제기하겠습니까. 그 사람이 누구인지 분명히 안다면 당연히 왕법을 보여야 하겠습니다만 분명히 지적할 수가 없으니 진실로 죄주기가 곤란합니다. 난의 내용을 뽑아 알린 뒤에도 사론을 제기하는 자가 있으면 죄준들 무엇이 애석하겠습니까?"

하고, 윤원형이 아뢰기를,

"사람들이 상세한 내용을 모르기 때문에 그릇된 의논이 제기되기도 하는 것인데 그릇된 의논이 그치지 않게 되면 연소한 후진들이 당시의 일은 모르고서 '유관 등은 바로 당시에 명망이 중한 재상이었는데 어찌 이런 일을 하였겠는가.'고 의심하게 될 것입니다. 이런 그릇된 의논을 제기하는 자가 재상과 명망이 있는 자들 가운데 있기도 한데, 국가에서 용서없이 치죄해야 마땅하겠습니다만 지금 누구라고 분명히 지적할 수가 없으니, 다시 알린다면 모든 사람들이 다 알게 될 것입니다." (이때 윤원형이 자기 마음대로 하면서 권력을 휘둘렀으므로 주상이 마음속으로 싫어한 지 오래였고 따라서 임금의 총애는 날로 쇠하여 갔다. 그런 데다 이양이 새로 은총을 받아 널리 소인배들과 교결, 진퇴를 마음대로 했기 때문에 기세가 가공스러웠다. 윤원형은 스스로 위세를 확고히 구축하지 않으면 사람을 제압할 수 없다고 여기고 다시 기세를 떨치고 일어나 증거도 없는 불측한 말을 만들어 다시 일망타진할 계책을 실행해 보려 했다. 그러나 주상은 이미 그의 간사함을 알았기 때문에 처음부터 은덕을 베풀 뜻이 없었지만 특별히 문정왕후에게 핍박되어 부득이 따랐다.)

하니, 주상이 이르기를,

"유관은 평안 감사에서 들어와 정승이 된 것도 수상하고, 인종이 승하하실 때의 역모에 대한 정상이 너무도 분명하다."

하였다. 윤원형이 아뢰기를,

"유관이, 대왕대비는 섭정할 수 없다는 의논을 제기하여 이임에게 말했고 이임은 빈청에서 말하였는데, 그 의도는 왕대비로 하여금 섭정하게 하면서 계속 역모를 추진하려는 것이었습니다. 어찌 이와 같은 일이 있을 수 있겠습니까."

- 명종실록 16년 5월 11일 -

윤원형에 대한 탄핵

1565년[57세] 명종 20년 8월 3일 대사헌 이탁·대사간 박순 등이 윤원형을 탄핵하였다.

대사헌 이탁, 대사간 박순 등이 아뢰기를,
"영의정 윤원형은 왕실의 골육지친으로 영의정의 자리에 있으면서 나라의 명령을 제 마음대로 결정하여 행하고 보위를 농락하였으며, 임금의 위엄과 권세를 장악하고 기세등등하여 거리낌 없이 날뛰었으며, 임금을 위협하여 제압하고 궁중을 곁눈질해 신하로서의 예절을 조금도 지키지 않았으며, 심지어 모든 신료들의 입을 틀어막고 나라 안의 모든 이권을 긁어모아 팔도에서 보내오는 물건이 진상하는 것보다 백배나 되며, 모든 관리들이 임금보다 그를 더 두려워하여 국가의 크고 작은 일을 반드시 이 사람에게 보고한 뒤에 행함으로써, 전하는 위에서 고립되어 실권 없는 빈자리만 지키시고 벼슬아치들은 아래에서 몹시 두려워하여 조석을 보존할 수 없게 만들었습니다.

나라의 형편이 위태롭게 되어 개인 가문으로 꺾여 들어가고 있으므로, 충직하고 불의에 대한 분노를 느끼는 사람들은 모두 주먹을 불끈 쥐고 눈물을 흘리며 실권 없는 임금을 마음 아파하고, 기울어져 가는 종묘사직을 걱정하지만 감히 입을 열지 못하고, 성상께서 스스로 깨달으시기만을 기다리면서 답답한 마음으로 나날을 보내고 있는데, 윤원형은 더욱 교만한 짓을 하고 더욱 혹독하게 악한 짓을 하고 있습니다. 자기에게 이롭게 하느라고 조정을 미약하게 하며 임금의 위복을 제멋대로 휘두르는 것이 심해지는 것은, 모두가 공功을 믿고 방자하게 굴기 때문입니다. 결국 임금은 약해지고 신하가 강해지며 나라는 쇠약해지고, 사가私家가 왕성해지게 될 것입니다. 온갖 간악한 짓은 이루 다 기록할 수 없으니 우선 한두 가지만 말씀드리겠습니다.

첩을 정실로 삼는 것은 춘추春秋에서 크게 경계한 일입니다. 예로부터 이런 일이 더러 있기는 하였으나 이는 모두 제왕이 한 일이고 신하로서는 차마 행할 수 없는 일입니다. 그런데도 윤원형은 방자하게 명분을 무시하고 조정을 협박하여 임금의 총명을 속여 첩을 부인으로 삼기까지 하였습니다. 법도를 무너뜨리고 기강을 문란시켜 위로는 임금을 두려워하지 않았고 아래로는 세상의 비난을 겁내지 않았습니다. 제 마음에 좋은 것만 알았고 그 이외는 조금도 걱정하지 않았으니, 우리나라가 개국한 이래로 신하로서 감히 이와 같은 일을 한 자는 없었습니다. 그리고 덕흥군 이초의 아들은 중종의 손자인데 감히 자기 첩의 딸로 혼사를 의논했습니다. 대체로 측실의 딸을 사대부에게 시집보내는 것은 옹주를 시집보내는 예법인데, 윤원형이 이 예에 자처하려고 하였습니다. 그의 마음가짐과 처사가 걸핏하면 스스로 궁궐에 비기니, 신하로서 하는 짓이 이와 같고서 임금을 업신여기고 핍박하지 않을 자가 있겠습니까.

또 문정왕후의 환후가 크게 악화되었을 때, 첩을 보내어 사가와 다름없이 제멋대로 대궐 내로 들어가서 날마다 대비전에 직접 문안드리게 하였습니다. 나인들이 좌우로 열을 지어 늘어서 있는데 신하의 소첩이 조금도 거리낌 없이 당돌하게 곧바로 들어가고, 심지어는 내의에게 호령하며 함부로 약을 올렸는데 의관이나 제조들은 그 약이 맞지 않는 것인 줄 알면서도 감히 말리지 못하였습니다.

옛날에 교활하고 방자하기로 소문이 났던 중국의 왕망이나 동탁의 처첩들이라도 이 지경에는 이르지 않았습니다. 그 원인을 캐어 보면 일조일석에 이루어진 일이 아닙니다. 윤원형은 평생에 임금을 안중에 두지 않았고 궁궐을 업신여겼으니 그의 생각은 모두가 오만무례한 것뿐입니다. 그래서 오늘날 이런 일을 편안히 여기고 두려워할 줄을 모르는 것입니다. 팔도의 진영과 여러 고을에는 추종하는 사람을 여기저기 배치해 놓고 바다와 육지로 끊임없이 그 집 문에다 진상품을 수송하여 10여 채의 커다란 집에는 진기한 보화들이 가득 차 있으니, 가정집이 나라보다도 부자이고 개인이 임금보다도 사치스러우며 여러 고을은 황폐하여지고 나라의 근본은 날로 무너져가고 있습니다. 그의 모든 집에는 항상 거처하는 곳처럼 연회 천막·집기·노비·음식을 빠진 것 없이 고루 갖추어놓고 마음 내키는 집에 가서 침략하였습니다. 곡식이 썩어나자 흙같이 천하게 여겨 '이런 것은 오래 저장하기 곤란하다.' 하고, 유기 장사를 모두 부르자, 온 시장이 이름 있는 좋은 그릇을 모두 수레와 말에 싣고서 구름처럼 그의 대문 앞으로 모여들어 쌀과 교환하니 그릇더미가 산처럼 쌓였습니다. 많은 사람들이 보고서 침을 뱉고 비루하게 여기는데도 윤원형은 스스로 훌륭한 계책이라고 생각하고 조금도 부끄러워하는 마음이 없었습니다. 수상의 신분으로 감히 장사꾼처럼 행동하였으니 얼마나 나라를 욕되게 한 것입니까.

간석지를 많이 막고 연해와 내지에 있는 옥토를 점령하여 관청에서 종자를 대어주고 수령이 농사짓는 일을 감독하게 하였으니, 백성은 모두 경작 개간하는 종이 되고, 온 나라의 죄짓고 도망하는 사람들은 이곳에 모여들었습니다. 더구나 팔도에 부역 꾼이라고 하는 사람이 없는 고을이 없으니 이는 참으로 나라를 나누어 스스로 차지하고 있는 것입니다. 억세고 사나운 종을 조종하여 남의 아내를 약탈하고 남의 농토를 강탈하였으며, 심지어 세도를 믿고 사람을 죽이기까지 하여 못하는 짓이 없는데도 수령이 감히 막지를 못하고 조정이 감히 말하지 못하며 부모를 죽여도 감히 고하지를 못하고 있습니다. 온 나라 사람들이 윤원형을 두려워하는 것이 이렇게 극도에 달했으니 전하의 세력이 날로 고립되어가는 것은 당연한 일입니다.

문정왕후께서 승하하시던 날 부음을 듣고 입궐하였으면, 당연히 가슴을 치고 땅을 구르며 통곡해야 할 것인데 평시와 다름없이 태연하게 밥을 먹었고, 또 가까운 사람을 위해서 산릉 도감에게 부탁하여 감독 등의 벼슬을 시키게 하였으니, 지금이 어느 때인데 그의 행동거지가 이처럼 태연할 수 있습니까. 그리고 중종을 재궁(입관)에 모실 때에도 들어가 참관하였는데, 다른 사람은 모두 실성 통곡하는데도 윤원형은 전혀 눈물을 흘리지 않았고 '상례는 속히 진행하는 것이 좋다.'고 말하고, 재촉하여 관 뚜껑을 덮었으니, 당시에 보고 있던 사람들이 모두들 놀랐습니다. 문정왕후가 윤원형에게 지위로는 국모이시고 친분으로는 동기이시며, 평생에 받은 은총은 하늘과 같이 넓고 커서 망극하다고 할 것입니다. 그런데 이런 일이 일어났건만 슬퍼하는 마음이 없으니, 이는 심장이 얄팍하고 아주 포학한 소인의 소행이라 아무리 윤원형이라도 자기 마음이 이런지를 알지 못할 것입니다.

주상께서 왕자를 잃으신 이후 마음이 많이 상하여 잔병이 자주 생기므로 옥체가 미령하시어 전국의 신료들이 모두 걱정하고 있는데 윤원형은 이에 대해 말 한마디 꺼낸 적이 없었습니다. 문안드리는 일도 조정에서 먼저 발의한 후에야 윤원형은 의례적으로 뒤를 따랐을 뿐, 수상의 자리에 있으면서 한번도 백관들보다 먼저 말한 적이 없으니, 이 사람의 마음만 무엇 때문에 이와 같은지를 모르겠습니다. 대체로 주상께서 왕위에 오르신 이후 밤잠을 설치고 제 때에 식사를 못하면서 정성을 다해 정치에 힘쓰셨고, 노래와 여색에 빠지며 사냥을 즐기고 토목 공사를 많이 일으키며 지나치게 기도하고 제사 지냈다는 소리는 듣지 못했는데, 나라의 형세가 날로 줄어들고 백성이 날로 곤궁해지는 것은 윤원형이 조정에 웅거하여 위복을 휘둘러 협박하고 생살의 권한으로 공갈하여 대소의 관원이 모두 그의 얼굴빛과 의중을 살펴 따르고 행동하기 때문에 전하의 명령과 교시가 그 사이에 행해지지 않아서 그런 것입니다.

옛날 한나라 성제는 왕상 등의 참람되고 핍박한 죄를 깨닫고 상서(尙書)에게 조서를 내려 효문제가 박소를 주벌한 고사를 아뢰게 하였습니다. 그 당시 천자의 노여움이 대단하여 오후(五侯)가 크게 두려워하였으나 끝내 법을 시행하지 않았기 때문에 결국에는 한 나라가 그 화에 걸리게 되었으니, 이는 악을 미워하고도 제거하지 못한 뚜렷한 증거입니다. 윤원형을 속히 귀양보내시어 재앙의 빌미를 막으소서." 하니,

(이날 양사가 모두 승정원 문 밖에 모여 있었는데 소매 속에 품고 간 탄핵문을 승정원에 내놓지 아니하고 곧바로 승전색에게 주어 아뢰도록 청하였으니, 이것이 비록 기미가 중대한 데에 관계되는 일이라 경솔하게 누설시킬 수 없다고는 하더라도 승정원은 직책이 왕명의 출납을 관장하는 곳인데 지금 승정원에 들이지 않았으니 승지가 장차 무슨 일을 하여야 하는가? 큰 위

세에 겁을 먹고 잘못 처리하였으니, 이것이 한때 우연한 실수이기는 하나 후일에 구실을 붙일 자가 없을 것인가?)

답하기를,

"이 아뢴 내용을 살펴보니 놀라움을 금할 수 없다. 첩을 정처로 삼은 것은 첩이 이미 천인이 아니므로 정실로 삼은 것이다. 덕흥군 이초와 혼인을 의논한 것은 첩의 자식 이라고는 하더라도 이미 허통하였으므로 의논한 것이다. 또 문정왕후께서 미령하실 적에 첩이 와서 약을 의논한 일을 영의정이 어찌 알았겠는가. 집안의 자질구레한 일 은 영의정이 몰랐을 것이다. 비록 이와 같은 과실이 있다손 치더라도 국가는 먼저 공 을 생각해야 할 것이니 원훈 대신을 귀양보내는 이치가 어디 있는가? 평상시에도 대 신을 경솔하게 진퇴시킬 수 없는 것인데 하물며 내가 상중에 있는 지금에랴. 윤허하 지 않는다." 하였다. 두 번 아뢰었으나 윤허하지 않았다.

- 명종실록 20년 8월 3일 -

정난정의 자결과 윤원형의 졸기

1565년[57세] 명종 20년 11월 13일 윤원형의 첩 정난정이 자살하였 다.

윤원형의 첩 정난정이 자살했다.
(윤원형의 본처 김씨를 독살한 정상은 환하게 드러나 의심이 없어 사람들이 다 아는 바인데, 다만 윤원형을 두려워해 감히 신이 함께 격분할 죄상을 발설치 못함이 여러 날이었다. 그 일에 간여된 계집종들을 다 문초했는데 그 음흉한 비밀스런 계략은 정 난정도 스스로 천벌을 피할 수 없으리라는 것을 알았다. 그래서 정난정은 항상 독약 을 가지고 다니면서 '사세가 여기에 이르렀으니 반드시 나를 잡으로 올 것이다. 그러 면 나는 약을 먹고 죽을 것이다.'라고 하였다.
마침 금부도사가 평안도 수령을 잡아 가지고 금교역에서 말을 바꾸어 타고 있었는 데, 윤원형의 집 종이 이를 보고 달려와 고하기를 '금부도사가 금방 오고 있다.' 하니,

윤원형은 소리내 울며 어쩔 줄을 몰라 했고 정난정은 '남에게 제재를 받으니 스스로 죽음만 못하다.' 하고 약을 마시고 바로 죽었다.

또 정난정의 죄는 본처를 독살한 것만이 아니다. 이미 부인에 오른 뒤 종기가 등에 났는데, 의원 송윤덕으로 하여금 침으로 이를 째게 하였었다. 송윤덕은 침을 가지고 치료하면서 여러 번 그 종기난 곳을 빨아 주어 정난정의 마음을 사려고 했다. 이로부터 송윤덕이 거침없이 드나드니 추문이 파다했다. 그런데도 윤원형만 이를 모르고 송윤덕을 보기를 아들처럼 하였다. 사람들은 윤원형이 속고 있는 것을 욕하지 않는 자가 없었다.)

1565년[57세] 명종 20년 11월 18일 윤원형의 졸기

윤원형이 강음에서 죽었다. 처음 윤원형은 세상의 여론을 물어 재상에서 파면되었는데도 며칠을 지체하며 머물러 있다가 동문 교외로 나갔다. 많은 사람들의 분노가 그치지 않고 공론이 더욱 격렬함을 듣고 끝내 면하기 어려움을 알았으나, 또 가산이 흩어질 것을 염려해 어둠을 틈타 부인의 행색처럼 밤에 교자를 타고 도성에 들어와 집으로 돌아왔다. 이어 그의 첩 정난정과 더불어 강음 전원에 가서 거처하였는데, 정난정의 죽음을 보고 드디어 분울해 하다가 또한 죽었다.

윤원형이 사림들을 풀을 베듯 죽이며 흉악한 짓을 있는 대로 다 했는데, 오래도록 천벌을 면하더니 금일에 이르러 마침내 핍박으로 죽으니, 조야가 모두 쾌하게 여겼다. 윤원형이 일단 패하고 나니 원수졌던 집에서 떼를 지어 빼앗겼던 재물에 대한 송사를 다투어 일으켰다. 조정에서도 그러한 사실을 알고 바로 각 도에 이첩하여 관원을 차출해 재물들을 본주인에게 돌려주게 하니 그 집안에서도 온갖 고통을 견딜 수 없게 되었다. 임금은 사직을 지킨 공이 있다 하여 3등의 장례를 하사하였다.

사관은 논한다. 전대의 권력을 쥔 간신으로 그 죄악이 하늘까지 닿기로는 윤원형 같은 자가 드물 것이다. 중종 말년, 인종이 동궁에 있을 때 후사가 없음을 보고, 그의 형 윤원로와 더불어 서로 어울려 헛소문을 만들어 동궁의 마음을 동요시켰으며 문정왕후가 안에서 그 의논을 주장하였다. 이리하여 대윤이니 소윤이니 하는 말이 있게 되어 중종이 이 걱정으로 승하하였다. 혹자는 동궁이 실화한 것이 모두가 윤원형 등의 행위라고 하였다. 그 뜻이 또한 흉참하다 하겠다. 인종이 승하함에 따라, 윤임을 핍박해 내쫓고는 스스로 편안하게 여기지 못하다가 끝내는 윤임이 다른 마음을 가졌다 하였으니, 실은 윤원형 등이 빚어낸 말이었다. 이 이후로 사림들 가운데 당시 명망이 있던 사람들을 일체 배척해 모두 역적의 무리로 몰아 죽는 자가 계속되었다.

명종이 친히 정치를 하게 되었지만 문정왕후의 제재를 받아 자유롭지 못했는데, 윤원형은 무슨 일이고 할 일이 있으면 반드시 문정왕후와 내통하여 명종을 위협하고 제재하여 임금의 근심스런 분노가 언사와 안색에까지 나타나게 하였다. 내시 중 혹이를 아는 자가 있으면 윤원형은 궁인들에게 후히 베풀어 모두에게 환심을 얻었다. 때문에 임금의 일동 일정을 모르는 것이 없었다. 하루는 주상이 내시에게 '외친이 대죄가 있으면 어떻게 처리해야 하는가?'라고 하였는데, 이는 대개 윤원형을 지칭한 것이었다. 이 말이 마침내 누설되어 문정왕후에게 알려졌는데 문정왕후가 이를 크게 꾸짖어 '나와 윤원형이 아니었다면 주상에게 어떻게 오늘이 있었겠소.' 하니, 주상이 감히 할 말이 없었다.

모든 군국의 정사가 대부분 윤원형에게서 나와 주상은 내심 그를 미워하여 이양李樑을 신임해 그 권한을 분산시켰다. 정사를 잡은 지 20년, 그의 권세는 임금을 기울게 하였고 전국의 관리가 몰려가니 뇌물이 문에 가득해 국고보다 더 많았다. 그의 형 윤원로의 권세가 자기와 비슷해짐을 저어해, 윤춘년을 사주해서 그 죄목을 열거해 글을 올리게 해서 죽게 하였고, 천첩을 몹시 사랑해 본처를 버리더니 필경에는 그를 독살하는 변을 빚었으며 이어 첩으로 부인을 삼았다. 첩에게서 낳은 자식들을 모두 사대부가에 혼인시켰으며 자신이 죽은 뒤에라도 이에 이의를 제기하는 자가 있을까 두려워 첩의 자식도 벼슬을 허락해야 한다는 주장을 힘써 내세워, 이를 미봉하였다. 당시의 재상들이 휩쓸려 그를 따랐지만 오직 임권任權[40]만은 처음부터 끝까지 따르지 않았다. 기타 흉악한 죄들은 머리털을 뽑아 헤아린다 해도 다 셀 수가 없다. 비록 강제 퇴출이 가해졌으나 체형을 면했으니, 세상 인심의 분함을 이길 수 있겠는가.

---

40) 위사원종공신에 녹선되고, 좌참찬·우참찬에 오르고, 동지경연사 및 오위도총관을 겸하였다.

[승진과정]

1528년[20세] 중종 23년 생원시 합격, 성균관에 입학
1533년[25세] 중종 28년 4월 별시 문과급제하였는데 1차 합격자 방에
　　　　　　　불합격되었다가, 수정하여 합격자로 발표되었다.
1534년[26세] 중종 29년 4월 승정원 주서
1537년[29세]~[34세] 중종 32년 11월 홍문관 수찬, 사헌부, 사간원,
　　　　　　　홍문관 등 청요직에만 근무하다.
1538년[30세] 중종 33년 5월 홍문관 수찬, 부교리, 6월 사간원 헌납,
　　　　　　　10월 교리
1539년[31세] 중종 34년 9월 사헌부 지평, 10월 홍문관 교리,
　　　　　　　12월 사헌부 장령
1540년[32세] 중종 35년 4월 홍문관 부교리, 5월 교리, 장령, 11월 응교
1541년[33세] 중종 36년 6월 사간원 사간, 9월 홍문관 전한, 12월 집의
1542년[34세] 중종 37년 4월 홍문관 부응교
1543년[35세] 중종 38년 2월 윤임을 대윤, 윤원형을 소윤이라 하다
1543년[35세] 중종 38년 5월 명나라 성절사가 되어 중국을 다녀오다.
1544년[36세] 중종 39년 2월 사간원이 성절사 윤원형·서장관 민전·
　　　　　　　천추사 김만균과 원혼 등의 사절단 만행을 아뢰다.
1544년[36세] 중종 39년 2월 사헌부에서 성절사 행동을 탄핵하다.
1544년[36세] 중종 39년 1월 좌부승지, 8월 좌승지
1544년[36세] 중종 39년 9월 29일 윤임의 고신을 빼앗고
　　　　　　　윤원형을 파면토록 하다
1544년[36세] 중종 39년 11월 도승지, 11월 15일 중종 승하,
　　　　　　　11월 20일 인종 즉위
1545년[37세] 인종 1년 2월 공조참판
1545년[37세] 명종즉위년 7월 1일 인종 승하, 7월 6일 명종 즉위,
　　　　　　　8월 예조참의, 8월 22일 을사사화.
　　　　　　　8월 28일 윤임, 유관, 유인숙에게 사약을 내리다.
1545년[37세] 명종즉위년 12월 추성협익 정난위사공신 호조참판 서원군
1546년[38세] 명종 1년 1월 사헌부 대사헌, 1월 공조참판,
　　　　　　　11월 한성부 우윤, 12월 자헌대부 서원군
1547년[39세] 명종 2년 4월 예조판서 서원군, 윤9월 예조판서 서원군,
　　　　　　　11월 예조판서 겸 지춘추관사

1548년[40세] 명종 3년 1월 이조판서
1549년[41세] 명종 4년 5월 의정부 우참찬
1550년[42세] 명종 5년 5월 이조판서
1551년[43세] 명종 6년 8월 4일 의정부 우참찬, 8월 27일 병조판서,
9월 15일 우의정, 9월 18일 윤원형이 벼슬을 바꾸어줄 것을 청하자 좌
찬성으로 삼다
1551년[43세] 명종 7년 9월 19일~ 24일 영의정, 좌의정, 사헌부, 사간원,
영중추부사, 홍문관 부제학이 윤원형을 우의정으로 명하기를 청하였으나
불허하였다.
1553년[45세] 명종 8년 6월 의정부 좌찬성
1554년[46세] 명종 9년 2월 병조판서
1555년[47세] 명종 10년 1월 겸 영경연사
1556년[48세] 명종 11년 7월 겸 이조판서
1558년[50세] 명종 13년 3월 병조판서, 5월 우의정, 10월 병으로 면직,
10월 영중추부사
1560년[52세] 명종 15년 2월 서원부원군, 9월 영중추부사
1563년[55세] 명종 18년 1월 17일 영의정
1565년[57세] 명종 20년 4월 6일 문정왕후 승하
1565년[57세] 명종 20년 8월 3일부터 8월 15일까지 대사헌 이탁·
대사간 박순 등이 윤원형을 탄핵하다
1565년[57세] 명종 20년 8월 15일 윤원형이 영의정에서 면직되다.
1565년[57세] 8월 21일 파직.
8월 21일부터 8월 27일까지 윤원형의 귀양을 청하는 탄핵
상소를 올리다.
1565년[57세] 8월 27일 삭탈관직, 시골로 귀양보내다.
1565년[57세] 명종 20년 11월 13일 윤원형의 첩 정난정이 자살하다.
1565년[57세] 명종 20년 11월 18일 윤원형이 죽다.
1908년 융희 2년 1월 이완용 등의 건의로 작위와 시호가 회복

59. 이준경李浚慶
조선조 명정승의 한 사람

생몰년도	1499년(연산5)~1572년(선조5) [74세]
영의정 재직기간	(1565.8.10.~1571.5.28) (5년 9개월)
본관	광주廣州
자	원길原吉
호	동고東皐, 남당南堂, 홍련거사紅蓮居士, 연방노인蓮坊老人
시호	충정忠正
출생	경기도 광주
묘소	경기도 양평군 양서면 부용리 산35-1번지
배향	선조 묘정에 배향, 충청도 구계서원에 제향
기타	조선조 명정승의 한사람, 선조를 추대한 정승
증조부	이극감李克堪 – 형조판서
조부	이세좌李世佐 – 대사간
부	이수정李守貞 – 수찬
모	신승연의 딸
형님	이윤경李潤慶 – 관찰사
부인	김양진의 딸
장남	이예열李禮悅
자부	장언방의 딸
2 남	이선열李善悅 (요절)
3 남	이덕열李德悅
자부	허우의 딸
손자	이사영李士穎
서자	이정직李廷直

당파를 예견했던 명정승

이준경의 자는 원길原吉이고 호는 동고東皐로, 본관은 광주廣州이다. 고려말의 명신으로 이름난 이집의 후손으로, 세조 때의 우의정을 지낸 이인손의 현손이니 명문 집안 출신이다. 증조부는 병조판서를 지낸 이극감이고, 조부는 대사간을 지내고 연산군 때 화를 입어 죽음을 당한 이세좌이며, 아버지는 홍문관 수찬을 지낸 이수정이다. 조부 이세좌는 연산 10년 갑자사화 때 폐비 윤씨에게 사약을 전달한 죄로 화를 당하였고 아버지도 연좌되어 죽음을 당하니, 이준경의 나이 6세 때였고, 한 살 위의 형 이윤경과 함께 조부의 죄에 연좌되어 충청도 괴산에서 귀양을 살아야 했다. 어머니는 평산 신씨로, 고려 태사 신숭겸의 후손이다.

중종반정으로 귀양살이 3년 만에 풀려난 두 형제는 외조부인 판관 신승연 슬하에서 학문을 익히고, 16세 때부터 사촌형 이연경과 조광조에게서 성리학을 배웠다. 이연경과 조광조는 김굉필의 제자로, 정몽주·길재·김숙자·김종직·김굉필·정여창으로 이어지는 사림의 학맥을 계승한 인물들이다. 외조부는 이들 형제의 사람됨을 보고 딸 신씨에게 말하기를, "이 아이들은 봉황과 기린으로 장차 세상에 이름을 떨칠 훌륭한 인물이 될 것이니 잘 키우도록 하라." 하였다. 신씨 부인은 아들들에게 효경과 대학을 입으로 외어 들려주었으며 늘 말하기를 "옛말에 과부의 자식과는 남들이 더불어 사귀지 않는다고 한다. 그러니 너희들은 남들보다 열 배 더 학문에 힘써 옛 선조가 행한 충성과 근면을 실추시키지 말라." 하였다. 이준경은 그 말씀을 공경히 받들어 스스로 가다듬기를 엄격하게 하였고, 학문에 힘을 쓰며 과거 공부를 목표로 삼지 않았으니 나이 17, 8세에 덕행을 이루고 행동은 모두 법도에 맞았다.

이준경은 어릴 때부터 뜻이 높고 비범했으며 당대의 정승 정광필과 김안국으로부터 큰 기대를 받았다. 조정에 들어와서는 청렴하고 엄중함이 세속에서 뛰어나 주변에서 형 이윤경과 함께 두 봉황새라고 일컬었다.

1504년[6세] 연산 10년 갑자사화 때 화를 입어 사사된 할아버지와 아버지에 연좌되어 6세의 어린 나이로 형 이윤경과 함께 충청도 괴산에 유배되었다가 1506년 중종반정으로 풀려났다. 외할아버지 신승연과 황효헌에게서 학업을 닦고, 이연경 문하에 들어가 성리학을 배웠다.

1522년[24세] 중종 17년 사마시에 합격해 생원이 되었고, 1531년[33세] 중종 26년 식년시 문과에 을과로 급제해 한림을 거쳐 1533년 홍문관 부수찬이 되었다. 그 해 말 구수담과 함께 경연에 나가 중종에게 기묘사화 때 화를 입은 사류士類들의 무죄를 역설하다가 오히려 권신 김안로 일파의 모함을 받아 파직되었다.

1537년[39세] 김안로 일파가 제거된 뒤 다시 등용되어 세자시강원 필선·사헌부 장령·홍문관 교리 등을 거쳐 1541년[43세] 홍문관 직제학·부제학으로 승진되고 승지를 지냈다. 그 뒤 한성부 우윤·성균관 대사성을 지냈고, 중종이 죽자 고부부사告訃副使로 명나라에 다녀온 뒤 형조참판이 되었으며, 1545년[47세] 인종 1년 을사사화 때는 평안도 관찰사로 나가 있어 화를 면하였다.

1548년[50세] 명종 3년 다시 중앙으로 올라와 병조판서·한성판윤·대사헌을 역임했으나 1550년 정적이던 영의정 이기李芑의 모함으로 충청도 보은에 유배되었다가 이듬해 석방되어 지중추부사가 되었다.

1553년[55세] 함경도 지방에 야인들이 침입하자 함경도 순변사가 되어 그들을 불러서 설득시키고 성곽과 보루를 순찰하였다.

이어 대사헌과 병조판서를 다시 지내고 형조판서로 있다가 1555년 을묘왜란이 일어나자 전라도 도순찰사로 출정해 이를 격퇴하였다. 그 공으로 우찬성에 오르고 병조판서를 겸임했으며, 1558년[60세] 우의정, 1560년[62세] 좌의정, 1565년[67세] 영의정에 올랐다. 1567년 하성군 이균(선조)을 왕으로 세우고 원상으로서 국정을 보좌하였다.

이 때 기묘사화로 죄를 받은 조광조의 억울함을 풀어주고, 을사사화로 죄를 받은 사람들을 신원하는 동시에 억울하게 수 십년간 유배 생활을 한 노수신·유희춘 등을 석방해 등용하였다. 그러나, 기대승·이이 등 신진 사류들과 뜻이 맞지 않아 이들로부터 비난과 공격을 받기도 하였다. 1571년 선조 4년 영의정을 사임하고 영중추부사가 되었다.

임종 때 붕당이 있을 것이니 이를 타파해야 한다는 유훈 상소를 올려 이이·유성룡 등 신진 사류들의 규탄을 받았다. 저서로는 『동고유고』·『조선풍속』 등이 있다. 선조 묘정에 배향되었고, 충청도 청안의 구계서원 등에 제향되었다. 시호는 충정忠正이다.

이준경의 인생역정은 사림파가 조선의 정국을 주도하게 된 과정과 일치한다. 연산군 때 조부 이세좌의 일로 연좌되어 죽다가 살아났고, 중종 때는 기묘사화를 겪었고, 김안로 등의 권력을 쥔 간신시대를 거쳐서, 명종 때 윤원형의 외척정치까지 겪으면서 살아남은 입지전적 인물로, 윤원형의 몰락과 함께 영의정이 되어 조선 정국의 중심으로 떠오른 후 선조 때부터 조선의 주도세력이 된다. 젊어서부터 사림으로 성장하였고, 권력을 가진 사람들로부터 핍박을 받았으며, 부를 축적하지 않았다. 인사권자가 되어서는 올바른 전형을 하기 위해 힘썼고, 청렴하면서 백성을 위해 노력한 명정승이었다. 권력을 쥐고서도 공훈을 바라지 않아 청백리에 속했던 인물이며, 기묘사화, 을사사화로 억울하게 관작을 삭탈당했던 사림들의 신원을 회복시켜 주었고, 당쟁의 기미가 보이자 분파를 걱정했던 참 영의정으로 조선 역사에 길이 남을 인물로 평가되고 있다.

파직과 유배, 순탄치만 않은 승진의 과정

1531년[33세] 중종 26년 식년시 문과 을과에 급제하여 사관으로 벼슬을 시작하였는데 이듬해 김안로와 허항 등의 미움을 사게 되어 파직되었다. 다음 해에 복직되어 홍문관원으로 경연에 참가하여 아뢰기를 "안처겸을 죄줄 때 증거도 없이 귀양간 자가 많으니, 풀어주어 천재지변에 대응함이 마땅합니다." 하였는데, 그때 기묘사화에 관련된 사람들을 제외하면서 이준경도 '이연경의 4촌 동생이 된다'고 일러 사심을 품었다는 것으로 죄를 만들어 다시 파직되었다.

대간이 아뢰기를, "시종이 마음속에 품은 것이 있으면 마땅히 아뢰어야 합니다. 다만 안처겸의 건기에 이름이 적힌 사람은 반역에 관계되니 편견으로 경솔하게 아뢸 수 없습니다. 구수담과 이준경 등은 경중을 돌아보지 않고 경솔하게 아뢰었으니 매우 잘못되었습니다. 그들을 파직시키소서." 하니, 답하였다. "구수담과 이준경이 말한 것을 위에서 아무런 사심없는 말로 들었는데, 정승이 와서 '사심을 가지고 말하였다.'고 하니. 그렇다면 은혜를 베푸는 권한이 아래로 돌아가 뒷날의 폐단이 클 것이니 파직하라." 하였다.

– 중종실록 28년 12월 27일 –

1537년[39세]에 복직되어 문학, 장령, 교리, 응교, 수찬, 직제학 등을 거치고 승정원 승지가 되었다. 1543년[45세] 중종 38년 9월 문관 당상관 시험에 장원으로 뽑혀 품계를 1등급을 더하였다.

1545년[47세] 8월에 평안도 관찰사가 되어 외직으로 나갔는데 을사사화가 일어나 외직에 있었기에 다행스럽게 사화를 피할 수 있었다. 1548년[50세] 내직으로 돌아와 병조판서가 되었고, 대사헌, 한성부 판윤을 거쳐 다시 대사헌이 되었는데 대사간 신영, 집의 성세장 등이 아뢰기를,

"구수담·송순·허자·이준경·이윤경은 다 품질이 높은 재상으로서 역적을 비호하고 간악한 계략을 구성하였습니다. 구수담은 주벌을 당한 자 중에 억울하게 죽음을 당한 자가 많다고 하여 귀양간 자를 끌어들이려고 하였고, 이준경은 윤임이 역모를 한 것이 아니라 단지 자신을 보존하기 위한 계책을 쓴 것이라고 하였으며 또 이홍남이 고변한 것을 그릇된 것으로 여겼습니다. 허자는 자신이 훈적에 오른 것을 부끄러운 일로 여겨 소인의 이름을 면하지 못할 것이라고 공공연히 말하여 시비를 현란시켰고 송순과 더불어 정권을 잡고 죄인의 자제를 서용하여 인심을 시험하였으며, 송순은 구수담·허자와 결탁하고 조정에 돌아온 뒤로 이의를 제기하여 인심이 안정되지 못하게 하였습니다. 이윤경은 역적의 아비로 죄가 사면받지 못할 것인데 도리어 3품이상 직에 있게 되었는데도 스스로 두려워하지 않고, 승정원에 있을 때 김영의 흉역한 상소를 부족해서 아뢸 만한 것이 못된다고 했습니다.

이상의 사람들은 마음 씀이 무상하여 행사에 나타나는 것이 이 지경에 이르렀습니다. 그들이 인심을 현혹해 조정에 화를 발생케 하려는 죄는 막심합니다. 경중을 두어서는 아니 되니 모두 멀리 귀양보내되, 허자는 공훈도 아울러 삭제하소서."

하니, 답하기를, "이 사람들의 일은 그 죄로 본다면 애석할 것이 없지만, 선왕조로부터 내리 벼슬해 온 지 이미 오래이므로 위에서 특별히 관대한 은전을 보여 이처럼 정하였으니, 고칠 수 없다. 허자는 당초에 입장을 같이하여 아뢴 공이 없지 않으니, 또한 훈적을 삭제할 수 없다." 고 하였다.

양사가 구수담 등을 멀리 귀양보내되 허자는 훈적을 아울러 깎을 일을 아뢰니, 답하기를,

"구수담·허자·송순·이준경은 중부 지점에 귀양보내게 하라. 그중에는 경중이 없지 않다. 이윤경은 다른 죄는 없고 김영의 상소를 용렬하고 어리석은 것이라 하여 즉시 아뢰지 않았을 뿐이니, 문외 출송하라. 허자의 훈적을 깎는 일에 대해서는 지금은 비록 죄를 입었지만, 그에게 공이 없지 않기 때문에 윤허하지 않는다." 하였다.

사관은 논한다. 과거 진복창은 과거에 오른 뒤에도 벼슬길에 발을 들여놓지 못하였는데, 허자가 힘껏 추천하여 사헌부 지평이 되었다. 그 뒤에 진복창은 부평부사를 굳이 사양하고 몰래 이기에게 붙어 간관직을 맡았다. 허자는 진복창이 공론에 용납되지 못하는 것을 알고 전일에 사람을 제대로 알아보지 못한 잘못을 부끄러워하여서 상소하여 진복창의 간사한 점을 논하였으나 이기가 힘껏 구제하였으므로 허자의 말은 시행되지 못하였다. 진복창의 세력이 점점 커지자 허자는 그 화가 미칠 것을 두려워하여 '근일에 마음 병이 크게 발작하여 일이 많이 착오된다.'고 핑계를 대었다. 진복창은 허자가 원훈이라 쉽게 물리치지 못할 것을 알고 거짓말로 '무릇 사람이 마음 병이 발작하면 반드시 광란에 이르는 것인데, 이와 같은 일이 어찌 괴이하겠는가.' 하였다. 그러나 마음속으로는 실로 앙심을 품었다.
이때 허자는 이조판서로 있었는데, 진복창은 허자의 의중을 떠보려고 '영남은 아내의 고향이니, 경상 감사가 되고 싶다.' 하니, 허자는 그 말을 믿고 3인중 첫째로 추천하였다. 그러자 진복창은 크게 화를 내며 '허자는 어떤 사람이기에 나를 감사의 희망자에 추천하였는가.' 하였다. 시기와 혐의가 더욱 깊어져 물리칠 계획을 세웠다.

구수담은 처음에 진복창과 한 마을에 살면서 진복창이 곧잘 강직한 말을 하는 데 심복하여 허자보다 훨씬 훌륭히 여겼고, 홍문관에 들어가서는 그를 추천까지 하였으니, 진복창이 지평이 된 데는 구수담의 힘이 컸던 것이다. 이 때문에 진복창은 그 은혜에 감사하여 구수담이 죄를 입었을 때 상소장을 올려 힘써 구제하였다.

이로부터 정의가 날로 두터워져서 무릇 할 일이 있을 때에는 반드시 구수담에게 상의하여 그의 말을 한결같이 따랐다. 그 때문에 한때 사림이 그를 힘입어 약간 편할 수가 있었다. 의논하는 자는 '구수담은 일찍이 사림의 명망이 있었으면서 진복창에게 붙은 것은 참으로 수치스런 일이다. 그러나 전번에 만일 진복창이 이기의 말을

한결같이 따랐다면 사람이 편할 수 없었을 것인데, 그가 한때의 이름을 얻으려고 구수담의 의논을 따라서 수년 동안 조정이 무사하도록 하였으니, 구수담의 공이 크다.' 하였다. 그 뒤에 구수담이 진복창의 간사함을 살펴 알고 그의 잘못을 말하였더니 진복창은 깊이 앙심을 품고 그를 넘어뜨리려 하였다.

이에 앞서 진복창은 이준경이 사림의 명망이 있다고 보고 그에게 붙어서 이름을 높이려고 하였고, 마침 집이 가까이 있기 때문에 때때로 서로 방문하였다. 하루는 이준경의 족속인 동지 이사증이 잔치를 베풀고 손님을 청하였는데, 이준경과 진복창이 자리를 같이하였다. 진복창이 술에 취하여 이준경에게 '천로天老가 어째서 나를 저버렸는가?' 하였는데, 천로는 바로 구수담의 자였다.
이때 구수담의 며느리집 여종이 노래를 잘하므로 이 연회에 참여하였는데 천로가 구수담의 자임을 알고 곧 진복창이 한 말을 구수담에게 전하였다.
구수담은 그 말을 듣고 '진복창이 나를 원망하니 나는 필시 화를 면치 못할 것이다.' 하였다. 진복창은 노래부른 여종이 전한 것인 줄은 모르고 이준경이 그 말을 누설한 것이라 생각하여 깊이 원한을 품었고, 또 죄인 이중열의 아비를 이용하면 죄를 얽기가 매우 쉽기 때문에 그의 형 이윤경까지 아울러 죄에 빠뜨렸다.
송순은 개성 유수로 있다가 들어와 대사헌이 되어 사람들에게 '진복창은 시시한 사람으로 득의양양하여 조정을 불안케 하니, 나는 그를 제거하려고 한다.' 하였다. 진복창은 이때 공조 참판으로서 대사헌 직을 얻기 위해 이조에 교섭 중이었는데, 송순이 먼저 하게 되었다. 진복창은 못마땅해 하면서 '송순이 서울에 들어온 뒤로 조정에 시끄러운 말이 많으니, 이 사람을 제거하지 않을 수 없다.' 하였다. 이때 진복창은 몰래 이기와 결탁하고 이무강을 우익으로 삼는데, 허자 등 다섯 사람이 모두 그의 비위를 거스렸으므로 이기와 의논하고 몰래 이무강을 사주하여 다섯 사람의 탄핵을 성사시켰다.

- 명종실록 5년 5월 15일 -

이로 이준경은 보은현에 귀양을 갔다. 이기와 진복창이 없는 일을 교묘하게 얽어서 쫓아낸 것인데, 조정이 놀라며 애석하게 여겼다. 이듬해 복직되어 지중추부사가 되었다. 1551년 명종 6년에 병조판서가 되어 이기의 청탁을 물리치니 앙심을 품었다.

이준경이 병조판서로 있을 때, 이기가 무인들의 뇌물을 많이 받고, 병사, 수사 및 첨사, 만호 등의 자리가 비면 그들의 명단을 적어 병조로 보내어 이들을 추천하게 했다. 그러나 이준경이 들어주지 않았다. 이에 이기가 앙심을 품고 이준경을 무고해 관직을 삭탈 당하였다.

- 명종실록 6년 10월 28일 -

1552년[54세] 명종 7년에 형조판서가 되었는데 이때 사관의 평은 다음과 같았다.

이준경의 인품은 도량이 넓고 문무의 재주를 겸비하였으므로 조정에선 장상의 국량으로 여겨왔다. 그런데 한번 권력을 쥔 간신의 비위를 거스르자 외방으로 귀양가게 되었다. 그러나 인심은 속이기 어려운 것이라, 세월이 오래됨에 따라 그릇됨과 바름이 절로 밝혀졌으므로 조정으로 돌아오라는 명이 있었다. 앞서 이준경이 귀양갔을 때 이무강이 오히려 미진하게 생각하여 기필코 죽이려고 송세형에게 말하자, 송세형의 대답이 '이는 중대한 일이니 윤원형에게 의논하지 않을 수 없다.'고 하였다. 그리하여 곧바로 윤원형을 찾아가 물었으나 윤원형이 큰소리로 물리치므로 이무강은 기가 죽어 물러나 버렸다. 대윤·소윤의 설이 처음 돌았을 적에 시중 의논이 소윤을 처벌하려고 하였는데, 이때 이윤경·이준경 형제가 일방적으로 소윤만 다스릴 수는 없다고 하였다. 윤원형이 늘 이것을 고맙게 여기고 있었으므로 이준경이 죽지 않게 된 것이다.

- 명종실록 7년 4월 25일 -

10월에 다시 대사헌이 되었다. 무릇 네 번이나 사헌부의 장이 되었으나 과격함을 숭상하지 않았다. 겨울에 임금이 청렴 근면한 이를 가려 대궐에서 잔치하도록 명하였다. 이준경이 첫째로 뽑혔으나, 홀로 병을 핑계 대고 참석하지 않았는데, 대개 그 뽑힘에 들어가는 것을 두려워하고 아름다운 이름을 피하고자 한 것이다.

1554년[56세]에 이조판서가 되었다가, 이듬해 지중추부사 겸 전라도 순찰사가 되어 외방으로 나갔고, 10월에 숭정대부로 승진되어 우찬성에 올랐는데 윤 11월에 특명으로 병조판서를 겸임하였다.

1558년[60세]에는 좌찬성을 거쳐 11월에 우의정에 올랐다.

이준경은 처음에 수찬이 되어 기묘년 사람[41]들을 다시 서용하기를 청했다가 당시의 재상들에게 거슬리어 내버려졌는데, 이때 이르러 정승에 재배되었다. 청백하고 강직하여 사론의 칭찬을 받았다. 을사사화가 일어나자 윤원형과 이기가 큰 옥사를 꾸며 사람들이 거의 섬멸되게 되었는데 그의 형 이윤경과 더불어 심통원에게 말하여 극력 모함임을 변명하였다. 이에 사람들이 그의 덕을 많이 입게 되었고 옥사도 또한 조금 풀렸었다. 그 뒤에 이윤경의 상喪을 당하여서는 상복·굴건·수질·요질을 지어 입고 자기 집에만 있었다.

우리나라는 정몽주 이후부터 상사에 관한 일을 한결같이 가례家禮에 따라 했었다. 그러나 부모의 상사 이외에는 상복·굴건·수질·요질을 지어 입고 거처하는 자가 없었는데, 오직 이준경이 처음으로 형의 복을 입었으므로 식견 있는 사람들이 공경하며 엄하게 여겼고 선비들 중에 간혹 본받는 사람도 있었다.

— 명종실록 13년 11월 23일—

1560년[62세] 6월 좌의정으로 승진되었고, 1561년 8월에는 천둥이 치니 사관은 당시의 상황을 다음과 같이 기술하고 있다.

천둥이 쳤다. 햇무리가 희미하게 졌다. 오시에 태백이 미지에 나타났다.
사관은 논한다. 화기和氣는 상서로움을 불러오고 어그러진 기운 괴기乖氣는 재변을 불러온다. 태백이 낮에 나타났다는 기록이 역사기록에 잇달았으니, 이는 임금이 약하고 신하는 강하며 음은 성하고 양이 약한 증거이다. 이때를 당하여 권신들이 권력

---

41) 기묘년 사람 : 기묘사화에 관련된 사람들

을 멋대로 부려 정령이 여러 곳에서 나오고 붕당의 떼거리가 이미 많아져 위복이 아래로 옮겨졌다. 임금이 고립되었는데도 알지 못하고 나라의 근본이 이미 흔들리는데도 구원하는 자가 없으니, 하늘과 사람 사이에 경계를 보인 뜻이 은미한 것이다.

사관은 또 논한다. 상진은 우유부단하고 줏대가 없으니 죽반승粥飯僧[42]이라고 할 만하다. 비록 아비나 임금을 죽이려는 모의에 함께 참여할 자는 아니지만 참으로 도량이 좁은 사람이라고 하겠다. 이러므로 윤원형·이기·정순붕·임백령이 화란을 일으켰을 때도 모두 그 환심을 샀다. 심통원도 또한 욕심 많고 형편없는 사람이다. 왕실 외척의 세력에 힘입어 정승이 되어 날마다 뇌물을 받고 노비를 빼앗는데 겨를이 없었다. 또한 윤원형·이양과 결탁하여 삼굴三窟[43]이라고 일컬어졌다. 당시 정승들이 이와 같으니, 천변이 발생하는 것이 어찌 원인이 없다 하겠는가. 다만 이준경은 침착하고 엄중하여 재상의 기국이 있지만, 실은 겁이 많아 윤원형과 이양을 두려워하여 의논할 때에는 우물쭈물 그들을 따르고 능히 자립하지 못하니, 개탄스러울 뿐이다.

– 명종실록 16년 8월 6일 –

1564년[66세] 명종 19년 4월 14일 강직하고 바른 대신이 속임을 당하고도 깨닫지 못했다 하여, 파직하기를 청하여 교체되었다.

양사가 이준경과 이수기의 일을 다시 아뢰니, 답하였다.
"근년 이래로 인심이 좋지 못하여 간사한 무리가 요사한 말을 지어내기를 좋아하여 국가를 가볍게 여기면서 사람들의 보고 듣는 것을 놀라게 한다. 좋지 못한 풍습이 이 지경에까지 이르렀으니 어찌 한심하지 않은가! 지난번에 어떤 간사한 자가 밤을 틈타 몰래 조정의 대신과 종실의 집에 찾아가서 대비전의 명이라고 사칭하고 사람이 화하여 용이 되었다면서 입으로는 말할 수 없는 말을 하기까지 하였으니, 어떤 속셈에서 그렇게 한 것인지 모르겠다. 매우 놀랍고 괴이쩍은데, 세 집에 4~5차례 갔으나 모두 붙잡지 못하여 지금은 벌써 숨어 버렸다. 국가의 위엄이 떨치지 않게 하고 왕법이 행해지지 못하게 하며 대궐의 뜰이 조용하지 않게 하고 서울이 소란하게 하였으니, 국가가 간사한 자에게 욕을 당함이 막심하다. 내가 진실로 통분히 여긴다. 이와

---

42) 죽과 밥만 많이 먹는 중이란 뜻으로, 무능한 사람을 비유하여 이르는 말.

43) 삼굴三窟 : 굴속에 3개의 출구를 가지고 있어 언제나 잡히지 않고 도망갈 수 있다는 뜻.

같은 사람은 실제의 일로써 세 집에 갔더라도 밤을 틈타 구전하였으면 차라리 결박당하는 벌을 받을지언정 곧바로 붙잡아 고해야 할 것인데, 더구나 천례에 의하여 밤에 전할 리가 만무한 경우이겠는가.

품계 높은 종친과 강직하고 바른 대신의 잘못된 바는 관계됨이 무겁다. 유균을 벌써 파직하도록 명하였으니, 광천군이 어떻게 그대로 작록을 보전하겠으며 좌의정도 어떻게 그대로 의정부를 맡겠는가. 광천군은 파직하고 좌의정은 정승의 자리를 교체시켜 뒷 폐단의 조짐을 막으라."

사관은 논한다. 이때 심통원이 이준경과 함께 정승의 자리에 있으면서 탐욕스럽고 비루한 짓이 형편이 없었다. 스스로의 소행이 올바르지 못하므로 이준경을 꺼리어 매양 배척하려고 별렀으나 탈잡을 만한 것이 없었는데, 문회준의 일이 일어나게 되자 이준경이 즉시 체포하지 않은 것을 허물로 삼고는 그의 아들 심뇌를 대사간 박영준에게 보내어 부탁, 외지로 쫓아내게 하였다. 박영준이 그 말을 듣고 즉시 발의하고 아뢰어 끝내 정승을 파면하는 데까지 이르렀다. 그가 심통원의 명령을 들은 것은 계획대로 성공시켰으나 실정이 없는 일을 가지고 대신을 논박하여 파직시켰으니, 간사한 권력자의 앞잡이가 되었다는 비난을 어찌 면할 수 있겠는가.

사관은 논한다. 이준경의 사람됨이 기상이 엄격하고 말이 강직하지만, 간사한 자가 나쁜 꾀를 발휘하여 그럴듯한 방법으로 속이는데 어떻게 그 실정을 알아내어서 바로 붙잡을 수 있겠는가. 옛날의 밝은 지혜가 있는 선비가 그런 경우를 당하였더라도, 미리 그 간악함을 알아차려서 속임을 당하지 않을 수는 없었을 것이다. 대간이 논쟁하여 아룀이 이준경에게 완벽하도록 책망한 것이기는 하지만 아마도 적절하지 못한 듯하다. 대간이 아뢴 것은 후일 간사한 자의 꾀를 더욱 열어주기에 족하다. 이러한 간사한 꾀는 당연히 눌러서 꺾어버려야지 가볍게 동요되어 그 술책에 빠져서는 안된다. 그런데 이제 억지로 이준경을 그르다 하여 아뢰었으니 이는 주상의 뜻에 맞추어 그의 죄를 조성한 것에 지나지 않는다. 대간의 잘못도 크다.

― 명종실록 19년 4월 14일 ―

1565년[67세] 명종 20년 8월 10일 영의정이 되었다. 이때의 실록 기록은 다음과 같이 서술하고 있다.

문정왕후가 사망하자 윤원형이 면직되었고 이준경이 뒤이어 영의정에 올랐다. 영의 정에 오르자마자 백관을 이끌고 윤원형을 탄핵해 삭탈관직시켰다. 윤원형은 임금의 외숙인데, 그를 죽이도록 윤허한 것은 공론을 중히 여긴 것이다. 윤원형이 시행한 나 쁜 정사를 고치고 새로 세운 명목 없는 과거시험과 승려 종파·소격서 등의 일을 혁 파하도록 청하니, 임금이 모두 따랐다. 승려 종파와 소격서는 정암 조광조가 간쟁하 였으나 되지 않았는데 이준경이 윤허를 받았으니, 사람들이 위대하다고 칭찬하였고, 백성들이 그 혜택을 받았다.

이준경은 자신의 아들이 홍문관 관리 후보로 오르자 "내 아들이라서 누구보다 그 릇이 안 된다는 것을 잘 안다."며 명단에서 지워 버렸다. 자신의 아들이 홍문관 관리 후보로 올라왔을 때 삭제한 것에 대해 두고두고 후세의 귀감이 되었다.

9월에 임금이 편찮았는데, 후계가 정해지지 않아 안팎이 불안하였다. 이준경은 호위 를 엄중하게 단속하고 축문을 쓰고 관원을 보내 종묘사직과 산천에 두루 기도하였 다. 임금의 환후가 낫자 대신을 불러 누워 있는 자리에 들어오게 하였다. 이준경이 사관을 시켜 써서 바치기를, "동궁의 자리가 오래 비었는데, 임금의 염려가 여기에 미칩니까?" 하였다. 그 뒤 편전에서 만날 때 다시 대학연의에서 후계를 세운다는 말 을 뽑아 올렸는데, 대신이 후사를 걱정하는 뜻을 볼 수 있다 하였다.

― 명종실록 20년 8월 10일 ―

1567년[69세] 명종 22년에 사직하기를 간절히 청하여 윤허를 받았으나 홍문관에서 상소를 올려 "국가의 원로 대신의 사직을 윤허함은 불가합니 다. 다시 일을 돌보도록 명하소서." 하여 윤허를 받지 못하였다.

1569년[71세] 선조 2년 겨울에 또 사직하기를 청하여 다음 해 봄과 여 름에 이르도록 사직청원이 그치지 않았다. 혹 소장을 올리기도 하고 혹 대궐에 나아가서 아뢰기도 하였는데, 상소문을 올린 것이 백 번 이상이 었다.

1571년[73세] 선조 4년 5월 28일 영의정을 사임하고 영중추부사가 되 었는데 1572년[74세] 선조 5년 7월 7일 이준경이 세상을 떠났다.

선조를 옹립하고, 조광조의 신원을 회복시키다

1567년[69세] 명종 22년 6월에 임금의 병환이 위중하여 밤중에 이준경을 불렀다. 이준경을 임금 곁에 오르도록 명하여, 이준경의 손을 잡으면서 눈물을 흘렸으며, 이준경도 또한 눈물을 흘렸다.

명종이 후계자 없이 승하하자 이준경은 슬기를 발휘하여, 하성군 균을 선조임금으로 옹립하는데 성공하여, 왕권교체기의 과도정부를 원만하게 이끌었다.

중전에게 청하여 계획을 정하고, 임금을 맞아 상주 노릇을 하도록 하였다. 이로써 종묘와 사직이 안정되어 마치 세자를 미리 정해 둔 것과 같았다. 그동안에 위태하고 난처한 일이 없었으랴마는, 이준경이 큰 띠를 늘어뜨리고 홀을 가지런히 하여 얼굴빛과 목소리를 변하지 않고 행동하는 것이 평소와 같이 아무 일 없었던 것과 같이 하였다. 사람들은 한나라 위공, 송나라의 현상과 한기의 업적에 비교하지만 위공은 나라에 후사가 있었는데 바로 정한 것이고, 이준경은 임금의 후사가 없는 데서 후사를 정하였으니, 같이 비교하기는 어려울 것이다.

그때 요행을 바라는 무리들이 임금을 옹립한 공적을 기록하는 자가 있었는데, 이준경은 말하기를, "계획이 대궐 내에서 결정되었는데 신하가 어찌 관여하랴?" 하고, 그 공적을 불태우도록 명하였다. 이 또한 새로운 임금 추대시 마다 공훈자에게 포상한 과거 전례에 비추어 전대에서는 찾아볼 수 없던 것이다.

덕흥대원군 방계로서 왕위를 이은 선조임금 하성군이, 똑똑하고 성년이 지났으니, 수렴청정을 하지 않겠다는 안순왕후를 설득하여, "왕실에서 자란 것과 밖에서 자란 것은 다르다."는 이유를 들어, 수렴청정하게 함으로써 왕권의 안정을 기하였다.

그때 명나라에도 융경 황제가 등극하였다. 명나라 사신인 태사 허국과 위시량이 국경까지 왔는데, 조선 왕의 승하 소식을 듣고 나라에 후사가 없음을 걱정하여, 영의정이 어떤 사람인가 하고 묻고서야 서울에 들어왔다. 사신에 대한 예의에 맞게 길사와 흉사를 아울러 거행하였다. 새 임금이 아직 책명을 받지 않아서 난처한 일이 많았으나, 이준경이 침착하고 힘껏 변론한 것이 예법에 알맞았다.

태사가 기뻐하고 이준경을 예우하며 몹시 존경하였고, 반드시 '상공'이라고 불렀다. 갈 때는 가마에서 내려 이준경의 앞에 와서 절한 뒤 떠났고, 돌아간 뒤에는 꼭 안부를 물었다. 조선초의 종계宗系⁴⁴⁾가 틀리게 기록되었으나 2백 년이 지나도록 고치지 못하였다. 이준경은 이를 변론하여 태사의 승낙을 받았다. 돌아간 뒤 주청하여 반포할 때 고치기를 허가한다는 조령을 받았는데, 이 또한 이준경이 중국 사람들에게 신임을 받았기 때문이었다.

임금이 처음 즉위하였을 때에 이준경은 면대하여 진언하기를, "지금 새로 천명을 받았으니, 마땅히 거리낌 없는 욕망을 경계하고 바른말을 받아들여야 합니다. 학문을 강하고 사물의 이치를 강구하며, 뜻을 진실되게 하고 마음을 바루어서, 이치를 따르고 정무에 대응하는 데 이르러야 하니, 그 요체는 사림을 가까이하고 절차탁마에 힘써서, 먼저 그 근원되

---

44) 종계宗系 : 중국 황실에 기록된 조선왕조의 족보의 계보

는 곳을 바르게 하는 데 달려 있습니다." 하였고, 잇달아 몸을 받들어 사
직하기를 간곡히 청하였다.

1570년 가을 특별히 아뢰어, 을사사화로 죄를 입은 10여 인을 불러 새
정사를 돕도록 청하였고, 명종 2년에 귀양간 사람들을 풀어주고 관작을
회복해 주며 연좌된 자를 방면하고 적몰된 재산을 돌려주도록 청하고,
1557년 옥사에 원통하게 죽은 사람들을 신원회복해 주고 이기·정언각의
관작을 삭탈할 것을 청하였다. 삼사[45]의 낭사에서 부터 아래로는 빈천한
선비에 이르기까지 모두 유관과 유인숙의 신원을 회복해 주고 을사사화
의 공훈을 삭탈하기를 청하였는데, 대개 이준경을 신뢰한 것이다. 이준
경은 나날이 여러 재상과 상소장을 지어 힘껏 논하고 백관을 이끌고 청
하였다.

이준경은 조광조를 신원 회복하고, 명종비 안순왕후 심씨의 외척인 심
통원을 견제하였다. 또, 동방 이학의 시조로 추앙받는 정몽주의 후손들
을 기용하도록 하고, 재해 때 농민들의 세금을 덜어주는 등, 국정의 중심
에서 나라의 안정과 백성들의 삶을 다졌다.

김굉필과 조광조를 문묘에 종사하도록 청하였으나 받아들이지 않았는
데, 두 현인을 종사하도록 청한 것은 대개 이준경으로부터 시작되었다.
스스로 돈독하게 믿지 않았다면 할 수 없는 일이니, 이준경은 사문에 많
은 공을 남겼다.

---

45) 사헌부·사간원·홍문관

이준경이 임종 때 올린 유훈 상소문

영의정 이준경이 죽었다. 자는 원길原吉이며 광주廣州 사람으로 고려 판전교시사 둔촌 이집李集의 후손이다. 어려서부터 학업에 독실하였고 근래의 영의정 중에서 업적이 가장 많았으며, 향년 74세였다. 뒤에 충정으로 시호를 내리고 선조 묘정에 배향하였다. 임종할 때에 유훈 상소가 있었는데, 그 상소는 다음과 같다.

"지하로 가는 신 이준경은 삼가 네 가지의 조목으로 죽은 뒤에 들어주실 것을 청하오니 전하께서는 살펴주소서.

첫째 제왕의 임무는 학문하는 것이 중요합니다. 정자가 말하기를 '함양涵養은 모름지기 경敬이라야 하고 진학은 치지致知에 있다.'고 하였습니다. 전하의 학문이 치지의 공부는 어느 정도 되었지만 함양의 공부에는 미치지 못한 바가 많기 때문에 언사言辭의 기운이 거칠어서 아랫사람을 접하실 때 너그럽고 겸손한 기상이 적으니 삼가 전하께서는 이 점에 더욱 힘쓰소서.

둘째 아랫사람을 대하는 데 위엄의 자세가 있어야 합니다. 신은 들으니 '천자는 온화하고 제후는 아름답다.'고 하였습니다. 위엄의 자세를 갖추어야 할 때는 삼가야 합니다. 신하가 말씀을 올릴 때는 너그럽게 받아들이고 예절에 맞는 태도를 갖추어야 합니다. 비록 거슬리는 말이 있더라도 그 때마다 영특한 기운을 발하여 깨우쳐 줄 것이요, 일마다 겉으로 감정을 나타내고 스스로 현인인 체 품위를 지키는 모습을 아랫사람에게 보이는 것은 마땅치 않습니다. 그렇게 하시면 백관이 해체되어 허물을 바로잡지 못할 것입니다.

셋째 군자와 소인을 분별하는 것입니다. 군자와 소인은 구분되기 마련이어서 숨길 수가 없습니다. 당 문종과 송 인종도 군자와 소인을 모른 것이 아니었지만 사당私黨에 끌려서 분간하여 등용하지 못함으로써 마침내 시비에 현혹되어 조정이 어지럽게 되었던 것입니다. 진실로 군자라면 소인이 공박하더라도 발탁하여 쓰고 진실로 소인이라면 사사로운 정이 있더라도 의심하지 말고 버리소서. 이같이 하시면 어찌 북송과 같은 다스리기 어려운 일이 있겠습니까.

넷째 붕당의 사사로운 주장을 없애야 합니다. (이때 심의겸이 외척으로 뭇 소인들과 체결하여 조정을 어지럽힐 조짐이 있었기 때문에 이를 지적한 것이다.) 지금의 사람들은 잘못한 과실이 없고 또 법에 어긋난 일이 없더라도 자기와 한마디만 서로 맞지 않으면 배척하여 용납하지 않습니다. 그리고 자신의 행동을 구속한다든가 독서하는 데에 힘쓰지 않으면서 옛 고사와 좋은 문구로 친구나 사귀는 자를 훌륭하게 여김으로써 마침내 허위의 풍조가 생겨났습니다. 군자는 함께 어울려도 의심하지 마시고, 소인은 저희 무리와 함께 하도록 버려두는 것이 좋습니다. 이 일은 바로 전하께서 공평하게 듣고 보신 바로써 이런 폐단을 제거하는 데 힘쓰셔야 할 때입니다.

신은 충성을 바칠 마음 간절하나 죽음에 임하여 정신이 착란되어 마음속의 말을 다 하지 못합니다." 하였다.

[사관이 기록하기를 공은 임금을 아끼고 세상을 염려하여 죽는 날에도 이러한 상소를 남겼으니 참으로 옛날의 강직한 신하와 같다. 당시에 심의겸의 당이 이 상소를 지적하여 건조무미한 말이라 상소를 올려 배척하기까지 하였으니 참으로 군자의 말은 소인이 싫어하는 것이다.]

이준경은 이 말씀을 한 뒤 다시 더 보태지 않고 말하기를, "고인들이 말하기를, '임종 때 한 말을 소략하고 거칠다' 하였으나, 또한 어찌 방해가 되겠느냐?" 하고, 그 외에 집안일은 언급하지 않았다. 부인네를 물리치고 정침에서 동쪽으로 머리하고 운명하였는데, 이날이 7월 7일이었다. 일찍이 의복을 만들어 놓고 한가한 때에 입었는데, 이때 이 옷을 입고 염습하였는 바 유훈이었다.

상소가 들어가자 하교하기를, "아뢴 말이 나를 깨우치는데, 다시 할 말이 있겠는가? 승지가 가서 문병하라." 하였다. 승지가 이르니 벌써 운명한 뒤였다. 부음이 알려지자 임금이 애도하고, 초상에 제수를 내리도록 명하였다. 3일 동안 조회를 폐하고, 측근을 보내 조제하며, 관에서 상사를 비호하게 하였다. 9월 19일에 장사지냈다.

이준경이 임종하며 남긴 유훈 상소에 "조정에 붕당의 사사로운 주장을 타파해야 한다"는 글로 조정 관료들은 이준경이 붕당 조장의 빌미를 만들었다며 규탄하였으나, 결국엔 그의 예견이 맞아 조정은 당파싸움이 끊이지 않으니, 예견에 놀라워하였다. 이준경은 사림파의 급진적 개혁에 반대하였고, 신진 사림(동인)과 기성 사림(서인)의 분쟁을 조정하다가 기성 사림의 정적으로 지목되어 이이, 기대승 등의 공격을 받았다.

후일 당쟁 예언이 사실로 드러나자 이율곡이 크게 부끄러워하였다 한다. 이때 유성룡 등이 이준경을 옹호하였으므로 훗날 영남 유림들의 추앙을 받았다. 심통원과도 개인적으로 사이가 좋지 않았는데, 이는 동인과 남인이 그를 추종, 추앙하는 하나의 이유가 되었다.

영의정의 자리에 있으면서도 늘 겸손하고 신중한 자세로 정사에 임하여 명재상으로 칭송받았다. 이이와 논쟁한 것으로 당대에는 평가절하된 경향은 있지만 역사 연구가들에게는 조선의 재상들 중 다섯 손가락 안에 들어가는 명재상 중 한 명으로 평가된다.

판서 오상吳祥이 북경으로 사신가는 길에, 이준경이 세상을 떴다는 부음을 전해 듣고 눈물을 흘리며 시를 지어 슬픔을 가누려 하였다.

功在宗社澤在民 공적은 나라에 남고 은혜는 백성에 끼쳤으니,
能全終始獨斯人 끝내 온전한 인물은 홀로 이분 뿐이었네
不待百年公議定 백년도 못가서 여러 의론이 정해질 것을
是非何累地中身 시비소리 어찌 땅속의 몸에까지 미칠소냐

또 이수광이 쓴 지봉유설에 "이준경은 노성老成한 체통과 몸가짐 때문에 후배들과 맞지 않은 점이 있어 당시 사람들에게 거슬리는 경우가 많았다. 죽은 뒤에도 헐뜯는 말이 그치지 않았는데, 지금 재상으로서의 업

적을 말하면 이준경이 제일이라 한다." 라는 기록을 남기고 있다.

이준경은 재물욕이 없어 청백리에 뽑혔고, 동고유고·조선풍속이라는 저서를 남겼다. 충정공忠正으로 시호가 내려지고, 후에 선조의 묘정에 배향 된 이준경의 묘소는, 경기도 양평군 양서면 부용리에 있고, 영의정 노수신이 지은 신도비가 있다.

[승진과정]

1519년[21세] 중종 14년 12월 기묘사화
1522년[24세] 중종 17년 사마시 합격, 성균관 입학
1531년[33세] 중종 26년 식년시 문과 을과 급제, 사관
1532년[34세] 중종 27년 1월 김안로와 허항 등의 미움을 사 파직되었다.
1533년[35세] 중종 28년 4월 홍문관 저작, 12월 승정원 주서,
　　　　　　　 홍문관 저작·박사, 부수찬, 이연경의 사촌으로 파직
1537년[39세] 중종 32년 문학·필선·장령·교리·군기시 첨정·응교·보덕을 두루 역임.
1538년[40세] 중종 33년 1월 홍문관 부수찬
1540년[42세] 중종 35년 3월 사헌부 장령, 5월 홍문관 부교리, 10월 응교
1541년[43세] 중종 36년 3월 홍문관 직제학, 9월 부제학으로 발탁
1542년[44세] 중종 37년 10월 승정원 동부승지
1543년[45세] 중종 38년 9월 재직자 중시에 장원으로 뽑혀 품계를 1등급을 더하였다.
1544년[46세] 중종 39년 성균관 대사성
1545년[47세] 인종 1년 2월 중국 명나라 책봉 사신으로 다녀오다.
1445년[47세] 명종 즉위년 7월 형조참판, 8월 평안도 관찰사, 을사사화
1548년[50세] 명종 3년 7월 특지로 자헌대부 병조판서
1549년[51세] 명종 4년 11월 사헌부 대사헌
1550년[52세] 명종 5년 1월 한성부 판윤, 2월 사헌부 대사헌,
　　　　　　　 3월 지중추부사, 5월 사헌부 대사헌, 5월 15일 삭탈 관직
1551년[53세] 명종 6년 11월 공론에 따라 직첩을 돌려받다. 12월 지중추부사 겸 도총관
1552년[54세] 명종 7년 3월 형조판서, 7월 함경도 순변사, 10월 대사헌
1553년[55세] 명종 8년 2월 병조판서
1554년[56세] 명종 9년 2월 이조판서
1555년[57세] 명종 10년 5월 지중추부사 겸 전라도 도순찰사. 10월 숭정대부로 승급,
　　　　　　　 우찬성으로 발탁, 윤 11월 특명으로 병조판서를 겸임
1558년[60세] 명종 13년 5월 좌찬성, 11월 우의정
1560년[62세] 명종 15년 6월 좌의정 세자부 겸직
1564년[66세] 명종 19년 4월 14일 좌의정 사직
1564년[66세] 명종 19년 4월 판중추부사, 5월 영중추부사
1565년[67세] 명종 20년 8월 10일 영의정
1569년[71세] 선조 2년 사직 상소문을 올린 것이 백 번 이상이었다.
1571년[73세] 선조 4년 5월 28일 영의정 사임, 영중추부사
1572년[74세] 선조 5년 7월 7일 이준경이 죽다.

선조
시대
1

60. 권철權轍
권율 장군의 아버지

생몰년도	1503년(연산 9) ~ 1578년(선조11) [76세]
영의정 재직기간	1차 (1571.5.1~1573.2.1) 2차 (1573.3.22~1573.9.15)
	3차 (1574.9.11~1575.7.1) 4차 (1576.8.18.~1578.8.1)(총 4년 9개월)
본관	안동安東
자	경유景由
호	쌍취헌雙翠軒
시호	강정康定
공훈	광국 원종 1등 공신
묘소	경기도 양주군 장흥면 석현리
기타	권율장군의 아버지, 척화파 김상용과 영의정 이항복의 처 할아버지
증조부	권마權摩 – 연천현감
조부	권교權僑 – 양근군수
부	권적權勣 – 강화부사
모	안탁의 딸
부인	창녕 조씨
장남	권항權恒 – 광흥창 수
손자	권인경權仁慶 – 도총부 도사
손자	권신경權信慶 – 성균관 유생
2 남	권개權愷 – 호조좌랑
손녀	김상용에게 출가
3 남	권순權恂 – 동지중추부사
손자	권진경權晉慶 – 황해병마사
손자	권이경權履慶 – 금성현령
손자	권익경權益慶 – 평시서령
4 남	권율權慄 – 도원수, 증 영의정
손녀	이항복에게 출가

권율 장군의 아버지로 공평무사했던 인물

권철의 자는 경유景由이고 호는 쌍취헌雙翠軒으로 본관은 안동이다. 권씨의 성을 하사받은 것은 태사 권행으로부터 시작되었는데, 그 사실이 국사에 기록되어 있다. 후에 문충공 권근에 이르러 문학으로 세상에 널리 알려졌고, 아들 권제도 아버지와 같이 벼슬이 찬성에 이르렀는데, 이들이 권철의 5대조와 4대조이다. 권철의 증조부는 연천 현감을 지낸 권마이고, 조부는 양근 군수를 지낸 권교이며, 아버지는 강화 부사를 지낸 권적이다. 어머니는 순흥 안씨인데 충좌위 부사과 안탁의 딸로 1503년 연산 9년에 권철을 낳았다.

1528년[26세] 중종 23년에 진사가 되고, 1534년[32세] 식년시 문과에 을과로 급제하여, 성균관을 거쳐 예문관 검열이 되었는데, 당시 좌의정 김안로의 잘못을 직필하였다가 미움을 사 좌천되었다. 그 뒤 김안로가 사사되자 복직되어 저작·박사 겸 시강원 설서를 거쳐 1539년[37세] 홍문관 수찬으로 승진하였다.

이후 1547년[45세] 명종 2년까지 병조 좌랑·이조 좌랑·이조 정랑·병조 정랑·형조 정랑·직강·교리·지평·헌납 등을 역임하였다. 1550년[48세]에 승문원 판교를 거쳐 승정원 동부승지에 승진하였으며, 2년 뒤에는 도승지가 되었고, 1556년[54세] 형조판서가 되었다.

이때 호남의 신중新中에 왜구가 침범하자 관찰사 겸 도순찰사가 되어 변경을 평정하였다. 1558년[56세] 명나라의 책세자 사신이 올 때 원접사가 되었으며, 이어 우찬성을 역임하고, 1566년[64세]에는 영의정 윤원형이 죄를 얻어 물러나자 우의정이 되었다.

1567년[65세] 선조 즉위년에는 좌의정, 1571년[69세]에는 영의정에 올랐다. 작은 관직에 있을 때부터 몸가짐이 신중하여 일찍부터 재상의 중망이 있었다고 하며, 비록 출중한 재기는 없었으나 청신하게 법을 지켜 감히 허물하지 못하였으며, 많은 사람들이 복상福相이라고 칭송하였다. 시호는 강정康定이다.

권철은 권율 장군의 아버지이다. 영의정을 지낸 권철보다 임진왜란 때 도원수를 지낸 권율 장군이 더 유명해진 것은 지위보다는 국가에 대한 공헌도가 누가 더 높나에 따라 평가되어진 결과이다.

'사람은 죽어서 이름을 남기고 호랑이는 죽어서 가죽을 남긴다' 는 속담에 따라 이름을 남기기 위해 수단과 방법을 불사하고 목숨을 걸고 권력다툼을 벌였던 수많은 권세가들이 악명과 오명, 흉명을 남긴 채 죽어간 인물들이 얼마나 많았던가.

권철은 선조 때 영의정을 네 번이나 하였다. 묘비명에는 왕이 하사하는 시호가 52년이나 지난 뒤 내려졌다고 기록하고 있으나 실록에는 선조 24년(1591년) 종계변무의 공으로 공훈을 추증할 때 이미 시호가 강정康定으로 내려져 있음을 서술하고 있다.

권철은 낮고 작은 관직에 있을 때부터 몸가짐이 신중하여, 일찍부터 재상이 될 인물로 손꼽혔다. 비록 출중한 재기는 없었으나 청신하게 법도를 지켜, 감히 누구도 트집을 잡지 못하였고, 세상 사람들이 복상福相이라 칭송하였고, 혹은 거공鉅公이라 했다. 복상은 후덕하고 복스러운 얼굴이란 뜻이고, 거공은 큰 인물이라는 뜻이었다.

재직 중 이조판서와 병조판서 등 문무의 인사권을 가졌지만 특별히 언관들의 상소를 받은 적이 없었고, 불공정한 인사로 인해 적을 만든 기록도 없다. 다만 1561년 형조판서에 제수되었을 때 사관이, '이양에게 빌붙어 사람들이 더러운 인간이라고 침을 뱉었다'는 기록을 남기고 있으나, 사후에 기록한 실록의 졸기에는 비교적 좋은 평을 남기고 있다.

젊어서는 권력에 아부하지 않았고, 권력을 잡았을 땐 치부하지 않고 공정한 업무 수행을 한 결과 좋은 평가를 남긴 것이다.

권철의 차남 권개의 사위가 병자호란 때 척화파의 선봉이었던 좌의정 김상용이었고, 권철의 막내 아들 권율은 아들을 두지 못하고 딸만 두었는데, 사위가 임진왜란에 큰 공을 세워 이름을 떨친 영의정 이항복이었다. 권율은 조카 권익경을 양자로 맞이하여 뒤를 이었다. 이리하여 권철은 외손자 사위에 판서·좌의정·영의정 등 공경대부를 여럿 둔 복 많은 재상이 된 셈이다.

권철의 졸기

1578년[76세] 선조 11년 8월 1일 영의정 권철의 졸기

영의정 권철이 졸하였다. 권철은 작은 벼슬자리에 있을 때부터 정성스럽고 부지런하게 직무를 수행해 왔으므로 이미 재상의 물망이 있었다. 중년에 진복창에게 미움을 받아 여러 해 동안 진로가 막혔었는데 진복창이 패망하자 다시 등용되어 중앙과 지방의 관직을 두루 역임하였으며 정승으로 들어오자 이준경·홍섬·박순·노수신 등과 마음을 같이하여 보좌하였다. 어떤 때는 체직되기도 하고 어떤 때는 복직되기도 한 것이 무릇 13년이었다. 당시에 중앙과 지방이 무사하였고 조정이 잘 다스려졌다고 일컬어 졌었다. 비록 건의하여 밝힌 것은 없었지만 신중하게 법을 지켰으므로 사람들이 감히 그의 흠을 논하지 않았고 복 있는 정승이라고 일컬었다. 그의 아들 권율도 명신이었다.

1591년 선조 24년 종계변무가 성사되자 권철은 광국 원종공신 1등에 특별히 추서되었다

[승진과정]

1528년[26세] 중종 23년 진사
1534년[32세] 중종 29년 식년시 문과 을과 합격, 성균관에 예속되었다가 한림으로 선
　　　　　　　발되었다.
1537년[35세] 중종 32년 김안로의 미움을 받아 벽동에 유배되었다가
　　　　　　　김안로가 처형되자 사관으로 복귀하여 승정원 주서,
　　　　　　　홍문관의 저작, 박사, 시강원 설서 겸직
1539년[37세]~1547년[45세] 홍문관 수찬, 병조좌랑, 이조좌랑, 병조정랑,
　　　　　　　형조정랑, 성균관 직강, 홍문관 교리, 사헌부 지평, 사간원
　　　　　　　헌납, 군기시 부정, 선공감 부정, 사섬시 부정, 장악원 정,
　　　　　　　사복시 정, 문학, 필선, 의정부 검상, 사인을 거쳤다.
1550년[48세] 명종 5년 승문원 판교, 5월 동부승지, 11월 우부승지
1551년[49세] 명종 6년 4월 좌부승지, 9월 좌승지
1552년[50세] 명종 7년 6월 도승지로 승진
1553년[51세] 명종 8년 윤 3월 병조참의
1554년[52세] 명종 9년 8월 호조참의, 8월 30일 경상도 관찰사
1555년[53세] 명종 10년 11월 도승지
1556년[54세] 명종 11년 5월 형조판서로 발탁,
　　　　　　　8월 전라도 관찰사 겸 도순찰사
1557년[55세] 명종 12년 10월 지중추부사
1558년[56세] 명종 13년 중국 사신 원접사, 8월 병조판서
1560년[58세] 명종 15년 7월 병조판서
1561년[59세] 명종 16년 6월 형조판서
1562년[60세] 명종 17년 2월 의정부 우찬성
1563년[61세] 명종 18년 3월 좌찬성, 8월 이조판서
1564년[62세] 명종 19년 7월 우찬성
1565년[63세] 명종 20년 2월 병조판서
1566년[64세] 명종 21년 1월 우의정
1567년[65세] 명종 22년 명나라 황제 등극 진하사, 명종승하
1567년[65세] 선조즉위년 10월 좌의정
1571년[69세] 선조 4년 5월 1일 영의정
1573년[71세] 선조 6년 2월 1일 영의정 면직, 영부사, 5월 1일 영의정
　　　　　　　9월 15일 병으로 면직

1574년[72세] 선조 7년 9월 11일 영의정
1575년[73세] 선조 8년 7월 1일 영의정 면직
1576년[74세] 선조 9년 8월 18일 영의정
1578년[76세] 선조 11년 7월 10일 개성부 유수가 외국인 여자를 발견했다고 아뢰다

> 개성부 유수의 상소장에, "본 개성부의 남부 안에서 한 여자를 발견했는
> 데 의복의 제도와 머리한 모습은 우리나라 사람과 아주 비슷하나 말은
> 전혀 달랐습니다. 그러나 본부에는 통역관이 없어 이름과 거주지를 자세
> 히 물어볼 길이 없으므로 올려 보냅니다." 하였는데, 명하기를, "속히 자세
> 히 물어서 아뢰라." 하였다.

1578년[76세] 선조 11년 8월 1일 영의정 권철이 죽다.
1591년 선조 24년 종계변무가 성사되자 권철은 광국 원종공신 1등에 특별히 추서되었
다.

61. 이탁 李鐸

청렴강직하며 공평무사한 공직자

생몰년도	1509년(중종 4) ~ 1576년(선조 9) [68세]
영의정 재직기간	(1573.9.21~1574.4.11) (7개월)
본관	전의全義, 지금의 충남 연기
자	선명善鳴
호	약봉藥峰
시호	정숙貞肅
묘소	경기도 양주군 남면 신산리
신도비	우의정 심수경이 지었다.
배향	선조 묘정에 배향
기타	청렴 강직하며 공평무사한 공직자

증조부	이굉식李宏植 – 구례 현감
조부	이맹희李孟禧 – 광양 현감
부	이창형李昌亨 – 신천 군수
모	제용감 첨정 박유의 딸
처	이종번李宗蕃의 딸
장남	이해수李海壽 – 도승지
2 남	이회수李淮壽 – 충청 수사
3 남	이명수李溟壽
사위	김갑생金甲生 – 영천 군수

청렴 강직하며 예의 발랐던 원칙주의자

이탁의 자는 선명善鳴이고, 호는 약봉藥峰으로 본관은 전의이다. 증조부는 구례 현감을 지낸 이굉식이고, 조부는 광양 현감을 지낸 이맹희이며, 아버지는 신천 군수를 지낸 이창형이다. 어머니는 제용감 첨정 박유의 딸이다.

이탁은 1531년[23세] 진사시에 합격하고 1535년[27세] 중종 30년에 별시 문과에 급제하여 권지 부정자로 벼슬을 시작하였다. 이후 예문관 검열과 승정원 주서를 거쳤는데 1536년[28세]에 부친상, 1538년[30세]에 모친상을 연이어 당하여 5년간 여묘살이를 하였다. 1541년[33세] 상례를 마치고 승문원 박사로 복귀하여 성균관 전적, 공조 및 예조좌랑, 사간원 정언, 형조정랑, 병조정랑, 이조정랑 등의 요직을 두루 거치며 1547년 의정부 사인이 되었다.

1548년[39세]에 사헌부 집의로 승진하였는데, 대사헌 구수담이 이기의 탐학하고 방종함을 탄핵하려고 이탁과 의논하니, 이탁이 그 계획이 옳다고 여겨 협력하였는데 곧 사재감 첨정으로 좌천되었다. 그후 홍문관 교리로 옮겼다가 응교로 승진하였는데 어떤 일로 파직되었다.

1551년[42세]에 종부시 정으로 승진되어 춘추관 편수관을 겸임하다가 홍문관 전한으로 옮겨 다시 직제학으로 전임되었다. 1552년에는 승정원 동부승지로 승진하더니 첨지 중추부사로 옮겼으며 1553년[44세] 명종 8년에 진헌사로 북경에 갔는데 청렴하고 신근함으로 몸을 조심하였으므로 행낭이 쓸쓸하니, 수종자가 두려워서 조용히 있고 법을 범하지 못했다.

어느 역의 관사에 들러 하룻밤을 쉬어가게 되었는데 관의 사람이 말하기를 "이 집에는 요괴가 나타나는 일이 있으므로 사신들이 이 집에서 묵지 아니한다"고 하였지만, 이탁은 굳이 그 집에서 자겠다고 하였다. 그날 밤에 우연히 곽란이 일어나서 매우 고생을 하게 되매 따르던 사람이 요괴의 장난이나 아닌가 의심하여 다른 집으로 옮기기를 청하였으나 이탁은 고집하여 듣지 아니하였다. 그 후로는 이 집에 요괴가 나온다는 말이 없어졌다. 진헌사는 지방의 특산물을 모아 명나라에 공물로 갖다 주고 답례품을 받아오는 연례 외교사절이었다.

그해 가을에 홍문관 부제학으로 옮겼는데, 그 무렵에 윤원형이 정난정의 품계를 올려 처로 삼고 서얼의 청요직 진출을 허락하는 논의를 일으키니 대사헌 윤춘년이 이 일에 동조하여 누구도 감히 말하려는 사람이 없었는데 이탁이 상소를 올려 그 잘못을 논평하였다.

1554년[45세] 좌부승지가 되었고, 그해에 왜구가 달량을 함락시키니 서울 사람들이 크게 놀라고 두려워하였는데, 문서와 장부 등을 전부 이탁에게 위임하여 출납하게 하였더니 조금도 틀리는 것이 없었다. 이듬해 도승지가 되었고, 이어 공조참의, 이조참의, 예조 참의가 되었는데 사관이 이탁은 사람됨이 강직하고 총명하였다고 기록하고 있다.

1559년[51세] 황해도에 임꺽정 무리가 극성을 부리자 특명으로 이탁을 관찰사로 삼았다. 이탁이 경내에 들어가서는 도적을 체포하는 데에만 일삼지 않고 민심을 수습하는 데도 힘썼는데, 일 년이 채 되지 못하여 병으로 동지중추부사로 전보되었다. 1562년[54세]에 다시 청홍도 관찰사가 되어 외직으로 나갔다.

이때 이양이 권력을 잡아 정사를 좌지우지하자, 이탁이 웃으며 동료에게 이르기를, "그대와 나 같은 사람은 권세 있는 집을 모르니 불행한 일이다" 라고 말하였다. 어떤 사람이 묻기를 "이양의 집 근처에만 가도 몸이 뜨거워진다는데 공은 어찌 한 번도 가지 아니하니 너무 멀리하는 것이 아닌가?" 한즉, 이탁이 웃으면서 말하기를 "나처럼 늙고 병든 몸이 어찌 얼마 전까지 낭속으로 있던 자에게 굽신거릴 수 있겠는가"

라고 하더니, 1563년에 이양이 실권하였다.

1565년[57세] 명종 20년에 사헌부 대사헌이 되었다. 이때 사관의 평은 "권세를 두려워하지 않고 가정생활이 간소하였다. 평상시의 담소談笑는 비록 모남이 없는 듯하였으나 국사를 논하게 되어서는 의지가 굳세고 강직하여 흔들리지 않는 지조가 있었다. 윤원형을 탄핵하여 관직 삭탈하고 귀양을 보냈다." 고 기록하고 있다.

1565년 윤원형의 죄가 정도에 넘치고 악행이 극도에 이르러 공론으로 비난하는 소리가 빗발치듯 하였다. 이탁이 대사헌으로 있으면서 대사간 박순과 더불어 동료들을 거느리고 합문에 엎드려 윤원형을 멀리 귀양보낼 것을 청하자 삼공도 들고 일어나서 온 조정이 한결같이 탄핵하니 주상께서 윤원형의 관작을 빼앗고 그의 고향으로 추방하였다. 윤원형의 노복 한 사람이 주인의 세력을 믿고 백성을 해친 자가 있어 사헌부에서 잡아다가 매질하여 죽였다. 권간이 몰락함에 따라 그 집에 출입하던 자들이 대부분 불안해하는 것을 보고 이탁이 말하기를 "그들이 한 번 서로 알고 지냈다고 하여 어찌 모두 윤원형의 당류이겠는가. 다만 그 무리 중에서도 심하던 자만을 다스려야 할 것이다" 라고 하여, 그 생각하는 것이 현실을 수습하는 방향으로 온건하니 모두 그 도량에 감복하였다.

1565년 12월 임금의 특명으로 자헌대부 공조판서로 승진하였다. 이듬해 호조판서가 되었는데 사관이 기록하기를 "기상이 의연하고 청탁이 번거롭지 않으므로 조정이 믿고 의지하였다." 고 하고 있다. 1567년 예조판서로 자리를 옮겼다.

명나라 목종 황제가 등극하자 중국 사신 검토관 허국과 급사중 위시량이 입국하였다. 명종이 승하하고 선조가 권지국사[46]로서 사신을 맞게 되었는데, 허국과 위시량 두 사신은 다 예禮를 아는 자들이었다. 이에 문례관에게 일러 말하기를, "권지국사가

---

46) 아직 왕호王號를 인정받지 못하는 동안에 사용한 왕의 칭호

아직 황제의 명을 받아 왕이 되지 못했으니, 마땅히 군신들과 복장이 같다." 하였다. 일이 변례[47]로 나옴에 전례가 없어서 복식을 정하지 못했는데, 이탁이 세자의 칠장복으로 보고를 하니 사신이 허락하였다. 또 말하기를, "사신을 맞을 때에 가마를 타는 것은 마땅하지 않다." 하니, 온 조정이 걱정하고 있었는데, 이탁이 말을 잘하여 그들의 허락을 받아냈다. 영의정 이준경이 감탄하기를, "이탁이 큰일을 당하여 추진력이 뛰어나니, 따라잡지 못하겠다." 하였다.

이때를 두고 사관은 말하기를 재덕이 뛰어나고 훌륭하여 세상의 추중을 받았다. 사람을 대우하는 데 너그럽고 온화하였으나 사람들이 다 경외하였고, 일을 다스리는데 간략하였으나 일마다 다 처리되었다. 전번 권간을 제거할 때 그의 힘이 매우 컸다고 하고 있다.

1568년[60세]에 병조판서를 거쳐 이조판서에 제수되었다. 이 무렵에 권간들이 정치 질서를 휘저어놓아 벼슬길이 혼탁하여졌으므로 이탁이 오래 쌓인 폐단을 시정하기로 결심하고 전형과 인선은 오로지 공론을 따랐고, 재질과 덕행이 있는 선비들을 추천토록 하여 과거로 시험을 거쳤거나 아니거나를 물론하고 모두 벼슬자리에 등용하니 경험과 식견이 있는 사람들이 옳은 일이라고 하였다. 시속에 편승하는 무리들은 불평을 말하며 새로운 제도를 비난하니 이탁이 말하기를 "이렇게 하지 아니하고서는 고질화된 폐습을 뿌리 뽑을 수 없다"고 하였다. 이로부터 이름 있는 선비가 밑으로 처지는 일이 없어지고 모든 관직에 적임자를 얻게 되니 근세에 있어 전선[48]을 맡은 책임을 훌륭히 완수한 이는 이탁보다 나은 사람이 없었으며 선비들의 촉망이 더욱 무거워졌다. 다음 해에 사임하여 자리가 바뀌어 판중추를 거쳐 다시 병조판서로 제수되니 이탁은 계속하여 정무를 담당할 생각이 없어 사임하니 자리가 바뀌어 지돈녕부사가 되었다.

---

47) 임시방편

48) 사람을 골라 뽑음. 인사부서를 말함

이조판서 재직시 재주가 있고 품행이 뛰어난 자를 시재 여부에 구애받지 말고 모두 벼슬을 줄 수 있도록 하자고 건의하였다. 또한 이조좌랑 정철이 벼슬 후보추천에서 그의 뜻을 어기고 번복하는 일이 많았으나 이를 직언으로 너그러이 받아들였다.

1570년[62세]에도 이조판서에 제수되었는데 사관이 평하기를 "이탁은 명망에 있어서는 박순에 미치지 못하지만 선비를 사랑하고 어진이를 좋아했으며 도량이 넓었다. 그가 인사부서에 있게 되자 공정한 도의를 넓히기에 힘써 정무가 박순 때보다 나았다"고 하고 있다.

1571년[63세]에 의정부 우의정에 올랐다. 이탁이 명을 듣고 스스로 책망하기를, "나와 같은 자도 또한 정승에 이르니, 나랏일이 끝내는 어떻게 될지 모르겠다." 하고, 우려하는 기색이 얼굴에 나타났다. 성은에 사례하고 학술이 없다는 것으로 스스로 겸양을 하여 송나라 장영의 '창생蒼生이 복이 없다'는 말을 인용하며 간곡하게 재삼 사양하였으나 면함을 얻지 못하였다. 그 직책에 나갈 때에 조정에 정공 도감을 설치하여 공물을 방납하는 폐단을 바로잡고자 하였는데, 이탁을 제조로 삼으니 밤낮으로 우려하고 노력하여 잘 개선할 것을 생각하였다. 그러나 임금의 뜻이 개혁을 하려 하지 않았고 중론도 하나가 되지 않아 또한 귀추가 없자, 이탁이 다른 사람에게 일러 말하기를, "선왕의 법은 비록 변경할 수는 없으나, 법이 오래되면 폐단이 생기는 것이니 넘치는 것을 덜어내어 부족한 데에 보태는 일을 하지않으면 안되는데, 지금 옛것을 따르는 데에만 구애되어 변통할 수 없으니 어찌 불에 타는 화를 구제하고 물에 빠진 사람을 건져주는 뜻이겠는가?" 하였다.

이탁은 학문은 부족하나 순후하고, 재능과 풍도가 있는 데다가 선을 좋아하는 국량이 있었기 때문에 여망이 그에게 쏠렸다. 그러나 재상으로 있으면서 조심하며 스스로 법도를 지킬 따름이었다.

1572년[64세] 선조 5년 봄에 질병으로 사임을 청하니 주상께서 사관에게 명하여 돈독히 타이르고 의원을 보내고 약을 내렸으나 병이 더하므로, 사직 상소를 아홉 번을 올리니 임금이 그때야 윤허하였다. 성상의 비답에, "경의 보국하는 마음은 나오고 물러감으로 차이가 있지 않을 것이므로, 이에 사직한 것을 윤허한다." 하였다. 갈고 나서 중추부에 옮기되 판중추부사가 되기도 하고 영중추부사가 되기도 하였다.

1573년[65세] 선조 6년 65세에 영의정에 제수되었다. 당시 근신이 건의하여 조종의 기록에 의하여 과거 출신이 아니라도 학식이 있는 자를 대직(사헌부,사간원)에 참여시키자는 청원이 있자, 임금이 모든 대신과 의논하라고 명을 하니, 이탁이 의논을 드리기를, "제왕이 사람을 쓰는 데는 오직 적합한 사람을 얻는 데 있을 뿐입니다. 어찌 출신이냐 아니냐에 있겠습니까? 진실로 힘써 행하여 실천하며 욕심 없이 조용하게 스스로 지키고 출세를 하는 데 뜻이 없는 자라면 비록 공보(정승)의 자리에 두더라도 괜찮을 터인데, 어찌 다만 대직 뿐이겠습니까? 근래에는 오로지 과거 급제자만으로 사람을 등용하고 있으므로, 재능과 덕망이 있는 사람이 침체되어 드날리지 못한 이가 많습니다.

한 예로 남명 조식과 같은 이는 한때 숨은 인재이었는데 제수하여 임명된 것이 하관 말직에 지나지 않았으므로 끝내 한마디 말도 하지 못한 채 죽었으니, 이는 어진 자가 오지 않는 원인입니다.

지금부터 대관臺官에 출신이 아닌 사람을 참여시켜서 한편으로 조종의 법을 회복하고 한편으로 사람을 등용하는 길을 넓힌다면, 어찌 성상께서 나라를 다스림에 빛남이 있지 않겠습니까?" 하였다.

이때에 서해평의 오랑캐가 우리의 곡식을 거두는 군사를 쫓아내고 막으니 우리 군사가 달아났다. 그러자 의논하는 자들이 군사를 일으켜 그들의 소굴을 끝까지 소탕하여 부끄러움을 씻으려 하니, 이탁이 말하기를, "군사를 일으키고 무리를 동원함에 있어서는 반드시 하늘의 때와 인사를 헤아려서 해야 하므로 경솔하게 일으켜서는 안 됩니다. 지금 천재가 겹으로 나타나고 병력이 완전하지 못하니, 다만 굳게 지킬 뿐이요 군사를 들어 적지에 깊이 들어갈 때가 아닙니다." 하니, 군사를 마침내 발동하지 않았다.

1574년[66세] 선조 7년 봄에 흰 무지개가 해를 꿰뚫는 변이 있자, 임금이 친필을 내려 자책을 하고 여러 대신들의 충언을 구하였다.
임금이 비현각에 납시어 대신과 근신을 만나고 재변에 대해 우려하니,
이탁이 나아가 아뢰기를, "임금이 마땅히 염려하실 것은 하늘을 공경하고 백성에게 부지런히 하는 두 가지 일일 뿐입니다. 삼가 말을 구하는 결재를 보건대 지성에서 나왔으니, 성왕 탕왕의 육책六責[49]은 이보다 더할 것이 없습니다. 옛 사람이 말하기를, '말하기는 어렵지가 않다' 하였

---

49) 육책六責 : 은나라의 성탕成湯이 7년 동안 큰 가뭄이 계속되었을 때에 비를 빌기 위하여 상림(뽕나무숲)에서 여섯 가지 일을 가지고 자책自責하였던 일.

　　−정치에 절제가 없어서 입니까?　　　[政不節與]
　　−백성들이 생업을 잃어서 입니까?　　　[民失職與]
　　−궁전이 화려해서 입니까?　　　[宮室崇與]
　　−여알이 성해서 입니까?　　　[女謁盛與]
　　−뇌물이 행해서 입니까?　　　[菶苴行與]
　　−참소하는 말을 받아 들여서 입니까?[讒夫倡與]

고, 또 말하기를, '하늘을 공경하는 것은 진실로써 하는 것이고 겉치레로 하는 것이 아니다.' 하였는데, 진실로 끝까지 지성으로 하고 조금도 사정과 허위가 그 사이에 끼어듦이 없다면 하늘을 공경하고 백성을 위해 부지런히 하는 것이 그 진실을 다하는 것입니다.

송 나라 학자 장식이 말하기를, '임금은 푸르고 푸른 허공으로 하늘을 삼아서는 안되고 마땅히 염려하는 사이에서 찾아야 합니다. 한 생각이 겨우 옳지 않으면 문득 상제가 진노한다.' 하였습니다. 이것으로써 재난과 임금의 한 생각에서 말미암음을 볼 수 있으니, 두렵지 않을 수 있겠습니까? 이것을 생각하고 이것에 힘을 써서 조금도 소홀함이 없게 하소서." 하였다.

1574년[66세] 4월에 전 영의정 홍섬이 다시 영의정이 되자 좌의정으로 밀려났는데, 이 해 스물여섯 번이나 사직 상소를 올린 끝에 사직을 허락받았다.

1576년[68세] 선조 9년 1월 9일 68세로 판중추부사 이탁이 세상을 떠났다.

– 출처 : 국역 국조인물고, 이탁, 세종대왕 기념사업회–

이탁의 졸기

1576년[68세] 선조 9년 1월 9일 판중추부사 이탁의 졸기

판중추부사 이탁이 졸하였다.

이탁은 마음 씀이 정대하고 도량이 웅위하였으며 성심으로 어진 이를 좋아하고 선비를 사랑하였다. 평생 조정에 있으면서 대의에 입각하여 간신을 탄핵하였으므로 늠연히 곧은 신하의 절개가 있었으며, 맑고 높은 지조도 일세의 으뜸이 되기에 충분하였다. 재기와 능력도 출중하여 인사부서의 장관으로 있을 적에는 사람들이 모두 그의 공정하고 청렴함에 감복하였고 삼공으로 있을 적에는 태산 같은 인망이 있었는데, 갑자기 병으로 졸하였으므로 탄식하지 않는 이가 없었다. 시호는 정숙定肅이다.

이탁은 덕이 많고 지극히 청렴한 학자·문장가로서 이름이 높았다.

이탁은 세 아들이 있었는데, 장자 이해수는 대사성을 거쳐 부제학에 이르렀고, 차남 이회수는 충청수사, 3남 이명수도 대사성을 지냈다. 이탁의 손자로 이권이 있었는데, 그는 이회수의 아들로 인품이 무사 공평하여 인조 때 첨지 중추부사에 이르렀고 죽은 뒤 우의정에 추증되었다. 이권의 아들로 이탁의 증손이 되는 이성신은 광해군 때 인목대비 폐출을 극력 반대한 유생들의 우두머리로, 인조 때 동부승지에 오르고 죽은 뒤 영의정에 추증되었다.

[승진과정]

1531년[23세] 중종 26년 진사시 합격

1535년[27세] 중종 30년 별시 문과 병과 급제, 권지부정자, 저작,
　　　　　　예문관 검열, 승문원 주서

1536년[28세] 중종 31년 부친상

1538년[30세] 중종 33년 모친상

1541년[33세] 중종 36년 상례를 마치고 승문원 박사, 성균관 전적,
　　　　　　승문원 교검, 공조·예조·병조 좌랑, 사간원 정언

1542년[34세] 중종 37년 5월 사간원 정언

1543년[35세] 중종 38년 11월 정언

1544년[36세] 중종 39년 형조정랑, 성균관 직강·병조정랑·사헌부 지평

1545년[37세] 명종 즉위년 예조 정랑, 대동도 찰방, 병조정랑

1546년[37세] 명종 1년 3월 이조정랑

1547년[38세] 명종 2년 4월 의정부 검상, 5월 사인

1548년[39세] 명종 3년 1월 사헌부 집의, 7월 사재감 첨정에 좌천,
　　　　　　7월 홍문관 교리

1549년[40세] 명종 4년 3월 응교, 파직, 성균관 학관, 종부시 첨정

1551년[42세] 명종 6년 춘추관 편수관, 4월 홍문관 전한, 9월 직제학

1552년[43세] 명종 7년 2월 승정원 동부승지, 첨지중추부사

1553년[44세] 명종 8년에 진헌사로 북경에 다녀오다.
　　　　　　가을에 홍문관 부제학

1554년[45세] 명종 9년 2월 승정원 좌부승지

1555년[46세] 명종 10년 좌승지, 7월 도승지, 윤 11월 5일 공조참의,
　　　　　　윤 11월 7일 이조참의

1556년[47세] 명종 11년 7월 예조참의, 9월 홍문관 부제학

1557년[48세] 명종 12년 2월 장례원 판결사, 8월 공조참의,
　　　　　　10월 대사간 11월 9일 이조참의, 11월 13일 도승지

1558년[50세] 명종 13년 5월 용양위 호위군, 12월 한성부 우윤

1559년[51세] 명종 14년 2월 도승지, 3월 황해도 관찰사.

1561년[53세] 명종 16년 1월 동지중추부사, 11월 공조참판

1562년[54세] 명종 17년 8월 청홍도 관찰사.

1563년[55세] 명종 18년 9월 이조참판·대사간·부제학,
　　　　　　11월 사헌부 대사헌 겸 성균관 동지, 도총관

1565년[57세] 명종 20년 1월 사헌부 대사헌, 3월 공조참판, 5월 대사헌
1565년[57세] 명종 20년 윤원형을 귀양 보낼 것을 청하다.
            10월 이조참판, 12월 특명으로 자헌대부 공조판서로 승진
1566년[58세] 명종 21년 1월 호조판서. 8월 한성 판윤, 9월 지중추부사,
            10월 공조판서, 윤 10월 지중추부사
1567년[59세] 명종 22년 1월 예조판서, 2월 사헌부 대사헌,
            2월 지중추부사, 3월 예조판서
1568년[60세] 선조 1년 1월 병조판서, 2월 이조판서, 4월 우찬성,
            4월 이조판서
1570년[62세] 선조 3년 1월 이조판서
1571년[63세] 선조 4년 5월 대광보국 숭록대부 의정부 우의정
            겸 영경연 감춘추관사
1572년[64세] 선조 5년 병으로 면직, 판중추부사, 영중추부사
1573년[65세] 선조 6년 2월 판중추부사, 9월에 영의정
            겸 영경연 홍문관 예문관 춘추관 관상감사
1574년[66세] 선조 7년 4월 11일 좌의정.
            이듬해 전 영의정 홍섬이 다시 영의정이 되자
            좌의정으로 밀려났으며, 이 해 스물여섯 번이나
            사직 상소를 올린 끝에 사직을 허락받았다.
1574년[66세] 선조 7년 7월 1일 병으로 좌의정 사직 7월 판중추부사
1576년[68세] 선조 9년 1월 9일 판중추부사 이탁이 죽다.

62. 홍섬洪暹
3대 영의정 가문을 이루다

생몰년도	1504년(연산군 10) ~ 1585년(선조 18) [82세]
영의정 재직기간	1차 (1574.4.11~1576.8.1) 2차 (1578.11.1.~1579.2.1)
	(총 2년 6개월)
본관	남양
자	퇴지退之
호	인재忍齋
시호	경헌景憲
공훈	광국원종공신 1등에 추서
배향	남양의 안곡사에 제향
기타	아버지 영의정 홍언필, 외조부 영의정 송질, 본인 영의정.
	3대가 영의정 출신
증조부	홍귀해洪貴海 – 수군절도사, 좌찬성
조부	홍형洪洞 – 우부승지
부	홍언필 – 영의정
모	영의정 송질宋軼의 딸
전처	유홍柳泓의 딸
후처	청주 한씨 – 한확의 6대손 한자韓慈의 딸
아들	홍기영洪耆英 – 장악원 첨정
며느리	풍산 심씨 – 심수경의 딸
손자	홍경소洪敬紹
손자	홍경철洪敬哲
손자	홍경찬洪敬纘
딸	하원군 이정에게 출가
서자	홍기년洪耆年 – 천문교수
서자	홍기수洪耆壽 – 관상감 정
서자	홍기형洪耆亨 – 관상감 정
외조부	송질 – 영의정

영의정의 아들에 영의정의 외손

홍섬의 자는 퇴지退之이고, 호는 인재忍齋이며 본관은 남양이다. 증조부는 수군절도사를 역임한 홍귀해이고, 조부는 우부승지를 지낸 홍형이며, 아버지 홍언필은 영의정을 지냈다. 아버지 홍언필이 영의정 송질의 딸에게 장가들어 1504년 연산 10년 9월에 홍섬을 낳았다. 어머니는 중종 때 영의정 송질의 딸이었으니, 홍섬은 영의정의 외손자에 영의정의 아들로 세간의 주목을 받았다.

어머니 송씨는 영의정의 딸에 영의정의 아내가 되어 영의정의 아들을 낳으니, '세상에서 가장 권력이 높고 부러울 게 없는 여성'으로, 궁중의 왕후도 송씨를 자못 존경하였다고 한다.

조선 시대에서 영의정으로 명망있는 이름을 남기려면 청렴결백해야 하고, 관직생활 동안 공명정대해야 했다. 영의정까지 오르는 동안 6조 판서를 거치며 이조와 병조판서를 거치게 되는데 그때의 처신이 어떠했느냐에 따라 사관의 평가가 달라진다. 윗사람으로서 하급 관리들이 어려움에 처했을 때 얼마나 정의롭게 행동했느냐도 그 기준에 속했다. 왕조실록에는 개개인의 업무태도와 능력과 대인관계 등을 당시의 사초 담당자들이 기록해 두었고, 실록 편찬시 사관들이 다시 가감하여 서술하였다.

홍섬은 1528년 중종 23년 25세에 사마시에 합격하여 생원이 되고 1531년[28세] 식년시 문과에 병과로 급제하여 11월에 홍문관 정자로 벼슬을 시작하였다. 시강원 설서, 홍문관 저작, 사간원 정언, 홍문관 부수찬을 거치며 1535년[32세] 이조좌랑이 되었는데, 홍섬이 평소 알고 지내던 자에게 김안로에 대해 잘못된 점을 이야기했더니 김안로의 측근 허항이 무고로 죄를 얽어 신문을 당한 후 흥양현으로 유배되었다.

1537년[34세] 김안로가 사사된 뒤 3년 만에 석방되어 복직하였는데 이후 홍문관 수찬, 사헌부 지평, 홍문관 교리·전한, 사헌부 장령·집의, 홍문관 직제학 등의 요직을 차례대로 거쳤고, 1541년[38세]에 대사간, 대사성, 이조참의를 지낸 뒤 1542년[39세] 도승지에 올랐다. 1543년 10월에 특별히 가선대부로 승급하여 경기관찰사를 거쳐, 1546년[43세] 대사헌이 되었다.

이때 문정 왕후의 수렴청정이 정해져 명종이 주렴 안에 앉자 홍섬이 아뢰기를, "임금은 마땅히 바른 자리에서 남쪽을 향해야 모든 사람들이 볼 수가 있습니다. 그런데 지금 대비께서 주렴 안에 계시어, 전하께서 혹시라도 북쪽을 향해 앉지는 않겠지만, 마땅히 주렴 밖으로 나오셔서 여러 신하들을 대하소서." 하니, 즉시 윤허하였다.

1549년[46세] 부친상을 당하여 3년간 여묘살이를 하였고, 1551년[48세] 한성판윤이 되었다. 이듬해 명종 7년에 임금이 청렴 근면한 신하를 뽑으라고 명하니, 모두 홍섬의 이름을 거론하여, 청백리에 뽑혀 대궐 뜰에서 연회를 베풀어 주었다. 1558년[55세] 이조판서가 되었는데 홍문관과 예문관의 대제학을 겸직하였다. 1560년[57세] 명종 15년에는 특별히 좌찬성에 제수되었다.

가을에 과거시험 별시를 관장하여 문제를 내기를, '역대 왕실 외척과 환관의 화禍를 들라.' 는 주제로 출제를 하였는데, 죄를 꾸미는 자들이 번갈아 읽어서 시류 문제라고 지적하니, 홍섬은 병을 핑계로 문을 닫고 손님을 사절하자 현직을 모두 사직당하였다.

1561년[58세] 명종 18년에 복직하여 판돈녕부사가 되었는데 사관들이 홍섬에 대해 인물을 평하기를 "까다롭게 살피기를 좋아하고 국량이 좁았다. 청렴 근신하게 절조를 지켰고 또 남의 원망을 잘 피하였다. 그러나 재주는 있었다."고 기록하고 있다.

1563년[60세] 명종 20년에 예조판서와 대제학을 겸하였는데 이때의 사정을 다음과 같이 기술하고 있다.

> 단아한 자품이 있고 글을 좋아하고 행동의 단아함을 일삼았으나, 다만 깊고 넓은 도량이 없었다. 일찍이 대제학을 맡았었는데, 윤원형의 오른팔 이양에게 미움을 받아 사양하고 피하기를 힘써 구했다. 홍섬이 별시 시험관이 되어 선비를 뽑을 적에 '권력을 멋대로 부려 나라를 망하게 했던 역대의 외척과 환관의 화'를 문제의 제목으로 삼은 바 있었다. 이양이 이 때문에 더욱 그를 미워하여 홍섬을 사지에 몰아넣으려고 하였으나, 심강의 구원에 힘입어 화를 면할 수 있었는데 이에 이르러 특명으로 다시 이 직임에 제수된 것이다.

1567년[64세] 명종 22년 3월에 좌찬성 겸 예조판서에 제수되었다. 이때에는 재직 중 몇 번의 좌절로 인하여 변심했음을 서술하고 있다.

> 어버이를 섬기는 데 효를 다하였고 평소에 그 행동이 대쪽같이 엄하였으며 예문을 익숙히 읽었고 또 재능이 많았다. 다만 여러 차례 좌절을 당하였다가 노년에 이르러 궤도를 고쳐 자못 남의 비위를 맞추는 태도가 있었으니 진실로 비루했다. 그리고 그 서자를 먼 친척의 양자로 주어 그 재물을 차지하고 작위로써 보답하였으니 그 노욕을 삼가지 않았음이 너무 심하였다.

6월에 명종이 승하하고 선조가 즉위하였다. 홍섬이 원상으로 승정원에 있었는데 이때 남곤의 죄상을 탄핵하다가 또 다시 파직되었는데 1568년[65세] 명종 23년 4월 1일 우의정에 올랐다.

홍섬이 글을 잘하여 이름은 있었으나 재주와 국량은 없었다. 당시 여망이 이황에게 있었지만 이황이 오지 않기 때문에 홍섬을 재상으로 정한 것이다. 그러나 선비들의 인망은 받지 못하였다.

1573년[70세] 선조 6년 다시 병으로 사양하니 영중추부사로 발령하였다. 이때 모친의 나이가 90세로 고령이었으나 아직도 건강하였는데, 홍섬이 받은 궤장과 하사한 주악으로 영화롭게 해드리니, 보는 자들이 모두 어제 오늘에 없던 일이라고 칭찬하였다.

1575년[72세] 선조 8년 7월에 영의정에 올랐다. 홍섬이 다리에 병을 앓아 잘 걷지 못하자, 임금이 어린 내관에게 명하여 부축하고 출입케 했으니, 항상 이런 우대를 받았다.

1576년[73세] 선조 9년 11월 선임자가 영의정에 제수됨에 따라 좌의정에 발령되었는데 홍섬은 병이 점차 더한 데다가 어머니의 연세가 많은 것으로 사직의 글을 여덟 차례나 올리니, 임금이 어찰을 내려 말하기를,

"경은 원로로 나라의 기둥이며 90세의 편모가 있으니, 특별히 경의 어머니에게 쌀과 콩과 술과 고기를 내려 내가 대신을 후대하는 뜻을 보이노라." 하였다.

홍섬이 병을 참고서 들어가 사은하고 물러 나와 좌의정을 사직하니, 임금이 부득이 처리하였다가 오래지 않아 3월에 다시 좌의정을 임명하고 곧 영의정으로 승진시켰다.

1580년[77세] 선조 13년 모친상을 당하였다.

임금이 승지를 보내 조문하고, 또 도승지를 보내 글을 내리기를, "듣건대 경이 예보

다 지나치게 슬퍼한다고 하는데, 예법에 80세면 자최복齊衰服[50]이 미치지 않는다고 하였다. 더군다나 원로대신은 스스로 경솔히 해서는 안 되니, 경은 마땅히 힘써 예문을 따라 삼가서 여묘살이를 하지 말라."고 하였다. 졸곡[51]에 승지를 보내 육식을 시작하게 하고는 해당 관사로 하여금 매월 술과 고기를 지급하게 했는데, 홍섬이 두 번이나 상소하여 힘껏 사양하였다. 상례 때 쌀과 콩을 하사하고 담제禫祭[52] 때에 또 제물을 하사하였다.

영중추부사 겸 영경연사의 사직을 청하였으나 경연과 봉조청은 윤허하지 않았다. 홍섬은 나이가 많은데다가 어머니를 여의어 슬프게 사모해 마지않은 나머지 기력이 더욱 쇠해져 병세가 침중하여 일어나지 못하니, 향년 82세였다. 임금이 홍섬의 병이 위중하다는 말을 듣고 승지를 보내 하고 싶은 말이 있느냐고 물었는데, 이미 말을 하지 못하였다. 임금이 매우 슬퍼하여 조회를 폐하고 소식을 드셨으며, 부의를 내리고 장례를 치러주는 등의 은전이 특별하였고, 대소인들이 문상하고 길가는 사람들이 애도하였다.

1585년 82세로 홍섬이 졸하였다.

---

50) 아버지상에는 참최복斬衰服을 입고 3년 동안 거상하고, 어머니상에는 자최복齊衰服을 입고 3년 동안 거상한다. 만일 아버지가 살아 있고 어머니가 죽었으면 상기를 단축하여 1년 동안 거상한다. 아버지의 상에는 상복의 아래단을 접지않고(참최복) 대나무 지팡이를 짚고, 어머니의 상에는 상복의 아래단을 접고(자최복) 오동나무나 버드나무 지팡이를 짚는다. 사유는 부모의 상을 당하면 하늘이 무너지고 땅이 꺼지는 듯한 슬픔이기 때문에 3년상을 마치려면 상주의 건강을 해할 수 있기에 지팡이를 짚는데, 대나무는 둥글어서 하늘을 상징함으로 하늘을 상징하는 아버지의 상장으로, 오동나무桐는 소리가 같다는 동同, 버드나무柳는 따위의 류類와 통함으로 그 슬픔이 아버지와 같거나 같은 따위라는 뜻으로 어머니의 상장으로 사용한다. 천원지방天圓地方을 상징하여 대나무는 둥글고 오동나무나 버드나무는 밑둥을 네모나게 깎아서 상장으로 짚는다.

51) 졸곡卒哭 : 상례에서 삼우가 지난 뒤 3개월 안에 강일(天干이 甲·丙·戊·庚·壬에 당하는 날)에 지내는 제사. 졸곡이란 때없이 하던 곡을 마친다는 뜻으로 그 동안 수시로 한 곡을 그치고 아침저녁으로 상식할 때만 곡을 한다.

52) 담제禫祭 : 3년의 상기가 끝난 뒤 상주가 평상으로 되돌아감을 고하는 제례의식. 대상 후 둘째 달에 삼년상을 무사히 마쳤다는 뜻으로 담제를 지내는데, 일자는 정일丁日이 아니면 해일亥日로 한다.
길제吉祭 : 부모상을 탈상한 지 두 달만에 지내는 담제 다음에 지내는 제사.

홍섬의 졸기

영중추부사 홍섬이 졸하였다. 홍섬은 자가 퇴지退之, 호가 인재忍齋이다. 영상 홍언필의 아들로서 일찍부터 글로 이름이 있었고 과거에 장원 급제하였다. 이조좌랑이 되었을 때 김안로가 국사를 제멋대로 하는 데 대해 분개하였는데 그와 같은 무리인 허항許沆의 비위를 건드리는 말을 하였기 때문에 무고를 입고 하옥되어 고문으로 거의 죽을 지경에 이르렀다가 흥양현에 유배되었다. 김안로가 처형되자 석방되어 청요직을 두루 지내고 대제학에 올랐다가 마침내 영의정이 되었다. 조정에서 벼슬한 기간이 50년이나 되었는데 청렴하고 신중한 자세로 공사에만 힘써 칭송받을 만한 점이 많았다. 효행이 독실하여 늙어서도 게을리하지 않았다. 아버지 홍언필이 영의정에 올랐을 때 홍섬이 이미 6조판서의 반열에 올랐었다.

홍섬이 재상이 되었을 때 영의정 송질의 딸인 모친 송씨는 90세의 나이에도 아무런 병이 없었다. 홍섬이 궤장을 하사받고 모친을 모시고 은전을 맞아 잔치를 베푸니 당시 사람들이 모두 부럽게 여겼다. 홍섬이 80이 다 된 나이에 모친상을 당하여 예에 따라 거행했는데 주상이 고기를 먹도록 명하였는데도 여전히 채식을 하면서 상례를 마치자 사람들은 하기 어려운 일이라고 하였다. 이에 이르러 세상을 마치니 향년이 82세였다.

[승진과정]

1528년[25세] 중종 23년 사마시에 합격
1529년[26세] 중종 24년 정시에 장원
1531년[28세] 중종 26년 직부전시, 11월에 홍문관 정자, 시강원 설서
1532년[29세] 중종 27년 1월 홍문관 저작, 2월 홍문관 정자, 5월 저작
1533년[30세] 중종 28년 9월 사간원 정언
1534년[31세] 중종 29년 부수찬, 지제교 겸 사서, 사가독서에 선발,
           사간원 정언
1535년[32세] 중종 30년 이조좌랑, 흥양현 유배
1537년[34세] 중종 32년 3년 만에 석방, 홍문관 수찬, 12월 사헌부 지평
1538년[35세] 중종 33년 8월 홍문관 교리, 응교, 전한, 12월 사헌부 장령
1539년[36세] 중종 34년 6월 사헌부 장령, 11월 홍문관 전한,
           12월 사헌부 집의
1540년[37세] 중종 35년 6월 전한, 10월 직제학, 11월 부제학
1541년[38세] 중종 36년 3월 대간, 대사성, 이조참의
1542년[39세] 중종 37년 2월 우승지, 8월 좌승지, 9월 도승지
1543년[40세] 중종 38년 10월 가선대부, 경기관찰사, 동지중추부사
1544년[41세] 중종 39년 12월 한성부 우윤
1545년[42세] 인종 원년 11월 가의대부로 승진, 예조참판
           겸 동지성균관사, 명나라 칙사 원접사
1546년[43세] 명종 1년 4월 예조참판, 4월 26일 대사헌
1547년[44세] 명종 2년 1월 공조참판 겸 동지경연 부총관,
           9월 자헌대부 지중추부사
1549년[46세] 명종 4년 부친상, 복제를 마치고 지중추부사
1551년[48세] 명종 6년 8월 한성 판윤
1552년[49세] 명종 7년에 임금이 청렴 근면한 신하를 뽑으라고 명하니, 모두 홍섬의 이
           름을 거론하여, 청백리에 뽑혀 대궐 뜰에서 연회를 베풀어 주었다.
           10월에 평안도 관찰사
1554년[51세] 명종 9년 9월 공조판서, 겸 동지경연 성균관사와 예문제학
1555년[52세] 명종 10년 1월 예조판서, 겸 지의금부사

1557년[54세] 명종 12년에 세자가 책보冊寶[53)를 받자 홍섬에게 좌빈객을
          제수하였다.
1558년[55세] 명종 13년 5월 숭정대부, 우찬성, 예조판서 겸 세자 이사
          8월 이조판서, 겨울에 홍문관과 예문관 대제학 겸직
1559년[56세] 명종 14년 4월 판중추부사, 6월 예조판서
1560년[57세] 명종 15년 1월 특별히 좌찬성에 제수
1561년[58세] 명종 16년 6월 판돈녕 부사
1563년[60세] 명종 18년 판의금부사로 복직, 예조판서, 10월 대제학
1564년[64세] 명종 19년 10월 좌찬성
1565년[65세] 명종 20년 문정왕후의 국상
1566년[66세] 명종 21년 대제학 사직
1567년[64세] 명종 22년 3월 좌찬성 겸 예조판서,
          6월 명종 승하, 선조 즉위, 원상
          남곤의 죄상을 탄핵하다가 파직
1568년[65세] 명종 23년 4월 1일 우의정(수정실록)
1569년[66세] 선조 2년에 사직했으나 윤허하지 않았다.
1571년[68세] 선조 4년 5월 좌의정
1573년[70세] 선조 6년 궤장 하사
1574년[71세] 선조 7년 4월 11일 영의정, 가을에 영중추부사
1575년[72세] 선조 8년 7월 영의정
1576년[73세] 선조 9년 11월 좌의정
1579년[76세] 선조 12년 영중추부사
1580년[77세] 선조 13년 모친상
1585년[82세] 선조 18년 2월 1일 영중추부사 홍섬이 죽다.

---

53) 책보冊寶 : 왕이나 왕비, 세자의 존호를 올릴 때에 함께 올리던 옥책과 금보를 아울러 이르는 말.
    존호를 올릴 때에 송덕문을 새긴 옥조각을 엮어 맨 책冊

63. 박순朴淳
불의에 굴하지 않았던 강직한 정승

생몰연도	1523년(중종 18) ~ 1589년(선조 22) [67세]
영의정 재직기간	(1579.2.1.~1585.1.1) (5년 11개월)
본관	충주忠州
자	화숙和叔
호	사암思菴, 청하자靑霞子
배향	옥병 서원에 배향
묘소	경기도 포천군 영평면 가노리
신도비	경기도 포천군 창수면 주원리, 송시열이 짓고 이취수가 쓰다
기타	서경덕의 문인
	윤원형 일파를 물리치고 사림의 시대를 열다
증조부	박소朴蘇 - 은산군사
조부	박지흥朴智興 - 성균관사
백부	박상朴祥 - 기묘명현
부	박우朴祐 - 한성좌윤
모	당악 김씨
부인	장흥 고씨
딸	이희간(용천부사)에게 출가
서자	박응서朴應犀
	제사 및 적통은 조카 박응朴應이 이음

장원급제자로 영의정에 올랐던 기개 높았던 선비

박순의 자는 화숙和叔이고, 호는 청하자靑霞子 또는 사암思菴이며, 본
관은 충주로 전남 나주 왕곡면에서 태어났다. 박순의 집안은 11대조부터
관직에 나아가 대대로 호서에 살다가 이후 광주·나주 등으로 처의 고향
을 따라 이주하면서 호남 사람이 되었다.

증조부는 은산 군사를 지낸 박소이고, 조부는 성균관사를 지낸 박지흥
이며, 아버지는 한성좌윤을 지낸 박우로 어머니는 당악 김씨이다. 기묘명
현이자 문장가로도 알려진 박상은 그의 백부이다.

그의 조부 박지흥은 일찍이 진사가 되었으나 수양대군에 환멸을 느껴
벼슬할 생각을 접어 버리고 전라도 광주의 처가에 은거해 버린 선비였다.
박순의 가문은 아버지의 형제들인 박우·박정·박상 3형제가 학자이자 문
장가로 명성을 날려 이른바 '동국 3박'으로 불리다가, 박정의 아들인 박민
중과 박우의 두 아들 박개·박순, 세 사람이 또한 문장으로 이름을 내니,
사람들은 '일가 6문장'으로 칭송하였다.

박순은 여섯 살 때 어머니를 잃고 어렵게 자랐으나 워낙 총명하여 여덟
살 때 시를 짓고, 학자이자 관료였던 부친에게 14세까지 배웠고, 15세에
화담 서경덕의 문인으로 들어가 책과 실제를 병행하는 학풍으로 평생을
살았다.

그의 시조 묘가 있는 대전에 '사암'이란 서실을 짓고 글을 읽었는데, 스
승 서경덕의 방법론대로 독자적인 학문 연구를 시작하여, 근처 유생들과
벼슬아치들이 그를 사암 선생이라 불렀다. 어려서는 호가 청하자靑霞子였
으나 이때부터 사암思菴을 주로 썼다.

박순은 학문의 폭을 넓히기 위해 남명 조식과 퇴계 이황 등을 찾아다니며 수학하였다. 그가 성균관 학사로서 서울을 지켜야 했던 시절에, 경상도에 살던 남명에게 자기의 견해나 질문을 담은 서간을 자주 주고받았으며, 남명이 상경할 때마다 곁에 붙어 다니며 의문나는 점을 집요하게 물었다. 남명이 귀향할 때에는 항상 한강 나루까지 배웅하였다.

박순은 1540년[18세] 사마시에 합격하고, 1553년[31세] 명종 8년 정시 문과에 장원급제한 뒤 성균관 전적, 홍문관 수찬·교리, 의정부 사인 등을 역임하였다. 1561년[39세] 홍문관 응교로 있을 때 임백령의 시호 제정 문제에 관련하여, 윤원형의 미움을 받고 파면되어 향리인 나주로 돌아갔다.

이듬해 다시 기용되어 한산 군수로 선정을 베풀었고, 1563년[41세] 성균관 사성, 세자시강원 보덕, 사헌부 집의, 홍문관 직제학, 승정원 동부승지, 이조참의 등을 지냈다.

1565년[43세] 대사간이 되어 대사헌 이탁과 함께 윤원형을 탄핵해 포악한 척신 일당의 횡포를 제거하는 주역이 되었다. 1566년 부제학에 임명되고, 이어 이조판서·예조판서를 겸임하였다.

1572년[50세] 우의정에 임명되고, 이듬해 왕수인의 학술이 그릇되었음을 진술했으며, 이 해 좌의정에 올랐다. 1576년[54세] 이이가 사직하려 하자 왕에게 그를 우대할 것을 간청하였고 이후로도 기회 있을 때마다 이이·성혼 등을 극력 추천했다. 이런 그의 성향으로 원로가 된 후에도 한참 후배였던 이이나 성혼과도 교우가 매우 두터웠으며 이 때문에 서인으로 지목되면서 당시 주류 유학계의 탄핵을 받았다. 1579년[57세]에는 영의정에 임용되어 약 6년간 재직하였다. 이로 조선 시대를 통틀어 장원급제자는 영의정이 되지 못한다는 징크스를 깬 몇 안되는 인물로 기록이 되었다.

1585년[63세] 정여립·김수·이발 등이 심의겸·이이·성혼·박순 등을 공격하자, 율곡을 옹호하였는데 사헌부와 사간원에 있는 그의 동문이나 문하생들이 모두 동인이 되어 그를 공격했고 14년간이나 지켜왔던 정승 자리에서 물러나 용호에 은거했다가 1586년 이후로는 포천의 백운산에 암자를 짓고 술과 시로 세월을 보냈다.

박순은 고관 현직을 오랫동안 누렸으나 청빈으로 일관하여 녹봉 외에는 챙기는 게 없어 물러날 때 삼 칸 누옥이 전부였고, 가솔들이 많아 항상 먹거리가 모자라 배불리 먹는 날이 드물었다. 이로 조정에서는 그를 염근리[54]에 뽑았다

서경덕에게 학문을 배워 성리학에 널리 통했으며, 특히 『주역』에 대한 연구가 깊었다. 문장이 뛰어나고 시에 더욱 능해 당시唐詩 원화元和의 정통을 이었으며, 글씨도 잘 썼다. 만년에 이이·성혼과 깊이 사귀어 '이 세 사람은 용모는 달라도 마음은 하나이다.' 라고 할 정도였으며, 동향의 기대승과도 교분이 두터웠다. 나주의 월정서원, 광주의 월봉서원, 개성의 화곡서원, 영평의 옥병서원에 제향되었고, 저서로는 『사암집』 7권이 있다. 시호는 문충文忠이다.

---

54) 염근리廉謹吏 또는 염리廉吏는 고려, 조선 시대의 모범 관료에게 수여되는 명칭으로, 조정에서 청렴결백한 관리로 녹선錄選되는 것이며, 동료들의 평가, 사간원, 사헌부, 홍문관과 의정부의 검증 절차 후에 녹선되며 청백리에 버금가는 등급이었다.

최고 권력에 맞섰던 굽히지 않은 강직함

1561년[39세] 명종 16년 1월 홍문관 응교로 있을 때 임금이 왕명으로 홍문관에서 임백령의 시호를 정해 올리라는 명이 떨어졌다.

임백령은 1546년에 명나라에 사신으로 갔다 오는 도중 사망했는데, 그는 생전에 윤원형·정순붕·허자·이기 등과 함께 명종을 추대하여 공을 세웠고, 을사사화를 일으켜 많은 사림의 선비들을 죽였다. 또한, 그들은 명종 추대에 반대한 자와 윤원형을 탄핵했던 송인수는 물론이고 신진 사림들까지 누명을 씌워 숙청하고 자신들의 공훈을 멋대로 나눠 가졌다. 이때 문정왕후의 동생이었던 윤원형이 영의정이었고, 명종을 추대했던 소윤 일파인 훈구 공신들이 요직에 포진하고 있는 상황에서, 죽은 임백령에게 큰 명예가 주어질 것은 누가 봐도 뻔했다. 이 때문에 홍문관은 눈치를 볼 수밖에 없었다. 시호는 임금이 내리는 이름으로 신하의 공을 따져 붙이기 때문에 명종 즉위에 공이 있던 임백령에게 '충忠' 자가 내려질 것은 당연한 일이었다.

그런데 박순이 사림에게 누명을 씌웠던 임백령의 잘못을 지적하여 이를 반대하고 시호를 '소이昭夷'라 정해 올렸다. '분명한 오랑캐'라는 뜻으로, 죽은 임백령에게 욕을 먹인 셈이었다. 보고를 받은 영의정 윤원형이 "임백령은 나라의 원로 훈신인데 시호에 충忠 하나를 못 넣는단 말인가?"라고 혀를 찼다.

훈구 공신들이 흥분하여 박순을 국문하여 죽이자는 주장도 했고, 지켜보는 이마다 염려하였으나 박순은 태연했다. 훈구대신들의 눈치도 있었고 무엇보다 명종 즉위에 공이 있었던 임백령이었으므로, 명종이 박순을 중죄로 다스리려고 하다가 조정과 사림들의 여론 때문에 죽이지는 못하고 파직하여 축출시켰다. 이때의 내용을 실록에는 다음과 같이 기록하고 있다.

박근원이 홍문관 부응교로 있을 때 응교인 박순과 함께 임백령의 시호 문제를 논의했는데, 이 때문에 아주 무거운 죄를 입게 되었다. 사림이 떠들썩해지면서 걱정을 했는데, 박순은 태연히 동요되지 않고 문을 닫아걸고 명을 기다렸고, 박근원은 크게 두려워하여 외척과 고관들에게 구원을 요청하는 형태를 면치 못했다. 조정 신하 가운데 두 사람을 아끼는 자들이 남모르게 찾아와 시호를 다시 고쳐보라고 권하고, 박근원 역시 고치고자 하였으나 박순은 거절하고 따르지 않았다. 그러다가 승지가 감정하여 '충忠'의 글자가 안 들어 있다고 고치라고 하자 끝내 어쩔 수 없이 고쳐 '충헌忠憲'이라고 하여 아뢰었다. 주상이 지난번 시호를 보고는 크게 노하여 중한 형벌로 처리하려고 했는데, 심강과 이양이 그들을 구하고자 손을 써서 단지 파출만 시키도록 명령이 내려졌다. 당초에 심강과 이양이 박순의 명성을 중히 여겨 그를 강제로 초치하고자 했으나 박순이 끝내 한 번도 가지 않으니 유림들의 의논은 흡연히 그를 칭찬했었다. 그러나 심강은 그 사람됨을 중히 여기고 있었던 데다가 박근원이 그를 무척 잘 섬겼던 까닭에 늘 주상에게 은밀히 아뢰어 두 사람의 무죄를 강력히 주장했고 주상도 또한 윤원형에게 기만당한 사실을 깨닫게 되어 얼마 안 있어 다시 박순과 박근원을 받아들여 서용하게 되었다. 그런데 박근원은 이양에게 애원하여 이양이 극력 그를 구했기 때문에 곧바로 높은 관직에 들어가게 되었고, 박순은 이양의 미움을 받았기 때문에 비록 박근원과 함께 구함을 받았다고는 하나 주상이 그가 기뻐하지 않는다는 것을 알고 한산군수로 내보냈다. 이렇게 해서 사람들은 두 사람의 우열을 확실히 알게 되었다.

박순은 뜻과 학식이 고명하고 성품이 강직했다. 이양이 귀척으로 붕당을 많이 맺었는데, 부름을 여러 번 청하였지만 가지 않았다. 화담 서경덕을 스승으로 모셔 학문과 품행에 볼 만한 점이 있었다. 처음에 서경덕을 따라 배우던 자가 매우 많았으나 서경덕이 죽자 모두들 배반하고 떠났는데 오직 박순과 허엽 만이 변치 않았다. 그래서 지금까지도 화담의 제자를 말할 때는 이 두 사람으로 으뜸을 삼는다. 그러나 박순은 타고난 자질이 맑고 유익하고 절조가 강경하여 허엽이 미칠 바가 아니었다.

― 명종실록 17년 2월 4일 ―

송시열의 글에 의하면 박순이 너무도 태연한 듯 행동하였기 때문에 가족들은 그런 일이 있었는지조차 몰랐다 한다. 사단이 난 날 어린 딸이 반갑게 마중 나오자, 박순이 딸의 손을 잡고 웃으며 말하기를, "자칫하면 너를 다시 못 볼 뻔했구나." 고 했다 한다. 파직된 박순은 이튿날 5월에 나주로 돌아가 기대승과 왕래하며 지냈다. 낙향할 때 임금이 술을 내려 위로하니, 감읍하여 읊은 시가 한 수 전해진다.

答恩無路寸心違　은혜 갚을 길 없어 작은 마음 어겨
收拾殘骸返野扉　쇠한 몸 추슬러 시골집으로 돌아가네
一點終南看更遠　한점 남산이 볼수록 멀어지는데
西風吹淚碧蘿衣　서풍이 불어 눈물만 옷깃을 적시네.

성품이 엄하고 바르며 지조가 굳어 이양이 만나기를 요구했으나 가서 보려고 하지 않았고 임백령의 시호를 의논할 때에도 시류를 따르지 않아 결국 죄를 입었으니, 여타의 행동이나 처사도 대개 짐작할 수 있다.

1565년[43세] 명종 20년 4월에 문정왕후가 죽자 박순은 승려 보우를 처벌하라는 상소를 올렸다. 이때 박순을 두고 사관은 다음과 같이 논평하고 있다.

천성이 강직하고 간결하고 예스럽고 아담하며 억세고 사나운 자를 두려워하지 않았다. 또 문필의 재간이 있어 시부에 능하였는데 당시에 제일로 일컬었다. 평소 집에 있을 적에 권세 있는 외척들의 의롭지 못한 일을 들으면 개탄하여 마지않고 말과 얼굴빛에 나타내기까지 하였으며, 남의 착한 일을 들으면 그 마음에 좋아하여 비록 미천한 사람이라도 손을 대하듯 공경하니 사림이 어질게 여겼다.

– 명종실록 20년 5월 8일 –

1566년[44세] 명종 21년 3월 윤원형을 축출하다.

박순은 기질이 청수하고 의용이 옥설과 같고 몸가짐이 간결하고 학문에 법도가 있고 추향이 매우 반듯했다. 서생 시절부터 사람들이 그 이름을 우러렀다. 조정에 나아가서는 단정하였고 일을 처리하는 데는 단호하였다. 권력을 지닌 간신들의 미움을 받아 지방으로 전보되기도 하였으며 대사간으로 들어와 대간을 제거할 무렵에 대사헌 이 탁이 휴가 중이었는데, 직접 찾아가 기용시켜 함께 윤원형을 축출하였다. 임금의 측근을 숙청하여 쌓였던 대중의 노여움이 배설되고 생민의 한 가지 해독을 뽑아 버리게 된 것은 박순의 힘이었다. 윤원형을 배격할 때 오래도록 윤허를 받지 못하므로 함께 상소를 올린 자가 자못 난색을 보이자, 박순이 정색하고 이르기를 '권력을 가진 간신배를 베려다가 이기지 못하고 죽는다 한들 무엇이 부끄럽겠는가.' 하였다. 평소에는 항상 문을 닫고 소제도 폐지한 채 손님을 좋아하지 않았고 향을 피워놓고 글을 읽었으며 가끔 거문고를 뜯어 회포를 달랬다. 그리고 일찍이 이재에 마음에 두지 않았으니 역시 일대의 높은 선비였다. 시문의 격조 또한 매우 청고하여 그 사람됨과 같았다.

- 명종실록 21년 3월 12일 -

박순의 졸기

1589년[67세] 선조 23년 박순의 졸기

성리학에 널리 통했으며, 특히 주역에 대한 연구가 깊었다. 문장이 뛰어나고 시에 더욱 능해 당나라 시詩 원화元和의 정통을 이었으며, 글씨도 잘 썼다.

중년에 이황의 가르침을 받았고, 만년에 이이·성혼과 깊이 사귀어 '이 세 사람은 용모는 달라도 마음은 하나이다.' 라고 할 정도였으며, 동향의 기대승과도 교분이 두터웠다. 나주의 월정서원, 광주의 월봉서원, 개성의 화곡서원, 영평의 옥병서원에 제향되었고, 저서로는 사암집 7권이 있다. 시호는 문충文忠이다.

[승진과정]

1540년[18세] 중종 35년 소과 응시, 진사 51위로 합격, 성균관에 입학
1547년[25세] 부친상, 3년간 여묘살이
1549년[27세] 화담 서경덕, 남명 조식, 퇴계 이황에게 수학하였다.
1553년[31세] 명종 8년 정시 문과 장원급제, 8월 성균관 전적,
　　　　　　　9월 공조좌랑, 수찬
1554년[32세] 명종 9년 11월 사간원 정언
1556년[34세] 명종 11년 6월 홍문관 부교리,
　　　　　　　이후 의정부 검상, 사인, 홍문관 응교
1558년[36세] 명종 13년 5월 14일 병조정랑, 5월 19일 이조좌랑
1560년[38세] 명종 15년 1월 의정부 검상, 10월 의정부 사인
1561년[39세] 명종 16년 1월 홍문관 응교, 12월 한산군수,
　　　　　　　이후 성균관 사성, 승정원 좌승지, 이조참의 등을 역임.
1563년[41세] 명종 18년 7월 성균관 사성, 9월 세자 시강원 보덕,
　　　　　　　11월 사헌부 집의,
1564년[42세] 명종 19년 1월 홍문관 직제학, 윤 2월 승정원 동부승지,
　　　　　　　5월 좌부승지, 10월 13일 이조참의, 10월 16일 좌부승지,
　　　　　　　10월 23일 우승지, 며칠 간격으로 직명이 바뀌었다.
1565년[43세] 명종 20년 1월에 성균관 대사성, 4월에 문정왕후가 죽자
　　　　　　　승려 보우를 처벌하라는 상소를 올렸다. 5월에 대사간,
　　　　　　　8월에 다른 사람들과 함께 윤원형의 죄를 논하였다.
　　　　　　　10월 사헌부 대사헌, 11월 한성부 우윤
1566년[44세] 명종 21년 3월 첨지중추부사, 6월 7일 홍문관 부제학,
　　　　　　　6월 17일 사헌부 대사헌, 10월 첨지중추부사
1567년[45세] 명종 22년 2월 사헌부 대사헌, 3월 홍문관 부제학,
　　　　　　　4월 사헌부 대사헌 6월 예조참판
1568년[46세] 선조 1년 2월 사헌부 대사헌, 3월 홍문관 대제학에 발탁

　　　　나이 20세나 더 많은 퇴계 이황을 먼저 대제학에 임명하여 달라는 상소
를 올리고 자신은 한급 아래인 제학으로 내려앉으니, 사람들이 모두 아
름다운 일이라 찬탄하였다.

8월 6일 제학, 8월 26일 대제학

1569년[47세] 선조 2년 이조판서
1570년[48세] 선조 3년 1월 병으로 이조판서 사직
1571년[49세] 선조 4년 6월 이조판서, 7월 숭정대부 우찬성
1572년[50세] 선조 5년 5월 특지로 좌찬성
1572년[50세] 선조 6년 7월 우의정
1573년[51세] 선조 7년 2월 좌의정
1574년[52세] 선조 8년 3월 판중추부사, 7월 좌의정
1575년[53세] 선조 9년 좌의정
1576년[54세] 선조 10년 11월 영중추부사
1579년[57세] 선조 13년 2월 영의정
1585년[63세] 선조 19년 정여립·김수·이발 등이 심의겸·이이·성혼·
박순 등을 공격하자, 벼슬을 버리고 용호에 은거하다
1586년[64세] 선조 20년 포천 백운산에 암자를 짓고 서당을 열어
후세들을 가르쳤다.
1589년[67세] 선조 23년 박순이 죽다
1591년[사후] 선조 24년 종계변무가 성사되자 광국원종공신 1등에
특별히 책록되었다.

64. 노수신盧守愼

19년간 귀양살이 후
영의정에 오른 입지전적 인물

생몰년도	1515년(중종10)~1590년(선조23) [76세]
영의정 재직기간	1차 (1585.5.1~1588.3.15) 2차 (1588.5.11.~1588.12.1.)
	(총 3년 4개월)
본관	광주光州
자	과회寡悔
호	소재穌齋, 이재伊齋, 암실暗室, 여봉노인茹峰老人
시호	문의文懿, 후에 문간文簡으로 고쳤다.
배향	충주 팔봉서원, 상주 도남서원·봉산서원, 진도 봉암사,
	괴산 화암서원등에 제향
묘소	경북 상주시 화서면 금산리
신도비	숙종 때 영의정 허목이 지은 신도비가 세워졌다.
기타	19년간의 귀양살이 후 복직하여 7년 만에 영의정에 오르고,
	정여립을 천거한 죄로 파직당하여 죽음을 맞다.

증조부	노경장盧敬長 – 돈녕부 참봉
조부	노후盧珝 – 풍저창 수
부	노홍盧鴻 – 활인서 별제
모	이자화의 딸
부인	광주 이씨 – 스승 이연경의 딸
양자	노대해盧大海 – 영천군수
손자	노도형盧道亨 – 예천군수
측실부인	
서자	노계래盧戒來
서자	노계난盧戒難
서자	노계후盧戒後

장원급제 출신으로 19년간 귀양살이하다

노수신의 자는 과회寡悔이고, 호는 소재穌齋, 이재伊齋, 암실暗室, 여봉노인茹峰老人 등으로 본관은 광주光州이다. 노씨는 삼한의 대성으로서 광주를 본으로 한다. 조선 초기 개국공신으로 우의정에 오른 노숭의 후예로, 증조부는 돈령부 참봉을 지낸 노경장이요, 조부는 풍저창 수를 지낸 노후이며, 아버지는 활인서 별제를 지낸 노홍이다. 활인서는 환자들을 무료로 진료해 주는 의료 관청으로, 별제는 정 6품 중간 관리급 직위였다. 어머니는 예조참판 이자화의 딸이다.

1531년[17세] 중종 26년 노수신은 장인이자 성리학의 대가인 이연경의 문하생으로 학문을 익혔는데, 이연경은 영의정 이준경의 종형으로, 이준경과 함께 이연경 밑에서 동문수학했던 사이이기도 했다. 스승인 이연경의 딸을 아내로 맞아들였고, 초시 합격 후 성균관에 입학하였다.

모재 김안국이 지관사가 되어 때로 잠箴[55]을 익히게 하고 제 유생들에게 시험을 보이고 우수한 인재가 없음을 한탄하였는데, 노수신이 지은 글을 보고는 탄식하기를, "말을 삼가지 않을 수 없다." 하였다.

1531년 예를 갖추어 회재 이언적을 뵙고 존심[56]하는 방법을 듣기를 청하니, 회재가 손바닥을 가리키며 이르기를, "여기에 물건이 있는데, 쥐면 깨어지고 쥐지 않으면 없어진다." 고 하므로, 노수신이 기뻐하며 말하

---

55) 좌우명. 마음에 놓는 침

56) 마음에 새겨두고 잊지 아니함

기를, "이는 망조忘助의 이명異名[57]입니다." 하였다.

1543년[29세] 중종 38년 식년시 문과에 장원급제하여 관직을 시작하였다. 홍문관 전적·수찬을 거쳐, 1544년 시강원 사서가 되고, 이황과 교류하고, 모재 김안국에게 실력을 인정받은 인재로, 사가독서[58]에 뽑혀 책을 읽으면서 관직 생활을 하니 앞날이 창창하였다.

1545년[31세] 사간원 정언이 되어 직언을 해야 하는 직책으로, 대윤 윤임의 편에 서서 소윤 윤원형의 측근 이기를 탄핵하여 파면시켰다. 인종이 장기집권했으면 상황이 달라졌겠지만, 등극한 지 7개월 만에 승하하고, 명종이 등극하였다. 대윤 윤임 파를 청산하는 을사사화가 일어나자 노수신은 윤임 파로 몰려 파직되었고, 이어 양제역 벽서사건을 조작하여 내쫓으니 먼 절도인 진도까지 귀양간 것이, 19년 동안 유폐되고 말았다.

조선조 대부분의 저술들이 유배기간 동안 이루어진 것이고 보면 노수신도 19년 동안 책을 쓰면서 수기치인을 하고 지낸 것이다.

유배기간 동안 이황·김인후 등과 서신으로 학문을 토론했고, 진백의 『숙흥야매잠』을 주해하였다. 이 주해서는 뜻이 정교하고 명확하여 사림 사이에 전해지고 암송됨으로써 명성이 전파되었다. 또한 『대학장구』와 『동몽수지』 등을 주석하였다.

---

57) 망조의 이명 : 평소 항상 마음에 새겨두고 잊지 아니함을 염두에 두되 인위적으로 하지 말고 자연스럽게 내면에서 우러나오도록 해야 한다는 뜻

58) 휴가를 얻어 독서에 전념. 오늘날 연구년에 해당

1565년[51세] 문정왕후가 죽자 윤원형도 척결되었고, 노수신도 진도에서 충주로 유배지를 옮겼다. 지금의 삼막이 길이 있는 노수신 적소가 바로 그곳이다.

1567년[53세] 선조가 즉위하자 유배에서 풀려나와 교리로 기용되었고, 이어서 대사간·부제학·대사헌·이조판서·대제학 등을 역임하였다. 1573년[59세] 선조 6년에 우의정에 오르고, 1578년[64세] 좌의정을 거쳐 1585년[71세]에는 영의정이 되었다. 어느 왕조에서도 볼 수 없었던 파격적인 승진이었다.

선조 때에 당파가 생겨 조정이 시끄러웠으나 19년간 유배 생활을 한 공력 탓인지 노수신은 어느 당파에도 속하지 않은 채 영의정 직을 무난히 수행하였다. 호사다마라 했던가. 1588년[74세] 영의정을 사임하고 영중추부사가 되었는데, 이듬해 10월 정여립의 모반사건으로 기축옥사가 일어나자 과거에 정여립을 천거한 죄로 대간의 탄핵을 받고 파직되었다.

노수신이 인재로 여겨 천거했던 정여립이 난을 일으킨 것이다. 그렇게 선조가 신임하고 총애했던 사람이, 난을 일으킨 사람을 천거했다니, 선조도 놀랐고 노수신도 놀랐다.

우의정, 좌의정, 영의정에 오르는 과정마다 사직서를 제출하며 직무를 떠나려 했었는데, 그때마다 그렇게 만류하던 선조가 단칼에 파면시켜 내쫓김을 당해야 했다. 홧병이 난 건지 파면당한 한 달 뒤 임종을 했다. 화려한 영의정 직을 수행하고도 선조실록에는 '노수신이 졸하였다' 라는 단 한 줄의 졸기만 기록되어 있다. 그나마 선조수정실록에는 그의 졸기를 좋게 기술하여 전하고 있다.

19년 동안 유배를 가게 된 것은 나로 인해 피해를 입은 적敵을 만들어서였고, 유배에서 풀려난 것은 적이 사라지고 아군이 들어섰기 때문이며, 19년의 공백 기간에도 영의정까지 오른 것은 임금에게 좋은 감정을 쌓은 덕이었고, 다시 파직을 당한 것은 사람을 잘못 천거해서였다. 모든 상황마다 순간을 판단하는 결정적인 요소는 장원급제자의 능력보다는 인성이 우선시 되었던 것이다.

그는 온유하고 원만한 성격으로 인해 사림의 중망을 받았으며, 특히 선조의 지극한 존경과 은총을 받았다. 그의 덕행과 업적의 성과는 매우 다양하여 왕과 백성들, 그리고 많은 동료들에게 영향을 주었다. 그가 진도에 귀양갔을 때, 그 섬 풍속이 본시 혼례라는 것이 없고 남의 집에 처녀가 있으면 중매를 통하지 않고 칼을 빼들고 서로 쟁탈하였다. 이에 예법으로써 섬 백성들을 교화하여 마침내 야만의 풍속이 없어졌다고 기록하고 있다.

그는 아버지의 상을 당했을 때, 대상大祥 후에 바로 흑색의 갓을 쓰는 것이 죄송하다고 생각하여 국상 때와 같이 백포립을 쓰고 다녔다. 그 뒤 직제학 정철이 이를 본받아 실행했고, 뒤에 교리 신점이 주청하여 담제 전에는 백포립을 쓰도록 제도화시켰다.

- 출처 : 한국민족문화대백과, 한국학중앙연구원 -

양재역 벽서사건의 전모와 유배 살이 19년

1545년[31세] 인종 1년 1월에 사간원 정언이 되어 인종의 외척인 대윤 윤임편에 서서 소윤 일파의 이기를 탄핵하여 파면을 시킨 일이 있었는데,

인종이 즉위한 지 7개월 만에 승하하고 명종이 즉위하자, 소윤이 집권하여 대윤을 척결하는 을사사화가 일어나니 이기의 보복을 받아 이조 좌랑에서 파직되었다.

사관은 말한다. 이조 좌랑 노수신이 나이 29세에 장원 급제하여 청요직을 두루 역임하였다. 성질이 영특하고 명민하고 학문에 힘써 척도로써 몸을 단속하였으므로 벼슬이 없을 때부터 큰 명망이 있었다. 그의 논의는 한결같이 바른 데 근거하였으므로 정황과 더불어 시류에서 매우 꺼리는 바가 되었다. 이 때에 이르러 승정원 등과 함께 배척을 당하니 식자들이 애석하게 여겼다

– 명종실록 즉위년 9월 12일 –

1545년[31세] 명종 즉위년 10월 양사에서 아뢰기를 '전 좌랑 노수신은 취향이 올바르지 않아 사특한 논의를 잘 내므로 다시 조정의 반열에 두어서는 아니 됩니다. 모두 삭탈 관작하소서.' 하니, 답하기를 '모두 아뢴 대로 하라.'고 하였다.

1547년[33세] 명종 2년 3월 노수신이 충주로 유배된 지 3년에 부제학 정언각이 벽서사건을 보고함으로 인하여 이른바 '양재역벽서사건'에 관련됐다는 허물을 덮어쓰고 죄가 가중되어, 순천으로 유배되었다가 9월에 진도로 안치되었다.

부제학 정언각이 선전관 이노와 함께 와서 봉함서류 하나를 가지고 아뢰기를, "신의 딸이 남편을 따라 전라도로 시집을 가는데, 부모·자식 간의 정리에 전송하고자 하여 한강을 건너 양재역까지 갔습니다. 그런데 벽에 붉은 글씨가 있기에 보았더니, 국가에 관계된 중대한 내용으로 지극히 놀라운 것이었습니다. 이에 신들이 가져와서 봉하여 아룁니다. 이는 곧 익명서이므로 믿을 수는 없습니다. 그러나 국가에 관계된 중대한 내용이고 인심이 이와 같다는 것을 알리고자 하여 아룁니다." 하고, 이노도 아뢰기를, "정언각의 딸은 곧 신의 형의 며느리입니다. 함께 오다가 보았는데, 아주

참담한 내용이었기에 함께 아뢰는 것입니다." 하니, 명하기를, "이는 뜻을 얻지 못하여 윗사람을 원망하는 자의 소행이다. 지금 내가 보기에도 매우 참혹하다. 더구나 신하가 보기에 어찌 예사로웠겠는가." 하고, 이어 승정원에 명하기를, "영부사와 삼공을 속히 불러들여라." 하였다. 조금 후에 삼공이 이르렀다. 도승지 조언수가 삼공의 뜻을 아뢰기를, "우찬성 민제인, 판중추부사 허자, 예조판서 윤원형도 부르소서." 하니, 그리하라고 명하였다.

허자는 즉시 이르렀고, 민제인과 윤원형은 아직 이르지 않았는데, 정언각이 올린 글을 빈청에 내리면서 이르기를, "요즘 재변이 매우 많다. 하늘의 견책이 어쩌면 이렇게 심하단 말인가. 염려됨이 적지 않아 잠시도 안심할 수가 없다. 비록 분명하게 지적할 수는 없으나 각별히 해야 할 일이 있을 듯하여 경들을 불러서 묻는 것이다." 하니. (그 내용은 붉은 글씨로 썼는데 '여주女主가 위에서 정권을 잡고 간신 이기 등이 아래에서 권세를 농간하고 있으니 나라가 망할 것을 서서 기다릴 수 있게 되었다. 어찌 한심하지 않은가. 중추월 그믐날.' 이라고 하였다.)

윤인경 등이 대답하기를, "이 주서朱書를 보건대, 단순히 미련한 자의 소행이 아닙니다. 그러나 이는 익명서이니 믿을 수는 없습니다. 다만 신들이 들으니, 요즘 도리에 어긋난 논의[죄인을 가리켜 허위자복했다 하고, 공훈을 가리켜 무공자라고 한 것이다.]가 떠돌고 있는데 어디서 나온 말인지 모르겠습니다. 대간과 시종들도 모두 들었으나 말이 나온 출처를 알지 못합니다. 신들이 이미 들은 것을 사실대로 아뢰고자 하였으나 다만 그릇된 논의가 나온 출처를 모르기 때문에 아뢰지 못하였습니다. 이 글은 비록 믿을 수는 없으나 이것을 보면 그릇된 논의가 떠돈다는 것이 거짓이 아닙니다. 불러들인 대신이 모두 오면 마땅히 들은 것을 의논하여 아뢰겠습니다." 하였다.

조금 뒤에 민제인과 윤원형이 이르렀다. 명하기를, "아뢴 뜻은 알았다. 외간의 그릇된 논의를 위에서야 어떻게 알겠는가. 어찌하여 세월이 이미 오래되었는데도 그릇된 논의는 아직도 그치지 않는가? 매우 망극한 일이다. 그 글은 구석진 곳, 사람들이 잘 보지 못하는 데에 써 붙인 것이 아니고 사람이 다 볼 수 있는 역관의 벽에다가 그렇게 써 붙였으니, 어찌 본 사람이 없었겠는가. 별것 아니라 여기고 말하지 아니하였으니 또한 그 뜻을 알 수가 없다. 붉은 색은 사람마다 가지고 있는 물건이 아니므로 역관 가운데 반드시 아는 자가 있을 것이니, 잡아다가 물어보는 것이 어떻겠는가?" 하니,

윤인경 등이 대답하기를, "하인을 잡아 오면 반드시 폐단이 있을 것입니다. 행인들이 출입할 때에는 역관에 숙직하는 사람이 항상 있어서 비워 둘 때가 없으므로, 반드시 아는 자가 있을 것입니다. 찰방으로 하여금 자세히 묻게 하면 적발해낼 수가 있을 것이므로 신들이 이미 찰방을 불러 놓았습니다." 하였는데, 알았다고 명하였다. 조언수가 삼공의 뜻으로 아뢰기를, "이조판서 김광준도 부르소서." 하니,

그리하라고 명하였다. 조금 뒤에 김광준이 이르렀다. 윤인경·이기·정순붕·허자·민제인·김광준·윤원형이 함께 의논하여 그것을 써서 단단히 봉하여 서명하고 아뢰기를, "지금 이 글은 이 벽서를 보고서 비로소 아뢰는 것이 아닙니다. 신들이 의논한지가 여러 날 되었습니다. 당초에 역적의 무리에게 죄를 줄 적에 역모에 가담했던 사람을 파직도 시키고 부처(유배)도 시켜서 모두 가벼운 쪽으로 하여 법대로 적용하지 않았습니다. 그래서 그릇된 논의가 이와 같은 것입니다. 공신이 긴요하지 않다는 말까지도 있습니다. 그렇게 분명한 일에 그릇된 논의가 그치지 않고 있으니, 이것은 화근이 되는 사람이 아직 남아 있기 때문입니다. 신들이 함께 의논하여 아뢰니, 즉시 죄를 정하여 교서에 자세히 기록해서 전국이 다 알게 하소서."

하고, 또 종이 한 장에 써서 아뢰기를, "생원 허충길이 성균관에서 말하기를 '이덕응은 곤장을 참을 수가 없어서 허위자복한 것이다. 그것이 어찌 사실이겠는가. 허위이다.' 하였으니, 추문하게 하소서."

하였는데, 전교하기를, "당초에 죄인들의 간사한 정상은 의심할 여지없이 환하게 드러났으나, 죄를 정할 때에 그 우두머리만 처벌하고 추종자들을 다스리지 아니한 것은, 허물을 뉘우치고 스스로 새로운 사람이 되어서 한 마음으로 나라를 위해 주기를 바랐던 것이다. 그래서 차마 엄중한 율로써 죄주지 아니하고 모두 가벼운 쪽으로 다스리게 했던 것인데, 그릇된 논의가 지금까지 그치지 않는 것은 엄하게 다스리지 않아서 그러한 것이다. 아뢴 뜻이 당연하니 아뢴 대로 하라. 다만 이완은 지금 먼 곳에 귀양가 있으며 숨만 붙어 있어 아침저녁을 보장하기 어려운 형편이니, 이미 정한 죄를 다시 고칠 것은 없다. 허충길의 일은 아뢴 대로 하라." 하였다.

(삼공이 밀봉한 글은 다음과 같다. "이완·송인수·이약빙은 일죄—罪[59])에 처하고, 이언적·정자는 극변 안치하고, 노수신·정황·유희춘·김난상은 절도 안치하고, 권응정·권응창·정유침·이천계·권물·이담·임형수·한주·안경우는 원방 부처하고, 권벌·송희규·백인걸·이언침·민기문·황박·이진·이홍남·김진종·윤강원·조박·안세형·윤충원·안함은 부처하소서.")

윤인경 등이 대답하기를, "신들이 이른바 화근이라고 한 것은 오로지 이완을 가리킨 것입니다. 어찌 범연히 생각하여 아뢰었겠습니까. 종사를 위한 대계이니, 진실로 사사로이 용납할 수는 없는 것입니다. 대의로 결단하소서."

하니, 명하기를, "골육 간에 서로 죽이는 것은 예로부터 중대한 일이었다. 더구나 먼 지역에 내쳐서 숨만 겨우 붙어 있으니, 남은 자손이 없다면 다시 무슨 일이 있겠는가. 고칠 수 없다." 하였다. [삼공이 사사로이 서로 말하기를 '이것은 여기에서 그치고 말 일이 아니다. 다만 밤이 깊었으니 뒤에 다시 아뢰어야겠다.' 하였다.]

사관은 논한다. 이기 등이 을사년 사람들을 역적이라고 하고 그 일을 증빙하기 위하여 중종의 아들인 이완까지 죽이자고 아뢰었으니, 너무 심하다.

조언수가 아뢰기를, "이른바 '일죄—罪'라는 것은 사사賜死하는 것입니까, 율에 의해서 처리하는 것입니까? 감히 묻습니다." 하니, 사사라고 전교하였다.

– 명종실록 2년 9월 18일 –

1547년[33세] 명종 2년 9월 19일 이언적·노수신을 귀양보낸다는 교서를 내렸다.

---

59) 일죄—罪 : 죄로서 가장 무거운 종류에 속하는 것, 곧 사형에 해당되는 죄
   극변안치 : 생활 환경이 열악하고 극악한 지역으로 이름나서 국왕이 특별히 명령하는 경우
   위리안치 : 거주하는 집 울타리를 가시나무로 둘러쳐서 문밖 출입과 외부인의 접근을 금지
   절도안치 : 외딴 섬이나 변방지역에 유배하는 것
   원방부처 : 집에서 먼곳으로 유배
   본향안치 : 고향으로 보내는 유배
   자원안치 : 죄인이 유배지를 선택하는 것

중외의 대소 신료와 기로·군민들에게 교서를 반포하였다.

"제왕의 인덕으로서는 간흉에게 추종한 자들을 용서해 주는 것이 귀한 것이나 춘추의 대의로서는 사실 난적에 동조한 자는 엄하게 다스려야 하는 것이다. 이는 법으로는 당연한 것이고 일로서는 그만둘 수가 없는 것이다. 돌이켜 보면 어린 내가 이 큰 국가운영을 이어 받아 바야흐로 많은 혼란을 견디어 내지 못할까 근심하였었는데, 지난번 여러 간흉들의 반란에 걸리었다. 사나운 올빼미가 어미를 잡아먹는 악행을 쌓았고, 미친 개가 주인에게 짖는 음모를 길렀으니, 이는 사람에게 용납될 수가 없다. 진실로 그들의 털을 뽑아 계산하더라도 그들의 가죽을 벗겨 방석을 삼아 마음에 통쾌하게 하고자 한다.

풀을 제거하는 데는 마땅히 그 뿌리를 뽑아 버리기에 힘써야 하고, 간흉을 없애는 데는 종자를 남기지 말아야 한다. 다만 차마 못하는 정사로서 추종자는 다스리지 않는다는 법을 본받아, 사악한 생각이 사라지게 하여 흉당들이 스스로 조심하기를 기다렸었는데, 세월이 이미 오래되었는데도 기만하는 행위는 더욱 심하여 아직도 물수리 같은 소리를 고치지 않고 감히 독이 있는 꼬리를 흔들고 있다. 훈구대신을 지적하여 공이 없이 훈적에 기록되었다고 하고, 역적의 무리를 편들어 사실이 아닌 죄를 받았다고 한다. 간사스런 입을 놀려 화기를 선동하는데, 이는 왕법이 엄하지 아니하여 인심이 안정되지 못한 탓이다. 마땅히 법전을 적용하여 분명하게 위엄을 보여야 하겠으나, 그래도 옥과 돌이 구별없이 다 타버릴까 염려하여 시정과 조정에서 죽이지 아니하고 모두 가볍게 해서 우선 낮은 형벌로 조치한다.

이에 송인수·이약빙은 사사하고, 이언적·정자는 극변안치하고, 노수신·정황·유희춘·김난상은 절도 안치하고, 권응정·권응창·정유침·이천계·권물·이담·임형수·한주·안경우는 원방 부처하고, 권벌·송희규·백인걸·이언침·민기문·황박·이진·이홍남·김진종·윤강원·조박·안세형·윤충원·안함은 부처하고자 한다.

아! 신하는 간특한 짓을 해서는 안 되는 것인데, 스스로 죄를 지었으니 벗어날 수가 없는 것이다. 나라에 죄를 벌함에 있어 공정함과 대의에 따라 처형 함에 있어 그 법이 나에게 있는데, 감히 폐지할 수 있겠는가. 이에 이렇게 교시하는 것이니, 두루 자세히 알기를 바라노라."

- 명종실록 2년 9월 19일 -

노수신이 진도에 있은 지 19년에 섬 안은 본디 무식하여 예절에 어두
웠으므로, 선생이 예법과 풍속을 가르쳐 비로소 시집가고 장가드는 일에
예가 있음을 알게 하였다. 『인심도심변』人心道心辨과 『집중설』執中說·『숙
흥야매잠해』夙興夜寐箴解를 지었는데, 이황이 보고 이르기를, "유교 도덕
이 동방에서 망하지 않는다."며 주고 받은 글이 있다.

1565년[51세] 명종 20년 10월 29일 을사사화의 신원회복과 노수신에
관한 성천 부사 정현이 상소문을 올렸다.

성천 부사 정현이 상소하기를,
"삼가 생각건대 대역은 천하 만세에 함께 주살할 바로, 세월이 오래되었다고 하여 일
시에 가벼이 놓아줄 수 없는 것입니다. 이제 넓고 큰 은혜가 크게 펴져 전국이 서로
기뻐하는데, 막힌 것을 틔우는 조치가 을사사화의 연좌인에 까지 이르니 신은 놀라
움을 금하지 못하겠습니다. 그러나 반드시 전하의 똑같이 사랑하는 마음에서 이미
결정한 명령일 것이므로 소급해 고칠 필요는 없겠습니다. 그렇지만 일이 인심에 합
당함을 잃은 것이 있으므로 신 같은 경우에 임금께 아뢰지 않을 수 없습니다. 을사
사화의 공훈은 신의 아버지 정순붕이 실로 제일입니다. 당시의 일을 신이 비록 약관
이었으나 참여해 알지 못하는 것이 없습니다.

노수신 등의 경우는 처음에 역적의 무리들 진술에서 나오지 않았습니다. 단지 이름
이 세상에 널리 드러나 부박한 무리들에 의하여 추대된 것입니다. 몇 해 뒤에 횡액
에 걸려 절도로 쫓겨난 것은 그의 죄가 아닙니다. 화란을 바로잡은 기록 가운데 그
의 죄명이 실려 있지 않으니 이것이 변별할 점이 있는 것입니다. 유희춘 같은 경우는
당시 언관으로 있으면서 비록 실책이 있다고는 하지만, 아버지의 상소를 보고서 비
로소 그 일을 알고 놀라 후회하였으니 그 본심은 반드시 참여해 알지는 못했을 것입
니다. 또 백인걸은 종사의 기미를 알지 못하고 밀지의 그릇됨을 함부로 말했으니, 그
죄가 당연하나 의심스러울 때를 당하여 홀로 서서 항변했으니 강직하지 않고서야
그렇게 할 수 있겠습니까. 선신은 그가 타의가 없음을 알고서 다시 대간으로 삼고자
하였으나 다른 사람에 의해 저지되었던 것입니다.

이와 같은 사람이 한둘에 그치는 것이 아니며, 모두가 범죄 동기는 잘못은 아닙니다. 또 쓸 만한 인재들로서 종신토록 관리가 되지 않게된 지 20년의 오랜 기간에 이르고 있으니, 이른바 천지의 큼에도 오히려 유감된 바가 있다는 것입니다.

– 명종실록 20년 10월 29일 –

1565년[51세] 명종 20년 명종이 즉위한 지 20년에 비로소 을사년에 화를 당한 사람을 풀어주었는데, 노수신은 유배지만 진도에서 괴산으로 옮겨졌다. 이해 12월 2일 을사년 이후의 금부 죄인 노수신·김난상·유희춘 등을 신원이 회복되었다.

임금이 의금부 및 이조에서 써서 아뢴 서류를 빈청에 내리면서 이르기를,

"근일 정현의 상소가 있었고 역시 판부사의 아룀이 있었다. 금부 죄인 가운데 억울함을 풀어주어야 할 사람이 있기 때문에 이미 써서 아뢰도록 하였다. 지금 내려준 서류가 그것이다. 그 가운데 먼 도에 나가 있는 자는 중간 도로 옮기며 중간 도에 나가 있는 자는 가까운 도로 옮기고 놓아 줄 만한 자는 놓아 주고, 직첩을 줄 만한 자는 직첩을 주되, 공론에 오르는 사람들을 경들이 잘 헤아려서 대답하라."

하니, 대신 및 금부 당상 등이 대답하기를,

"신들이 지금 내린 서류를 삼가 보건대, 각자의 죄명에 별로 뚜렷하게 지적되는 범죄 사실이 없습니다. 모두가 일시적인 말과 의논을 편 것이 더러 당시의 집권자 이기와 윤원형에게 거슬려 시기를 타 모함에 말려든 자들인 것 같습니다. 성상의 마음이 여기에 미치고 하문함이 신들에게 미치니, 어진 은혜가 미치는 바를 누군들 감격해 하지 않겠습니까. 그러나 이런 사람들을 이미 오래도록 귀양살이했다는 이유로써 이제 그 억울함을 풀어주게 된다면 이것은 바로 커다란 은혜로운 명령인 것입니다. 은혜로운 명령에 관계되는 바를 아래에서 어찌 감히 논의할 수 있겠습니까. 죄명이 갖추어져 있으니 임금께서 깊이 통찰하시고 반드시 영단을 내리셔야 합니다. 그런 뒤에 은혜가 위에서 나와 인심이 감복될 것입니다. 그러므로 감히 아룁니다." 하였다.

죄인의 문서 서류를 대궐 내로 도로 들이고 얼마 있다가 서류에 표시하여 빈청으로 도로 내렸다. 진도에 안치된 노수신(심지가 고명하고 학문에 연원이 있으며 처신과 행사에 솔선하여 실천함이 모두 정직하였다. 정미년에 적소에 유배된 뒤 방안에서 조용히 지냈는데 지조가 더욱 굳었다.), 남해에 안치된 김난상(효성과 우애의 행실이 있다), 종성에 안치된 유희춘 (천품이 온아하고 경사에 박통했다) 이상은 중간지점의 도로 옮기고, 이성에 부처된 한주, 태안에 부처된 이진, 강진에 부처된 윤강원 이상은 가까운 도로 이배하고, 경흥에 안치된 유감, 강계에 안치된 이원록 이상은 놓아 보내고, 전 헌납 백인걸, 전 정랑 이담, 전 도사 민기문, 전 찰방 황박, 전 봉사 윤충원, 전 목사 송희규 이상은 직첩을 환급하게 하였다.

사관은 논한다. 제공은 영해에서 20년을 지냈는데 하루아침에 옮겨졌다. 명이 내리던 날 어리석은 남자나 어리석은 부녀자들도 흔쾌히 여기지 않는 사람이 없었다. 이는 대개 천리의 자연이니, 인심을 어찌 속일 수 있겠는가. 이때 노수신은 옮겨진다는 말을 듣고 그 날로 길을 나서 서자와 첩과 아이들을 모두 남겨둔 채 돌아보지 않고 오직 돌아가 부모를 뵙겠다는 생각에 급했다. 곤궁한 데에 처해서도 변하지 않은 지조를 여기에서 더욱 징험할 수 있다 하겠다. 이원록은 지체하며 출발하지 않고 그 전토와 자산을 전부 팔아, 올 때는 바리에 실은 것이 길을 메웠고 지나치는 군읍에 우마를 색출해 이를 운송케 하니 사람들이 이로써 그를 비루하다 하였다. 윤충원은 선비류가 아니라 그 사람을 논할 필요는 없지만 당초의 득죄가 또한 잘못된 것이어서 억울하다 하겠다.

사관은 논한다. 대답의 글을 고찰하건대 '죄명이 갖추어져 있다.'라고 하였다. 이른바 그 죄명이라는 것이 모두 얽매인 데에서 나온 것인데 임금이 어떻게 능히 그렇게 된 까닭을 통찰할 수 있겠는가. 만약 그 죄명대로 그들을 단죄한다면 유배당한 여러 사람들을 임금으로 하여금 의심치 않게 할 수 있겠는가. 마침 임금의 마음에 먼저 이미 깨우침이 있어 그들을 풀어놓아 주겠다는 결단이 있었기 때문에 은혜로운 명령이 베풀어져 모두가 관용을 입게 된 것이다. 애석하다. 이준경은 일시의 명망이 있던 사람인데 그 머뭇거리고 두리번거림이 이와 같음이여. 하물며 다른 사람들이야 말해 무엇하겠는가.

- 명종실록 20년 12월 2일 -

1567년[53세] 선조즉위년 10월 12일 노수신·유희춘·김난상 등의 복관을 명하다.

전교하였다.
"을사년 이후에 죄를 받은 사람으로 괴산에 이배된 노수신은 학문이 깊은 경지에 이르렀고, 은진에 이배된 유희춘은 학문이 해박하며, 단양에 이배된 김난상은 학행이 크게 갖추어졌으니, 경연에서 강연하게 하면 반드시 도움이 있을 것이다. 장단에 이배된 한주와 광주에 이배된 이진 등은 재주와 학식이 있고 어질고 착한 사람이니 대간이나 시종의 직임에 채울 만하다. 그러니 방면하여 직첩을 도로 주고 서용할 것을 의금부에 내리라."

— 선조실록 즉위년 10월 12일 —

1567년[53세] 선조가 즉위하자 이준경이 임금께 아뢰어 마침내 거두어 임용하라는 명이 있었으므로, 노수신은 10월 17일 홍문 교리에 임명되었다. 34세에 유배되어 53세에 관작이 부여된 것이다.

1568년[54세] 선조 1년 1월 변절하지 않은 유희춘·노수신 등의 발탁을 명하는 전교가 있었다.

직제학 기대승의 아뢴 바에 따라 명하기를,
"태평한 정치를 일으키고자 하면 반드시 인재를 모아 어진 선비와 함께 다스려야 한다. 지난 중종 말년에 인재가 많이 나왔으나 불행하게도 사림의 화가 있어 무고하게 죽고 남은 자가 많지 않았다. 20여 년 귀양살이 중에도 오히려 학문을 폐하지 않고 곤궁과 환난 중에도 변절하지 않은 사람이 있으니, 그들 중에 어떤 자는 나이 70이 넘었고 어떤 자는 60이 넘었으며 어떤 자는 60에 가까운데 지난번 선왕의 유지에 따라 원한을 씻어 주고 수용하여 다시 벼슬길을 터주었다. 옛날에는 어진 사람이면 혹 뽑아 대관에 제수하기도 하였다. 지금 이런 연로한 사람들은 학문이나 절개나 다 널리 권장하기에 합당한 사람인데, 차례대로만 등용하면 아마 미처 쓰지 못할 사람도 있을 것이며 또한 어진 사람을 우대하는 도리도 아니다. 이런 뚜렷한 사람은 발탁하여 임용할 것을 이조에 내리라." 하였는데, 나이가 70이 넘은 사람이란 백인걸을 가리키고, 60이 넘은 사람이란 김난상을 가리키며, 60에 가까운 사람은 유희춘과 노수신을 가리킨 것이다.

-선조실록 1년 1월 13일 -

1573년[59세] 선조 6년 2월 우의정에 임명되었다. 유배에서 풀려난 지 6년만에 삼공의 지위에 오르니, 존중되어 임용됨이 비길 데 없었고 사방에서 기대를 걸었다.

당파의 시작점

선조 8년 당파가 크게 일어나자 노수신이 임금에게 아뢰어 심의겸과 김효원 두 사람을 외직에 좌천시키게 하였다.

1575년[61세] 선조 8년 10월 24일 김효원과 심의겸이 틈이 갈라져 김효원을 부령 부사로, 심의겸을 개성 유수로 삼았다. 이 때 심의겸과 김효원이 서로 대립하는 의논이 분분하여 그치지 않으니, 이이가 우의정 노수신을 보고 말하기를,

"두 사람은 모두 선비로서 검고 희고·옳고 그름에 대해 서로 대립하는 것이 다르고 또 참으로 틈이 생겨 서로 해치고자 하는 것도 아닙니다. 다만 말세의 풍속이 시끄러워 약간의 틈이 벌어진 것일 뿐인데, 근거 없는 뜬소문이 교란하고 조정이 조용하지 못하니, 두 사람을 모두 외직으로 내보내어 근거 없는 의논을 진정시켜야 할 것입니다. 그러니 대신이 경연에서 그 이유를 아뢰어야 되겠습니다." 하니, 노수신이 의심하기를, "만약 경연석에서 아뢴다면 더욱 시끄러워질지 어찌 알겠는가?" 하였다.

그러다가 간원이 아뢰어 이조를 탄핵함에 이르러 노수신은 심의겸의 세력이 일방적으로 강하다고 여겨 경연석에서 주상께 아뢰기를,

"근래 심의겸과 김효원이 서로 흠을 말하므로 이로 인하여 사람들의 말이 시끄러워 사림이 편치 못할 조짐이 있으니, 두 사람을 모두 외직에 보임하는 것이 마땅합니다." 하니,

주상이 이르기를, "두 사람이 말하는 것이 어떤 일인가?" 하였다.
노수신이 아뢰기를, "평소의 과실을 서로 말합니다." 하니,

주상이 이르기를, "한 조정에 있는 사람들은 서로 다 같이 공경하고 합심하여야 하는데도 서로 헐뜯는다고 하니 매우 옳지 못하다. 두 사람을 모두 외직에 보임하라." 하였다.

이이가 아뢰기를, "이 두 사람은 사이가 크게 나쁜 것은 아닙니다. 단지 우리나라 인심이 경박하고 말속의 시끄러움이 더욱 심하여, 두 사람의 친척과 친구들이 각각 들은 말을 전하여 고자질하였으므로 드디어 어지럽게 된 것입니다. 대신은 그것을 진정시켜야 되므로 두 사람을 외직으로 보내어 말의 뿌리를 끊으려는 것이니, 주상께서도 반드시 이 일을 아셔야 할 것입니다. 오늘날 조정에 드러난 간신은 없지만 그렇다고 소인이 없다고 할 수 있겠습니까. 만약 소인들이 이 두 사람을 붕당을 한다고 지목하여 둘 다 죄를 가려 벌을 줄 계획을 한다면 사림의 화가 일어날 것이니, 이것을 살피지 않아서는 안 됩니다." 하니,
주상이 이르기를, "대신은 마땅히 진정시킬 것으로 마음을 먹으라." 하였다.

1576년[62세] 선조 9년 3월 3일 김효원과 심의겸의 알력으로 당을 나누어 다투는 상황이 벌어졌다.

김효원과 심의겸의 두 당이 원수처럼 서로 공격하였다. 당초 심의겸이 김효원을 비방하자 김효원도 심의겸을 비난하여 각기 붕당이 나뉘었고 서로 알력하게 되었다. 김효원과 심의겸이 모두 외직으로 나가 있었으나 심의겸 쪽이 김효원 쪽보다 나아서 김효원 쪽의 당하관 문신들 가운데 유명한 사람이 많이 배격되었다. 이성중은 김효원과의 교분 때문에 논핵을 받아 철산 군수에 제수되었고, 정희적·노준도 그렇게 되었다. 붕당이 나뉘어 서로 공격하는 것이 당나라 때의 우이의 당과 같아서 사림의 조용하지 못함이 마침내 이 지경에 이르렀다.

– 선조실록 9년 3월 3일 –

1579년[65세] 선조 12년 3월 김우옹이 동·서 분당을 논하다.

김우옹이 주상에게 아뢰기를, "요즘 조정이 화평하지 못한 이유는 대체로 심의겸과 김효원이 서로 배척하는 데에 연유된 것입니다. 김효원은 자못 탁류를 제거하고 청류를 진작시키고 시비를 명백히 분별하여 뜻이 높고 올바른 논의를 부지하려 하였으며, 심의겸도 또한 훈구로서 사림을 부호한 공이 있는데, 외척으로서 정치에 간여하여 기세가 있기 때문에 그르게 여기는 것입니다. 이 두 사람이 서로 배척함으로 인하여 조정이 안정되지 않기 때문에 대신들이 그것을 걱정하여 두 사람을 외방으로 내보낼 계책을 세운 것으로 이는 본래 진정시키고자 해서 한 것이었습니다. 그런데 국정을 담당한 자들이 적임자가 아닌 사람을 인사부서에 끌어들여 힘써 김효원을 배척하기 위해 현명함과 우매함을 따지지 않고 자기의 당파만을 기용하여 정국을 혼탁하게 만들었으니 이에 대해서는 그 시비가 이미 명백해졌습니다.

김효원에게도 경솔한 병통이 있으니 일을 처리함에 있어 어찌 다 훌륭할 수 있겠습니까. 심의겸 또한 공로가 있고 별로 국가에 화를 끼친 죄가 없습니다. 그러므로 사대부 간의 의논이 같지 않아 거의 반반에 이르고 있으니 이것으로써 사람의 선악을 논할 수는 없습니다. 주상께서는 마땅히 공명정대한 마음으로 위에서 표준을 세워서 나와 너를 가릴 것 없이 오직 선한 자에게는 상을 내리고 악한 자에게는 벌을 내리소서. 그렇게 하시면 자연히 편당은 사라지고 훈훈한 기운으로 크게 화합될 것입니다." 하니, 주상이 받아들였다.

– 선조실록 12년 3월 25일 –

정여립을 추천한 죄로 삭탈관작 당하다.

1589년[75세] 선조 22년 겨울에 정여립의 난이 있어 옥사가 크게 일어났는데, 노수신은 일찍이 임금의 명이 있어 김우옹 등을 천거한 바 있었으며, 정여립은 당시 명예가 있었는 데다가 역시 천거인 가운데에 들어있었다. 임금이 말하기를, "노수신에게 높은 예우를 매우 후하게 하였는데도 죄인을 끌어다 쓰려 하였으니, 나라의 위망이 매여 있다. 의義는 매우 엄격하다." 하므로, 1590년 2월 노수신이 대문 밖으로 나가 죄인으로 자처하자, 임금이 대신의 말을 들어 판중추부사 벼슬을 파직하였는데, 이때 정철이 좌의정으로 있으면서 옥사를 주관하였다. 옥사는 점점 번져 벼슬아치들이 크게 연루되었고 인심은 두려워하였다. 어떤 사람이 예를 원용하여 변명하려 하자, 노수신이 말하기를, "이미 잘못 추천하였으니 법에 있어 용서될 수 없는 바다. 어찌 해명한다 해서 풀릴 일인가?" 하였다.

1590년[76세] 선조 23년 3월 18일 역적을 추천했던 노수신을 조정 공론에 의거하여 처치하라는 전교를 내렸다.

대신에게 전교하였다.
"영중추부사 노수신은 승정원에 재직하던 1584년 선조 17년에 어진 선비를 추천하라는 명을 받고 김우옹·이발·백유양·정여립 등을 추천했다. 이 추천서를 펴보니 나도 모르게 머리털이 곤두선다. 옛부터 이러한 대신이 있었는가? 이 대신을 내가 평소 우대했지만 국가의 흥망에 관계되는 바인 만큼 대신을 엄호하여 덮어줄 수는 없다. 조정의 공론에 의거, 처치하라.”

– 선조실록 23년 3월 18일 –

1590년[76세] 선조 23년 3월 19일 좌상 정철과 우상 심수경이 노수신을 견책하지 말기를 청하다.

좌상 정철과 우상 심수경이 아뢰기를,
“삼가 노수신에 관한 성상의 교지를 읽어보니 황송함을 견딜 수 없습니다. 노수신은 세상에 드문 대우를 받았고 종전에 없던 은총을 입었으니 왕실을 위해 있는 힘을 다 기울이고 나라를 위해 어진 이를 천거해야 마땅한데 천거한 자가 간신 역적들입니다. 바야흐로 그릇된 의논이 횡행하고 역도들이 명성과 위세를 양성할 때 그들을 계율을 금지하고 제어하는 한마디의 말을 하기는커녕 그들의 농간에 빠져 도리어 천거하였으니 그 죄를 진실로 피하기 어렵습니다. 또 변고가 일어난 뒤에도 오히려 죄를 기다릴 줄 모르고 오직 두어 마디의 말로써 범연하게 글로 아뢰고 물러났으니 노쇠와 미혹하고 그릇됨이 매우 심합니다.

그러나 이는 사람을 알아보는 눈이 밝지 못하고 일국의 기세에 눌려 그러했던 것에 불과합니다. 노수신은 4대의 조정을 거친 구신으로 노병이 이미 심하여 종창으로 지금 명맥이 실낱같으니, 전하께서는 구신을 대우함에 있어 시종 보존시킨다는 의리를 지키심으로써 엄한 견책은 내리지 말고 관용을 보이심이 사체에 합당할 듯합니다. 황공하게 감히 아룁니다.” 하니, 알았다고 답하였다.

– 선조실록 23년 3월 19일 –

1590년[76세] 선조 23년 3월 19일 사헌부와 사간원이 합사하여 노수신을 삭탈관작하기를 청하였다.

합사하여 아뢰기를, “노수신은 어진이를 천거하라는 명을 받고 곧 김우옹·이발·백유양·정여립을 천거했습니다. 이들 네 사람은 당시에 사적인 흔적이 다 드러나지

는 않았지만 그들의 흉악한 속임수와 음흉하고 사악한 정상에 대해 사대부들 중에
는 혹 환히 알고 있는 이도 있어서 심지어 훗날 이들이 틀림없이 국가에 화를 끼칠
것이라고 여긴 사람까지 있었습니다. 지금에 와서 정여립은 반역죄로 주벌되었고 이
발과 백유양은 역적에게 연루되어 장살되었으며 김우옹은 간사하다는 것으로 찬출
되었으니, 노수신이 천거한 자들이 과연 어떠합니까? 바야흐로 사의가 횡행할 때 그
성세를 서로 의지하여 역적들이 위를 능멸하는 마음을 조성시켰습니다. 뿐만 아니
라 조짐을 막고 간사함을 꺾는 말을 한마디도 한 적이 없음은 물론 도리어 그들을
천거하여 숭상 장려했습니다. 변고가 일어난 뒤에도 지난날 역적을 천거한 것으로
자책하지 않고 단지 조용히 처리할 것을 말했으니, 처음부터 끝까지 일을 그르친 죄
가 큽니다. 삭탈관작하소서." 하니, 파직하라고 답하였다.

– 선조실록 23년 3월 19일 –

세월이 흘러 1613년 광해 5년 6월 15일 광해군이 역적 정여립을 노수
신이 추천한 전말을 물으니, 영의정 이덕형이 아뢰었다.

왕이 이르기를, "노수신이 역적 정여립을 무슨 버슬에다 추천하였는가?"
하니, 영의정 이덕형이 아뢰기를, "갑신년 겨울에 선왕께서 하교하시기를 '지금 재주
가 있는 자를 내가 앞으로 크게 쓰겠으니, 대신들은 각각 추천하도록 하라.' 하자, 노
수신이 김우옹·김성일·백유양·이발·정여립 등 다섯 사람을 추천하였습니다. (대체
로 유학을 널리 본 사람으로 추천하였다) 그 뒤에 선왕께서 대신이 추천하였다 하여 특
별히 김우옹을 발탁하여 이조참판으로 제수하셨습니다. 기축년에 변이 생긴 뒤로
선왕께서 문서 가운데서 추천한 단자를 보고 하교하시기를 '내가 경을 가장 잘 대우
하였는데, 10년 동안 정승 노릇을 하면서 이 세 역적을 추천하였는가 하면 심지어
청요직에 의망하여 점차로 역모를 하게 하였다. 비록 사람을 모른다고 하더라도 나
라를 위하여 사람을 추천한 것이 잘못되었다고 하겠다.' 하셨습니다. 그런지 얼마 안
되어 대간이 노수신의 관작을 삭탈하자고 논핵하였으나, 선왕께서 끝내 윤허하지 않
으시고 파직만 하셨습니다." 하였다.

– 광해일기 5년 6월 15일 –

노수신의 졸기

1590년[76세] 선조 23년 4월 8일 승정원에서 노수신의 죽음을 아뢰었다. "전 영부사 노수신이 어제 졸하였습니다. 파직된 사람은 아뢰지 않는 것이 전례이지만 대신을 지낸 사람이므로 감히 아룁니다." 하니, 전교하기를, "해야 할 일이 있는지 전례를 상고해서 아뢰라." 하였다. 노수신의 졸기는 선조실록과 선조수정실록에 각각 남겼는데 선조실록에는 단 한줄로 죽음만 알렸고, 수정실록에는 제대로 된 격식을 갖추어 남기고 있다.

1590년[76세] 선조실록에 기록된 노수신의 졸기

전 영부사 노수신이 졸하였다.

1590년[76세] 선조수정실록에 기록된 노수신의 졸기

전 영중추부사 노수신이 졸하였다. 수신의 자字는 과회寡悔, 호號는 소재蘇齋이다. 그는 기묘 명신 이연경의 사위로서 그의 학문을 배워 스스로 장보章甫가 되었고 독서하며 예절을 지켰으므로 훌륭한 명성이 세상에 알려졌었다. 그가 성균관에 출입하게 되자 동렬의 유생들이 숙연한 자세를 취하여 태도와 행실이 달라졌으며, 과거에 급제하여서는 즉시 시종으로 들어가 인종이 동궁에 있을 때 강의관이 되었다. 그러나 얼마 지나지 않아서 섬으로 가 귀양살이 하다가 19년 만에 돌아왔다. 그는 곤욕스런 상황 속에서도 독서를 하고 문장을 저술하며 스스로 즐겼다. 조정에 돌아온 지 7년 만에 특별한 은총을 받아 발탁되어 재상의 지위에 있었는데 전후 16년 동안 대체적인 것만을 힘썼고 함부로 변경시키는 것을 좋아하지 않았다. 사람들이 간혹 건의한 것이 없다고 비난하였으나 따지려 하지 않았다. 이때에 사람을 잘못 추천한 죄로 파직되어 직책없는 직위에 있다가 근교의 가정집에서 졸하였는데 나이는 76세였다. 그는 일찍이 자기의 묘비명을 지었는데 그 글에 '하찮은 일에는 흐릿하여 끝내 누가된 적이 있지만 큰 뜻에는 분명하여 참으로 부끄러움이 없었다.' 하였다.

그가 지은 문집이 세상에 전해졌다. 그의 문장은 시에 가장 뛰어나 기발하고 정묘하여 일가견을 이루었으므로 한 편의 문장을 지어낼 적마다 사방의 학자들이 전파하였다. 그의 학문이 애초에는 매우 정밀하고 해박하여, 유림의 촉망이 이황보다 앞섰었는데 섬에 가 있으면서 나흠순의 곤지기困知記를 추존하였고, 인심·도심·집중 등의 설을 자기 나름대로 지어 주자의 견해에 이론을 제기하자 이황이 그르다고 하였다. 우리나라의 도학은 이황이 나옴으로부터 크게 밝혀졌다. 그런데 노수신은 유독 육상산 학문의 종지를 참작하여 사용하였는데 후인들이 더러는 추모하며 칭술하기도 하였다.

[승진과정]

1543년[29세] 중종 38년 갑과 장원급제, 성균관 전적, 11월 홍문관 수찬

1544년[30세] 4월에 시강원 사서, 퇴계 이황과 함께 서당에 선발되어
           도학道學으로 서로 칭찬하며 정중히 대하였다.
           중종승하, 인종즉위

1545년[31세] 인종 1년 1월에 사간원 정언, 이기를 탄핵하여 파면시키다.
           인종승하, 명종 즉위, 9월 이조좌랑, 소윤이 집권,
           을사사화가 일어나 이기의 보복으로 이조좌랑에서 파직

1547년[33세] 명종 2년 3월 노수신이 충주로 돌아간 지 3년에 부제학
           정언각이 벽서를 올림으로 인하여 '양재역 벽서사건'에
           관련 됐다는 허물을 덮어 쓰고 죄가 가중되어, 순천으로
           유배되었다가 9월에 진도로 안치되었다.

1547년[33세] 명종 2년 9월 19일 진도로 유배, 19년간 귀양살이

1565년[51세] 명종 20년 11월 괴산으로 옮겨졌다.

1565년[51세] 명종 20년 12월 신원회복

1567년[53세] 선조즉위년 10월 12일 석방, 복관. 10월 17일 홍문 교리.

1568년[54세] 선조 1년 1월 변절하지 않은 노수신 등의 발탁을 명하는
           전교를 내리다.

1568년[54세] 선조 1년 2월 직제학, 예문 응교 겸직. 5월 부제학,
           9월에 향리로 돌아가 어버이를 봉양할 것을 청하니,
           임금이 대신의 말을 받아들여 특별히 청주 목사에 임명
           12월 충청도 관찰사,
           숙흥야매잠해를 올리니 임금이 간행하게 하였다.

1569년[55세] 선조 2년 7월 당상관으로 승진, 부친상, 3년간 여묘살이

1571년[57세] 선조 4년 1월 대사간, 2월 대사헌,
           6월 호조판서, 11월 2일 대사헌, 11월 9일 부제학

1572년[58세] 선조 5년 이조참판, 7월 이조판서,
           10월에 이 시대 문장의 대표인물에 지목되었다.

1573년[59세] 선조 6년 1월 대제학, 2월 우의정

1574년[60세] 선조 7년 1월 2일 우의정 사직.
            2월 우의정 노수신이 1월분 녹봉을 받지 않았음을
            아뢰니 돌려주게 하다.
1574년[60세] 선조 7년 6월 노수신이 청렴하지 못하고 사사로운 정을 따라서 인사전형
            을 하여 사림이 실망하다.
1574년[60세] 선조 7년 윤 12월 김성일이 노수신이 사사로운 정을 써서
            사람들에게 벼슬을 준다고 공박하다.
1576년[62세] 선조 9년 3월 3일 김효원과 심의겸의 알력으로 당을
            나누어 다투는 상황이 벌어지다.
1578년[64세] 선조 11년 3월 판중추부사. 4월 우의정. 11월 1일 좌의정
1581년[67세] 선조 14년 11월 모친상
1583년[69세] 선조 16년 11월 좌의정
1585년[71세] 선조 18년 4월 좌의정 노수신이 사직하다.
1585년[71세] 선조 18년 궤장 하사. 5월 1일 영의정
1588년[74세] 3월 15일 영의정 사직. 판중추부사
1588년[74세] 5월 11일 영의정. 12월 1일 영의정 사직. 판중추부사
1589년[75세] 선조 22년 겨울에 정여립의 난을 일으켜 옥사가 크게 일어났다.
            정여립은 노수신이 천거한 사람이었다.
1590년[76세] 2월 판중추부사 파직
            노수신이, "이미 잘못 추천하였으니 법에 있어 용서될 수
            없는 바다. 어찌 해명한다 해서 풀릴 일인가?" 하였다.
1590년[76세] 선조 23년 3월 18일 역적을 추천했던 노수신을
            조정공론에 의거하여 처치하라는 전교를 내렸다.
1590년[76세] 3월 19일 좌상 정철과 우상 심수경이 노수신을 견책하지
            말기를 청하다.
1590년[76세] 선조 23년 3월 19일 사헌부와 사간원이 합사하여 노수신을
            삭탈 관작하기를 청하다.
1590년[76세] 선조 23년 4월 노수신이 죽다.
1591년[사후] 선조 24년 종계변무가 성사되자 그는 광국원종공신 1등에 특별히 추서

65. 유전 柳㙉

당파를 초월한 재상

생몰연도	1531년(중종 26) ~ 1589년(선조 22) [59세]
영의정 재직기간	(1589.2.1~1589.10.28) (9개월)
본관	문화文化 (황해도 신천)
자	극후克厚
호	우복愚伏
시호	문정文貞
군호	서령부원군
공훈	평난공신 (정여립의 난 수습)
출신	경기도 포천시 자작동 왕방산 밑
묘소와 신도비	경기도 포천시 일동면 길명리 군부대 안
기타	당파에 휩쓸리지 않고 묵묵히 소임을 수행한 영의정
증조부	유사의柳思義
조부	유연柳演 – 생원
부	유예선柳禮善 – 현감 (한음 이덕형의 외숙)
모	양세보楊世輔의 딸
부인	안동김씨 김업金業의 딸
장남	유회서柳熙緖 – 경기도 관찰사,
	첩으로 인해 임해군에 의해 살해당하다.

당파를 초월한 재상

유전의 자는 극후克厚이고 호는 우복愚伏으로 문화 유씨이다. 중조부
는 유사의이고, 조부는 생원을 지낸 유연이다. 아버지는 현감을 지낸 유
예선으로 집안이 그리 화려하지는 않았다. 어머니 양씨는 양세보의 딸로
1531년 유전을 낳았다.

유전의 기록은 전해지는 게 많지 않다. 국조인물고에도 기록이 없고,
각종 야사 기록에도 유전에 대해 다뤄진 것이 별로 없다.

1553년 명종 8년 23세 때 별시 문과 병과에 급제하여 첫 벼슬로 권지
부정자로 관직에 진출했다. 1556년[26세] 명종 10년에 재직관리들을 대
상으로 치룬 중시에 합격하였고, 독서당 인원을 선발할 때 학식과 문장
에 뛰어나 박순·정윤희·최옹과 함께 뽑혀 사가독서의 혜택을 받았다.
윤원형이 활개를 치던 명종 시대에 의기 왕성한 젊은 나이로 함께 지내
면서 홍문관 저작·부수찬, 시강원 사서, 사간원 정언, 홍문관 수찬 등
여러 청요직을 순조롭게 두루 역임하며 조정 내외의 신임을 받았다.

이때 임금이 유전을 비롯한 이양·정윤희·박순에게 족자에 그려진 그림을 주제로 시
를 지어 올리라는 명을 내릴 정도로 시에 뛰어났다.

1563년[33세]부터 1565년[35세]까지 교리, 병조좌랑, 형조정랑, 의정
부 검상, 사인, 홍문관 교리·응교, 사헌부 집의 등을 거쳤는데, 홍문관
응교로 있으면서 승려 보우와 윤원형을 탄핵하여 유배 보내는 데 앞장섰
다. 이후에도 사간과 응교로 주로 지냈는데 이때 사관의 평은 '남을 극해

하려는 마음이 없고 총명이 남보다 뛰어났다' 고 기록하고 있다.

선조 즉위년부터 선조 5년까지의 기록은 전해지지 않는다. 부모상의 경우 부모가 재상 반열에 있지 않거나, 본인이 요직에 있지 않는 한 일반적으로 기록이 없는 경우가 많다. 부친 유예선의 직위도 현감직에 머물러 졸기 기록이 없다.

1575년[45세] 선조 8년 사림이 동인과 서인으로 분열되어 갈등을 겪을 때 류선은 어느 당파에도 가담하지 않은 채 맡은 직무를 묵묵히 수행하여 적을 만들지 않았다. 1576년[46세]에는 병조참판을 지냈고, 1577년에는 대사헌을 지냈다.

1579년[49세]에 예조판서에 올라 재상 반열에 들었고 이듬해에 충청도 관찰사가 되어 외직으로 나갔다.

주위에서는 벼슬이 좌천되었다고 위로하였으나, 그는 "나라의 신하가 되어 진실로 유익하다면 군수·현감도 사양하지 말아야 하는데 무슨 말인가." 하며 오히려 나무랐다.

1581년[51세] 중앙으로 돌아와 정헌대부로 승진되며 병조판서가 되었다. 병조판서 재직시 본인의 출근길을 방해하며 자신의 하인을 둘러 메어쳐 던져버린 신익을 벌주지 않고 오히려 장수감이라고 임금께 천거하여 대인다운 풍모를 보였다.

율곡 이이와 더불어 흉신 윤원형·이기 등의 잔재세력을 쓸어내고 왕의 친정을 강화하는데 크게 힘썼다. 이때 자신의 출근길을 침범한 적이 있는 신익을 임금에게 추천해 선전관으로 삼게 하였다.

1583년[53세] 한성판윤을 거쳐 1585년[55세] 선조 18년에 우의정이 되었고 3년 후에 좌의정이 되었다가 이듬해 영의정까지 오르니 국정 최고의 수반으로써 책임자가 된 것이다.

유전은 당파가 극성을 부릴 때도 초연하게 특정 당파에 휩쓸리지 않고 꼿꼿한 자세로 직위를 지키며 국정을 이끌었다.

1589년[59세] 선조 22년 10월 2일 유전이 영의정으로 재직하던 중에 정여립의 난이 발생하였다. 정여립이 진안 죽도에서 자결하고 난이 평정되니, 유전은 반란을 다스린 공으로 평난공신 2등에 추록되고, 시령부원군이 되었다. 불천지위不遷之位로 국가에 큰 공이 있어 영구히 사당에 모시고 제사를 지내게 하는 은전이 내려졌다.

유전은 10월 난을 수습하느라 고생한 탓으로 갑자기 병세가 악화되었다. 그해 10월 28일 "하늘이 도와 역적을 제거하고, 종사를 보전하게 되었으니 이제 편히 눈을 감을 수 있다." 는 말을 남기고 세상을 떠났다.

정여립의 난

1589년[59세] 선조 22년 10월 2일 황해감사 한준의 비밀 장계가 들어왔다. 이날 밤 삼정승·육승지·의금부 당상관들을 급히 들어오게 하고, 숙직을 서던 총관, 옥당의 상·하번들도 모두 입궐하도록 명하였는데, 검열 이진길 만은 들어오지 못하게 하였다. 임금이 비밀 장계를 내려서 보이니, 안악군수 이축, 재령군수 박충간, 신천군수 한응인 등이 역적 사건을 고변한 것이었다. 그 내용은, 수찬을 지낸 전주에 사는 정여립이 모반을 하여 괴수가 되었는데, 그 일당인 안악에 사는 조구가 밀고한 것이었다. 즉시 의금부도사를 황해도와 전라도에 나누어 보내고 이진길을 의금부에 가두게 하였다. 이진길은 정여립의 생질이었다. 이때 유전이 정여립의 난을 친히 국문하며 임금을 곁에서 모시느라 밤낮으로 궁궐을 떠나지 않았기 때문에 임금의 총애를 받았다.

[선조 22년 10월 7일]
의금부 도사 유담의 상소장에, 정여립이 도주했다 하였는데, 글을 올렸다. 주상이 대신 및 포도대장을 불러 사로잡을 계책을 의논한 뒤 전주부윤 윤자신과 판관 나정언에게 그 이튿날 말과 군관을 주어 출발시켰다.

[10월 15일]
황해도의 죄인 이기·이광수 등이 정여립과 반역을 공모한 사실을 승복하여, 군기시 앞에서 잡아 가두고 후에 당고개에서 교수하였다.

[10월 17일]
안악의 수군 황언륜 등이 정여립의 집에 왕래하며 반역한 일을 승복하여 처형하였다. 선전관 이용준 등이 정여립이 숨어 있는 죽도를 포위하자 정여립이 자결하였다.

[10월 20일]
정여립과 공모한 박연령을 창으로 찔러 책형[60]에 처하였다. 주상이 선정전에 납시어 정옥남과 도주했다가 체포된 박연령 등을 친국하자 박연령이 정여립과 반역을 공모한 사실을 승복하므로, 군기시 앞에서 기둥에 묶어 찔러 죽이는 처형을 하였다.

[11월 12일]
정여립과 관련되어 초사[61]에 나온 정언지 등 조정 신하들을 벌하다. 주상이 선정전에 임어하였는데, 정언신·정언지·홍종록·정창연·이발 등이 정여립의 조카 정즙의

---

60) 책형磔刑 : 죄인을 기둥에 묶어놓고 찔러 죽이던 형벌.

61) 초사 : 죄인의 범죄 사실에 대한 진술서로 공사供辭 또는 공초供招라고도 함.

초사에 관련되어 나온 일 때문이었다. 아울러 정언지·홍종록·이발에게는 먼 곳에 유배를, 정언신에게는 중도유배를, 정창연에게는 석방을, 백유양·이길에게는 먼곳 유배를 명하였다.

[12월 12일]
낙안 교생 선홍복의 집에서 정여립과 통한 문서가 나왔는데 정철 등이 꾸민 일이다.

[12월 26일]
전주에 있는 정여립 조부 이상의 분묘를 이장하고 족속들은 딴 고을에서 살라고 전교하다. "전주는 어향(역대 왕조 임금의 고향)이니 전주에 있는 정여립의 조부 이상의 분묘를 그곳 본관은 낱낱이 파내어 그 친척으로 하여금 이장하도록 하고, 또 그의 멀고 가까운 친척들도 모두 전주에서 내쫓아 딴 고을에 살도록 하라." 하였다.

[선조 23년 1월 1일]
정여립의 옥사를 마치고 공신들을 포상 장려하라는 전교를 내렸다. "이번 정여립의 난은 종전에 없던 일인데 그 거사가 두어 달 밖에 안 남았었으니, 만약 박충간 등이 협모하여 체포하고 의에 의거하여 토벌하지 않았던들 종묘사직이 어떻게 되었겠는가? 그것이 신하된 자의 직분이라고는 하지만 진실로 평범하게 포상할 수는 없다. 그 충성을 포상하고 그 공을 보상하는 상전을 거행하지 않을 수 없으니 역대왕조의 전례에 의해 원훈 박충간·이축·한응인·민인백·이수·강응기는 공신으로 삼으라. 대신들과 상의하여 공이 있는 사람을 참작하여 녹훈하되 대신 이하 추국관도 아울러 녹훈할 것으로 의정부에 내리라." 하였다.

[2월 1일]
영중추부사 노수신을 파직하였다. 주상이 대신에게 전교하기를, "노수신은 일찍이 갑신년에 의정부에 있으면서 현인을 천거하라는 명을 받고는 이에 김우옹·이발·백유양·정여립을 천거하였다. 내가 우연히 문서를 들춰보다가 이 사실을 알고는 나도 모르는 사이에 머리카락이 곤두섰다. 예로부터 이런 대신이 있었던가? 노수신에 대해서는 내가 우대해야 하겠으나 흥망이 걸린 문제라서 덮어둘 수 없으니 조정의 공론에 따라 처리하려 한다."

[4월 1일]

정여립을 김제 군수와 황해 도사로 천거했을 때의 이조 당상과 정·좌랑 명단을 보고 하였다.

정여립을 김제 군수로 천거한 병술년에는 이조판서 이산해, 참판 이식, 참의 백유양이 당상이었고 정랑은 유근·정창연·강신이었다. 황해도사로 천거한 기축년에는 이조판서 이양원·정탁, 참판 정언지, 참의 이성중이 당상이었고, 정랑은 이항복, 좌랑은 강신이었다.

간원이 아뢰기를, "역적 정여립이 역심을 품은 지가 일조일석이 아닐 터인데 이조가 김제군수와 황해도 도사에 천거까지 하였으니 당시의 이조당상과 낭청을 아울러 파직하소서." 하니,

답하기를, "역모가 드러나기 전인데 천거한 것이 무슨 죄가 되겠는가? 파직은 불가하다. 소요스럽게 하지 말라." 하였다. 연일 아뢰었으나 끝내 윤허하지 않았다.

-선조실록 22년 10월 ~ 23년 4월 -

정여립의 아버지 정희증은 대대로 전주 남문 밖에서 살아왔다. 처음 정여립을 잉태할 때에 꿈에 정중부가 나타났고, 날 때에도 또 같은 꿈을 꾸었다. 친구들이 와서 축하하였으나 그는 기뻐하는 빛이 없었다. 나이 7, 8세에 여러 아이와 놀면서 까치 새끼를 잡아 주둥이로부터 발까지 뼈를 부러뜨리고 살을 찢었다. 정희증이 이를 보고, "누가 이렇게 못된 짓을 했느냐"고 물으니 한 여종이 먼저 사실대로 대답하자 정희증이 노하여 정여립을 크게 꾸짖었다.

그날 밤 정여립이 종 아이의 부모가 방아 찧으러 나가고 아이 혼자 자고 있는 것을 보고 들어가서 칼로 배를 갈라 죽였다. 그 부모가 돌아와서 보니 자리에 피가 가득하고 아이는 죽어 있었다. 발을 구르면서 통곡하니 이웃 사람들이 모여들어 시장바닥 같았다. 그때 정여립이 어두운 구석에 숨어 있다가 나오면서, "내가 한 짓이니 괴이하게 여기지 마라" 하

고 조금도 기가 꺾이지 않았다. 듣는 이가 해괴하게 여기고 혹은 말하기를, "악장군惡將軍이 났다"라고 하였다.

그 뒤에 정여립의 나이 15, 16세가 되었을 때 그 아버지 정희증이 현감이 되었는데, 정여립이 따라가서 한 고을 일을 전부 제 마음대로 처단하니, 아전들은 정여립의 말만을 따르게 되자 정희증이 혀만 찰 따름이었다.

김제에서 장가를 들어 그곳에서 살았고 과거에 급제하였지만 벼슬을 버리고 돌아와서 글 읽기에 힘쓰니, 이름이 전라도 일대에 높이 나서 죽도竹島 선생이라고 일컫기에 이르렀다. 그러나 성질이 흉악하여 형제가 5, 6명이나 되어도 다 서로 용납하지 못하고 안팎의 친척들이 원수가 되지 아니한 이가 없었다.

이웃에 양반족의 청상과부가 있었는데 재산이 많고 재가할 뜻이 없었다. 정여립이 그 집안이 강도와 연결되었다고 관청에 무고하여 그 집 노비를 잡아 가두게 하고 밤을 틈 타 과부를 강간하여 마침내 첩으로 삼았다.

정여립은 널리 배우고 많이 기억하여 경전을 통달하였으며 의논이 과격하며 언변이 뛰어났다. 이율곡이 그 재간을 기특하게 여겨 맞이하고 소개하여 드디어 청현직에 올려서 이름이 높아졌는데, 이이가 죽은 뒤에 정여립은 도리어 그를 비방하니 임금이 미워하였다. 이에 정여립은 벼슬을 버리고 전주에 돌아가 나라에서 여러 번 불러도 나가지 않고, 향리에서 세력을 키우며 조심히 반역을 도모하다가 일이 발각되자 자살하였다.

- 연려실기술 권14, 선조고사본말-

유전의 졸기

유전의 졸기도 선조실록과 선조수정실록 두 곳에 남아 전해 진다.

1589년[59세] 선조 22년 10월 28일 영상 유전의 졸기 〈선조실록〉

영상 유전이 죽었다. "하늘이 도와 역적을 제거하고, 종사를 보전하게 되었으니 이제 편히 눈을 감을 수 있다." 는 말을 남기고 세상을 떠났다.

1589년[59세] 선조 22년 10월 1일 영의정 유전의 졸기 〈선조수정실록〉

영의정 유전이 졸하였다. 유전은 왕의 친국에 옆에서 모시느라 밤낮으로 궁궐을 떠나지 않고 옥사의 진상을 자세히 평의하여 가볍고 무거움에 대해 마음을 다하니 주상이 바야흐로 의지하여 중하게 여겼다. 그런데 어느 날 한질이 걸려 갑자기 병들어 그대로 일어나지 못하고 졸하니 주상이 애도를 표하고 애석히 여겼다. 유전은 소년 시절부터 재주가 있었고 명종 때 과거에 올라 청요직을 두루 지냈으나 풍속에 따라 부침하였으므로 선비들이 그를 가볍게 여겼다. 선비류가 분열하게 되어서는 조정에 완전한 사람이 없었는데, 유전은 훈구신으로서 말할 만한 장단점이 없었다. 마침내 영의정에 임명되어서는 국사에 힘을 다하다가 몸을 마치니 조정이 모두 애석해 하였다.

그의 죽음을 전해 들은 선조가 "대신이 죽으니 놀람과 슬픔을 이길 수 없다. 역적을 국문하며 국사를 위해 애쓴 바가 많았는데, 이제 그를 잃음으로써 나의 팔다리를 잃었으니 아픈 마음 이길 수 없구나!" 하며 몹시 슬퍼하였다. 유전은 1575년 사림이 동인과 서인으로 분열되어 갈등을 겪을 때 어느 편에도 가담하지 않고 일생을 마쳤다. 당파에 초연했던 유전의 뒤를 적극적으로 챙겨주는 신하가 없었다.

경기도 포천군 일동면 길명리 금주산 기슭에 유전의 묘소가 있는데, 그의 시호를 올리는 행장은 예조판서 김이익이 정리하였고, 묘표가 세워 졌다.

유전의 누이가 지중추부사 이민성의 아내가 되어 명정승 이덕형을 낳으니, 영의정까지 오른 이덕형이 곧 유전의 생질이었고, 이덕형이 또한 영의정 이산해의 사위가 되니, 유전은 일세를 풍미한 재상들과 인연이 깊었으며, 유전의 외손 이경증은 인조 때 병조와 이조의 판서를 지낸 명신이었다.

첩을 두고 일어난 아들 유희서의 죽음과 임해군의 행패

유전이 죽은 지 15년이 지난 1604년 선조 37년 1월 1일 유전의 아내 김씨를 모욕한 임해군의 노비를 국문했다가 석방하였다.

사헌부가 아뢰기를,
"고 영의정 유전은 훈구대신이고 그 아내 김씨도 존귀한 명부입니다. 이제 임해군의 노비들이 도적 김덕윤[62]의 시체를 끌고 가서 김씨의 방에다 던져넣고, 이어 김씨의 머리채를 잡고 구타하는 모욕을 가했으니, 사실을 살펴 정죄하소서." 하였다.

이 일로 박삼석 등을 국문하였는데, 박삼석은 김덕윤이 살해를 교사한 일을 매우 자세히 진술하였고, 이어 임해군이 유희서의 첩인 애생과 간통하고 모의하여 유희서를 죽인 일까지 말하였다. 이에 의금부에서 애생도 아울러 국문했는데, 박삼석이 의금

---

62) 김덕윤은 임해군의 노비인데 큰 도둑 설수 등과 함께 유희서를 죽인 자이다.

부에 와서는 말을 바꾸어 모두 허위자백이라고 하니, 주상이 그들을 모두 석방하였다.

승정원에 전교하기를,
"유희서의 아들 유일은 한 명의 도적을 사주하여 임금의 큰아들을 제거하고 아비의 애첩을 도륙하려 하였으며, 포도대장 변양걸은 대장으로서 도적을 추문할 때 엄하게 하지 않아 일로 하여금 한 뜰에 뒤섞여 들어와 불측한 말을 날조하게 하였으니, 모두 엄히 국문하여 정죄하라." 하니,

의금부가 변양걸과 유일에게 고문을 가하였다. 유일의 조모인 김씨가 다시 상소하여 유일의 원통함을 호소하니, 주상이 그것을 보고 나서 하교하기를,

"유일은 철저히 심문하여 정당한 형벌을 받아야 될 것이나 이제 유전 부인의 호소를 보니 내가 매우 측은하다. 사형을 감하여 유배하라." 하였다.

사관이 기록하기를 애생은 의주의 관창으로 유희서의 첩이 되었는데, 임해군이 보고 좋아하여 드디어 간통하고는 김덕윤을 시켜 노수 등을 매수하여 유희서를 죽였다. 그 아들 유일이 아비가 도적의 손에 죽은 것을 원통히 여겨 도당들을 몰래 염탐한 끝에 노수와 김덕윤 등을 체포하여 아뢰었다. 그런데 그들이 심문도 하기 전에 모두 죽어버렸고, 또 박삼석 등이 의금부에 도착했을 때도 엄히 국문하지 않아 이 때문에 일이 다 글러져 버렸다. 그리하여 유일이 도리어 신문을 당하고 끝내는 멀리 유배되었다. 그 당시 왕자들의 교만한 행패와 국가 기강의 해이를 가히 알 수 있다.

– 선조실록 37년 1월 1일 –

1604년 선조 37년 1월 23일 사헌부가 유전의 집에 시신을 메고와 행패부린 자들을 처벌할 것을 건의하다.

사헌부가 말씀을 올리기를,
"졸한 영의정 유전의 아내 김씨가 본부에 상소장을 내기를 '아들 유희서가 살해된 뒤로 이제 한 해가 지났으나 관사의 관원이 법을 집행하지 못하여 죄인을 일찍 잡지 못하였으므로 밤낮으로 원통하여 울고 있는데, 이달 13일에 임해군의 종이라고 칭

하는 자 30여 명과 여인 3명이 도둑 김덕윤의 시신을 메고 집안으로 돌입하여 죽은 아들의 관을 버려두고 말하기를 '유희서의 어미·아내·자녀들은 이 시신을 함께 먹으라.' 고 하므로, 여자들이 황급하여 어쩔 줄 몰라하며 며느리·손녀와 함께 울면서 밖으로 나왔다.

그러자 여자인 나의 머리채를 잡아 끌고 밀고 차고 때리고 욕하였으며 며느리도 때릴 즈음에 마침 이웃 사람들이 구제해 주어 다행히 다치고 죽는 것을 면하였다.

또 14일 밤에 활과 칼을 가진 자 40여 명이 포위하여 시신을 빼앗고는 '감히 나오는 자가 있으면 반드시 죽일 것이다.' 고 말하며 갖가지로 공갈하므로 더욱 마음이 아팠다. 위에서 궁에 딸린 사내종이라고 칭한 정달마·정업·벌여 등은 우선 잡아다가 엄히 추문하여 법에 따라 죄를 다스리고, 전후에 데리고 온 세력에 의지하여 난을 일으킨 자들도 모두 낱낱이 추궁한 다음 죄를 주어 나라의 기강을 중하게 하고 지극히 분통한 것을 풀어 달라.' 하였습니다.

유희서의 죽음은 지극히 흉악하고 참혹하거니와, 이른바 김덕윤이란 자는 이미 도둑의 우두머리인 설수의 진술에서 나왔으나 미처 실정을 불기 전에 옥중에서 지레 죽었으니, 이것은 참으로 유씨 집의 처지로 볼 때 지극히 분통한 일이라 하겠는데 어찌 이 시신을 가지고 도리어 유씨를 욕보일 수가 있겠습니까. 더구나 유전은 이미 작고하였더라도 훈구대신의 집이고 김씨는 존귀한 작위를 받은 부인인데, 한낮에 서울 안에서 시신을 메어다가 집안에 던지고 머리를 잡아끌며 부인을 때리고 욕하였으니, 이것은 참으로 지금까지 없던 변고입니다. 무릇 보고 듣는 자들이 모두 통탄하는데도 이것을 다스리지 않는다면 법의 기강을 어떻게 믿겠으며 죄인을 어떻게 징계할 수 있겠습니까. 관할사를 시켜 죄를 범한 사람들을 낱낱이 잡아서 조사하여 법에 따라 죄를 정하소서." 하니, 아뢴 대로 하라고 답하였다.

- 선조실록 37년 1월 23일 -

1604년 선조 37년 3월 30일 형조가 김덕윤의 의붓자식에 대한 형벌을 우선 정지할 것을 건의하다.

형조가 문서를 올리기를,
"증거서류에 대해 허가하신 당초의 임금의 뜻에 '임종한 영의정 유전의 아내 김씨의 집에 시체를 던진 정달마 등 30여 인을 일일이 잡아내어 법대로 정죄하라.' 고 하셨기에 즉시 병졸을 풀어 끝까지 찾아 체포하려 했습니다마는, 이 자들이 낌새를 채고 도피해 버리는 바람에 이름과 주거지가 기록되지 않은 자는 더욱 찾아낼 근거가 없게 되었습니다. 명이 내렸는데도 바로 받들어 거행하지 못해 황송하고 안타깝던 차에 마침 김덕윤의 의붓아들 오룡을 잡게 되었으므로 신문하기를 아뢰었는데, 형장을 견뎌내고 자복하지 않기에 예에 따라 형벌을 더할 것을 아뢰었습니다.

그런데 삼가 참작해서 하라는 분부를 받고 다시 헤아려 생각해보건대, 오룡은 김덕윤에 대해서 친 부자간과 같은 관계가 아니니, 시체를 던진 경위를 잘 모를 수도 있으리라 여겨집니다. 우선은 형벌을 정지하고 각 사람들이 잡히기를 기다리는 것이 어떻겠습니까?"

하니, 윤허한다고 전교하였다.

사관은 논한다. 유전의 집에 시체를 던진 변은 진실로 고금에 없었던 일이다. 따라서 관할 담당이 자로서는 법에 의거하여 끝까지 찾아서 기어코 잡아야 마땅할 것인데 지체하며 두려워하고 있다가 임시변통으로 영합하는 짓을 하였다. 그러다가 참작해서 하라는 분부를 받게 되자 감히 왜곡되게 말을 하여 오룡에 대한 형벌을 정지하기까지 하였다. 오룡은 김덕윤의 의붓아들이니, 이미 부자간이라는 명분이 있고 보면 아비의 시체를 던져 놓은 것을 어찌 아들이 알지 못할 리가 있겠는가. 아, 나라가 나라 구실을 할 수 있는 것은 법이 있을 뿐이다. 옛적에 고수가 살인을 하면 순이 몰래 아비를 업고 도망할 것[63]이라고 했으니, 이는 아들이 천자라도 그 아비의 살인죄를 용서할 수는 없었기 때문이다. 그런데 더구나 궁궐이라고 용서할 수 있는 것이겠는가. 그런데 용서해 줄 뿐만 아니라 또 따라서 엄폐하고 비호하기까지 했으니, 삼척의 법률을 장차 어디에다 시행할 것인가. 거조가 이러하니 나라가 위태로워질 것이다. 앞서는 금오가 삼석을 두 차례만 진술을 받더니, 뒤에 와서 추국관이 오룡의 신문을 정지했다. 벼슬자리를 잃게 될까 걱정하는 이 무리들의 마음이 숨김없이 드러났으니, 비루하기 짝이 없다. 어찌 거론할 가치가 있겠는가.

– 선조실록 37년 3월 30일 –

---

63) 순임금의 아버지가 몰래 사람을 죽였다면 순임금은 어떻게 하겠는가 ? 라는 질문에 맹자가 답하기를 순임금은 왕자리를 헌신짝처럼 버리고 몰래 아버지를 업고 도망가 바닷가 외진 곳에 살 것입니다 라고 했다 함.

[승진과정]

1552년[22세] 명종 7년 진사시 합격
1553년[23세] 명종 8년 별시 문과 병과 급제, 정 9품 권지 부정자
1556년[26세] 명종 11년 문과중시 병과 급제,
　　　　　　독서당의 인원을 선발할 때 학식과 문장에 뛰어나 박순·정윤희·최옹과
　　　　　　함께 뽑혀 사가독서의 혜택을 받았다.
　　　　　　12월 홍문관 정자
1557년[27세] 명종 12년 4월 홍문관 저작
1558년[28세] 명종 13년 2월 홍문관 박사, 2월 홍문관 부수찬,
　　　　　　2월 시강원 사서, 3월 홍문관 부수찬, 4월 수찬, 5월 정언,
　　　　　　6월 수찬, 7월 정언, 11월 부수찬 등 여러 청요직을
　　　　　　순조롭게 두루 역임하며 조정 내외의 신임을 받았다.
1559년[29세] 명종 14년 2월 독서당 학사, 5월 병조좌랑, 6월 부수찬,
　　　　　　8월 수찬, 12월 부교리
1562년[32세] 명종 17년 5월 부교리
1563년[33세] 명종 16년 1월 부교리, 3월 교리, 6월 병조좌랑,
　　　　　　10월 형조정랑, 10월 11일 수찬, 10월 19일 의정부 검상,
　　　　　　11월 의정부 사인
1564년[34세] 명종 19년 7월 홍문관 교리
1565년[35세] 명종 20년 1월 5일 홍문관 부응교, 1월 11일 사헌부 집의,
　　　　　　5월 응교, 11월 집의, 12월 부응교
1566년[36세] 명종 21년 2월 응교, 3월 사간원 사간, 4월 사간원 사간,
　　　　　　4월 홍문관 부응교, 8월 홍문관 응교
1567년[37세] 명종 22년 1월 승정원 동부승지, 4월 우부승지
1573년[43세] 선조 6년 동부승지. 11월 도승지
1575년[45세] 선조 8년 사림이 동인과 서인으로 분열되어 갈등을 겪을 때 어느 편에도
　　　　　　가담하지 않고 일생을 마쳤다.
1576년[46세] 선조 9년 병조참판
1577년[47세] 선조 10년 대사헌
1579년[49세] 선조 12년 2월 예조판서, 예문관 제학 겸직
1580년[50세] 선조 13년 충청도 관찰사
1581년[51세] 선조 14년 정 2품 정헌대부로 승진, 병조판서
1583년[53세] 선조 16년 한성부 판윤

1585년[55세] 선조 18년 5월 우의정에 발탁
1588년[58세] 선조 21년 5월 20일 명나라 사은사, 12월 좌의정
1589년[59세] 선조 22년 2월 1일 영의정

유전은 당파가 극성을 부릴 때도 초연하게 특정 당파에 휩쓸리지 않고 꼿꼿한 자세로 직위를 지키며 국정을 이끌었다.

1589년[59세] 선조 22년 10월 2일 정여립의 난과 기축옥사.
1589년[59세] 정여립의 난을 평정한 공으로 평난공신 2등에 추록,
           시령부원군
1589년[59세] 선조 22년 10월 28일 영상 유전이 죽다. 〈선조실록〉
1589년[59세] 선조 22년 10월 1일 영의정 유전이 죽다. 〈선조수정실록〉

66. 이산해李山海

6세의 신동으로 선조의 총애를 받다

생몰연도	1539년(중종34)~1609년(광해1) [71세]
영의정 재직기간	1차 (1590.4.1~1592.5.1) 2차 (1600.1.21.~1600.4.28) (2년4개월)
본관	한산韓山
자	여수汝受
호	아계鵝溪, 종남수옹終南睡翁, 죽피옹竹皮翁, 시촌거사菻村居士
묘소	충남 보령군 주포면
공훈	광국공신(종계변무)
신도비	영의정을 지낸 채제공이 썼다.
저서	아계집鵝溪集
기타	6살의 신동, 선조의 총애를 받던 영의정, 정철을 귀양 보내다.
7대조	목은 이색李穡
5대조	이계전 – 판중추부사
증조부	이장윤李長潤
조부	이치李穉 – 사헌부 감찰
부	이지번李之蕃 – 내자시정, 현감
모	의령남씨
서모	충주지씨
부인	양주 조씨 – 좌참찬 조언수의 딸
장남	이경백李慶伯
장녀	이씨
2 남	이경전李慶全
2 녀	이덕형에게 출가 – 영의정
3 녀	유성에게 출가 – 아내가 병이들자 손가락 피를 흘려 넣어 소생시켰다.
4 녀	응형에게 출가
3 남	이경신
4 남	이경유李慶愈 (요절)
숙부	이지함(토정)

학연으로 대북파의 영수가 되다

이산해의 자는 여수汝受이고, 호는 아계鵝溪·종남수옹終南睡翁·죽피옹竹皮翁·시촌거사榊村居士 등으로 본관은 한산이다. 사육신 이개의 종고손이 된다. 고려 말 성리학자 목은 이색의 7대손으로, 6대조는 중추원사를 지낸 이종선이며, 5대조는 판중추부사를 지낸 이계전이다. 이계전은 세종대왕의 왕릉을 여주로 이장할 때 이계전이 묻혔던 산소 자리를 세종께 물려주고 여주 점동면으로 이장하여 대대로 벼슬자리를 보장받은 셈이다. 4대조는 성균관 대사성을 지낸 이우이며, 증조부는 봉화현감을 지낸 이장윤이고, 조부는 사헌부 감찰을 지냈다. 아버지는 내자시 정을 지낸 이지번으로 어머니는 의령남씨이다. 토정비결을 지은 이지함이 숙부로 집안 내력이 대대로 명문가 출신이다.

이산해의 아버지가 꿈을 꾸었는데 중국의 관문 산해관에서 잉태하는 꿈을 꾸고 그를 낳았다 하여, 이름을 이산해라 하게 되었다.

이산해가 태어났을 때 우는 소리를 듣고 작은아버지였던 이지함이 그의 아버지에게 말하기를 "이 아이가 기특하니 잘 보호하십시오. 우리 문호가 이로부터 다시 흥할 것이오" 라고 했다 한다.

5세가 되어서 이지함이 그의 총명함과 지혜로움을 기특하게 여겨서 태극도를 가르쳤는데, 곧 천지 음양의 이치를 알아서 태극도를 가리키면서 따져 물었다. 글을 읽기 시작하면 밥 먹는 것을 잊었으므로 밥을 기다리는 동안 운자를 불러주고 시를 짓게 하였는데 운자에 따라 거침없이 시를 지었다.

腹飢猶悶況心飢 배주리는 것 걱정이면 하물며 마음 주림이야

食遲猶悶況學遲 먹기 더딤이 걱정이면 하물며 공부 더딤이야

家貧尙有治心藥 집은 가난해도 마음 다스릴 약은 있사오니

須待靈臺月出時 모름지기 마음속에 달 뜰 때를 기다리소서.

배 채우기 보다 마음 기르는 일이 더 급하고, 몸 상하면 약 있으니 염려 말라는 기막힌 시구였다. 운필하는 것이 귀신같아서 신동이라고 일컬어졌으며, 여섯 살 때에는 초서·예서를 잘 써서 이름이 널리 알려졌다. 그의 총명함이 조정에까지 전해져 명종에게 불려가 그 앞에서 글씨를 쓰기도 했다.

이산해는 열 세살 때 충청우도 향시에 나가 장원으로 뽑혔다. 삼촌인 이지함에게서 학문을 수학하다가 뒤에 남명 조식을 찾아가 그의 문인이 되어 수학하였다. 조식의 문하에서 만난 김우옹, 정구, 곽재우, 정인홍 등은 그와 같은 북인을 형성한다. 정구와 김효원도 그처럼 조식의 문하와 이황의 문하를 동시에 수학하기도 했다. 이황의 문하에서 만난 류성룡은 후일 그와 같은 동인의 창당에 참여하지만 대립하게 된다. 1545년 을사사화 때 친지들이 화를 입자 충청도 보령으로 이주를 하였다. 그의 총명함을 알고 윤원형이 자기의 딸과 결혼시키려 하자, 아버지 이지번은 즉시 벼슬을 버리고 이지함과 함께 단양의 구담으로 피신해서 숨어 살았다.

선조임금이 일찍이 몸이 허약해 보이는 이산해를 보고 칭찬하기를 "말은 입에서 나오지 못할 것 같고, 몸은 옷을 이겨 내지 못할 것 같으나 한 뭉치의 참된 기운이 속에 차고 쌓여서 바라보면 존경심이 저절로 생긴다." 하였다. 이산해는 인망이 높아 젊은 나이에 재상의 반열에 올랐으나 물욕이 없어 집 한칸, 밭 한 자락도 마련하지 못하였다. 도량이 심후한 데다 청렴하고 근신하기로 이름이 났는데 오랫동안 이조판서의 자리

에 있으면서 사류들을 진출시켜 인망이 높았다. 거처에 손님이 찾아오면 깔아 줄 방석이 없어 말 안장을 내놓기도 하였고, 비가 내리는 날이면 빗물이 떨어지지 않는 곳을 가려 자주 옮겨 앉았다. 헤어진 옷차림과 거친 음식으로 끼니를 겨우 때우면서도 항상 태연하고 의젓하였다. 언제나 값싸고 허름한 셋집을 얻어 살았으니 쓸쓸하고 곤궁하기가 이를 데 없었다. 그의 동지이자 그가 천거한 인물이 임국로, 남이공, 홍여순, 송언신, 이각, 정인홍, 유영경, 이이첨 등으로 이들은 광해군 대에 대북 정권을 형성하였으나 인조반정 이후로 모두 타도되었으므로 그에 대한 평가는 부정적인 평가 일색이었다.

관직에서 은퇴한 이후에도 부원군의 신분으로 정사에 참여하였으며, 대북파의 영수로서 조정에 영향력을 행사하였다. 그러다가 만년에 이르러 세상에 영합하여 지위를 잃을까 걱정하는 비루한 인물이라는 비난을 면치 못하였으니, 이는 대체로 '불초한 아들 이경전이 사람답지 못한 자들과 결탁하여 말을 만들어내고 사건을 일으키므로 빚어진 것이었다.' 는 반론도 있다.

동서분당 싸움의 시작과 정철과 쌓여 간 악연

1565년[27세] 명종 21년 그동안 세력을 부리던 윤원형과 심통원 일파가 몰락하자 신진 사림들이 정계에 진출하였다. 남명 조식과 이퇴계의 문하생이며 서경덕의 계열이기도 했던 이산해는 이율곡이 스승 이황의 학설인 이기이원론을 반박하는 것을 보고 분개하였고, 유성룡·정온·박승임·정인홍 등과 함께 동인의 당을 결성하였다.

1577년[39세] 선조 10년 대사간이 되었다. 이산해는 서인의 공격수가 되어 서인계 인사들의 비리와 의혹을 집중 부각하여, 공격하였다.

대사간으로 재직 중이던 선조 11년에 진도군 이수의 뇌물 사건을 접한 이산해는 윤현·윤두수·윤근수 세 사람의 죄악을 파헤쳐 공격하여 서인의 거물인 윤두수·윤근수 등의 비리를 탄핵하여 파직시켰다.

사헌부와 사간원이 윤두수·윤근수·윤현을 논핵하여 파직시켰다. 당시 사류들이 두 파로 나뉘어져서 전배를 서인이라 하고 후배를 동인이라 하였다. 후배들은 모두 당하관의 명사들로 홍문관 예문관 등의 관각(館閣)[64]에 자리 잡고 있어서 그 성세가 매우 성대한 데 반해 몇 사람 안되는 전배는 조정에 몸담은 지가 오래되다 보니 결점이 점점 생겨서 번번이 후배에게 지적을 받고 있었으므로 당시 관직으로 나아가려는 자들은 모두 동인 편에 붙었다. 그리하여 팔뚝을 걷어붙이고 놀이 삼아 담론을 하되 모두 동인은 정당하고 서인은 사특하다고 하였다. 뿐만 아니라 전배 중에 그들을 두려워하여 구차하게 몸을 사리는 자들은 도리어 선비에게 자신을 낮춘다는 명분을 세워 후배들에게 아부하곤 하니 전배 중에 나이 젊은 후진은 전배들의 자제 두세 사람뿐이었다.

그러나 김계휘만은 비록 서인이라고 불렸지만 재능과 인망이 있었으므로 젊은 사류들이 중시하였다. 당시 윤현·김성일이 함께 전랑이 되었었는데 서로의 논의에 모순이 있어서 마침내 틈이 생겼다. 윤현의 숙부 윤두수·윤근수가 모두 지혜가 밝으며 덕행이 높아 인망으로 요직에 있으면서 서인을 부추기고 동인을 억제하고자 하는 뜻을 가지고 있었기 때문에 동인들이 더욱 윤현을 질투하였다. 그리고 윤두수는 성품이 간술하여 몸과 마음을 검속하는 일이 적었고 집에 있을 때도 자못 청렴하지 못하다는 기롱이 있었다. 후배 중에서 그 점을 탄핵하고자 하는 자가 있자 김계휘가 저지하며 말하기를,

"지금 선비의 논의가 들끓고 있으니 그것을 진정시키도록 노력해야지 공격을 하는 것을 옳은 일이 아니다." 하였는데, 이 일 때문에 김계휘 역시 후배들에게 의심을 받

---

64) 홍문관과 예문관의 관청을 동시에 일컫거나, 두 기관에서 문한文翰의 임무를 담당한 관직을 말하기도 한다

게 되었다. 수찬 강서가 경연에서 아뢰기를, "사류들이 동인과 서인으로 갈라졌는데 두 쪽 모두 쓸 만한 사람들입니다. 그러니 한 쪽 사람은 버리고 한 쪽 사람만 취해서는 안 됩니다." 하였다. 그제야 주상이 동이니 서니 하는 말을 알게 되었다. 정철은 서인만을 주장하였고 이발은 동인만을 주장하였는데, 두 사람은 모두 주요관직을 지고 있어서 당시 사람들에게 추대를 받고 있었다. 그래서 이율곡이 매양 정철과 이발 두 사람에게 말하기를, "그대들의 의논을 화평하게 유지하고 마음을 함께하여 협조해간다면 사림은 아마 무사할 것이다." 하였는데 그 말이 매우 간절하였다. 정철은 그 말을 듣고 자기 소견을 바꾸어 이발과 더불어 교분을 정하고 조정의 의논을 전개하였다. 그러나 동인 중에 뒤늦게 붙좇는 자들이 다투어 서인을 공격해 제거하는 것으로 진취의 계제로 삼고자 해서 모두 윤현·윤두수·윤근수 세 윤씨를 사악의 괴수라고 지목하였는데 유성룡 등 두세 사람만은 그들을 따르지 않았다.

당시 무안현감 전응정이 뇌물을 바친 사실이 발각되어 하옥시킨 다음 국문을 하였는데 조정 의논이 이 일로 인하여 뇌물을 경계로 삼고 있었다. 김성일이 진도군수 이수가 쌀을 운반하여 윤현·윤두수·윤근수 세 사람에게 뇌물로 주었다는 말을 들었는데, 이것은 아마 이수가 윤씨 집과 친척이었기 때문에 죄에 빠뜨리려는 자들이 말을 만들어낸 듯하다. 김성일은 매우 노하여 경연에서 이수도 뇌물을 주었다고 아뢰었는데 대간이 마침내 이수를 탄핵하여 구속해 신문하였다.

주상이 또 뇌물을 준 자만을 다스리고 뇌물을 받은 자를 다스리지 않는 것을 옳지 않다고 명하자, 부제학 허엽이 당시 동인의 종주였는데 마침내 양사가 뇌물을 받은 자를 논핵하지 않은 잘못을 탄핵하여 직을 바꾸게 했다. 새로 제수된 대간이 마침내 세 윤씨를 죄주어 탐욕스러운 풍속을 징계하라고 아뢰었으나 주상이 윤허하지 않았다. 대사간 김계휘가 휴가를 받아 고향에 가 있었는데 그 말을 듣고 말하기를, "젊은 이들이 마음 씀씀이가 공정하지 못하니 이들과 함께 일을 하지 못하겠다. 내가 차라리 죄를 얻고 물러나는 것이 좋겠다."

하고, 곧 서울에 올라와 복명하고 즉시 아뢰기를, "윤현·윤두수·윤근수 이 세 사람은 모두 어진 선비로 임용된 자들이니 별로 대단한 과오가 없을뿐더러, 지금 그들이 뇌물을 받았다는 일에 있어서도 사실인지 아닌지 알 수 없습니다. 어떻게 남몰래 죄에 빠뜨리려는 자들이 만들어 낸 말이 아닌지 알겠습니까. 우선 옥사가 이루어지기를 기다렸다가 죄를 다스려도 늦지 않을 터인데 먼저 세 사람의 이름을 뽑아서 범연히 죄를 다스리고자 청한 것은 선비를 대우하는 도리가 아닙니다. 사류의 진퇴는 관계되는 바가 가볍지 않은 것이어서 부득이 고치도록 아룁니다." 하였다.

이에 후배들이 들고 일어나 성을 내면서 김계휘가 나라 망칠 말을 하였다고 지적하고 마침내 논핵, 교체시켜 전라 감사로 내보냈다. 헌납 심충겸도 김계휘의 의논에 편들다가 또한 배척을 당하였다.

그러자 양사가 분격하여 대사헌 박대립, 대사간 이산해가 윤현·윤두수·윤근수 세 사람의 죄악을 파헤쳐 마구 공격하였는데 그것은 모두 사헌부 장령 이발이 떠도는 말을 주워 모아 직접 써서 아뢴 것이었다. 이리하여 조정이 마침내 대단히 시끄러워졌는데 동인·서인의 싸움이 붙었다고 지목하게 되었다. 정철과 이발의 논의가 또다시 크게 어긋나 동인·서인이 다시 화합될 희망이 없게 되었다.

이때 전 옹진현령 이신로 역시 뇌물을 준 일 때문에 탄핵을 당하고 하옥되었는데 뇌물을 받은 자는 우의정 노수신이라고 사람들이 말하였지만, 대간의 의논이 아울러 탄핵하기에 곤란하다 하여 중지하였다. 그러자 논의하는 자들은 이수를 가리켜 고래 싸움에 새우만 죽은 격이라고 하였는데, 당시의 의논이 병되게 여기면서 옥사가 이루어지지 않고 도리어 윤현·윤두수·윤근수 세 사람에게 당할까 염려하여 법조문을 각박하게 하느라고 못하는 짓이 없었다.

사헌부가, 이수가 뇌물로 준 쌀을 장사꾼인 장세량의 집에 두었다는 말을 듣고 다른 일을 핑계로 하여 장세량을 체포 구속하여 의금부에 이송하고 또한 물의가 그르게 생각한다는 이유로 이신로의 사건에 관계된 증인까지 추궁하여 체포해서 그 일을 정당화시키려 하였다. 유생 정여충이 우연히 남의 말을 전했다가 그 또한 체포되어 혹독한 형신을 받아 거의 죽을 뻔하였는데 이 일로 이신로도 석방되었다.

장세량은 본래 진도의 공물 납부자로 그 집에 둔 쌀은 공물의 값으로 바치는 쌀이었고 문서도 모두 보존되어 있었다. 그런데 마침 진도의 향리 중에 이수와 원한을 맺은 자가 있었는데 그가 말하기를, "만약 나를 신문한다면 옥사가 이루어질 것이다." 하니, 사헌부가 즉시 아뢰고 그 향리를 가두니 '이수가 세 윤씨에게 뇌물로준 쌀'이라고 진술하였다. 그러나 장세량과 이수는 끝까지 승복하지 않았다.

그러나 주상은 향리가 이미 자복한 것을 가지고 대간의 논의에 따라 윤현·윤두수· 윤근수 세 사람을 파직시켰다. 이후로는 동인에 가담한 자들이 날로 늘어났으며 세속을 따르는 옛 신하로 노당老黨이라 불리던 자 중에 일찍이 서인에게서 소외되었던 자들은 모두 동인에 붙어서 요직에 앉아 권세를 부리며 감정을 풀었다. 그리고 거창한 논의를 스스로 본받아 청론과 탁론이 뒤섞이고 탐욕을 부리는 풍속이 더욱 치성하여 함께 동아리가 되었다. 이리하여 다시는 격양의 논의가 없어지고 선배로서 숙덕과 인망이 있고 맑은 명성을 가진 선비들이 용납되지 못했다. 3품 이상의 관직을 가진 자가 동인 명사 중에는 아주 적었다. 그러므로 명종 조에 권력 간신에게 물들었던 자로서 첫 번째 정사에 배척을 받은 자들이 모두 다시 삼사의 장관이 되어 형세가 펴지게 되었다.

– 선조수정실록 11년 10월 1일 –

이산해가 대사간으로 있으면서 서인에게 맹공격을 가한 것에 불만을 품은 서인들은 그가 요직에 적합하지 않다며 임명에 반대하고 나섰다. 그때마다 이산해는 그의 글재주와 문장력, 언변을 인정한 선조의 각별한 신뢰로 반대를 무릅쓰고 취임할 수 있었다.

1583년[45세] 선조 16년 10월 다시 이조판서가 되었다. 그러나 이산해가 이조판서에 임명된 것에 대해 서인들의 반발이 거셌고, 이듬해인 2월 여러 차례 사직 상소를 올렸으나 반려되었다.

1584년[46세] 선조 17년 2월 이조판서 겸 예문관 대제학이 되었다. 2월 6일 직접 조정을 찾아 숙배한 뒤에 사직하자 선조는 간곡히 권유하면서 사직하지 말라고 명하였다. 그러나 이산해는 사직했고, 바로 대제학에 임명되었다. 2월 24일 대제학 사직을 세번 청하였으나 왕이 허락하지 않았다. 결국 이산해는 다시 이조판서가 되었다. 이에 서인 정철의 일파인 김응생 등이 한 사람에게 오랫동안 인사권을 쥐면 권한이 비대해질 우려가 있다고 공격했다. 서인들은 김응생의 주장에 동조하며, 그의 실명을 언급하지 않고 편협하고 한쪽에 치우친 인물이 인사권을 장악하면 우려스럽다며 우회적으로 이산해를 공격했다. 그러자 선조는 왕년에 경안군이 유성룡을 참소하더니, 금년에는 김응생이 이산해를 참소한다고 역정을 냈다. 이 두 사람은 국가의 기둥인데 소인배들이 헐뜯고 있다는 것이었다. 이산해는 이를 정철의 사주로 해석하였다. 그해 이조판서로 홍문관과 예문관의 대제학을 겸임하였고, 그 뒤 예조판서, 병조판서를 역임하고 뒤에 대제학, 판의금부사 등을 겸임했다. 그러나 서인들의 공격과 소문, 험담은 계속되었다.

1585년[47세] 1월 김우옹과 이산보 등이 입궐하여 이산해가 서인들에게 공격받는 것을 공론화시켰다. 김우옹은 정철·신응시 등이 사당을 끌어들여 조정을 탁란시켰는데, 전하의 밝은 판단에 힘입어 이산해를 이조의 장관으로 삼아 위임하셨기 때문에 저들이 방자하게 행동하지 못하는 것이라 하였다. 또한 이산해가 배척받는 이유를 '신이 다 알 수는 없지만 정철이 사귀고 등용시키려고 한 자들은 모두 군소배들로 이산해가 배척하여 쓰지 않은 자들이 많습니다. 이산보는 같은 집안의 일이니 모르는 것이 없을 것입니다. 임금께서 불러서 물으소서.' 라 하였다.

결국 선조가 이산보에게 질문하자 이산보는 그렇지 않다고 답했고, 다시 김우옹에게 '그대의 뜻으로는 정철이 이산해를 모함하려고 한다고 여기는가?' 하고 되묻자 김우옹은 '신이 그것을 알 수는 없지만 정철이 사귀는 군소배들을 이산해가 배척했기 때문에 이 무리들이 갖가지 계책으로 동요시켜 그 형세가 매우 위태롭습니다.' 하였다. 이산보가 '이산해는 신의 종형으로 어떠한 잘못이 있는지는 모르겠으나 비난하는 사람들이 많으니, 교체시켜 온전하게 해주소서.' 하니 선조가 참소에 흔들림은 없을 것이라 안심한 뒤 김우옹과 이산보를 돌려보냈다.

서인 정철의 제거와 남인·북인의 분파

1589년[51세] 정여립이 역모를 도모했다는 황해감사 한준의 비밀장계가 올라온 날 밤 열린 중진회의에서 선조는 이산해에게 정여립이 어떤 사람인지부터 물었다. 고변 내용을 몰랐던 영의정 유전과 좌의정 이산해는 알지 못한다고 했고, 우의정 정언신은 정여립이 "독서인임을 알 뿐"이라고 말했다.

당시 세 사람의 정승 모두가 동인이었다. 정언신이 정여립의 옥사를 고발한 자를 죽여야 된다고 하자 이산해는 있을 수 없는 일이라며 반박하였다. 정언신이 "정여립을 고발한 자들 10여 명만 죽이면 뜬 말이 스스로 가라앉을 것이다."라는 말에 대하여, 대사헌 홍성민이 선조에게 "정언신의 말은 신과 유홍은 혀를 찼고, 이산해도 처음엔 그 불가함을 말하였다. 정언신이 재삼 말하자 이산해도 조금 굽혀서 '다시 생각해보니 솔직하게 말하면 정언신의 말도 옳다'고 하였습니다."라고 하여 이산해를 모략했다. 옥사에 정여립과 전부터 관계있던 사람을 모두 조사하게 되자, 선조는 그와 교제한 사람들은 조사하지 말라는 명을 이산해에게 내렸다.

> "정여립과 교제한 사람들을 논란하는 것은 진실로 옳은 일이다. 그러나 요즘 상황으로 보아 사건이 널리 번질 조짐이 있으니, 의논이 과격한 사람은 제재하도록 권유하거나 혹 만나서 아뢰기를 바란다."

정여립의 옥사 심문 때 선조는 좌의정 이산해, 우의정 정언신 등에게 심문관이 되어 죄인들을 심문하게 했다. 그러나 서인 정철은 상소를 올려 정언신이 정여립의 일가이니 재판관으로는 적당하지 않으므로 교체해야 한다고 주장했다. 결국 선조는 정언신 대신 정철을 우의정으로 제수하고 심문관으로 삼았다.

정철과 서인 세력은 정여립의 난을 동인 세력을 타도할 절호의 기회로 삼아 기축옥사를 일으켰다. 이때 정언신·정개청·백유양·이발·이길 등 많은 동인이 죽거나 귀양을 갔다. 이때 정철은 전라도 유생 정암수를 사주해 이산해를 얽어 넣으려고 했으나 이산해에 대한 선조의 신임이 두터워 뜻을 이루지 못했다.

1589년 12월 14일 호남 유생 정암수를 비롯한 50여 명이 '이산해·유성룡·나사침·나덕준·정인홍·정개청이 정여립과 한 몸과 같은 사이였다고 하면서, 그들을 진퇴시킬 것을 요구하는 상소를 올렸다. 이 상소를 받은 선조는 크게 노하여 오히려 이산해·유성룡을 만나 위로하고, 정암수 이하 10여 명에게 죄를 줄 것을 명했다. 이에 사헌부와 사간원에서 글을 올려 죄주지 말 것을 청했으나 선조는 응하지 않았다.

이산해는 심문관인 정철이 동인을 몰살시키려 했다고 판단했고, 그 배후로 성혼을 지목했다. 한편 서인들이 당시 형장의 책임자는 정철이 아니라 동인 유성룡이라고 주장하자 이산해는 서인들에 대한 반감과 원한, 불신이 한층 더했다. 이산해는 정치인이면서 동시에 학자였고, 수많은 문하생을 거느린 성리학자이기도 했다. 우의정 정언신이 정여립의 9촌 아저씨라는 이유로 끌어다 국문을 열었다. 이산해도 심문관으로 참여하였으나 소극적으로 대하였다.

1590년[52세] 선조 23년 4월 이산해는 의정부 영의정에 임명되었으나 신병을 이유로 사직 상소를 올렸다. 그러나 선조는 비망기를 내려 이산해를 불러들였다. 서인에서는 이산해가 평소 정여립에게 우호적이었던 점과 그가 이조판서 재직 중인 1586년에 정여립을 김제 군수로 추천했던 점을 지목하며 이산해와 정여립이 친한 것처럼 몰고 갔고, 이산해도 여러 번 사직 상소를 올렸으나 그때마다 왕이 반려시켰다. 이후부터 이산해는 기축옥사의 참혹함을 보고 서인에게 원한을 품고 서인 공격의 선봉장이 된다.

1591년[53세] 선조 24년 선조의 병환이 잦은 데다가 나이가 40이 넘었으므로 후사를 빨리 정해야 된다는 공론이 일기 시작했다. 유성룡이 우의정으로 승진하면서 이조판서를 겸직하여 좌의정 정철을 찾아갔다.

"우리가 국가의 중한 책임을 맡게 되었으니 마땅히 큰일을 해야 할 것이오. 왕비에게는 왕자가 없고 후궁에게는 왕자가 많이 있지만 아직 국가의 근본을 정하지 못하고 있으니, 세자를 세울 계책을 의정부에서 수립해야 할 것이고, 우리가 이 일에 힘써야 할 것이오."

이에 정철이 "옳은 말이오. 그러나 영상이 잘 들을까?"라고 하자, 류성룡은 "우리 두 사람이 하자고 하면 영상이 어찌 듣지 않을 수 있겠소" 하니 정철도 그리하기로 승낙했다. 두 사람의 요청에 이산해는 좌의정 정철과 우의정 유성룡, 대사헌 이해수, 부제학 이성중 등을 의정부로 불러 광해군을 후사로 정해야 된다고 결정하였다.

유성룡과 정철 두 사람은 영의정 이산해에게 의논하여 경연 석상에서 선조에게 세자책봉을 주청하기로 기약했지만, 이산해는 기약한 첫날에 나오지 않았고, 두 번째 약속한 날에도 나오지 않았다.

이때 이산해는 겉으로만 조정의 의논에 따르는 척하고 내심으로는 다른 뜻을 갖고 있었다. 이산해는 정여립 사건 때 정철과 적이 되지 않기 위해 정언신의 후임으로 정철을 추천하기도 했지만, 기축옥사 이후부터는 서인들을 몰아내고 정권을 장악하기 위해 절치부심하며, 기회를 노리던 중이었다.

당시 선조는 인빈 김씨의 소생인 신성군에게 마음이 기울고 있었다. 이산해는 인빈의 오빠인 김공량과 가까웠으므로 그 사실을 알고 있었다. 이산해와 김공량은 상당히 친했는데, 이산해는 세 정승이 함께 모여 세자책봉을 주청하기로 약속한 날, 병을 핑계로 정청에 나가지 않았으며, 세자책봉 주청 전날 아들 이경전을 시켜 인빈 김씨의 오빠인 김공량을 찾아가 그동안 있었던 이야기를 모두 전한 다음 "정철이 광해군을 세자로 옹립하고 난 다음 인빈과 그 소생인 신성군을 죽이려고 모의하고 있다." 라고 덧붙였다. 이를 들은 김공량은 즉시 인빈에게 달려가 그 말을 전했고, 인빈은 선조에게 울면서 궐 밖으로 내보내 해달라고 청하였다.

그 후 이산해는 만조백관들을 이끌고 선조에게 가서 후사를 세울 것을 주청했다. 선조는 누가 후사로 적합하겠는가를 문의했고, 좌의정 정철은 바로 광해군이 영명하니 세자로서 적합하다고 추천했다. 이때, 대사헌 이해수, 부제학 이성중 등이 정철의 주청에 동의했고, 동인인 유성룡과 이산해는 침묵을 지켰다. 진노한 선조는 그 자리에서 정철을 파직하고, 정철의 주청에 가세했던 서인인 이해수, 이성중 등은 관직을 강등하고 외지로 쫓아냈다.

파직하여 유배된 정철의 처벌을 놓고, 동인 내에서도 의견이 갈라지게 된다. 유성룡과 우성전은 정승을 역임한 고관이라 죽일 수는 없다며 선처를 호소하였고, 이산해는 정여립의 난과 기축옥사를 잊었느냐며 분개해 했으며, 정인홍 등은 유성룡과 우성전을 공박했다.

강경파였던 이산해는 사간원과 사헌부의 동인들에게 양사가 합계하여 탄핵할 것을 지시했고, 김수와 우성전은 유배로 끝내야 한다는 온건론을 주장했다. 정철을 사형에 처해야 된다는 이산해와 정인홍의 주장과 사형은 지나치다는 유성룡과 우성전 간에 논쟁이 벌어졌다.

강경파들은 유성룡과 우성전을 공격하면서 우성전이 축첩을 한 것과 부모의 상중에도 기생 첩이 수시로 우성전의 집에 출입한 점을 지적했다.

이산해는 기축옥사와 정여립의 난으로 연좌되어 억울하게 죽어간 사람들의 원한을 어떻게 풀 수 있느냐며 온건론을 강하게 비판하였고, 정철의 처벌 수위 문제를 놓고 동인은 심한 내분에 휩싸이게 된다.

임진왜란 발발 직전에 정철의 치죄 문제와 전랑 천거 문제 등을 놓고 동인 세력간 대립하여 동인은 남인과 북인으로 갈라지게 되는데, 이는 정철을 죽이자는 강경파와 죽이지는 말고 유배를 보내자는 온건파 사이의 갈등이 표면화된 것이다. 이때 이산해는 정철을 죽여야 된다고 강력하게 역설했다. 정철을 살려두면 다시 음모를 꾸며 동인을 일망타진하려 들 것이니, 이번 기회에 정철을 죽여야 된다는 것이다.

우성전과 이산해가 대립하게 되면서 사람들은 이때부터 우성전의 집이 남산 밑에 있었기 때문에 그들을 남인이라 불렀고, 이산해의 집이 서울의 북악산 밑에 있었기 때문에 그들은 북인이라 불렀다. 유성룡은 우성전의 편을 들어 남인이 되고, 이산해와 정인홍, 이발은 북인이 되었다.

후에 북인은 선조 뒤를 이을 임금 자리를 놓고 광해군을 지지하는 대북과 영창대군을 지지하는 소북으로 갈라지는데 이산해는 대북의 편에 섰다.

남인과 북인의 분당은 정철의 처벌이나 전랑 천거 이전에 이미 이황 학파와 조식 학파 간 사물관, 이론의 차이에 기인한 것으로, 기氣를 부정적으로 보고 이理로써 기를 다스려야 된다는 이황 학파와, 이理와 기氣를 논하는 것은 공리공담이라고 본 조식 학파의 이념 갈등에서 비롯된 것이다.

이산해는 아들 이경전을 통해 정철을 탄핵하게 하여 실각시켜 강계로 유배시키고, 호조판서 윤두수, 우찬성 윤근수와 백유성·유공진·이춘영·황혁 등 서인의 영수급을 파직 또는 귀양보내고 동인의 집권을 확고히 하였다.

이산해의 졸기

이산해의 졸기도 선조실록과 선조수정실록으로 두 개가 전해진다. 당파싸움으로 인한 역사에 대한 편견이 가해진 것이다.

1609년[71세] 광해 1년 8월 23일 아성 부원군 이산해의 졸기 〈선조실록〉

아성 부원군 이산해가 죽었다. 전교하기를,
"아성 부원군은 국가의 미래를 내다보는 원로로 그의 학식과 덕망과 두터운 명성과 인망은 족히 집에 누워서도 여론을 진정시킬 만하였다. 내가 지금 그 병이 낫기를 기다려 중흥의 재상으로 삼으려 하였는데, 갑자기 부음을 들으니 애통함을 이기지 못하겠다. 모든 상례에 관한 일들을 현임 대신의 예에 따라 할 것을 해당 관청에 말하라." 하였다.

사관은 논한다. 임금이 소인에게 미혹된 것은 선왕이 이산해에게 미혹된 것과 같은 경우가 없었다. 그러나 말년에 이르러 비로소 깨닫고 하교하기를 '이산해의 마음은 길가는 사람도 안다.' 하였는데, 지금까지 조정 안팎에서 그 말을 외우고 있다. 그런데 이제 왕이 그를 국가 미래를 내다보는 조정 원로와 중흥의 재상에 비교한 것은 무엇 때문인가? 이산해가 스스로 광해군 등극의 공훈이 있다고 자부했는데 왕도 자기에게 공이 있다고 여겼기 때문인가? 그러나 김 귀인과 결탁하고 선왕의 뜻을 받들어 세자를 세우는 일을 방해하고 막은 것은 바로 이산해가 주모자였는데, 왕만이 유독 깨닫지 못하였다. 그래서 불행히도 하늘의 죗값이 시행되지 않아 제집에서 늙어 죽었으니, 온 나라 사람들이 모두 그 죽음을 기뻐하고 그 늦은 것을 한스러워 하였다. 그런데 심지어 하교하기를 '애통함을 이기지 못하겠다.'고 까지 하였으니, 이것이 이른바 인정을 거스른다는 것이다.

또 사관은 별서로 이렇게 기록해 두었다. 이산해는 어려서부터 지혜롭고 총명하여 일곱 살에 능히 글을 지으므로 신동이라 불리었다. 자라서는 깊은 마음에 술수가 많아서 밖으로는 비록 어리석고 둔한 듯하지만, 임기응변을 할 때에는 변화무상함이 귀신과 같았다. 오래 인사권을 잡다가 재상에 이르렀는데, 그가 처음 여러 관직을 임명할 때에는 청탁을 완전히 끊어서 문 앞이 엄숙하니, 사람들이 그 사심이 없음을 칭송하기도 하였다. 선조께서 그의 부드러우면서도 검약함을 좋아하여 대우해 주며 의심하지 않았다. 좋은 명성을 얻은 뒤로는 조정의 권한을 잡고 그가 처음에 골라 등용한 두세 소인배를 심복으로 삼아, 한밤중에 몰래 불러 은밀히 의논하면서 인물을 평가하여 등용하거나 탄핵하여 내칠 것을 모두 결정하였다. 그런 후에 그 두세 사람이 모두 차례로 오른팔과 근신의 벼슬에 올랐기 때문에, 사람들도 감히 어디에서 그렇게 된 것인가를 지적하여 배척하지 못하였고, 주상도 한 시대의 공론으로 인정하였다. 그가 좋아하지 않는 자는 비록 권력의 요직에 있더라도 계책을 써서 내치고, 그가 좋아하는 자는 비록 죄를 받고 있더라도 반드시 계책을 써서 뽑아 올리므로 '아계현鵝溪峴'이라 불리웠으니, 그가 요직에서 통함과 막힘을 결정했기 때문이다. 그러다가 기축년 정여립의 모반사건과 신묘년 정철의 축출에 정세가 여러 차례 변하여 그 마음의 행적이 폭로되었다. 그가 처음에는 정철에게 붙어서 그를 끌어들여 함께 정치를 하다가, 정철에게 용납되지 못함을 안 뒤에는 또 떠도는 말로 몰래 궁궐과 내통해 그를 모함하여 그 당파를 일소하였다. 이 때문에 조정이 반목하니, 시정의 아이들과 촌사람도 모두 그 이름을 부르며 비웃었다.

유성룡 등 여러 사람들이 모두 그와 나란히 서는 것을 수치스럽게 여겨, 그와 틈이 생기자 유성룡을 헐뜯어 급기야 그 당파에서 떠났다. 그 마음의 술수는 대개 주상의 뜻을 받들고 영합하여 교묘히 아첨함으로써 먼저 임금의 뜻을 얻은 뒤에, 몰래 역적이란 이름으로 남을 모함하였다. 한때의 간사하고 탐욕스런 무리들로, 임국로·홍여순·송언신·이각·정인홍·유영경 등으로부터, 나아가 광해 때 권세를 부리던 삼창三
를⁶⁵⁾의 무리에 이르기까지, 비록 서로 갈라져 공격하기도 하고 시종 어긋나기도 하였지만, 궁궐 내의 총애받는 자들과 결탁하여 선한 선비들을 배척 모함하는 것은 대체로 이산해에게서 시작된 것이다. 그리고 그 자신은 비록 한가하게 벼슬하지 않는 때에도 그가 배치해 놓은 자들이 모두 그의 당파로 광해 조에 이르러서는 그 재앙이 하늘에 닿았다. 인조반정 뒤에 논의하는 자들이 그 원흉의 죄를 추후에 바로잡고자 했으나 역시 감히 하지 못하였으니, 그는 역시 소인 가운데 우두머리였다. 기자헌이 일찍이 말하기를 "이산해는 아마 용과 같은 사람이다. 붕당이 있은 뒤로 이와 같은 사람을 처음 보았다."고 했으니, 대개 그 지혜와 술수에 깊이 감복하여 상대하기 어려움을 꺼려서 한 말이었다.

1609년 광해 1년 8월 23일 아성 부원군 이산해의 졸기〈선조수정실록〉

아성 부원군 이산해가 죽었다. 전교하기를,
"아성 부원군은 국가의 미래를 내다보는 원로로 그의 학식과 덕망과 두터운 명성과 인망은 족히 집에 누워서도 여론을 진정시킬 만하였다. 내가 지금 그 병이 낫기를 기다려 중흥의 재상으로 삼으려 하였는데, 갑자기 부음을 들으니 애통함을 못하겠다. 모든 상례에 관한 일들을 현임 대신의 예에 따라 할 것을 해당 관청에 말하라." 하였다.

---

65) 삼창三를 : 광해군 때 권세를 부리던 세 사람. 광창 부원군 이이첨, 밀창 부원군 박승종, 문창 부원군 유회분을 이른다.

[승진과정]

1558년[20세] 명종 13년 진사시에 합격, 성균관에 입학
1560년[22세] 명종 15년 4월 명종이 친히 주관한 성균관 제술시험에서
           1등하여, 3차시험인 전시殿試에 직부 자격 부여
1561년[23세] 명종 16년 식년시 문과 병과 급제, 승문원 권지 부정자
1562년[24세] 명종 17년 홍문관 정자,
           명종의 명을 받고 경복궁 간판의 글씨를 썼다.
           항상 춘추관의 사관을 겸직하여 실록 작성에 참여
1563년[25세] 명종 18년 3월 홍문관 정자, 7월 홍문관 저작,
           8월 홍문관 부제학, 10월 홍문관 박사,
           12월 승정원 후보자 8명에 선발되어 사가독서
1564년[26세] 명종 19년 부수찬, 박사, 수찬, 사간원 정언, 병조좌랑,
           홍문관 수찬 등을 역임, 6월 명나라 사신 원접사의 종사관,
           10월 사간원 정언
1565년[27세] 명종 21년 1월 홍문관 부수찬, 사간원 정언, 5월 이조좌랑
1567년[29세] 명종 22년 1월 명나라 사신 원접사 종사관,
           2월 홍문관 부교리, 4월 홍문관 교리
           명종승하 선조즉위, 홍문관 직제학, 명종실록 편찬에 참여,
           11월 이조정랑, 의정부 사인, 사헌부 집의, 직제학
1568년[30세] 선조 1년 8월 실록청 낭청, 행 홍문관 교리, 응교
1570년[32세] 선조 3년 5월 직제학, 구황 적간어사
1571년[33세] 선조 4년 6월 사간원 대사간, 9월 이조참의
1573년[35세] 4월 대사간, 5월 대사간, 6월 대사간, 8월 대사간,
           8월 24일 이조참의, 10월 성균관 대사성,
           10월 15일 홍문관 부제학, 12월 대사간
1574년[36세] 선조 7년 1월 대사간, 4월 다시 대사간, 7월 우승지
           9월 대사간, 10월 이조 참의
1575년[37세] 선조 8년 2월 대사간, 부친상, 3년간 여묘살이
1577년[39세] 선조 10년 이조참의, 예조참의, 형조참의, 공조참의,
           성균관 대사성, 승정원 도승지, 사간원 대사간
1578년[40세] 선조 11년 대사간, 홍문관 대제학, 승정원 도승지, 대사성
1579년[41세] 선조 12년 가선대부로 승진, 대사헌, 7월 부제학,
           8월 김명원을 탄핵하여 의주목사로 좌천

1580년[42세] 선조 13년 병조참판. 3월 대사헌
            5월 대사헌, 9월 형조판서, 10월 형조판서
1581년[43세] 선조 14년 4월 11일 대사헌, 4월 17일 이조판서.
            6월 모친상, 3년간 시묘살이
1583년[45세] 선조 16년 상례를 마치고 복직하여 이조, 예조, 병조판서.
            지경연사. 판의금부사. 홍문관 대제학.
            9월 의정부 우찬성, 10월 이조판서
1584년[46세] 선조 17년 2월 이조판서 겸 예문관 대제학
1585년[47세] 선조 18년 좌찬성, 10월 이조판서
1587년[49세] 선조 20년 12월 이조판서
1588년[50세] 선조 21년 7월 대제학, 7월 지춘추관사, 10월 좌찬성
            11월 우의정으로 특별 발탁
1589년[51세] 선조 22년 2월 좌의정, 11월 좌의정
            정여립의 난과 기축옥사
1590년[52세] 선조 23년 4월 영의정
            8월 종계변무의 공으로 광국공신 3등에 책록, 아성부원군.
            정여립의 난 토벌의 공으로 평난공신 2등
1592년[54세] 선조 25년 임진왜란
            나라를 그르친 죄로 삭탈관직, 5월 17일 중도부처
            1595년 해곡으로 유배
1595년[57세] 선조 28년 1월 영돈녕부사, 10월 9일 대제학.
            10월 24일 탄핵, 교체
1596년[58세] 선조 29년 1월 다시 양관 대제학, 6월 행 판돈녕 부사.
            6월 19일 영돈녕 부사, 비변사 유사당상 겸직.
            7월 이몽학의 난 국문장 심문관
1598년[60세] 선조 31년 도요토미 히데요시가 죽자 일본군이 철군
1600년[62세] 선조 33년 1월 21일 영의정, 4월 1일 파직, 복직.
            4월 28일 사직, 5월 복직
1601년[63세] 선조 34년 6월 3일 아성부원군
1602년[64세] 선조 35년 10월 광해군 세자책봉 건의
1603년[65세] 선조 36년 영중추부사 사직.
1608년[70세] 선조 41년 2월 1일 선조 승하, 원상으로 국정에 참여
1609년[71세] 광해 1년 8월 23일 아성 부원군 이산해가 죽다.

67. 유성룡柳成龍

청백리, 조선 5대 명재상

생몰년도	1542(중종37)~1607(선조40) [66세]
영의정 재직기간	1차 (1592.5.1~1992.5.1) 2차 (1593.10.27~1598.11.19) (5년)
본관	풍산豊山
자	이견而見
호	서애西厓, 운암雲巖
배향	안동 호계서원·병산서원, 상주 도남서원, 군위 남계서원,
	용궁 삼강서원, 의성 빙계서원에 제향
본가	경북 안동시 풍천면 하회리
기타	청백리, 조선의 5대 명재상, 선조의 총애
	이황李滉의 문인, 김성일金誠一과 동문수학
5대조	유홍柳洪 - 좌군사정, 김종직의 고모부
증조부	유자온柳子溫 - 진사
조부	유공작柳公綽 - 간성군수
부	유중영柳仲郢 - 황해도 관찰사
모	안동 김씨 - 진사 김광수의 딸
처	전주 이씨 - 광평대군 5세손 이경의 딸
장남	유위柳褘 - 조졸
2남	유여柳袽
장손	유원지柳元之
3남	유단柳褍
손자	유백지柳百之 - 생부 류진柳袗
4남	유진柳袗
손자	유천지柳千之
후처	인동 장씨
5남	유초柳初
6남	유첨柳襜

국난위기를 극복한 조선의 명재상

유성룡의 자는 이현而見이며 호는 서애西厓로 본관은 풍산이다. 증조부 유자온은 진사를 지냈고, 조부 유공작은 간성 군수를 역임했으며, 아버지 유중영은 황해도 관찰사를 지냈다. 어머니는 안동 김씨이다.

유성룡은 임진왜란 중이던 51세에 영의정이 되었다. 관직으로 있은 30여 년 중 10여년을 재상으로 지냈다. 선조의 총애가 지극하여 수십 차례나 사직서를 제출했지만 반영되지 않았다. 경연에서 선한 말을 올리고 임금의 잘못을 막을 적엔 겸손하고 뜻이 극진하니 선조가 더욱 중히 여겨 말하기를 '내가 유성룡의 학식과 기상을 보면 모르는 사이에 마음이 따를 때가 많다.' 고 하였다.

이순신과는 어릴 때 이웃에 살면서 친구로 지내다가 유성룡의 천거에 의해 전라도 수사에 오르게 된다. 임진왜란 기간 중 남해 앞 바다는 이순신이 지켰다면, 육지는 영의정이자 경기·충청·전라·경상 4도 체찰사인 유성룡이 방어전략을 구축해 나간 셈이다.

영의정 재직시에 국토방어에 대한 상소문이나 병력선발과 훈련에 대한 방략을 보면 임진왜란 당시의 우리나라 병력의 실상 등이 아주 정밀하게 서술되어 있다. 그런 상황에서 중국 명나라의 병력에 의존한 채, 국가를 버텨나간 것은 이순신 같은 명장과 유성룡같은 영의정이 있었기에 기적적으로 버틸 수 있었는지도 모른다.

나라의 명운이 걸려있는 전쟁의 위기 속에서도 우리네 관료들은 동인이니 서인이니 남인이니 북인이니 하면서 권력다툼을 하고 있었다.

이퇴계의 문하에서 공부하였던 유성룡은 동인이 되고 이율곡 문하에서 공부했던 사람들은 서인이 되었는데, 서인인 정철의 처결을 앞두고 동인 내에서도 극형에 처하자는 강경파인 남명의 문하생 이산해·정인홍·이이첨 등과, 온건파인 퇴계의 문하생인 유성룡·유성전 등은 북인과 남인으로 갈라서게 된다.

유성룡도 결국엔 북인들에 의해 왜구와 화해를 주선하였다는 주화파로 몰려 탄핵을 받으면서 영의정에서 물러서지만, 그에 대한 평가도 북인들이 정권을 잡고 있던 시절에 이루어져 좋은 점과 나쁜 점이 함께 기록되어 있다.

그렇지만 역사가들은 유성룡을 조선의 173명의 영의정 중 5대 명정승 속에 포함시키고 있다. 그가 남긴 상소문과 저술 속에서 그의 국가에 대한 일념을 알 수 있으며 청백리로 표창된 그의 실생활로도 사적인 이익보다는 국가에 대한 충성심이 앞섰다는 것을 알 수 있다.

4세에 글을 깨쳤고, 6세에 대학을 배워 몸가짐이 성인과 같았으며 아이들과 어울려 놀이를 일삼지 않았다. 8세에 맹자를 읽었는데, '백이伯夷는 눈으로는 사악한 것들을 보지 않았고, 귀로는 사악한 소리를 듣지 않았다.' 는 데에 이르러서는 개연히 상상하며 그 사람됨을 사모하여 꿈속에서 만나보기까지 하였다. 열일곱 살 때 세종의 아들이자 광평대군의 현손 이경의 딸을 아내로 맞이하였다.

약관의 나이에 관악산의 낡은 암자에 들어가 깨끗이 쓸고 공부하였는데, 종 하나만 데리고서 밥을 짓게 하고는 읽고 또 생각하며 침식을 잊다시피 하였다. 밤이 깊어 간혹 벽을 두드리는 소리가 나기도 하였으나 유성룡은 못 들은 척하였다. 하루는 어떤 중이 밤중에 갑자기 나타나서 말하기를, "홀로 산에 있으니 도둑이 두렵지 않은가?" 하였다. 유성룡은 느긋하게 말하기를, "사람은 본래 헤아리기 어려운데 네가 도둑이 아닌지 어찌 알겠는가?" 하고, 태연히 글을 읽었다. 중이 다시 절하며 말하기를, "빈도貧道[66]가 선비의 뜻이 확고하다는 말을 듣고 짐짓 시험해 본 것이오. 훗날 반드시 대인이 될 것이오." 하였다.

이때 퇴계 선생이 도산에서 은거하며 도道를 강의하고 있었다. 유성룡의 나이 21세였는데 아버지의 명으로 퇴계를 찾아가 근사록을 익혔는데, 퇴계는 한 번 보고는 훌륭하게 여겨 배우는 자들에게 이르기를, "이 사람은 하늘이 내었다." 하였다.

평소 몸가짐이 장중하여 종일토록 엄연하였으니 집안사람이나 자제들이라도 일찍이 몸을 기댄다거나 해이해진 공의 모습을 본 적이 없었다. 사람과 사귀는 데는 봄의 화기和氣가 흘러넘쳐 다가서는 듯하였다. 비루하고 이치에 어긋난 말을 입에서 내지 않았고, 태만한 태도를 몸에 짓지 않았다. 그러므로 유성룡을 보면 자연스럽게 존경하는 마음이 나왔으니, 대체로 예禮에 따라 몸을 움직이다가 일생을 마쳤다고 하겠다.

그러나 모친을 모실 때에는 우스갯소리를 하고 유희하며 기쁘게 해드리기 위하여 못 하는 일이 없었다. 효성과 우애는 타고 난 것이어서 형과 함께 기쁜 마음으로 봉양하여 그 정성과 사랑을 다 하였는데, 늘 말하기를, "자식으로서 하루라도 어버이를 잊으면 이는 효가 아니다." 하였다.

부친이 머리에 종기가 나자 늘 그 피고름을 빨았고, 상을 당해서는 3일

---

66) 수도승

동안 물도 마시지 않았으며 상복을 벗지 않고 3년을 마쳤다. 모친상 때에는 나이 이미 60세였으나 슬퍼하고 예를 다함은 부친의 상사 때와 같았다.

유성룡은 성균관 유생 시절부터 원대한 뜻을 품었는데, 비록 굽혀서 과거에 나아갔으나 부귀와 이익과 영달을 덤덤하게 여겼다. 그러나 경세제민經世濟民하는 일에는 늘 뜻을 두어 예악禮樂과 교화敎化 외에 치병治兵과 이재理財 등의 사무를 자세히 강구하지 않은 것이 없어서 재능은 족히 그 사무에 응할 수 있었고 학식은 족히 그 쓰임을 다 할 수 있었다. 더욱이 임금의 마음을 바르게 하는 것을 정치를 안정시키는 근본으로 삼아 면대할 때마다 치밀하고 밝아 한결같은 마음으로 성의를 다해 의리를 개진하되 자세하고 간절하게 하니, 선조임금이 매우 소중히 여겨 바라보면 공경하고픈 생각이 든다고 여러 번 탄복하였다.

유성룡은 읽지 않은 책이 없었는데 두어 번만 읽어도 일생토록 잊지 않았다. 배우는 자가 의문난 점을 질문하면 곧 입에서 나오기 무섭게 외우며 분석하였다. 그러나 천성이 간결하고 고요한 것을 좋아하고 또 겸손하여 스스로 스승을 자처하지 않았으며 한 번도 무리를 모아놓고 가르친 적은 없었지만 후학들은 모두 스승으로 존숭하였다.

늘 임금의 사랑과 은택이 지나치게 융숭하여 벼슬길을 떠날 수 없었음을 평생의 한으로 여겼는데, 당堂의 이름을 원지遠志라 해서 그 은미한 뜻을 드러내었다. 만년에 파직되어 돌아와서는 초복初服[67] 으로 노니니 조예는 더욱 깊었고 즐거움은 더욱 참되었다.

---

67) 벼슬하기 전에 입던 옷

그 문장은 다만 문리가 통달하게만 하고 꾸미지 않았으며, 붓 가는 대로 써서 뜻을 기울이지 않은 것 같았으나 명백하고 법도에 맞으며 자연스러워 사람들이 따라갈 수 없었다.

유성룡의 처 이씨는 정부인에 봉해졌다가 뒤에 정경부인으로 증직되었다. 슬하에 4남 2녀를 두었다. 유위柳褘는 매우 빼어났으나 일찍 죽었고, 유여柳袽는 장수도 찰방으로 역시 일찍 죽었다. 유단柳褍은 세자익위사 세마이고, 유진柳袗은 형조정랑이다. 사위는 찰방 이문영과 현감 조직趙稷이다. 또 측실에서 2남 1녀를 두었는데, 아들은 유초柳初·유첨柳襜이고, 사위는 변응황이다. 유성룡의 벼슬 과정을 살펴보면

1564년[23세] 명종 19년에 사마 양시에 합격하였고, 1566년 명종 21년에 과거에 급제하여 승문원에 선발되어 보임되었다.

1570년[29세] 선조 3년에 부수찬·수찬에 임명되었다. 매번 입실하여 답변할 때마다 명백하면서 적절하고 그 분석이 정미하니, 당시 강관講官[68] 가운데 제일이라는 명성이 있었다. 호당湖堂에서 사가독서를 하였고, 정언·이조좌랑을 지냈다.

1573년[32세] 선조 6년에 다시 이조좌랑이 되었다. 부친상을 당하고 복제를 마치자 부교리·이조정랑에 제수되었으나 모두 나아가지 않았다. 1576년 선조 9년 봄에 교리에 임명되어 부름을 받고 나아가다가 도중에서 사임하고 돌아왔다.

---

68) 경연 강독관

1577년[36세] 선조 10년에 휴가를 청하여 모친을 모셨고, 사인舍人으로 승진하였으나 나아가지 않다가 겨울에 응교에 임명되어 조정에 돌아왔다.

1580년[39세] 선조 13년에 또 상소하여 부모 봉양을 청하였는데, 그 말이 슬프고 간절하니 임금이 윤허하였다. 마침 상주목사가 비었으므로 특명으로 제수하였는데, 부임해서 예양禮讓[69]으로 다스리니 백성들이 그 덕화에 젖어 들었다.

1581년[40세] 선조 14년 봄에 부제학으로 소환되었다. 겨울에 얼음이 얼지 않자 상소를 올려 열 가지 일을 아뢰었는데, 덕을 닦아 천심天心에 답하고, 내외를 엄격하게 해서 궁중을 엄숙하게 할 것이며, 치체治體[70]를 살펴 규모를 세우고, 공론을 중히 여겨 조정의 기강을 바로 잡을 것이며, 실재를 규명하여 인재를 등용하고, 공도公道[71]를 넓혀 요행을 바라는 문을 막을 것이며, 염치를 길러 탁한 풍속을 맑게 하고, 형정刑政[72]을 밝혀 범법과 남용을 줄일 것이며, 적폐를 제거하여 민생을 보살피고, 학술을 제창하여 사풍士風을 진작시키자고 하였다.

1582년[41세] 선조 15년에 대사간에 임명되었고, 겨울에 우부승지에서 특별히 도승지로 승진하니, 곧 오게 될 중국 사신을 인도하고 돕기 위한 인선이었다.

---

69) 예의를 지켜 공손한 태도로 사양함
70) 정치의 요체
71) 공평하고 바른 도리
72) 형사행정

선비들의 의논이 갈리면서부터 유성룡은 깊이 우려하여 동지 제공들과 더불어 화평하여 진정시킬 계책에 힘썼으나 끝내 뜻대로 되지 않았다. 이 때에 이르러 붕당이 더욱 심해져서 서로 다른 편은 배척하고 자기 편은 두둔하였다. 유성룡은 조정에 있는 것이 즐겁지 않았고, 부인도 노병이 었으므로 모친의 편의를 위하여 시골로 물러났다. 가을에 함경도 관찰사에 특별히 제수되었으나 어머니의 병을 들어 사임하였다.

1584년[43세] 선조 17년 가을에 부제학으로 소환되었는데 네 번 사양 하여 교체되었다. 얼마 안 있어 다시 제수하니, 상소하여 감히 나아갈 수 없는 세 가지 이유를 아뢰고 해임되어 돌아가 부모 봉양하기를 청하였으 나 불허하였다. 예조판서로 승진 임명되고, 동지경연사 홍문관 제학을 겸 하게 하니 글을 올려 힘껏 사임하였다.

1585년[44세] 선조 18년에 의주 목사 서익徐益이 상소하기를, "정여립 이 이율곡에게 보낸 글에서, '3인은 유배시켰으나 거간巨奸⁷³⁾ 은 아직도 있다.' 하였는데, 거간은 유성룡을 가리킨 것입니다." 하였다. 임금이 어 찰御札을 내려 이르기를, "유성룡은 군자이다. 당대의 대현大賢⁷⁴⁾이라 해 도 옳다. 그 사람됨을 보고 말하노라면 저도 모르게 마음이 움직인다. 어찌 학식과 기상이 이와 같은 사람이 거간이 될 리 있는가? 어떤 담대 한 자가 감히 이런 말을 한단 말인가?" 하였다.

1588년[47세] 선조 21년 겨울에 형조판서로 소환되어 대제학을 겸하 였는데, 여러 번 사임하였으나 불허되었다. 1589년 선조 22년에 대사헌

73) 큰 간흉
74) 어질고 지혜로운 사람

과 병조와 예조의 판서를 역임하였다. 겨울에 역모죄에 따른 옥사가 일어났다. 처음에 정여립은 관료들 사이에서 분수에 넘치는 명성을 얻어서 전후로 선비들이 많이 그와 교유하였다. 그러나 유성룡 만은 허망하고 기세를 부리는 것을 미워하여 찾아왔으나 만나보지 않았다. 이에 이르러 정여립이 반역을 꾀한 일이 드러났다. 진술이 만연하여 많은 사람이 체포되어 화를 입었는데 유성룡의 이름도 백유양과 정여립의 글에서 나왔다. 여러 번 사직을 청하였으나 불허되자 상소하여 스스로 탄핵하였다. 그러나 비답은 매우 은혜로워 특별히 이조판서에 제수되었다.

1590년[49세] 선조 23년에 부모님을 모시러 가는데 궁전의 어복御服[75]을 하사하면서 돌아가 부인에게 주라고 명하니 특별한 예우였다. 곧 우의정에 임명되어 소환되었는데, 힘써 사임하였으나 불허되었다. 종계宗系를 고치는 데 공로가 있어 광국훈장이 기록되어 풍원 부원군에 봉해졌다.

1591년[50세] 선조 24년에 이조판서를 겸하라고 명하였다. 유성룡이 사양하기를, "국조國朝 이래 이런 일은 없었습니다. 만일 후일에 조정을 농단하는 자가 나와 신을 빌미로 삼는다면 국가의 무궁한 화가 신에서 비롯되는 것입니다." 하니, 임금이 답하기를, "그러면 재상에 있으면서 조정의 권력과 권세를 농락한 자는 모두 이조판서를 겸해서 그런 것인가? 사양치 말라. 인재의 등용이 마땅함을 얻는다면 조정은 맑고 밝아진다." 하였다. 곧 좌의정으로 승진하였다.

1592년[51세] 4월 13일 임진왜란이 일어나 북으로 피난 가는 중 5월 1일 송도에 이르러 영의정으로 승진하였다. 영의정이 된 지 하루 만에 파직되고 1593년[52세] 선조 26년 11월 1일 다시 영의정에 등용되었다.

75) 어의. 임금이 입는 옷

유성룡이 겪은 임진왜란

통신사 황윤길 등이 일본에서 돌아왔다. 왜추[76] 평수길의 글에 한 번 뛰어 곧바로 대명국大明國에 들어간다는 말이 있었다. 유성룡이 문서로 명나라에 통보해야 한다고 하니, 영의정 이산해는 명나라에서 만일 왜와 소통한다고 우리의 죄를 물으면 달리 할 말이 없으니 숨기는 것이 낫다고 하였다. 유성룡이 말하기를, "사신이 오가는 것은 나라라면 없을 수 없는 일입니다. 1477년 연간에 일본에서 우리를 통해서 중국에 공물을 바치기를 원했습니다. 곧 사실을 들어 통보하니 중국에서 칙서를 보내 회답하였습니다. 전의 일은 이러합니다. 지금 이 글을 보고서 숨기고 알리지 않는다면 비단 의리상 옳지 않을 뿐만 아니라 왜倭가 만약에 실제로 난을 일으킬 모략이 있고 중국에서 타국을 통하여 이를 알게 된다면 반드시 우리를 깊이 의심할 것이니, 그렇게 되면 더욱 해명할 길이 없어집니다." 하고, 통보할 것을 아뢰었다.

이때 명나라 복건福建 사람 허의후許儀後와 진신陳申이 왜에 잡혀있으면서 왜의 정세를 몰래 보고하였고, 유구琉球에서도 사신을 보내 그 정황을 알렸으나 우리나라 사신은 오지 않아 중국에서 우리나라가 왜에 두마음을 품었다고 의심하였다. 그러나 각로閣老 허국許國만은 일찍이 우리나라에 사신으로 와서 우리가 지성으로 사대事大하는 것을 알고 있었으므로 반하지 않을 것을 보장하였다. 과연 오래지 않아 보고가 도착하니 황제가 매우 아름답게 여기며 포상과 사례를 더 후하게 하였다. 이로 뒷날에 명나라가 조선에 대한 의심을 풀게 되었다.

---

76) 왜국의 족장

왜국의 정황이 날로 급변하였다. 임금은 비변사에 명하여 각각 명장을 천거하라 명하였다. 유성룡은 형조정랑 권율과 정읍현감 이순신을 각각 의주목사와 전라좌수사로 천거하여 명에 응하니 두 사람은 당시 하급 관료로서 이름이 잘 알려지진 않았으나 후에 능히 공을 세워 당대의 명장이 되었고 이순신은 더욱 뛰어났다.

유성룡은 경상 우병사 조대곤이 늙고 재능이 없으므로 이일李鎰로 대신하기를 청하고, 제승방략의 분군법은 필패의 방도이므로 역대왕조의 지방조직 제도인 진관제를 다시 시행하기를 청하였으나 모두 이루어지지 않았다.

임진왜란이 일어나기 3개월 전 1592년[51세] 선조 25년 2월 1일 좌의정 겸 이조판서 겸 대제학에 제수되었다.

이순신을 전라좌도 수사로 삼았다. 이때 이순신의 명성이 드러나기 시작하여 칭찬과 천거가 잇따라서 정읍에서 진도 군수로 이배되어 부임하기도 전에 가리포 첨사에 제수되었다가 얼마 안 되어 수사로 발탁되었다.
유성룡은 좌의정과 이조판서를 겸하다가, 건저(세자책봉) 문제로 정철을 비롯한 서인의 처벌이 논의될 때 온건파인 동인에 속하여 정철을 처벌하는 데는 찬성하지만 서인 전체를 처벌하는 것에는 반대한다며 강경파인 북인의 일원인 이산해와 대립하였다.

– 선조실록 25년 2월 1일 –

임진왜란 2개월 전 1592년 선조 25년 3월에 일본 사신이 사신 접대 선위사를 보내도록 청했으나 허락하지 않았다.

일본 사신이 그대로 돌아갔다. 그 해 4월에 판윤 신립申砬과 군사에 관해 논의하며 일본의 침입에 따른 대책을 강구하였다.

1592년 선조 25년 4월 13일에 왜倭가 대거 침입하였다. 임금이 류성룡을 병조판서로 겸하게 하고 군사에 관한 사무를 총괄하라 명하였다. 유성룡은 건의하여 이일李鎰을 순변사로, 성우길과 조경趙儆을 좌우방어사로 삼아 세 갈래로 나누어 내려가게 하고, 변기邊璣와 유극량을 조방장으로 삼아 조령과 죽령을 나누어 지키게 하였다. 또 신립을 순변사로 삼아 이일을 지원케 하였다. 조금 뒤 이일과 신립이 패했다는 보고가 올라왔고, 적병은 충주에 도착하였다.

4월 14일 김성일을 초유사로 삼았다.

> 경상 우병사 김성일을 잡아다 국문하도록 명하였다가 미처 도착하기 전에 석방시켜 본도의 백성들을 위무하는 초유사로 삼고, 함안 군수 유숭인을 대신 병사로 삼았다. 이에 앞서 주상은 전에 김성일이 일본에 사신으로 갔다가 돌아와, 적이 틀림없이 침략해 오지 않을 것이라고 말하여 인심을 해이하게 하고 국사를 그르쳤다는 이유로, 의금부 도사를 보내어 잡아 오도록 명하였다. 이일이 장차 측량할 수 없게 되었을 때 얼마 있다가 김성일이 적을 만나 교전한 상황을 아뢰었는데, 유성룡이 김성일의 충절은 믿을 수 있다고 말하였으므로 주상의 노여움이 풀려 이와 같은 명이 있게 된 것이다.
>
> — 산조실록 25년 4월 14일 —

임금의 수레가 관서지방으로 피난하면서 유성룡에게 경성을 지키라고 명하였다. 도승지 이항복이 아뢰기를, "관서로 피난하여 국경에 이르러 강만 건너면 바로 중국의 강토입니다. 그곳에 도착하면 술잔을 주고받고 그 자리에서 즉각 처리해야 할 일이 있을 것입니다. 지금 조정 신하 가운데 명민하고 숙련되며 옛 기록을 잘 알면서 외교에 능한 이로는 오직 유성룡 한 사람 뿐입니다. 임금을 모시지 않을 수 없습니다." 하니, 임금이 윤허하였다.

임진강에 이르러 대신들을 불러 같은 배로 건너자 하면서 유성룡에게 이르기를, "만일 훗날 국가가 중흥한다면 경에 힘입은 것이다." 하였다.

동파東坡[77])에 이르러 임금이 수레가 머무를 곳을 물으니 대신들은 갑자기 대답을 못하였다. 이항복이 아뢰기를, "의주에 도착하면 만약에 전국이 함몰되는 경우 중국에 가서 호소할 수 있을 듯 합니다." 하니, 유성룡이 아뢰기를, "불가합니다. 수레가 한 발짝이라도 해동[78])을 떠난다면 조선은 더 이상 우리의 땅이 아닙니다." 하였다.

이항복은 주장을 굽히지 않았고, 임금도 "중국에 의지함은 본래 나의 뜻이다." 하니, 유성룡이 아뢰기를, "지금 동북의 병력에 변동이 없고 호남의 충의지사들이 곧 봉기할 것인데, 어찌 급하게 이런 일을 논의할 수 있습니까?" 하니, 이항복이 깨닫고 중지하였다.

물러 나와 유성룡이 이성중에게 말하기를, "내 대신 이 승지에게 말하여 주오. 어찌 가벼이 나라를 버리는 논의를 한단 말이오? 유성룡이 바지를 찢어 발을 감싸고 길에서 죽는다 하더라도 이는 궁녀와 내시의 충忠에 지나지 않소. 만약 일단 나라를 버린다는 말이 퍼지게 되면 인심이 와해될 것이니 그 누가 수습할 것이오?" 하였는데, 이항복이 듣고 탄복하였다.

5월 1일 송도에 이르러 영의정으로 승진하였다. 왜란이 터지자 조정은 피난길에 영의정 이산해를 파직시키고 유성룡을 그 자리에 앉히니 유성룡은, 자신도 책임이 있다며 한사코 사양하는 가운데 하루를 넘겼다.

이튿날 유성룡과 당파를 달리하는 신잡申礏 등이 은밀히 아뢰기를, "이

---

77) 동파역(坡驛은 고려시대에는 개성부에서 남쪽으로 이어지는 역

78) 국토 밖

산해가 파직되었으니 홀로 벗어남은 옳지 않다." 하여 그날로 파직되었다. 하루 만에 설자리가 없어진 유성룡은 귀양살이까지 해야 할 판이었다. 이때 도승지 이항복이 분개하여 들고 일어나, 유정승을 힐뜯는 자들을 향해 "그따위 100명이 달려들어도 유대감 한 분을 못 당한다!" 라며 고함을 질러 유성룡을 옹호하니, 유성룡은 하루 영의정으로 기록되고 직위를 잃은 채 조정에 머무는 처지가 되고 말았다.

6월 평양에 이르러 다시 부원군에 서용되었다. 뭇 논의는 처음에 평양을 굳게 지키자 하였으나 적세賊勢가 점점 가까워지자 모두 피하기를 청하였다. 유성룡은 말하기를, "오늘의 형세는 경성京城 때와는 달라 인심이 자못 굳습니다. 또 앞에는 강물이 막혀 있고 서쪽으로는 중국과 가깝습니다. 수일만 굳게 지킨다면 중국 군대가 반드시 올 것이니 이에 의지해 적을 물리칠 수 있습니다." 하니, 좌의정 윤두수도 그 뜻에 찬동하였으나 윤허받지 못하였다.

재상들이 먼저 종묘와 사직의 신주를 받들고 성을 나서니, 성안 사람들이 크게 혼란을 빚으며 몽둥이와 칼을 들고 내려쳐서 신주를 길에 떨어뜨렸다. 그리고 재상들을 가리키며 크게 꾸짖기를, "너희들이 평소 국록國祿을 도둑질하고 국사國事를 이 지경으로 그르쳤다. 성을 버리려 한다면 무슨 이유로 우리들을 속여 입성入城하게 해놓고 적의 손에 어육[79]이 되게 한단 말이냐?" 하니, 조정에 있던 모든 신하들은 모두 질린 낯빛이었다.

유성룡은 변이 생길까 걱정이 되어 섬돌 위에 서서 나이 든 지방관리 한 사람을 손으로 불러 타이르기를, "너희들이 힘을 다해 굳게 지키려

---

79) 고기밥

하니 충성스럽긴 하다. 그러나 어찌 궁문宮門에서 소란을 피운단 말이냐? 조정에서 현재 성을 지킬 방법을 논의하고 있다. 너희들이 조용히 있지 않으면 그 죄는 용서될 수 없다." 하였다. 이곳 사람들은 평소 유성룡을 신뢰하고 복종하였으므로 즉시 병기를 버리고 머리를 조아리며 물러났다.

이때 성에서 나간다는 결정은 하였으나 어디로 갈지 몰랐다. 북쪽으로 가는 것이 좋다고 많은 사람이 말하였으나, 유성룡은 굳게 반대하기를, "임금의 수레가 관서로 피신한 것은 본래 중국 군대에 의지해서 수복을 꾀하고자 한 것입니다. 지금 중국에 병력을 청해 놓고 우리가 도리어 북로北路로 깊이 들어간다면 의리상 용납될 수 없고, 또 들어간 뒤에 적에게 차단이 된다면 중국과 연락이 통하지 않을 것이니 어찌 회복을 꾀할 수 있겠습니까? 형세는 궁하고 땅은 줄어들어 더 갈 데가 없으면 다시 북쪽 오랑캐 땅으로 달아난단 말입니까? 이보다 더 잘못된 계획은 없습니다." 하였는데, 조금 뒤 수레는 영변으로 떠났다.

유성룡은 명나라 장수를 접대하기 위하여 평양에 머물렀는데 곧 수레가 박천으로 향했다는 소식을 듣자 명나라 장수도 언제 올지 모르므로 결국 행재소[80]로 뒤쫓아갔다. 의주에 이르러 전쟁 수비책 16개 조를 아뢰었다.

이때 중국에서 우리나라가 왜와 공모하였다고 의심하여 요동의 자문咨文[81]에 힐책하는 내용이 들어 있었다. 유성룡이 상소를 올리기를, "우리

---

80) 임금의 임시거처

81) 조선시대 중국과의 사이에 외교적인 교섭이나 통보, 조회할 일이 있을 때에 주고받던 공식적인 외교문서.

나라가 본래 도의를 저버려 병란을 초래한 사실이 없고, 시종 중국에 의리를 지켜 마음을 바꾸지 않다가 이에 이르렀으니 이는 천지신명이 실로 굽어 살피는 바입니다. 다만 요즘 인정이 응대하고 임금의 명을 받드는 일에서 사실을 근거로 말을 다하지 못하고, 늘 가리고 덮어서 하고자 하는 말을 하지 못해 우리의 실정을 드러내지 않았기 때문입니다. 그러므로 중국이 애초에 우리에게 아름답게 여기거나 안쓰럽게 생각하는 뜻이 없고, 도리어 허물을 닦달하는 말이 있으니 자못 가슴이 아픕니다.

또 들으니 중국에서 일본어를 이해하는 자를 곧바로 평양에 보내 왜인과 상대해서 그 연유를 묻게 하였다고 합니다. 만일 간사한 무리가 헛된 말을 교묘히 꾸며서 우리에게 불측한 말을 더해 이간책을 쓰고, 중국의 사신이 충성스런 신하이거나 멀리 생각하는 사람이 아닐 것이므로 혹시라도 달콤한 말과 많은 뇌물에 흔들려 돌아가게 된다면, 우리는 아래로는 왜적에게 핍박을 당하고 위로는 중국에 호소할 수 없어 그 낭패는 이루 더 말할 수 없을 것입니다.

근일 중국에서 우리를 의심하는 일이 하나둘이 아닙니다. 사변의 통보를 늦춘 것이 하나요, 일찍 병력을 청하지 않은 것이 둘이며, 중국 군대의 정탐하는 자를 보호하지 않아 굶주리게 한 것이 셋이요, 병력을 청해 놓고도 군량이 떨어졌다고 말한 것이 넷이며, 중국에서 우리나라의 안내병을 청하였으나 현재 장수 하나 군졸 하나 눈앞에 세운 사실이 없는 것이 다섯이요, 옛부터 비록 극도의 위난에 처해 있다 하더라도 어가가 머무는 곳에는 반드시 호위병이 있어야 하나 지금은 전혀 없으니 누가 보든지 평일과 같이 태평한 것이 여섯이며, 나라가 위망에 처하게 되면 반드시 소매를 걷어붙이고 피눈물을 흘리며 자기 몸을 돌보지 않고 난에 뛰어드는 신하가 있는 것인데 지금의 기상은 급한 것 없이 느리고 응대나

지원도 대부분 제 때에 늦는 것이 일곱입니다.

　이러고서 어찌 중국의 의심을 자아내지 않고 질책을 불러오지 않겠습니까? 이 자문의 회답이 가볍지 않으니 해당 관아로 하여금 속히 회보하게 하되 매우 명백히 설명해야만 할 것입니다." 하였다. 또 말하기를 "신이 역사를 두루 살펴보건대 길게 누린 나라치고 중간에 쇠하였다가 다시 떨치고 일어나지 않은 나라가 없었습니다. 하물며 우리나라는 은혜와 혜택이 깊고 두터우며 종묘사직이 영묘한 능력을 가졌으니 어찌 한번 미친 도적에게 능멸당했다고 해서 끝내 일어서지 못할 지경에 이르겠습니까? 보잘것없는 자들의 옅은 소견은 나라를 위하여 멀리 내다보는 생각을 하지 못하고, 적병이 꽤 정예하다는 말만 듣고 나라 일을 어쩔 수 없는 지경에 놓아두고서는, 앞으로 나아가고 진작시킬 기백이 전혀 없습니다. 바라건대, 성상께서는 쇠함을 일으키고 난을 평정하는 데 성스러운 마음을 굳게 정하시고, 군신들을 채찍질하여 조금도 게으른 뜻이 생기지 않게 하여서 죽음에서 다시 살아나는 계책을 내게 하소서." 하였다.

　7월에 명나라 부총병 조승훈이 병사 5천을 이끌고 지원하러 왔다. 임금은 유성룡의 병이 중함을 염려하여 윤두수에게 명하여 나가서 군량을 보급케 하였다. 그러나 유성룡은 왕이 상주하는 행재소에 대신이 한 사람만 있으므로 윤두수를 내보내서는 안 된다 하고, 자력으로 수행할 것을 청하였다. 소곶역으로 달려가니 촌락이 모두 비어 있었다. 유성룡은 군 장수에게 두어 사람을 찾아 데려오게 하고 직접 타이르기를, "국가에서 평소 너희들을 지극히 어루만져 길렀다. 그런데 지금 어찌 도망쳐 숨는단 말인가? 중국 군대가 막 도착하였고 국사가 위급하니 너희들이 노력하여 공훈을 세울 때이다." 하고, 책을 꺼내 그들의 성명을 기록하며 또 말하기를, "후일 이것으로 등급을 정하여 상을 내릴 것이다. 그러나 성명이 기록되지 않은 자는 벌을 받을 것이다." 하니, 와서 이름 올리기를 청하는 자들이 뒤를 이었다. 유성룡은 인심을 모을 수 있음을 알고 곧 공문을 각처로 보내 고과 공훈책을 비치해 두고 그 노력과 실적을 기록하게 하였다. 이에 백성들은 서로 이끌고 나아가 열흘이 채 못 되어 관아에서 숙식과 장비가 모두 해결되었다. 조승훈이 평양을 공격하다가 불리해 물러나자 유성룡은 그대로 안주에 머물면서 인심을 진정시키며 후군이 도착하기를 기다렸다. 이때 상소를 올려 시무 10여 건을 말하였다.

12월 평안도 체찰사에 임명되었다. 지역의 계엄사령관 격이다. 명나라 제독 이여송이 병사 4만을 거느리고 안주에 이르렀다. 유성룡이 만나기를 청하여 소매에서 평양 지도를 내보이며 형세와 군대의 진격로를 가리키니, 제독이 크게 기뻐하고 붉은 점으로 표시하며 말하기를, "적의 동태가 환하다." 하였다. 이보다 앞서 포로가 된 우리나라 사람이 적이 후하게 주는 것을 이롭게 여겨 왕래하며 우리 사정을 염탐해서 보고하여 적의 귀와 눈이 되므로 유성룡이 매우 우려하였다. 그러다가 우두머리 첩자 김순량을 체포하여 조사해서 그 일당 수십 인을 각 진영으로 하여금 현상금을 걸고 체포하게 하고, 김순량을 참하여 널리 알리니 이때부터 그 무리들이 흩어지고 중국 군대가 도착하였으나 적은 알지 못하였다.

1593년[52세] 선조 26년 정월에 이여송은 평양으로 진격하여 크게 이겼다. 앞서 유성룡은 안주에 있으면서 황해도 방어사 이시언과 김경로에게 비밀 격문을 보내 큰길을 따라 매복하여 적이 도망치기를 기다려서 소탕하게 하였다. 그러나 관찰사 유영경은 김경로를 불러 스스로 방위하게 하여 김경로는 중화까지 이르렀다가 돌아갔다. 이때 적장 평행장·평의지·현소·평조신 등은 남은 병사를 수습해서 밤에 도망치는데 굶주려 더 이상 움직이지를 못하였다. 이시언은 단독으로는 들이칠 수 없다 하여 잔적 60여 수급만을 참하였다. 유성룡이 김경로의 죄상을 임금께 아뢰고 참하려 하니, 이여송이 무사를 베는 것은 애석한 일이라 하여 제지시켰다.

1593년 선조 26년 11월 1일 유성룡이 다시 영의정에 등용되어 왕명으로 명나라의 장수 임세록을 접대하고, 의주에서는 2차례 상소를 올려 군사모집, 화포제조, 난민의 위무 등을 건의했다. 평안도 도체찰사에 부임하여 명나라 장수 이여송과 함께 평양성을 되찾고, 이듬해 호서·호남·영남의 3도 도체찰사에 임명되었다.

이여송은 파주에 주둔하였다가 부총병 사대수가 벽제에서 많은 목을 베었다는 말을 듣고, 홀로 사병 천여 기병을 거느리고 나아가다가 적의 요격을 받고 패하여 동파로 돌아갔다가 다시 개성부로 물러났다. 유성룡은 말리다가 어쩔 수 없어 홀로 동파에 머물렀는데, 이여송이 장차 평양으로 군대를 물리고 또 임진강 남쪽에 있는 우리 군대를 모두 강북으로 물러나게 할 것이라는 말을 들었다. 유성룡은 종사관 신경진으로 하여금 달려가서 퇴군해서는 안 될 다섯 가지 이유를 아뢰기를, "선왕의 분묘가 모두 경기에 있어 적의 소굴에 빠지게 되면 귀신과 사람의 소망이 간절하여 차마 버리고 갈 수 없는 것이 하나요, 경성 이남의 유랑민들은 날마다 임금의 군사가 오기를 바라고 있는데 갑자기 물러갔다는 소식을 듣게 되면, 더는 굳은 뜻이 없어져 서로 앞서 적에게로 항복할 것이 둘이요, 우리의 영토가 비록 작더라도 쉽사리 저버리는 것은 옳지 않음이 셋이요, 장수와 병졸이 비록 힘이 약하나 중국 군대에 의지해 다 같이 진취를 꾀하고 있는데 철수하라는 명을 듣게 되면 모두 원망하고 분하게 여겨 흩어질 것이 넷이요, 한 걸음 물러났다가 적이 그 뒤를 추격하게 되면 임진강 이북도 지킬 수 없음이 다섯이다." 하니, 이여송은 아무런 말없이 듣고는 퇴군하였다.

유성룡은 전라도 순찰사 권율과 순변사 이빈으로 하여금 파주 산성에 웅거하며 적의 요충로를 막게 하였고, 방어사 고언백·이시언, 조방장 정희현·박명현을 좌익으로 삼아 해유령을 차단케 하고, 의병장 박유인·윤선정·이산휘를 우익으로 삼아 창릉과 경릉 사이에 매복해 있으면서 출몰하며 공격하여 적이 성을 나와 땔감을 취할 수 없게 하였다.

또 창의사 김천일, 경기 수사 이빈, 충청 수사 정걸 등으로 하여금 수군을 이끌고 서강에 주둔하여 적의 세력을 분리케 하였으며, 충청 순찰사 허욱은 본도로 돌아가 파수하고, 경기 이남 각도의 관병과 의병에게 공문을 보내 좌우로 나누어 적의 퇴로를 차단케 하였다.

또 부총병 왕필적에게 글을 보내기를, "적은 현재 험준한 곳에 웅거하여 공격하기 쉽지 않다. 큰 병력은 마땅히 동파와 파주로 진주하여 적의 꼬리를 누르고, 남병 1만을 뽑아 강화에서 한남으로 진출해서 불의에 적을 노려 충주 이북의 여러 주둔지를 격파하면, 상주 이남의 적은 중국 군대가 크게 이르렀다고 생각하여 분명 소식만 듣고도 도망칠 것이요, 경성의 적은 퇴로가 끊겨 반드시 용진으로 도망칠 것이니, 이때 후군이 강진으로 핍박해 들어가면 일거에 섬멸할 수 있을 것이다." 하니, 왕필적은 무릎을 치며 기묘한 계략이라 찬탄하고 기일을 정하여 거행하려 하였다. 그러나 이여송은 북쪽 장수여서 남병이 공을 세우는 것을 꺼려 허락하지 않았다. 적을 염탐하던 자가 돌아와 보고하기를, "적이 사 총병과 유 체찰을 잡으려 한다." 하니, 사 총병이 유성룡에게 말하고 함께 후퇴하려 하였다. 유성룡이 답하기를, "적은 현재 대군이 가까이에 주둔할까 의심하고 있는데 어찌 감히 가벼이 움직일 수 있단 말인가? 아마도 헛된 말로 공갈하는 것이 틀림없다. 우리가 만약 한번 움직이면 바로 그 계책에 떨어지는 것이니 조용히 기다리는 것만 못하다." 하니, 사 총병이 기뻐하며, "매우 옳다. 적이 온다 하더라도 나는 공과 생사를 함께 할 것이니 어찌 감히 혼자 가겠는가?" 하고, 용사를 나누어 가지고 와서 여러 달 동안 호위하였다.

이때 적이 경성을 점거한 지 벌써 2년이 되었다. 백성들은 농사를 짓지 못하여 거의 굶어 죽게 되었다. 서울의 남은 백성들이 유성룡이 동파에 머물러 있음을 듣고 늙은이와 어린 것을 부축하고 이끌고 와서 먹여주기를 바라는 자가 길에 줄을 이었다. 유성룡은 전 군수 남궁제를 감진관으로 삼아 다방면으로 구제하였는데, 마침 호남에서 모은 곡물 수천 석이 배로 운반되어 왔다. 유성룡은 이를 아뢰는 한편, 즉시 내려 주어 진휼하게 하니 생명을 보전한 자가 셀 수 없이 많았다.

적장 등이 주사장 김천일에게 글을 보내 화해하고 돌아가기를 청하였다. 유성룡은 이를 사 총병에게 보이었고, 이여송은 보고를 듣고 유격 심유경을 적에게 보내 왕자와 신하들을 돌려보내고 부산으로 퇴각한 뒤에 화친을 허락한다고 약속하고 즉시 병사를 거느리고 개성으로 나아갔다. 유성룡은 정문을 보내 화평은 잘못된 것이고 공격하느니만 못하다고 극언하였으나, 이여송은 회답하기를, "이는 나의 생각도 그러함을 먼저 알아차린 것이나 실은 받아들일 뜻이 없다." 하고, 또 유격 진홍모를 적진으로 보냈다.

유성룡은 이때 도원수 김명원과 파주에 있었다. 진홍모가 도착하여 깃발을 들여오라 하니, 유성룡이 말하기를, "이는 바로 왜의 진영에 들어가는 깃발로서 우리 일과는 관계가 없다. 또 송 시랑의 적을 죽이는 일을 금하는 통지문이 있으니 더욱 들여보내는 것은 불가하다." 하였다. 진홍모는 서너 번 강요하였으나 유성룡이 끝내 응답하지 않으므로 동파로 바로 돌아갔다.

 이여송은 이를 듣고 크게 노하여 "깃발은 곧 황제의 명이다. 어찌 절하지 않을 수 있단 말인가? 마땅히 군법을 시행하고 철군하리라." 하였다. 접반사 이덕형이 유성룡에게 급보하기를, "아침에 가서 사죄하지 않을 수 없다." 하여 유성룡은 어쩔 수 없이 김명원과 함께 갔다. 진영 문에 가서 만나기를 청하였으나 이여송은 화가 나서 만나주지 않았다. 비를 맞으며 문 밖에 서 있은 지 한참만에 들어오라고 하였다.

 유성룡이 앞으로 나아가 사죄하기를, "소인이 비록 어리석으나 깃발을 존경해야 한다는 것을 어찌 모르겠습니까? 다만 깃발에 우리나라 사람이 적을 죽이는 것을 허용치 않는다는 통지문이 있었습니다. 사사로운 마음이 절통하여 감히 참배하지 못하였습니다. 죄에서 벗어날 수 없습니다." 하니, 제독이 부끄러워하며 "과연 옳소. 이는 곧 송 시랑의 영이요, 내가 알 바 아니오." 하였다.

 며칠이 지나 또 유격 척금과 전세정을 보내 화친을 허용하는 것이 좋다고 하였으나, 유성룡은 불가하다고 고집하였다. 전세정이 화를 내며 말하기를, "그렇다면 너희 나라 임금은 어찌 도성을 버리고 도망친단 말인가?" 하였다. 유성룡은 천천히 말하기를, "도읍을 옮겨서 보존을 도모하는 것도 한 방법이다." 하였다. 전세정 등이 돌아가자 유성룡은 또 글을 보내기를, "적은 달콤한 말로 우리를 꾀면서 동래·상주·평양에 투서하였다. 우리의 형세는 비록 매우 급박하나 끝까지 화친을 받아들이지 않는 것은 오로지 천하 대의를 위함이다. 차라리 죽을지언정 욕은 당하지 않을 것이다. 지금 종묘는 불타 재가 되었고 왕릉은 도굴되었다. 이 나라 국민들은 모두 부모의 원수가 있다. 원수를 잊고 원망을 풀고 적과 더불어 같이 사느니 차라리 적을 무찌르다가 이여송의 법도에 죽는 것이 낫다." 하였다.

4월에 적이 물러가자 이여송은 경성으로 들어갔다. 유성룡도 따라 들어가 종묘에 나아갔다가 이여송을 문안하였다. 유성룡이 급히 적을 추격하자고 청하니, 이여송은 "한강에 배가 없으니 어쩌겠는가?" 하였다. 이에 앞서 유성룡은 미리 이빈 등을 시켜 적이 퇴각하는 틈을 타 강에 있던 배들을 급히 수습하여 대어놓은 배가 80척이나 되었다. 유성룡이 이를 알리니 이여송은 장수 이여백에게 만여 병사를 주어 쫓게 하였는데, 강을 반쯤 건넜을 때 병이 났다고 핑계대고 돌아가니, 이여송은 본래 적을 추격할 생각이 없었고 거짓말로 응했을 뿐이었다.

적은 퇴각하여 동래와 부산 사이에 웅거하여 소굴을 만들어 놓고 좌우로 약탈하였다. 중국 군대는 사면으로 에워싸고 있었으나 감히 더 진격하지 못하고, 제독이하 여러 장수들은 차례로 군대를 거두어 돌아갔다.

유성룡은 여러 번 상소를 올리기를, "이 도적들이 한가운데를 점거해 있으나 중국 군대는 믿을 수가 없으니, 이러한 때에 아래 위가 협력해서 스스로 강해질 방법을 마련해야 합니다." 하고, 청하기를, "서둘러 정병과 적과의 싸움에 익숙하고 담이 큰 자들을 뽑고 맹장을 배정해서 특별히 어루만지고 돌보되 늘 조련을 시켜 불시의 등용에 대비토록 할 것입니다.

또 적이 믿고 승리를 거두는 것은 조총 때문이니, 우리나라도 밤낮으로 훈련하여 군사로 하여금 모두 학습토록 한다면 적의 잘하는 재주를 우리도 갖게 되는 것입니다." 하고, 또 말하기를, "절강 군대가 돌아가기 전에 대포·무예·창검·기계를 일일이 물려받아 한 사람이 열 사람을 가르치고 열 사람은 백 사람을 가르치며 백 사람은 천 사람을 가르친다면 수년 뒤에는 수만의 정병을 얻을 수 있을 것이니 적이 온다고 하더라도 방어할 수 있습니다." 하였다.

유성룡이 처음에 경성에 들어갔을 때 죽은 백성들이 널려 있었다. 유성룡은 힘을 다해 계획을 짜 진휼하였다. 이에 이르러 건강한 자들을 선발하여 절강 참장 낙상지에게 보내 화포의 여러 기예를 익히게 하였다.

유성룡은 남쪽의 일이 급하여 병든 몸을 이끌고 영남으로 내려갔는데, 9월에 부름을 받고 임금의 거처 행재소로 돌아왔다. 10월에 수레를 호종하여 서울로 돌아오니, 이때 성은 황폐하였고 관사는 담장만 남았으며 기근까지 겹쳐 도둑이 벌떼처럼 일어났다. 경성은 고립되고 위태로웠으며 인심은 굳지 못하였다.

유성룡이 훈련도감을 설치하여 근본을 굳히자고 청하니 임금은 유성룡에게 명하여 그 일을 주관하게 하였다. 유성룡은 명나라에서 들여온 좁쌀 1만 석을 방출하여 사람을 모집하니 구름처럼 몰려들어 얼마 지나지 않아 건강하고 씩씩한 사나이 수천을 얻었다. 조총과 창칼의 기예를 가르치고 파총[82]·초관[83]을 세워 거느리게 하되 한결같이 구분지어 당번을 나누어 숙직케 하고 임금의 거둥이 있을 때에는 이들로 호위하게 하니 인심이 조금 안정되었다.

중국에서 우리나라가 쇠약하여 다시는 떨쳐 일어나지 못할 것을 우려하여 논의가 매우 많았다. 급사중 위학증이 글을 올려 분할하고 임금을 바꿀 것을 청하니, 그 일이 병부로 내려졌다. 상서 석성은 옳지 않다는

---

82) 각 군영에 둔 종사품 무관 벼슬

83) 한 초哨(100명)를 거느리던 종구품 무관 벼슬.

뜻을 견지하고, 행인 사헌을 보내 황제 칙서를 받들어 선유하면서 아울러 우리의 국가 사무를 살피게 하였는데 칙서의 내용이 매우 엄하였다.

칙서에 이르기를, "조정에서 속국을 대하는 은혜와 의리는 여기에서 그친다. 지금부터 왕은 돌아가 자치하되 만약 또 다른 변이 생길 때에는 짐은 왕을 위하여 꾀할 수 없다." 하였다.

임금은 칙서를 받고 환궁해서 곧 유성룡을 만나고 이르기를, "이런 일이 있을 줄 오래전부터 알았으나 일찍 피하지 못한 것이 한이다. 내일 사신을 만나 왕위 이양을 청하리라. 경과 만나는 것도 오늘 하루뿐이므로 비록 밤은 깊었으나 부른 것이다." 하였다.

유성룡이 말하기를, "중국에서 우리나라를 우려함이 지극합니다. 칙서의 뜻은 격려하기 위한 것일 뿐입니다. 어찌 갑자기 이 같은 말씀을 하십니까?" 하니, 임금이 "경과 같은 신하가 나를 만나 그 재능을 다 펴보지 못한 것이 애석하다." 하였다. 유성룡이 말하기를, "신이 외람되이 영의정직에 있으면서 국사를 이 지경에 이르게 하였으니 죄는 만 번 죽어 마땅합니다. 무슨 재능을 논할 수 있겠습니까?" 하니, 임금이 "자사는 위나라에 있었으나 그 쇠망을 구제하지 못하였고, 제갈공명은 한나라를 부흥시키지 못하였으니, 성패를 가지고 사람을 논할 수는 없다." 하고 술을 내려 마시게 하고 이르기를, "이로써 결별하려 한다." 하였다. 유성룡은 일어나 절을 하며 말하기를, "내일 일을 이렇게 하면 천만 불가합니다. 감히 죽음으로써 청합니다." 하였다.

다음날 중국 사신과 만났을 때 임금이 소매에서 수첩을 꺼내었는데, 병으로 국사를 맡을 수 없음을 극진히 설명하고 세자에게 왕위를 전하려 하니 주장해 달라는 내용이었다. 사신은 즉석에서 직접 써서 답하기를,

"이번의 국가 회복은 비록 중국의 힘을 빌리긴 하였으나 역시 왕의 복이 높아 다함이 없어서입니다. 전위는 당나라 숙종의 고사가 있긴 하나 왕께서 이런 마음이 있다면 글을 써서 청하십시오. 저는 심부름꾼에 지나지 않는데 어찌 감히 주장하겠습니까?" 하고, 끝에 가서 "유성룡은 충성심이 특출하고 인의仁義가 정성스럽고 진실하여 중국의 장수와 관리가 모두 좋아하고 있으니 왕께서는 현명한 재상을 얻은 것입니다." 하였다.

이때 성안에는 다른 장수는 없고 다만 척 유격이 밤낮으로 사신과 있으면서 매우 친밀하였다. 이날 밤 유성룡과 만나기를 청하고 좌우를 물리치고 지필로 문답하였는데, 척금이 6, 7개 조를 써서 유성룡에게 보였다. 그 가운데에는 '국왕의 전위는 조기에 한다.'라는 조항도 있었다. 유성룡은 깜짝 놀라 일어서며 다른 일은 답하지 않고 바로 쓰기를, "제3조에서 논한 바는 신하들이 차마 들을 바 아니오. 노야는 만 권의 책을 읽었을 것인데 고금의 사변을 어찌 모를 리 있겠소? 우리의 형세가 지금 위급한데 만약 또 군신과 부자 사이의 처치에 타당성을 잃게 되면 이는 패망을 재촉하는 일이 될 것입니다." 하니, 척금이 옳다 하며 즉시 그 종이를 촛불에 태워버렸다.

다음날 유성룡은 백관을 거느리고 사신에게 글을 올려서 주상께서는 본래 도적을 불러들일 만큼의 실책이 없었고 변이 일어난 뒤에 왜적을 막기 위한 조치가 매우 세밀하였음을 힘껏 진술하니 사신은 이를 믿고 받아들였다. 이날 밤 척금은 또 유성룡을 만나서 말하기를, "사신의 뜻이 크게 돌려졌으니 다른 염려는 없다." 하였는데, 이로부터 사신이 임금을 뵐 때의 예절과 태도가 더욱 공손해졌다. 돌아갈 때 문서를 보내 단단히 타

일러 경계하고 또 공문서를 유성룡에게 보냈는데, 산하를 재조하였다[84] 는 말이 있었다. 처음에 사신이 도착하기 전에 경략 송응창이 공문서를 접반사 윤근수에게 주어 대신에게 전하게 하였다.

유성룡은 "경략이 국가사무를 공적으로 말하려 한다면 마땅히 주상께 자문을 보내야 한다. 지금 자문 없이 다만 공문서만 있으니 그 말한 바는 조정 신하가 처치할 일이 아닐 것이다." 하며 거부하고 받지 않았다. 사신이 도착하자 유성룡은 벽제로 나가 맞았다. 사신은 유성룡에게 "내가 경성에 도착하면 새로운 조치가 있을 것이오." 하였으니, 대체로 이때의 급박한 상황은 잠시도 용납이 되지 않았으며 광해군이 세자로 있으면서 자못 칭찬이 있었으므로 사람들은 선위를 놀라워하지 않았다.

그런데 유성룡은 그 와중에서 홀로 정색을 하고 성의를 다해 주선해서 임금으로 하여금 흔들림이 없게 하여 나라의 명운을 다시 굳힌 것이다. 후인들은 당시 임금의 자리를 물려줌의 득실과 이해가 과연 어떠했는지를 보겠지만 유성룡의 높고 멀리 내다보는 견식은 능히 앞날을 내다보고 묵묵히 일의 중요한 기틀을 처리하였으니 참으로 그 공은 사직에 있다 하겠다. 그러나 유성룡은 일찍이 스스로 말한 적이 없었고 세상에서도 알지 못하였다.

12월에 충청도의 적신 송유진 등이 무리를 모아 격문을 돌리며 약탈하면서 북상하였다. 왜구는 아직 물러가지 않았는데, 내란이 또 일어나니 서울이 동요하였다. 그러나 유성룡의 행동거지는 평소와 다름이 없었고, 얼굴색 하나 변하지 않았다. 임금이 유성룡에게 궁중에 들어와 숙직

---

84) 산하를 재조하다 : 국가를 다시 수립하다

하라 명하니, 유성룡은 "지금까지 위태롭고 의심이 많은 시기에 갑자기 대신에게 궁중에 들어와 숙직하라 명하시면 백성들의 마음을 더욱 놀라게 할까 걱정입니다." 하였다. 임금이 "경은 전혀 몸을 돌보지 않는다. 어찌 당나라 때 자객에게 암살당한 무원형의 일을 생각지 않는단 말인가?" 하였다.

어느 날 저녁 날이 몹시 추웠다. 임금이 내시를 보내 유성룡을 살피고 오라 하였는데, 깊은 밤 등을 밝히고 단정히 앉아 책을 읽고 있었다. 명하여 따뜻한 술을 내리게 하였다. 송유진이 사로잡히자 옥사를 공정하게 조사하여 억울한 죄를 무죄로 하거나 감해주니, 체포된 자 대부분이 석방되었다. 여러 대를 내려오면서 형틀은 점점 무거워져 거의 사람이 들 수 없게 되었는데, 이에 이르러 유성룡이 건의해서 대명률의 법에 따라 견본을 정하니, 이로부터 헛되이 죽는 사람이 없어졌고 지금까지도 이에 힘입고 있다.

1594년[53세] 선조 27년에 상소를 올려 시무를 논하였는데, 간절한 말이 수 천 마디였다. 그 모두가 나라의 근본을 굳히고, 절용해서 식량을 비축하며, 병사를 선발하여 훈련시키는 방책이었다. 또 청하기를, "국내의 토지세를 계산하여 헤아려서 쌀과 콩을 거두어 서울 창고로 수송하고 각 관사에 공물(세금)과 방물(특산품)을 진상할 때 모두 물건값을 따져 정한 뒤 담당관에게 사들이게 하되 그 나머지를 군수물자에 보태게 하면 병졸의 식량에 도움이 되고, 외방에서 바치는 쌀이 고르지 않은 점과 각 사의 세금 대납으로 물가를 농단하는 폐단이 모두 제거될 것입니다. 만약 군수 물품이 부족하거나 혹 별도로 정도에 맞게 처리할 경우에는 공물과 방물에서 적당히 헤아려 덜어준다면 창고에 있는 쌀과 콩을 번거롭게 다른 작물로 대신 바치지 않아도 한없이 취해 쓸 수 있을 것입니다."

하였다. 그런데 조정에서 바야흐로 그 시행을 강구하고 전국에서 모두 편하다 하였으나 오래지 않아 근거 없는 논의에 저지되니 논자는 애석히 여겼다.

- 출처: 국역 국조인물고, 유성룡, 세종대왕기념사업회 -

왜적이 오래도록 물러가지 아니하자 중국에서는 천하의 병력이 궁해지면 불가하니 적이 친교를 청할 때에 들어주고 군대를 푸는 것이 낫다고 생각하였다. 석 상서는 그 논의를 주장하였고 과도관은 이를 반박하였다. 송 경략은 이로 인하여 파직되어 돌아갔고, 시랑 고양겸이 와서 대신하였다. 4월에 참장 호택을 보내 공문서로 우리 대신에게 유시하여 월나라 구천句踐이 몸을 굽혀 스스로 강해진 사실을 들어 책하고, 또 왜적에게 벼슬을 봉해 주고 조공하도록 청하게 하였다. 조정의 논의는 제각각 이어서 오래도록 결정을 내리지 못하니, 호택은 화를 내며 속히 보고하라고 다그쳤다.

유성룡은 이때 폐를 앓아 파리해 일어나지 못한 지 달포나 되었다. 이에 상소를 올리기를, "왜를 대신해 벼슬 책봉을 요청하는 문제는 참으로 따를 수 없는 일입니다. 자세히 왜적의 형편을 갖추어 알려서 중국의 처치에 따르는 것이 좋겠습니다. 그리고 우리나라는 스스로 떨치고 일어설 수 없고 다만 중국에 의지해 부흥을 꾀하고 있습니다. 송 경략과 이 제독은 모두 파직되어 돌아갔고 고 시랑이 막 도착하였습니다. 그가 언급한 일들을 또 계속해서 완강하게 거절하여 일을 맡은 사람이 화를 내고 돌아앉아 선뜻 한마음이 되지 않으려 한다면 우리나라의 형세는 더욱 고립되는 것이 아니겠습니까?" 하니, 임금이 윤허하였다.

호택이 임금에게 아뢰는 글의 초본을 보자고 말단에 봉함을 요청하는 일을 반드시 명기토록 하였다. 유성룡이 거절하였지만 어쩔 수 없어서 다만 "위엄을 보여 그 완악함을 징계하고 기묘한 꾀로 얽어 그 화를 그치게 하소서. 이 두 가지는 옛 제왕이 오랑캐를 제어하는 큰 권한으로 모두 흉악하고 포악함을 금하고 생명을 보전하는 일에 함께 돌아가는 것이니, 시기에 따라 정세를 살핌은 오직 임금께서 선택할 일입니다." 하였다. 유성룡이 글을 다 쓰자 호택은 그 말이 불쾌하다고 싫어하여 計계자를 款관자로 고쳐서 갔다. 이때 친교를 받아들이자는 논의는 중국에서 쥐고 있었고 우리나라는 명을 받는 형세였으므로 어쩔 수 없는 일이었으나 후일 유성룡을 공격하는 자들은 곧 주화론자라고 지목하니, 그 모함은 심한 것이었다. 유성룡은 병이 깊어지자 네 번 상소를 올려 사직을 청하였으나 모두 윤허받지 못하였다.

6월에 상소를 올려 전수 기의戰守機宜 11조를 아뢰었다. 7월에는 병조가 병사 훈련에 관한 사무를 전담하기를 아뢰었다. 9월에는 널리 인재를 구하여 난을 평정하는 데 임용토록 하되 그때그때 사용에 절실한 자를 10개 조로 나누어 재상과 사헌부와 사간원, 홍문관으로 하여금 각각 그 아는 인재를 천거하게 하되 귀천을 가리지 말고 실질 재능을 보도록 하며, 포부는 있으나 인정을 받지 못한 자는 감사·병사·수령으로 하여금 찾아서 아뢰도록 청하고, 이렇게 하고서도 또 빠진 자가 있는 경우에는 스스로 추천하게 하였다.

1594년 선조 27년 훈련도감 설치 및 훈련도감 제조가 되었다. 조령에 관에서 운영하는 둔전屯田을 설치 요청하였다. 호남 선비 나덕윤 등이 상소하여 1589년 선조 22년에 억울하게 죽은 자들의 원통함을 씻어주기를 청하였다.

유성룡은 당초 형법이 확대된 사유를 통렬히 아뢰고, 말하기를, "1592년 선조 25년 초에 임금님 말씀을 널리 펼쳐, 법에 연좌시켜야 할 자를 제외하고 모두 풀어준 것은, 인심을 위로하고 하늘에 명운이 길어지기를 빌어서 중흥의 근본을 세운 것으로서 참으로 지극하다고 하겠습니다. 이로 인하여 죄 명부에 들어있는 자 가운데 생존자는 거의 모두 은혜를 입었으나 먼저 사망한 사람은 일시에 원통함이 풀리지 못하였습니다. 그 후 최영경은 신원회복되고 또 작위도 부여되었으나 정개청·유몽정·이황종 등 여러 사람은 아직도 원통함을 안고 있으니, 지금 특별히 그 호소하는 바를 윤허하여 아울러 원통함을 씻게 하소서. 이밖에 상소에 미처 거명되지 않은 자들도 임진년의 명에 의하여 의금부로 하여금 상세히 기록하여 올리게 해서 일체 용서하여 풀어 주소서." 하니, 임금이 따랐다.

9월에 부모를 뵈러 고향으로 내려가기 위해 사직을 청하였으나 불허되었다. 10월에 휴가를 받아 고향으로 가다가 여주에 이르러 소환되어 경기·황해·평안·함경 4도 도체찰사에 임명되니 공문을 보내 4도 관찰사에게 일러서 군병을 훈련시키게 하였다.

1595년[54세] 선조 28년에 상소를 올려 강가에 진지와 둑을 조치하기를 청하였고, 또 상소를 올려 방어와 수비에 관한 마땅함을 아뢰었다. 1596년[55세] 선조 29년에 훈련 규식을 제정하여 4도에 반포하였다.

이에 앞서 중국에서 이종성과 양방형을 책봉사로 파견하여 평수길을 일본 국왕으로 봉하려 하였다. 심 유격은 늘 왜군 진영을 왕래하며 그 일을 중재하였다. 이에 이르러 책봉사가 바다를 건너감에 심 유격이 우리나라에 자문을 보내 중신을 파견하여 책봉사를 따라 같이 건너도록 하니 조정의 논의는 어찌 처리해야 할지 몰랐다.

유성룡은 아뢰기를, "지금 중국 사신이 돌아옴은 그 형색이 의심스럽습니다. 가령 평수길이 중국 사신을 환영하는 데, 우리 사신으로 하여금 동행케 할 뿐이라면 조신이 어찌 연일 그 부류들과 밀의한 뒤에 비로소 유격을 보며, 유격 또한 어찌해 병을 내세워 문을 닫고 책봉사를 만나지 않고 다만 아랫사람을 시켜 알리는 것입니까? 신은 늘 이 도적들이 끝에 가서는 반드시 따르기 어려운 청을 해서 말썽을 빚을거라 의심하였습니다. 지금의 사세는 점점 이런 경우에 가까워집니다. 아마도 그 요구는 통신에 그치지 아니하고 혹 약속을 어기려고 이를 빌어 말하는 것이요, 유격 역시 그 일이 되지 않을 것을 알고 궁하게 되자 우리에게 허물을 돌려 스스로 모면해 보려는 것인지도 알 수 없는 일입니다. 지금 곧바로 거절하면 바로 그 농간에 떨어지는 것이요, 그 말에 따른다면 또 인정이나 의리상 차마 할 수 있는 일이 아니며 사자를 보낸 뒤에 적이 물러갈 지 머무를 지도 확신할 수 없습니다. 일이 그렇다면 마땅히 답하기를, '우리나라는 애초에 일본과 조금도 원수진 일이 없었는데 뜻하지 않게 일본이 하늘의 이치를 어기고 까닭 없이 군대를 일으켜 우리 백성을 살해하고 우리 종묘사직을 불사르고 우리 왕릉을 발굴하였으니, 우리나라 사람들은 모두 피눈물을 흘리며 죽음만 있을 뿐 어찌 감히 화친을 말할 수 있겠는가?

지금 중국에서 남북의 백성을 모두 사랑하고 공훈을 세운 임금의 친척 대신을 불측스러운 땅으로 보내 수고하게 하는 것은 어지러운 병란을 종식시키기 위함이다. 대인이 일을 맡아 명을 받들고 우리를 훈계하니, 예의상 당연히 견책을 받겠으나 이는 실로 중국의 체모에 관계되는 일이다.

일본인은 변화무상하여 믿을 수 없다. 비록 사신이 황제의 명으로 임한다 하더라도 오히려 그 요령을 얻지 못할 것인데, 기장·죽도·안골에 왜적이 여전히 모여 있으니 우리가 더 무엇이 있어 사신 한 사람을 보내는 것을 중시하겠는가? 이렇게 된다면 우리나라는 치욕만 더하여 천하의 웃음거리가 될 것이요, 대인이 끝까지 담당한 일도 헛된 곳으로 돌아갈 것이다.

바라건대 다시 저들의 정황을 살피고 책봉사와 더불어 상의하되 목전의 일만 보지 말고 장구한 계획을 생각하시오.' 하고서 저들의 답을 기다려 볼 것이며, 한 마디의 말로 가벼이 허락과 불허를 말하여 수습하기 어렵게 되는 것은 옳지 않습니다." 하니, 임금이 이에 따랐다.

유격이 계속하여 독촉하자 이때 황신黃愼이 유격의 접반사로서 부산에 있었는데 드디어 황신을 파견하였다.

4월에 중국 사신대표 이종성이 왜군 진영에서 도망치니 도성이 들끓으며 수일 만에 떠나는 자가 태반이었고, 재상·대간·근신 중에도 집안 식솔들을 은밀히 내보내는 자들이 있었다.

유성룡이 말하기를, "중국의 사신 대표가 왜군 진영에서 나왔다는 보고가 막 도착하였으나 부사는 아직도 왜군 진영에 있고 처치에 대해서는 들은 바 없다. 가령 적병이 움직인다고 하더라도 어찌 하루 이틀에 도성에 이를 수 있겠는가? 인심이 먼저 무너지면 나라를 위해 몸을 내던질 의사가 전혀 없게 된다. 이것을 다스리지 않는다면 비록 무쇠로 만든 성과 끓는 물로 채운 못과 견고한 갑옷과 날카로운 병기가 있다 하더라도 어쩔 수 없다." 하고, 아뢰기를, "조정 신하 가운데 먼저 지안 식솔을 내보내 백성의 원망이 된 자를 법관으로 하여금 살펴서 아뢰게 하고, 백성은 한성부로 하여금 성명을 기록하여 후일의 처치를 기다리게 하소서. 또 방을 부쳐 이를 타일러 민심을 다스리게 하소서." 하였다. 또 아뢰기를, "삼군과 백성의 마음은 한 사람의 진퇴에 매여 있습니다. 만약 근본을 지키지 않을 생각이라면 부수적인 것을 어찌 보호하겠습니까? 국가 도읍을 옮겨 보존을 꾀한다는 말이 한 때의 갑작스러움에서 나왔으나 예로 삼을 만한 일은 아닙니다." 하였다.

7월에 충청도의 적신 이몽학이 난을 일으켜 연이어 두 고을을 함락시키고 진격하여 홍주를 포위했다가 목사 홍가신에게 사로잡혔는데, 사대부 가운데 체포된 자들도 있었다. 유성룡은 한결같이 공정하게 옥사를 다스려 한 사람도 억울하게 걸린 자가 없었으니 원근에서 모두 감복하였다. 윤 8월에 임금이 대신에게 세자의 명을 받으라 명하니 거짓 아뢴 말이 들어간 것이었다. 유성룡이 백관을 거느리고 불가함을 아뢴 지 수십 일이 되었으나 임금의 뜻은 더욱 굳었다. 어떤 사람이 유성룡에게 "따르는 것이 무해하지 않겠는가?" 하였으나 유성룡은 "어찌 그다지도 생각지 못하느냐?" 하고, 대궐문 밖에 엎드린 지 보름만에 비로소 윤허를 받았다. 9월에 해직을 청하니 임금이 친필로 유시하기를, "이러한 때에 경은 하루도 영의정직에서 떠날 수 없다. 경이 아니면 그 누가 세상을 구제하는 공을 이루고 도탄에 허덕이는 백성을 구제한단 말인가?" 하였다.

1597년[56세] 선조 30년 봄에 평행장이 사람을 시켜 김응서에게 은밀히 말하기를, "왜장 청정淸正과 행장行長이 공을 다투어 틈이 생겼다. 왕책봉이 성사되지 않는 것도 청정이 방해한 것이다. 청정이 지금 일본에서 나오니 수군으로 바다에서 요격하면 사로잡을 수 있을 것이다." 하니, 대체로 통제사 이순신이 한산도에 주둔하면서 여러 번 왜병을 격파하자 행장이 이를 근심하여 그 허실을 엿보려는 것이었다. 이순신은 거짓임을 의심하였으나 조정에서는 독촉하였다. 충청 병사 원균이 이순신의 공이 높은 것을 시기해서 머뭇거린다고 상소하니, 이순신은 어쩔 수 없이 군을 출동시켰으나 청정은 벌써 되돌아 온 뒤였다. 임금은 이순신이 군기를 그르쳤다 하여 처벌하고 원균으로 하여금 대신케 하려 하니 유성룡이 아뢰기를, "통제사는 이순신이 아니면 안 됩니다. 지금 사태는 급한데 장수를 바꾸어 한산을 지킬 수 없게 한다면 호남을 보호할 수 없습니다." 하였다. 임금이 화를 내며 비변사가 아부만 하고 정직하지 못하다고 하니,

모두 두려워해서 감히 말을 못하였으나 유성룡은 나라의 성패가 달렸다며 강력히 반대하였다. 임금은 이를 받아들이지 않았고 이순신은 끝내 죄를 받았다. 그 후 원균은 과연 크게 패하여 유성룡의 말처럼 호남은 와해되고 말았다.

1597년 선조 30년 유성룡은 이순신이 백의종군할 때 이순신을 천거한 사유로 벼슬에서 물러났다.

유성룡은 병을 이유로 네 번의 상소와 네 번의 사직서를 제출하였으나 받아들여지지 않았다. 유성룡은 평소 말이나 얼굴빛으로 남을 따른 적이 없었으므로 사람들은 감히 사사로이 끼어들지 못하였다. 국사를 오랫동안 맡아보면서 원망을 듣게 되더라도 돌아보지 않았는데, 좋아하지 않는 자가 많아져서 유성룡을 쓰러뜨리려고 꾀하였다.

8월에 유성룡에게 경기 호남의 경계에서 적을 막으라 명하니 유성룡은 명을 받자 바로 떠났는데, 거짓을 아뢰는 자가 집안 식솔들을 데리고 떠났다고 하였다. 어느 날 임금이 말하기를 "들으니 유성룡이 집안 식솔을 이끌고 도성을 빠져나갔다고 하는데 대간은 한 마디도 없으니 대신은 권세가 있다고 할만하다." 하였다.

대사헌 이헌국이 유성룡과 다른 대신들의 식솔 소재를 일일이 들어 밝히니 임금의 마음은 풀리어 곧 유성룡을 소환하였는데, 유성룡은 명을 받기 전에 상소를 올려 스스로 탄핵하니 임금이 글을 내려 따뜻이 말하였다. 이때 적세는 매우 급박하여 도성 안의 백성들은 흩어져 거의 비다시피 하였다. 유성룡이 관할하는 4도의 병사를 징발하여 호위하게 하니, 수만 인에 이르렀는데 대열이 정연하고 호령이 엄숙하여 한 사람도 도망치는 자가 없었다.

9월에 임금이 강탄江灘을 순행하는데 이르는 곳마다 장수들을 위문하였다. 그리고 유성룡을 만나서 이르기를, "군의 진용이 이와 같음은 곧

경의 힘이다." 하였다.

11월에 명을 받들고 영남으로 내려가 군량을 조치하니 대체로 명나라 양호楊鎬의 출병을 위한 것이었다. 양호가 도착하자 사람들에게 말하기를, "그대들 나라의 일은 유성룡과 같은 이로 하여금 보필토록 해야 한다." 하였다. 뒤에 누군가가 양호에게 모함하기를, "유성룡이 공을 깎아내리며 일을 해 낼 재능이 없다고 한다." 하며, 인하여 많은 무고를 하였으며 심지어는 비방하는 글을 양호의 진영문에 붙이기까지 하였다.

하루는 양호가 접반사 이덕형과 사사로이 말하기를, "유성룡이 형군문 邢軍門에게 죄를 얻어 군문이 도착한다는 말을 듣고 도피하여 여기에 와 있으니, 군량의 수송 등은 윤승훈에게 전담시켜야 할 것 같소." 하였다.

유성룡은 통역관을 통해 이를 듣고 믿을 수 없어 이덕형에게 물으니 그런 말이 없었다고 하였다. 이날 저녁 도사 백황이 역시 양호의 뜻으로 남이공에게 분부하되 한결같이 이 말과 같았다. 유성룡은 비로소 잘못 전해진 말이 아님을 알고 드디어 보고서를 올려 직명을 깎아주기를 청하였으나 윤허되지 않았다.

1598년[57세] 선조 31년 봄에 소환되자 여러 번 상소를 올려 사직하니 임금이 답하기를, "오늘같이 위태로운 때에 대신이 어찌 사퇴한단 말인가? 비록 비방은 있다 하더라도 더욱 국사에 힘을 다해야 하고 가벼이 스스로 지나치게 염려하는 것도 옳지 않다." 하였다.

전란이 끝날 무렵, 왜군의 공작으로 빚어진 오해가 조정과 명나라 사이의 큰 외교 문제로 부풀어 졌다.

9월에 병부 주사 정응태가 20개 죄목으로 양호를 탄핵하니, 임금이 좌의정 이원익으로 하여금 주문奏文을 가지고 가서 해명하게 하였다. 주사

정응태가 듣고 크게 화를 내어 우리가 기만하려 든다고 아울러 탄핵하고 또 왜와 연락한다고 무고하니 임금이 분개해 나랏일을 보지 않고 자리를 피하려 하자 유성룡이 백관을 거느리고 그럴 수 없는 일이라 쟁론하였다. 조정공론이 영의정 유성룡을 명나라에 나가 해명하도록 하자, 유성룡은 이미 좌의정 이원익이 전란을 수습하는 일로 북경에 가 있는 마당에, 적의 허무맹랑한 이간질에 말려 좌·영의정 두 정승이 함께 명나라에 가는 것은, 나라 체통에 문제가 있다며 거부하였다.

대신을 보내 변무辨誣하는 문제를 논의하던 중 이이첨은 당시 지평으로 앞장서서 유성룡을 탄핵하였는데, 유성룡이 가기를 자청하지 않으니 대신으로서 나라를 생각하는 의리가 없다고 하였다. 윤홍·유숙 및 무뢰 유생 홍봉선·최희남 등이 간사한 자의 사주를 받아 연이어 상소하며 힘을 다해 공격하였으나 임금은 받아들이지 않았다.

유성룡이 여러 번 상소를 올려 스스로 탄핵하였으나 윤허받지 못하자 성 밖으로 나가 명을 기다리며 세 번 상소를 올렸으나 역시 윤허 받지 못하였다. 유성룡을 시기하는 대북파들이 모처럼 빌미를 잡은 듯 들고 일어나 그를 탄핵하니, 유성룡도 잘 됐다며 미련없이 사직해 버렸다. 1598년 10월 4일 사헌부가 유성룡의 파직을 건의하였다.

사헌부가 아뢰기를, "영의정 유성룡은 성상에게서 세상에 보기 드문 대우를 받아 신하로서 가장 높은 벼슬에 있으니 국가에 이로운 일이라면 목숨도 버려야 할 의리가 있습니다. 지금 지극한 원통함을 변명하는 것은 국가를 이롭게 하는 데에만 그치는 일이 아니며 중국 연경이 멀다 해도 꼭 죽는 곳이 아닌데, 교묘하게 회피하고 힘써 사절하여 성상께서 여러 번 명을 내리셨는데도 불구하고 터럭 하나 꿈쩍하지 않으니, 어찌 두려워하고 꺼림이 없이 자기 마음대로 작정하여 그런 것이 아니겠습니까. 그가 비방을 받는 것과 성상께서 무함을 당하는 것은 경중이 현격하게 다른데,

어쩌면 그리 스스로 처하는 것은 고상하게 하면서 임금의 원통함을 안타깝게 여기지 않음은 이토록 심합니까. 중대한 일이므로 공론이 점차 격렬하니 빨리 교체시키라 명하소서.

하니, 답하기를, "영의정의 일은 한때의 우연한 일이니 대단치 않다. 이로 인하여 빨리 연경에 가지 않으면 국사가 낭패될까 염려되니 어찌 파직까지 논할 것이 있겠는가." 하였다.

10월에 영의정에서 교체되어 부원군에 봉해지니 언관이 계속 쟁론하여 11월에 파직되어 돌아갔다. 끝내 사직이 수락되자 시기하던 자들은 국정을 어지럽혔다는 죄목을 덧씌워 유성룡을 파면 처분해 버렸다. 이날은 선조 31년[57세] 11월 19일이니, 공교롭게도 이순신 장군이 노량에서 마지막 왜적을 깨뜨리고 장렬히 전사한 날이었다.

정인홍은 평소 유성룡을 원수로 여겨 음해하려 하였는데 유성룡을 미워하는 자와 결탁하였다. 정인홍의 문객 문홍도가 정언이 되자 온갖 말로 헐뜯으며 당나라와 남송 때의 간신인 노기와 진회에 견주기까지 하였다. 명나라 장수 병부주사 정응태가 조선이 왜를 끌어들여 명나라를 공격하려 한다고 본국에 무고한 사건이 일어나자 이 사건의 진상을 해명하러 가지 않는다는 정인홍, 이이첨 등 북인의 탄핵을 받아 12월에는 관직을 삭탈 당했다.

이후 유성룡은 고향에 낙향하여 은거하며 징비록을 저술하였다. 도성을 떠나 고향으로 내려 가면서 한 수의 시를 지어 남겼다.

田園歸路三千里 고향으로 돌아가는 길은 삼천리
王幄深恩四十年 왕실의 깊은 은혜는 40년
立馬渡米回首望 말을 세워 머리 돌려 바라보니
終南山色故依然 남산의 모습은 옛날 그대로네.

유성룡은 고향으로 가는 길에 풍기에 머무르고 계시는 노모를 먼저 찾아 뵈었는데, 바로 그날 반대파들은 그의 관작을 모조리 빼앗고 서인으로 신분을 강등시켜 버렸다.

1599년[58세] 선조 32년 6월에 직첩을 되돌려 주니, 삼사에서 또 논핵하였다. 임금이 답하기를, "일을 논함이 실상에서 지나치면 비단 그 당사자도 불복할 뿐만 아니라 옆에서 보는 사람도 불복한다. 주화主和라는 두 글자로 꼬투리를 삼아 유성룡을 진회에 견주기까지 하였다. 진회는 오랑캐의 뜻을 받아들여 처자를 보전하고 여진족을 위해 모략을 꾸미기 위해 은밀히 송나라에 들어와 화의和議를 주장하고 주전론자 악비 등을 살해하였다. 유성룡 역시 음모에 은밀히 내통한 사실이 있는가? 이 말이 족히 인심을 진정시키고 국시를 정할 수 있겠는가? 대체로 유성룡의 마음은 종사가 망하려는 것을 부끄럽게 여겼고 중국에서 이미 화의를 허용하도록 하였으므로 권세로 그 일을 성취시킨 것이다. 한가지로 따져보면 나 역시 그르쳤다고 아니할 수 없다. 그 실상을 살펴보면 이에 지나지 않을 뿐이다. 아! 그때 그 누가 쏠리지 않았겠는가? 그런데 지금에 와서 서로 벗어나려고 나는 그런 일이 없다, 나는 그런 일이 없다고 하니, 그렇다면 이 모두 우의정이 죄인이란 말인가? 또 중론을 물리치고 밤중에 사자使者를 보냈다는 말은 더욱 말할 것이 없고, 그 당시 널리 조정의 논의를 모아 정한 것이다. 그 논의는 승정원에서 상고할 수 있다." 하였다. 훗날 유성룡의 행위를 모함하던 자의 정상을 알려는 사람들은 여기에서 그 대개를 볼 수 있을 것이다.

처음에 대간이 화의 문제로 유성룡을 공격할 때에 우의정 이항복이 상소하기를, "신이 일찍이 남도에 있으며 이원익과 세상의 일을 언급한 일이 있었는데, 신이 '오늘의 국가 세력은 사람의 기氣가 목에서 막혀 온갖 맥이 끊어질 것과 같으니 먼저 기를 서둘러 내려보낸 다음에야 살길을 논할 수 있다.' 말하였습니다. 이 말은 오직 이원익만 들었고 다른 사람은 알지 못합니다. 그러나 신이 어찌 감히 사람들이 모른다 해서 없었던 일처럼 숨기겠습니까? 지금 이러한 일로 유성룡에게 죄를 주었으니 차례로 삭직 시킨다면 당연히 신에게도 미쳐야 할 것입니다." 하니, 임금이 정직하게 여겼다. 그러므로 비답에서 특별히 이를 언급하여 삼사를 탓하였다. 그러나 결국은 삼사의 논의에 따랐다.

1607년[66세] 선조 40년 2월에 또 부름이 있었으나 이때 유성룡은 오랜 병으로 사양하고 나아가지 아니하니, 어의를 보내 약을 가지고 와 구호하였다. 병이 위독해지자 유언 상소를 올려 덕을 닦아 정치의 도를 확립하고, 공정히 보고 들으며, 백성을 기르고 어진 이를 임용할 것이며, 군정을 닦고 좋은 장수를 가려 뽑을 것을 말하고, 장례를 후하게 하지 말라고 유훈을 남겼다. 명하여 병중에 지은 시를 관화록觀化錄이라 하였다. 병문안 오는 손님을 사절하라고 명하면서, "안정을 취해 조화로 돌아갈 따름이다." 하였다.

5월 정묘일 밤에 부축없이 스스로 일어나 앉으며, "오늘은 거뜬하니 무병한 때와 같다." 하고, 홍범 한 편을 끝까지 외웠다. 이튿날 해 뜰 무렵에 큰 호랑이 한 마리가 울타리 밖에서 소를 노리고 있었다. 종들이 큰 소리를 지르니 아들 유진柳袗이 유성룡이 놀랄까 보아 급히 나가 제지하였다. 유성룡이 천천히 유단柳褍에게 이르기를, "네 아우는 어리석구나. 호랑이를 본 사람에게 놀라지 말라 하니 될 일이냐?" 하고, 어의에게 서둘러 들어오게 하여 손을 잡고 결별하며 "멀리 와 병을 치료해 주니 임금의 은혜 망극하다. 며칠이면 경성에 도달할 수 있겠는가?" 하였다. 심부름꾼에게 명하여 당堂에 자리를 펴게 하고 북쪽을 향하여 바로 앉아 편한 마음으로 서거하였다. 부음이 알려지자 임금은 매우 슬퍼하였으며 조회를 철하고 상례와 부의를 예와 같이 하였다. 원근에서 유성룡의 부고를 듣고 모두 슬퍼하고 애석히 여겼으며, 서울의 사대부들은 서로 나서서 유성룡이 거처하던 옛집에 위패를 설치하고 매우 슬피 곡을 하였다. 시민들도 모여 곡을 하였으며 4일간 저자의 문을 닫았고, 서로 부의를 내며 말하기를, "공이 아니었다면 우리는 살아남지 못하였을 것이다." 하였다. 7월에 풍산현 동쪽 수동리 오향의 묘원에 장사지내니, 4백여 명이 모였다. 1614년 광해군 6년 여름에 선비들이 병산서원에 사당을 세워 제향을 지냈다. 뒤에 여강서원의 퇴계 선생 사당에 합사하였다.

– 출처 :국역 국조 인물고, 유성룡, 세종대왕기념사업회 –

국가 개혁방안을 올리다

1594년[53세] 선조 27년 4월 1일 유성룡은 임진왜란 당시 주선이 처해 있는 군정의 현황과 개선 방향에 대한 상소문을 올렸다.

영의정 유성룡이 차자를 올려 시무時務에 대해 진술하였다. 그 대략에,
"'깊은 근심 속에서 밝은 지혜가 열리고 많은 어려움 속에서 국가가 흥기된다.' 하였습니다. 대개 평화로운 시대에는 인심이 무사안일을 즐기고 세속의 선비들이 천박한 식견에 빠지며 또 편협한 의논이 명실을 어지럽히고 대체를 파괴하여 비록 선견지명이 있어도 늘 신용을 받지 못하고 시대를 구제할 계책이 있어도 항상 시행되지 못하다가, 결국 패멸당하고 난 뒤에야 인심이 두렵게 여겨 지난 일의 실수를 징계하지 않을 수 없게 되고 앞날을 위한 계책을 잘 도모하지 않을 수 없게 되어 천명天命이 다시 이어지고 국맥이 다시 견고해지게 되는 것입니다. 옛날에 오래도록 지속된 나라의 경우에도 혹 중간에 쇠퇴해졌다가 다시 떨쳐서 천 년, 백 년 동안 안정을 유지하게 되었던 것입니다. 이런 관점에서 본다면, 깊은 근심과 많은 어려움이 있는 상황이야말로 어찌 나라를 일으키고 밝은 임금의 명을 계발하는 밑받침이 되기에 부족하다 하겠습니까. 이는 곧 전하께서 얼마나 뜻을 더욱 가다듬느냐에 달려 있을 뿐입니다.

아, 요즘 국가가 당하는 화란은 우리나라가 생긴 이래로 일찍이 없었던 일입니다. 이미 있지 않았던 화란을 당하였고 보면, 이를 구제하는 것도 평범하게 조치하여 소기의 성과를 기대할 수 없으리라고 하는 점은 분명합니다. 비유하건대 마치 심장에 걸린 병은 입에 맞는 부드럽고 순한 약으로는 다스릴 수 없고 반드시 대약大藥[85]이나 신단神丹[86]을 써서 장과 위에 쌓인 고질을 씻어버리고 원기를 길러 낸 뒤에야 비로소 회생할 수 있는 것과 같습니다. 오늘날의 형편이 어찌 이와 다르겠습니까.

국가가 당초에 왜적이 물러가고 서울이 수복되었을 때에 자강책을 급히 세워 곡식을 저장하고 군사를 훈련시키며 전쟁의 피해를 수습하는 등 매일 매일 겨를없이 계획을 세우고 조치했더라면 이미 1년이 지난 지금쯤에는 필시 조금이나마 두서가 잡혀 이를 바탕으로 더욱 분발해서 중흥의 기반을 마련할 수 있었을 것입니다. 이 외에는 다른 계책이 없는데, 전국의 신하들은 장구한 생각을 깊이 가지고 짧은 시간도 아껴 쓰면서 일을 도모해 보려고는 하지 않고 모두가 게으름을 부리고 시일만 낭비한 채 왜적 토벌은 전적으로 명나라 군사에게만 맡겨두고는 자기들이 당연히 해야 할 일을 전연 강구하지 않고 있습니다. 그리하여 군정이 아직 개선되지 못하고 군량 대책도 수립되지 못했으며 민심은 수습되지 않은 채 온갖 일들이 어지럽게 얽혀 전도되고 있는 상황이 마치 안개 속을 헤매는 것과 같은데, 어렵게 살아남은 백성들에게는 손톱만큼도 힘이 남아 있지 않으니, 진실로 마음 아픈 일입니다.

오늘날의 급선무 역시 많은 말이 필요없습니다. 오직 백성을 편하게 하는 정사를 급히 실시하여, 사방 백성들로 하여금 그 소문을 듣고 재생할 희망을 가지게 해야 합니다. 그런 뒤에 또 임기응변의 조치를 취해 군량을 서울에 모아놓고 그 식량으로 날래고 용감한 군사들을 모집하여 주야로 훈련시킴으로서 모두 절제 있는 군사를 만들어야 합니다. 그렇게 되면 외국의 침략도 방어할 수 있고 국내의 변란도 소멸시킬 수 있어 국가의 형세가 반석처럼 안정될 것입니다.

지난날 조정에서는 태평한 시대의 타성에 젖어 군정을 닦지는 않고 민병 수천 명만으로 서울에 당번토록 하였으나 모두 시골 농사꾼들로서 전투가 무엇인지도 모르는 사람들이었습니다. 그리고 해당 조정에서는 면제해 주는 조건으로 마구 거둬들

---

85) 효험이 썩 좋은 만병통치의 약

86) 신선이 된다는 영약靈藥

이는 일만 일삼아 옷감을 많이 징수해 사적인 용도로 삼는 반면 실제로 군사를 조련한 일은 한 번도 없었습니다. 그러다가 갑자기 사변을 당하자 마치 고삐 풀린 말처럼 오합지졸들이 제멋대로 사방에 흩어져 다시 모아들일 수 없게 되었습니다. 그런데 변고를 당한 뒤에도 오히려 지난날의 규례를 징계하여 고치지 않고 그 전철을 그대로 밟으면서 구태의연하게 세월만 보내고 있습니다. 또 사방이 모두 결딴이 나버려서 당번할 의무가 있는 각기 직분을 가진 군인들이 백에 한 사람도 오지 않아 서울이 텅텅 비고, 다만 대신 당번을 서는 굶주린 군사 2백~3백 명 정도만이 있을 뿐입니다. 이것을 가지고 하늘을 뒤덮을 듯한 기세를 가진 강적을 꺾고 이미 쇠퇴해진 나라를 진흥시키려 한다면 또한 어렵지 않겠습니까.

요즘 훈련도감의 군사에 소속되기를 원하는 사람이 상당히 많아 응모자도 점차 늘어나고 있는데, 먹일 식량이 없어 제한하는 바람에 많이 모을 수가 없으니 결과적으로 아무런 보탬이 없게 될까 염려됩니다. 대개 식량이 부족하면 사람을 모아들일 수 없고 사람을 모아들이지 못하면 군사도 훈련시킬 수 없는 것이니, 이는 필연의 형세입니다. 지금 국고가 텅텅 비어 경비로 쓸 것 외에는 다시 남은 저축이 없으니, 아무리 군사를 훈련시켜 적을 방어하려 해도 계책이 나올 데가 없습니다.
이에 신이 깊이 생각해보고 온갖 방도를 헤아린 끝에 겨우 한 계책을 얻었습니다. 평상시 당번하는 기병의 수는 도합 2만 3천 7백여 명인데 각각 3명씩의 보인保人[87] 이 있으니 모두 9만여 명이 되며, 당번하는 보병의 수는 1만 6천 2백여 명인데 각각 보인 1명씩이 있으니 모두 3만 2천여 명이 됩니다. 이들을 합치면 12만 2천 명이 되는데, 이것이 바로 평상시에 당번하는 기병과 보병 2색의 군호와 봉족[88]의 숫자가 됩니다. 그리고 당번하는 갑사군인의 수는 4천 6백 40명인데 각각 2명씩의 보인이 있으니 1만 3천 9백 20명이고, 당번하는 정로위의 수는 2천 1백 61명인데 각각 봉족 2명씩이 있으니 합치면 6천 4백여 명이며, 당번하는 별시위의 수는 1천 1백 19명인데, 역시 봉족 2명씩이 있으니 도합 3천 3백여 명입니다. 여기에는 다른 색의 군사는 포함되어 있지 않습니다.

---

87) 보인保人 : 병병兵을 재정적으로 도와주는 사람이며 전쟁이 터지면 같이 따라가는 보급수송대인 셈이다. 평시엔 병사를 재정적으로 도와주는데, 면포·쌀·베·말·군장비 제공 등으로 도와준다.

88) 조선 초기 국역國役 편성의 기본 조직으로 정정(正丁 : 16세이상 60세 이하의 장인 남자)을 돕게 하던 제도. 즉 정정正丁 1인에게 조정助丁을 주어 그들로 하여금 재력財力을 내게 하여 정정이 국역을 입역立役하는 데 그 역을 직접 담당하지 않은 나머지 정丁으로 봉족을 삼아 입역을 위한 비용을 마련케 하였다

이밖에도 각사의 노비들이 있습니다. 신이 지난 기묘년 겨울에 형방승지로 있으면서 그 인원수를 살펴보니 모두 3만 7천여 명이었는데 그 뒤에 공노비의 일이 힘들지 않으므로 점차 증가되어 그 수가 3만 7천 명만 되는 것이 아니었습니다. 이밖에 또 각사의 하급관원들이 도합 2천 1백 77호戶인데 각각 봉족 2명씩이 있고, 각사의 하급 군관이 도합 3천 6백 28명인데 각각 봉족 1명씩이 있으며, 또 장악원에는 악기 장인 7백 명과 악기 생도 3백 명이 있는데 각각 봉족 2명씩이 있으니 그 수를 모두 합치면 또한 3천명이 됩니다. 이것이 곧 평상시 각색 인원의 정원입니다. 그 사이에 빠진 자에 대해 보충하지 못한 곳이 있기는 하나 대략은 이와 같습니다.

지금은 병란을 겪은 후이므로 평상시의 정원으로 계획할 수는 없을 것입니다. 남아 있는 자가 얼마 안 될 것으로 생각되나, 전라도·충청도 및 경상좌·우도의 조금이나마 완전한 군·읍과 강원도·황해도·경기도 등처에는 남아서 부역을 하는 자가 거의 10만 명에 이르거나 그 이상일 것입니다. 만약 이들의 당번을 면제해 주고 1인당 쌀 한 섬씩 받아들여 군량을 삼게 한다면 그 수량이 장차 10만여 석에 이를 것인데, 쌀·좁쌀·보리·콩·팥을 막론하고 그 수량을 채워 납부하게 한다면 매우 가벼워져서 인심이 크게 기뻐할 것입니다.

그리고는 서울에 사방의 날래고 용감한 군사를 모집해야 합니다. 이 일 역시 선비족·서얼·공노비·사노비, 부역이 있는 자·부역이 없는 자를 막론하고 다만 용맹스러운 힘이 있는 자 1만 명을 얻은 뒤 5진영에 분산시키고 영마다 2천 명씩 법에 의해 조련시켜야 합니다. 그렇게 되면 서울에 항상 1만 명의 정병精兵이 있게 되어 근본이 튼튼해질 것이니, 우리의 막강한 힘으로 가볍게 적을 제어할 수 있는 형세를 얻게 될 것입니다.

대개 1만 명의 병력에 소요되는 1년의 양식은 4만 4천 석인데, 가령 다시 수천여 석을 방출해서 날마다 1인당 3되씩 주어 가족까지 보호하게 하더라도 부족하게 될 걱정은 없습니다. 그리고 나머지 수만 석은 특별히 군량으로 저축하여 군사를 먹일 수요로 하고, 호조의 경비와는 무관하게 한다면 3년 뒤에는 저축량이 몇 배나 되어 군량으로 이루 다 쓸 수 없을 정도가 될 것입니다. 진실로 식량이 넉넉하고 군사가 강하다면, 무엇을 한들 이루지 못할 것이며 어떤 적인들 염려할 것이 있겠습니까. 1만 명의 군사에 대해서도 2개조로 나누어 영마다 5천 명만 상주하게 하고 나머지 5천 병력은 경기 지방의 비옥하고 한가히 비어 있는 땅에 옮겨 농기구·농우·종자 등을 대폭 구비해 준 다음, 마치 조조가 허하에 둔전하던 법[89])처럼 나누어 둔전하며 농사를 짓게 해야 합니다. 그리하여 절반은 자기가 먹고 절반은 관에서 징수한다면 식량을 마련하는 길이 날로 넓어지고 군대에 응모하는 자들이 서로 잇따라 구름처럼 모여들 것입니다.

대개 하·은·주 삼대에는 평상시의 농부가 유사시엔 곧 군사로 전환되었는데, 당나라 초기의 부병제 역시 옛 제도를 모방한 것으로 선유先儒들이 훌륭하게 여겼습니다. 그러나 세상에 변고가 날로 생겨나고 화란이 번다하게 일어나자 병兵과 농農을 구분하지 않을 수 없게 되었습니다. 이 때문에 당나라 중엽에서부터 송·원·명나라에 이르기까지 모두 그를 변경하지 못한 채 병은 농을 보호하고 농은 병을 기르게 하였으니, 이는 그 형세가 그러했기 때문입니다. 우리나라의 당번하는 제도 역시 당나라 부병제[90])의 유언을 본받아 오늘날에 이른 것인데, 모두 전쟁터에는 하나도 쓸모없는 농사꾼들이라서 형편에 따라 변통하여 적당하게 쓸 수밖에 없으니 이 또한 그 이치라 하겠습니다.

지방의 일에 대해서는 신이 지난번에 진달한 진관설鎭管說[91])에서 이미 대강을 열거하였습니다. 대강이 일단 수립이 되면 절목은 자연히 따라오게 마련입니다만, 다시 대략만 말씀드릴까 합니다. 병법으로 보면 가장 먼저 부대를 나누어 관할하게 하는 것을 귀하게 여깁니다. 그런 뒤에야 조리가 정연하게 서게 되고 호령이 두루 통해 징발하는 데에 어긋남이 없게 되는 법입니다. 그렇기 때문에 중국의 장수들을 보면 대소 고하를 막론하고 다 통솔하는 군사가 있는데, 평상시에 마음을 다해 훈련시켜 두었다가 일단 위급한 일이 있게 되면 이들을 징용하는 것입니다. 그리하여 각처의 장수들이 그들의 군사를 합쳐 인솔하여 모두 한곳으로 집결시킨 뒤에 전장에 나아가

---

89) 조조가 허하에 둔전하던 법 : 한나라 헌제 때 큰 흉년이 들어 군민 모두가 굶주렸다. 이때 조조는 조지·한호 등의 건의에 따라 백성을 모집하여 허하에 둔전을 실시하였는데 여기에서 백만 곡의 곡식을 수확함으로써 이를 바탕으로 사방을 정벌하여 대승을 거두었다.

90) 부병제府兵制 : 농병일치農兵一致의 병제. 농민 가운데 20세 이상의 남자를 뽑아 부병으로 편성한 다음, 농한기에 훈련을 시켜 경비에 임하게 하고 조세를 면제해 주었다. 그 당시 중국 10개 도에 6백 34개의 부를 설치하였는데, 명칭을 절충부라 하고 절충 도위·와의 도위 등을 두어 그들을 거느리게 하였다.

91) 진관설鎭管說 : 진관은 곧 적을 방어하기 위하여 각도의 군병을 모두 진관에 나누어 소속시켰다가 유사시에는 읍의 군병을 통솔하고 주장의 명령을 따르게 하는 제도다.

는데 그 군졸들 역시 자기 장수에 오래도록 예속되어 처음부터 끝까지 떨어질 수 없는 관계라는 것을 알기 때문에 두려워하면서도 좋아하는 마음이 생겨 감히 구차한 생각을 가질 수 없게 되는 것입니다. 그러니 비록 끓는 물이나 뜨거운 불에 뛰어들게 한다 하더라도 어찌 무너져 흩어질 염려가 있겠습니까.

그런데 우리나라의 경우는 그렇지 못해서 군졸이 장수에게 예속되지 않고 장수는 병졸들을 장악하지 못하고 있습니다. 평상시에는 멀리 떨어져 한 번도 얼굴을 보지 못하다가 일단 위급한 상태가 발생하면 농촌이나 민가에서 군사들을 모아들이고 있는데, 그저 어리둥절해서 소속감을 느끼지 못하고 있습니다. 게다가 부유한 사람은 재물을 바쳐 빠지려 하고 장정들은 놀라 흩어져 다른 곳으로 가버리는가 하면, 이른바 감영의 벼슬아치나 훈도의 우두머리 등은 이러한 시기를 틈타 작폐를 하면서 공갈 협박하고 침해하는 등 못할 짓이 없이 하고 있습니다. 그리하여 결국에는 조금이라도 전투에 참여할 만한 사람들은 다 빠져나가 버리고 자력으로 모면하지 못한 가난한 백성들만 구차하게 그 수를 채우게 되는데, 이들마저 미처 경계를 지나가기도 전에 도망해버려 전쟁터에 이를 무렵이면 다 없어지고 마니 이것이 오늘날의 실정입니다.

따라서 모든 도내에 진관법鎭管法을 실시하여 크고 작은 군·현의 형세가 서로 관계를 맺지 않을 수 없게 해야 합니다. 또 한 읍내에서 특별히 그 지방 관원 가운데 생각이 있고 스스로 자기 몸을 아껴 감히 범법하지 않을 자를 선발하여 그로 하여금 각 면의 군사 뽑는 일을 주관하게 하고, 건장한 자와 허약한 자를 분류해 뽑아 상·중·하 3등으로 가려낸 뒤 수령이 친히 점검하게 해야 합니다. 그리고 뽑힌 사람들로 하여금 빠진 자를 고발하게 하되 몇 명 이상이 되면 군사 뽑은 자를 참형하도록 해야 할 것입니다. 그리하여 평상시에는 법을 설치하여 훈련시키다가 유사시에는 곧 그 사람으로 하여금 전쟁터로 인솔해 가게 하되, 병졸들이 도망하고 흩어져서 정예롭지 못한 폐단이 있을 때에는 모두 그 당사자가 책임을 지도록 해야 합니다. 이렇게 되면 감히 마음을 다하지 않을 수 없게 되어 군정이 조금이나마 맑아지게 될 것입니다.

그리하여 상등 군졸은 차례대로 전쟁에 나가게 하고 중등과 하등은 백성들에게 군량을 공급하도록 하면 일이 모두 사전에 정해져서 사태에 직면하여 소동하는 폐단이 없게 되고 아전들이 농간을 부리는 폐단도 없어져 실이나 노끈이 연결되듯 질서가 정연하여 다시는 지난날처럼 두서가 없게 되지는 않을 것입니다. 지난번 아뢴 글에서 대략 그 내용을 드러내어 이미 사방에 알렸었는데, 그 후에 듣건대 아직도 군사를 뽑는 일에 조리가 없어서 온갖 민폐만 일으킬 뿐 이른바 쓸 만한 병졸은 하나도 전쟁에 나간 자가 없다고 하였습니다. 폐습의 제거가 이처럼 어려우니, 탄식을 금할 수 없습니다.

대저 있는 토지를 활용해서 재물을 생산한다면 이루 다 재물을 쓸 수 없을 것이고 넉넉한 재물을 이용하여 사람을 모집한다면 이루 헤아릴 수 없이 모여들 것이며, 백성이 하고 싶어하는 바를 따라 공을 도모한다면 이뤄지지 않는 공이 없을 것입니다. 신이 지난날에 이른바 '일은 그 질서를 얻어야 조리가 있어 문란하지 않게 되고 어떤 대상이든 그 근본을 다스려야 힘이 적게 들고 공이 많아진다.'고 한 것은 바로 이런 종류를 두고 한 말입니다.

신은 또 듣건대 난리를 평정하여 정상을 되찾게 하는 방법이, 충분한 식량과 군사에 있다고는 하나, 더욱 중요한 것은 민심을 얻는 데에 있다고 하였습니다. 그런데 민심을 얻는 근본은 달리 구할 수 없고 다만 부역과 조세를 가볍게 하며 더불어 휴식을 취할 수 있게 해주는 데 있을 따름입니다.

국가에서 받아들이는 토지세는 십일세 보다 가벼워서 백성들이 무겁게 여기지 않습니다. 다만 토지세 이외의 공물 진상이나 각 절기 때마다 바치는 방물 등으로 인해 침해당하는 일이 매우 많습니다. 당초 공물을 마련할 때에 토지의 수로써 균일하게 배정하지 않고 크고 작은 고을마다 많고 적음이 월등하게 차이가 나기 때문에 1결結당 공물값으로 혹 쌀 1, 2말을 내는 경우도 있고 혹은 쌀 7, 8말을 내는 경우도 있으며, 심지어 10말을 내는 경우도 있습니다. 이처럼 백성들에게 불공평하게 부과되어 있는데 게다가 도로를 왕래하는 비용까지 가산되고 있습니다. 그리고 각 관청에 납부할 때는 또 간사한 아전들이 조종하고 농간을 부려 백 배나 비용이 더 들게 되는데, 관공서로 들어가는 것은 겨우 10분의 2, 3에 불과할 뿐, 나머지는 모두 사가로 들어가고 맙니다.

진상에 따른 폐단은 더욱 심하게 백성을 괴롭히는 점이 있습니다. 이것 역시 당초에 법을 마련할 때는 반드시 이와 같지 않았을 것입니다. 그러나 실시한 지 백 년이 지나는 동안에 속임수가 만연하여 온갖 폐단이 일어나고 있습니다. 지금 만약 곧바로 변통하지 않으면 백성들은 다시 소생할 가망이 없고 나라의 저축도 풍부히 마련할 길이 없습니다.

신은 늘 생각건대 공물을 처치함에 있어서는 마땅히 도내 공물의 인원수가 얼마인지 총 계산하고 또 도내 토지의 수를 계산하여 자세히 참작해서 가지런하게 한 다음, 많은 데는 감하고 적은 데는 더 보태, 크고 작은 고을을 막론하고 모두 한가지로 마련해야 되리라 여겨집니다. 이를테면 갑지에서 1결당 1말을 낸다면 을지·병지에서도 1말을 내고, 2말을 낸다면 도내의 고을에서 모두 2말을 내도록 해야 할 것이니, 이렇게 한다면 백성의 힘도 균등해지고 내는 것도 한결같아질 것입니다.

방물값 또한 이에 의거해서 고루 배정하되 쌀이든 콩이든 그 1도에서 1년에 소출되는 방물의 수를 토지수에 따라 고르게 납입토록 해야 할 것이니, 이렇게 하면 결마다 내는 것이 그저 몇 되 몇 홉 정도에 불과하여 백성들은 방물이 있는지조차도 모르게 될 것입니다. 진상할 때에도 이런 식으로 모두 쌀이나 콩으로 값을 내게 해야 합니다.

이상 여러 조건으로 징수한 것들은, 전라도는 군산의 법성창에, 충청도는 아산과 가흥창에, 강원도는 흥원창에, 황해도는 금곡의 조읍창에 들이도록 하고, 경상도는 본도가 회복될 동안엔 본도에 납입하여 군량으로 하고, 함경도·평안도는 본도에 저장하고, 5개도의 쌀과 콩은 모두 경창으로 수송하도록 해야 합니다. 그리고 각 관청에 공물과 방물을 진상할 때 물건을 따져서 값을 정하는 것은 마치 제용감에서 모시·베·무명을 진헌하던 전례와 같이 해서 관할사로 하여금 사서 쓰게 하고, 만약 군량이 부족하거나 국가에서 별도로 처리해야 할 일이 있을 경우에는 공물과 방물을 진상하는 수를 헤아려 덜어주어야 합니다. 그러면 창고 안에 저장되어 있는 쌀과 콩을 번거롭게 다른 작물로 바꿔 바치지 않고도 한량없이 쓸 수 있을 것입니다.

신은 듣건대 명나라에서는 외방에서 진상하는 일이 없이 다만 13도의 속은贖銀[92]을 광록시에 두었다가 진공할 물품을 모두 이것으로 사서 쓰고, 만약 별도로 쓸 일이 있을 경우에는 특명으로 숫자를 줄여 그 가은價銀[93]을 쓴다고 합니다. 그래서

---

92) 속은贖銀 : 벌금으로 받은 은

93) 가은價銀 : 대금

먼 지방 백성들이 수레에 실어 운반하는 노고를 치르지 않는데도 사방의 장인이 생산한 온갖 물품이 북경에 모여들지 않는 것이 없어 마치 깊은 바다에서 건져 올리는 것처럼 무엇이든 얻지 못하는 것이 없으므로 북경은 날로 풍부해지고 농촌 백성들은 태평스럽고 편안한 마음으로 직업에 종사한다 합니다. 이것이야말로 훌륭한 제도이니 우리나라도 본받아 시행해야 할 것입니다.

보통 때 국가 경창京倉[94])에는 군량이 거의 40만 석에 이르렀는데도, 의논하는 자들은 오히려 양식이 적다고 걱정하였는데, 지금은 다만 양식이 수천 석뿐이어서 조석으로 위태로우며 2, 3개월 동안의 먹을 양식도 비축한 것이 없으니, 급박한 사세가 이보다 더할 수 없습니다. 옛날에 월나라는 재물을 생산하고 백성을 모은 다음에 훈련시켰고, 훈련을 시킨 다음에 원수를 갚았습니다. 진실로 재물을 생산한 다음에 백성을 모으지 않는다면 아무리 좋은 계책이 있더라도 어느 곳에 시행하겠습니까. 그러므로 오늘날의 일은 마땅히 잡된 일은 없애야 하니 실속없이 잡된 것을 생략하고 실속을 힘써야 합니다. 그리하여 10여 년 동안을 한정해서 오직 군량 생산과 군사 훈련시키는 데에만 힘을 다하고 털끝만큼이라도 다른 일이 그 사이에 뒤섞여 어긋나지 않게 한 뒤에라야 원수를 통쾌하게 갚고 이 어려움을 크게 구제할 수 있을 것입니다.

지금 백성은 이미 극도로 궁해지고 사세는 위급하여 도탄에 빠지고 거꾸로 매달린 듯한 고통은 말할 것도 없습니다. 신의 이 말이 실시된다면 나라에는 남은 저축이 있게 되고 백성은 남은 힘이 있게 되어 수년 뒤에는 기세가 촉진되어 하고자 하는 바가 어렵지 않게 이루어질 것입니다. 이밖에 자질구레한 절목은 그 단서가 매우 많으나 지금 일일이 열거하지 못합니다.

바라건대 임금께서는 회복할 수 있는 좋은 계책을 깊이 생각하시고 국가의 수치를 갚지 못한 것을 원통하게 생각하시어 민심을 빨리 만회하여 영원히 국가의 맥이 존속되게 하는 근본을 삼으소서. 그리하여 하루하루 재물을 생산하고 군사를 훈련시킬 계책을 생각하여, 허름한 옷과 거친 음식으로 생활하며 노심초사하시는 한편 여러 신하들을 독려하여, 구습을 고치지 않고 목전의 편안함만을 취하는 습관을 한번 크게 변화시켜서, 크게 일을 할 만한 의지를 진작시키소서. 그러면 일세의 유능하고

---

94) 서울에 있는 창고

지혜있는 선비들이 모두 모여들어 국가를 위해 몸을 아끼지 않고 일을 맡아 수행할 것입니다."

하였는데, 상소를 비변사에 내려 모두 채택해 시행하도록 하였다. 그러나 진관鎭管의 법은 사람들이 모두 편리하게 여겼는데도 끝내 시행되지 않았고, 공물 진상을 쌀로 하는 것에 대해서도 주상의 뜻이 모두 강구하고 싶어하지 않아 거행되지 못하고 파기되었다.

—선조실록 27년 4월 1일—

1594년 선조 27년 10월 1일 군국기무에 관한 책 한권을 올리니, 그 조목은 척후斥候·장단長短·속오束伍·약속約束·중호重壕·설책設柵·수탄守灘·수성守城·질사迭射·통론형세統論形勢였다.

그 서문에, "신은 쓸모없는 선비로 군사의 일에 대해 익숙지 못합니다. 그러나 지금 적의 세력이 아직도 위급하고 국사는 갈수록 어려운데 외방에서 병력을 거느리는 신하나 지역을 수비하는 관리들은 오히려 지난 일에 징계되어 후환을 대비하려는 생각이 없습니다. 그리하여 군사를 지휘함에 질서가 없고 완전하게 수비하지 못하고 있으니, 혹시라도 적이 쳐들어 온다면 장차 국가가 어떤 지경에 놓이겠습니까.

사기에 '전단田單과 그 종족이 철롱鐵籠을 이용하여 보전하게 되었다.[95]'는 기록을 실었는데, 이는 귀하게 여길 만한 계책은 못 되고 다만 한때의 위급함을 구해 낼 수 있는 것입니다. 난지欒枝가 나뭇가지를 끌고 다녀 적을 이긴 것[96]이나 한신韓信이 모래 주머니로 물을 막은 것[97]과 같은 것들도 평범한 계책일 뿐으로서 뭐가 기이하

---

95) 전단과 그 종족이 철롱을 이용하여 보전하게 되었다. : 중국 전국 시대 제나라 장수인 전단과 그 종족들이 안평에서 연나라와 싸울 적에 수레 축을 철롱鐵籠으로 싸서 위기를 벗어난 고사.

96) 난지欒枝가 나뭇가지를 끌고 다녀 적을 이긴 것 : 중국 춘추 시대 진나라의 장수인 난지는 초나라와의 싸움에서 잡부들로 하여금 나뭇가지를 땅에 질질 끌고 다니게 하여 먼지를 일으키는 작전을 써서 승전했다.

97) 한신이 모래 주머니로 물을 막은 것 : 중국 한 고조의 신하인 한신은 초나라의 용저와 유수에서 싸울 적에 만여 개의 모래 주머니를 만들어 유수의 상류를 막았다가 적군이 도강하는 틈에 물줄기를 터뜨려 대첩했다.

다 하겠습니까. 그런데도 이런 방법을 써서 승전의 공을 이뤘던 것입니다. 이로써 보면 옛사람은 계책을 세울 때는 널리 취하는 것을 우선으로 삼고, 슬기로운 꾀를 쓸 때는 적시 적소에 사용하는 것을 귀중하게 여겼다 하겠습니다.

신은 삼가 나라를 걱정하는 마음을 견디지 못하여 난리 이후로 보고 들은 것과 생각으로 터득한 것을 수습하여 10조로 분류해 올립니다." 하였다. 10조의 내용은 다음과 같다.

1. 척후斥候 적군의 상황이나 적지의 지형을 몰래 살핌
2. 장단長短 장점과 단점. 왜는 총과 칼과 창을 사용하는데 우리나라는 활만 사용하니 들판이나 평지전투는 해서는 안 되고, 험준한 곳이나 나무 숲 사이에 있다가 갑자기 나오면서 일제히 쏘는 것을 장기로 삼아야 한다.
3. 속오束伍 군 편제방법. 곧 척계광의 기효법이다.
4. 약속約束 우리나라는 후퇴한 장수를 참하는 법이 있어도 시행이 되지 않고 혹은 억울하게 죽이는 경우도 있으니, 약속을 거듭 분명히 하여 장수와 병졸로 하여금 명령을 받들게 하는 것만 못하다.
5. 중호重濠 해자를 이중으로 하는 방법으로서, 참호 안에 따로 하나의 참호를 만들어 능철판菱鐵板를 깔고 또 석회로 함정을 만들어 적이 성에 접근하는 것을 방어한다.
6. 설책設柵 인가에서 이중으로 벽을 만드는 것처럼 울타리를 만들어 나무를 엮고 흙을 바르면 성이나 다름없고 일하기가 수월하다.
7. 수탄守灘 마름쇠菱鐵를 깔아 놓아 별도의 제어수단을 삼고 언덕 위에 군사를 배치한다.
8. 수성守城 성위의 담벽 제도를 참작해서 포진지를 만들고 굽어진 곳마다 서로 수비한다.
9. 질사迭射 분대를 나누어 번갈아 쏘게 함으로써 적으로 하여금 틈을 타 접근할 수 없게 한다.
10. 형세를 통론統論함. 산성을 만들기도 하고 목책을 설치하기도 하여 기필코 지킨다는 계책을 세운 다음 그 안에 공사公私간의 쌓아둔 것을 두 실어다 놓고 들판을 말끔히 해놓은 가운데 기다린다. 적이 일단 성을 공격했어도 함락되지 않고 들판에 노략질할 것이 없으면, 며칠 지나지 않아 세찬 기세가 시들고 사졸이 굶주리어 반드시 머뭇거리면서 물러나려 할 것이다. 이때를 틈타 용사를 내보내 분

산시켜 복병을 설치한 다음 적의 전방을 저지하기도 하고, 적의 후방을 차단하기도 하는 한편, 수군으로 하여금 적의 보급로를 끊게 한다. 이것이 오늘날의 좋은 계책이다.

상기 10조를 주상이 모든 도道에 하달하여 시행하라고 명했다. 유성룡은 조정에 있으면서 지휘하기도 하고 직접 자신이 순시하며 살피기도 하여 논한 10조가 대략이나마 모두 실시되기는 하였으나 관에 적임자를 얻지 못하고 일에 간섭이 많아 끝내 성과를 보지 못했다.

-선조실록 27년 10월 1일-

유성룡의 졸기

1607년[66세] 선조 40년 5월 13일 전 영의정 풍원 부원군 유성룡의 졸기 〈선조실록〉

전 의정부 영의정 풍원 부원군 유성룡이 졸하였다.

사신은 논한다. 유성룡은 경상도 안동 풍산현 사람이다. 타고난 자질이 총명하고 기상이 단아하였다. 어린 나이에 퇴계 선생의 문하에 공부하여 예로써 자신을 단속하니 보는 사람들이 그릇으로 여겼다. 어린 나이에 과거에 급제하여 명예가 날로 드러났으나 아침 저녁 여가에 학문에 힘써 종일토록 단정히 앉아서 조금도 기대거나 다리를 뻗는 일이 없었다. 사람을 응접할 즈음에는 고요하고 단아하여 말이 적었고 붓을 잡고 글을 쓸 때에는 일필휘지하여 뜻을 두지 않는 듯 하였으나 문장이 정숙하여 맛이 있었다. 여러 책을 박람하여 외우지 않은 것이 없었는데 한 번 눈을 스치면 환히 알아 한 글자도 잊어버리는 일이 없었으며 의리를 논설하는 데는 뭇 서적에 밝아 처음과 끝이 정밀하니 듣는 이들이 탄복하였다. 사명을 받들고 북경에 갔을 때 중국의 선비들이 모여 들었으나 비난하지 못하고서는 서애 선생이라고 칭하였다. 이로 말미암아 명예와 지위가 함께 드러나고 총애가 융숭하였다. 재상의 자리에 올라서는 국가의 안위가 그에 의지하였는데, 정인홍과 의논이 맞지 않아서, 정인홍이 매양 공손홍이라 배척[98]하였고, 유성룡 역시 정인홍의 속이 좁고 편벽됨을 미워하니, 선비들이 두 갈래로 나뉘어져 서로 공격하는 것이 물과 불 같았다.

유성룡은 조목·김성일과 함께 퇴계의 문하에서 배웠다. 김성일은 강직, 독실하여 풍도가 엄숙하고 단정하였으며 너무 곧아서 조정에 용납되지 못하였으나 절개가 드높아 사람들의 다른 의견이 없었는데 1593년 나라 일에 진력하다가 진영내에서 죽었다. 조목은 종신토록 은거하면서 학문에 독실하고 스스로 수련하였으나, 나라에 어려운 일이 많게 되자 강개해 마지않았는데 지난해 죽었다. 조목은 일찍이 김성일을 낮게 생각하고 유성룡을 못하게 여겼는데, 만년에는 유성룡이 하는 일에 매우 분개하여 절교하는 편지를 쓰기까지 하였다. 퇴계의 문하에서는 이 세 사람을 영수로 삼는다.

유성룡은 조정에 선 지 30여 년 동안 재상으로 있은 것이 10여 년이었는데, 주상의 총애가 조금도 쇠하지 않아 귀를 기울여 그의 말을 들었다. 경연에서 선한 말을 올리고 임금의 잘못을 막을 적엔 겸손하고 뜻이 극진하니 이 때문에 주상이 더욱 중히 여겨 일찍이 말하기를 '내가 유성룡의 학식과 기상을 보면 모르는 사이에 마음이 따를 때가 많다.'고 하였다. 그러나 규모가 조금 좁고 마음이 굳세지 못하여 이해가 눈앞에 닥치면 흔들림을 면치 못하였다. 그러므로 임금의 신임을 얻은 것이 오래였었지만 직간했다는 말을 들을 수 없었고 정사를 비록 마음대로 결단하였으나 나빠진 풍습을 구하지 못하였다. 1589년의 변에 권력을 잡은 간신이 화禍를 요행으로 여겨 형벌로 함정을 만들어 무고한 사람을 얽어서, 자기와 다른 사람을 일망타진하여 산림의 착한 사람들이 잇따라 죽었는데도, 일찍이 한마디 말을 하거나 한 사람도 구제하지 않고 상소하여, 자신을 변명하면서 구차하게 몸과 지위를 보전하기까지 하였다. 임진년과 정유년 사이에는 군신이 들판에서 자고 백성들이 고생을 하였으며, 두 왕릉이 욕을 당하고 종사가 불에 탔으니 하늘까지 닿는 원수는 영원토록 반드시 갚아야 하는데도, 계획이 굳세지 못하고 국시가 정해지지 않아서 화의和議를 극력 주장하며 소통하여, 적에게 잘 보이기를 구하여서 원수를 잊고 부끄러움을 참게 한 죄가 천고에 한을 끼치게 하였다. 이로 말미암아 의사들이 분개해 하고 언관들이 말을 하였다. 부제학 김우옹이 신원을 구하는 상소 가운데 '유성룡은 역시 얻기 어려운 인물

---

98) 공손홍公孫弘이라 배척 : 겉은 관대한 체하나 속은 악함을 말함. 한 무제 때 평진후에 봉진진 공손홍은 성품이 겉으로는 관대한 듯하였으나 속 마음은 악하여 주부언을 죽이고 동중서를 교서膠西로 내치기도 하였다.

입니다마는 재상의 기국이 부족하고 대신의 위력이 없다.'라고 하였으니, 이것이 정확한 논의이다. 1598년 겨울에 종계변무하는 일을 어렵게 여겨 피함으로써 파직되어 고향으로 돌아갔다. 그 후에 직첩을 돌려주었고, 주상이 그의 병이 위독하다는 말을 듣고는 어의를 보내 치료하게 하였었는데 이때에 이르러 졸한 것이다.

1607년[66세] 선조 40년 5월 1일 풍원 부원군 유성룡의 졸기 〈선조수정실록〉

풍원 부원군 유성룡이 졸하였다.

유성룡은 안동 출신으로 호는 서애이며 이황의 문하에서 수학하였는데 일찍부터 중망이 있었다. 병인년에 급제하여 청요직을 두루 거치고 경연에 출입한 지 25년 만에 드디어 정승이 되었으며, 계사년에 수상으로서 홀로 전국의 기밀업무를 담당하였다. 명나라 장수들의 자문과 문서가 주야로 폭주하고 모든 도의 주문서찰이 이곳 저곳에서 모여 들었는데도 유성룡이 좌우로 요구에 응함에 그 민첩하고 빠르기가 흐르는 물과 같았다. 당시 신흠이 비변사의의 낭관으로 있었는데, 문득 신흠으로 하여금 붓을 잡고 부르는 대로 쓰게 하였는데, 문장이 오래도록 다듬은 것과 같아 일찍이 다듬은 적이 없었다. 그래서 신흠이 항상 사람들에게 말하기를, 그와 같은 재주는 쉽게 얻을 수 없다고 하였다.

그러나 국량이 협소하고 지론이 넓지 못하여 붕당에 대한 마음을 떨쳐버리지 못한 나머지 조금이라도 자기와 의견을 달리하면 조정에 용납하지 않았고 임금이 득실을 거론하면 또한 감히 대항해서 바른대로 고하지 못하여 대신다운 절개가 없었다. 일찍이 임진년의 일을 추가 기록하여 이름하기를 징비록이라 하였는데 세상에 유행되었다. 그러나 식자들은 자기만을 내세우고 남의 공은 덮어버렸다고 하여 이를 기롱하였다. 이산해가 그 아들 이경전과 함께 오래도록 내쫓겨 있으면서 유성룡을 원망하여 제거하려고 꾀하였다. 그 결과 무술년에 주화主和하여 나라를 그르치고 종계변무의 사신 행렬을 피했다는 이유로 탄핵을 받고 떠나게 되었는데, 향리에 있은 지 10년 만에 죽으니 나이가 66세였다.

유성룡은 임진란이 일어난 뒤 건의하여 처음으로 훈련도감을 설치하였는데, 척계광의 기효신서紀效新書를 모방하여 포포砲·사射·살殺의 삼수三手를 뽑아 군용을 갖추었고 외방의 산성을 수선하였으며 진관법을 손질하여 방비책으로 삼았다. 그러나 유성룡이 자리에서 떠나자 모두 폐지되어 실행되지 않았는데, 유독 훈련도감만은 존속되어 오늘에 이르도록 그 덕을 보고 있다.

유성룡의 가정사는 불우하였다. 32세 때 첫아들을 얻었었는데 요절하였고, 둘째 아들마저 28세로 세상을 등졌다. 게다가 그의 나이 47세 때 부인 이씨 마저 세상을 뜨니 불행한 일을 연속으로 겪은 셈이다. 그토록 그만두고 싶어했던 벼슬이었는데, 임금의 간곡한 만류를 뿌리치지 못해 충성을 다하고도, 시기하는 무리들의 농간에 푸대접을 받은 셈이 되고 말았다.

[승진과정]

1564년[23세] 명종 19년에 사마 양시에 합격, 성균관에 입학
1566년[25세] 명종 21년 별시 문과 급제. 승문원 권지[99] 부정자.
　　　　　　　검열 겸 춘추관 기사관, 대교, 전적.
1567년[26세] 명종 22년 예문관
1568년[27세] 선조 1년 8월 실록청 낭청
1569년[28세] 선조 2년 성균관 전적, 공조좌랑, 명나라 성절사의 서장관
1570년[29세] 선조 3년 5월 부수찬, 수찬, 정언 12월 이조 좌랑
1571년[30세] 선조 4년 병조좌랑
1572년[31세] 선조 5년 수찬 8월 이조좌랑
1573년[32세] 선조 6년 1월 사간원 정언, 2월 수찬 6월 이조 좌랑,
　　　　　　　부친상 3년간 여묘살이
1575년[34세] 선조 8년 부교리, 이조정랑, 헌납에 제수, 나아가지 않았다.
1575년[34세] 선조 8년 을해당론乙亥黨論이 일어나 당파가 시작되다.
1576년[35세] 선조 9년 봄 교리, 3월 헌납, 10월 검상, 전한, 부응교
1577년[36세] 선조 10년 휴가를 청하여 부모를 뵈러 갔고, 사인으로
　　　　　　　승진하였으나 출근하지 않다가 겨울에 응교로 임명
1578년[37세] 선조 11년 군기시 정, 사간, 응교
1579년[38세] 선조 12년 2월 동부승지, 이조참의, 부제학
1580년[39세] 선조 13년 4월 상주목사
1581년[40세] 선조 14년 2월 부제학
1582년[41세] 선조 15년 대사간, 10월 우부승지, 도승지, 12월 대사헌
1583년[42세] 선조 16년 부제학
1584년[43세] 선조 17년 가을에 부제학, 예조판서, 동지경연사
　　　　　　　홍문관 제학 겸직
1585년[44세] 선조 18년 부모님을 모신다는 이유로 휴가를 청하고
　　　　　　　남쪽으로 돌아가 다시 글을 올려 해임을 청하였다.
　　　　　　　여러 번 부름이 있었으나 나아가지 않은 지 3년이었다.
1588년[47세] 선조 21년 11월 형조판서, 대제학 겸직
1589년[48세] 선조 22년 1월 대사헌, 병조판서, 예조판서, 12월 이조판서
1589년[48세] 선조 22년 12월 1일 이순신을 정읍 현감으로 삼다.

---

99) 권지는 최말단 임시직에 붙는 직명이었다

유성룡이 이순신과 이웃에 살면서 그의 행검을 살펴 알고 손님같은 친구로 대우하니, 이로 말미암아 이름이 알려졌다. 과거에 오른 지 14년 만에 비로소 현감에 제수되었는데 고을을 다스리는 데에 명성과 공적이 있었다.

1589년[48세]	선조 22년 정여립의 옥사가 발생했다.
1590년[49세]	선조 23년 이조판서.
1590년[49세]	선조 23년 3월 우의정
1591년[50세]	선조 24년 이조판서 겸직.
1592년[51세]	선조 25년 2월 1일 좌의정 겸 이조판서 겸 대제학
1592년[51세]	선조 25년 4월 13일 임진왜란, 병조판서 겸직
	5월 1일 영의정. 6월 풍원부원군. 12월 평안도 체찰사
1593년[52세]	선조 26년 11월 1일 영의정
1594년[53세]	선조 27년 4월 1일 임진왜란 당시 군정의 현황과 개선방향에 대한 유성룡의 상소문
1594년[53세]	선조 27년 훈련도감 설치 및 훈련도감 제조
1596년[55세]	선조 29년에 훈련 규식을 제정하여 4도에 반포하였다.
1597년[56세]	선조 30년 이순신이 백의종군할 때 이순신을 천거한 사유로 벼슬에서 물러나다.
1598년[57세]	10월 4일 사헌부가 유성룡의 파직을 건의하다.
	11월 파직
1599년[58세]	선조 32년 6월에 직첩을 되돌려 주다.
1600년[59세]	선조 33년에 유성룡은 퇴계 선생의 연보를 지었다.
	11월에 임금은 명하여 유성룡의 직첩을 돌려주었다.
1601년[60세]	선조 34년 8월 모친상. 12월에 서용하라는 명이 내렸다.
1602년[61세]	선조 35년 청렴한 청백리에 선정
1603년[62세]	선조 36년 10월 7일 풍원 부원군
1604년[63세]	선조 37년 호성공신 2등에 책록, 풍원부원군
1605년[65세]	선조 38년 3월 봉조하
1607년[66세]	선조 40년 5월 13일 전 영의정 풍원 부원군 유성룡이 죽다. 〈선조실록〉
1607년[66세]	선조 40년 5월 1일 풍원 부원군 유성룡이 죽다 〈선조수정실록〉

68. 이양원李陽元

조선 2대왕 정종의 후손

생몰년도	1526년(중종 21)~1592년(선조 25) [67세]
영의정 재직기간	(1592.6.?~1592. 6.?) (0일)
본관	전주全州
자	백춘伯春
호	노저鷺渚
시호	문헌文憲
기타	이황의 문인
	영의정에 임명되었지만 왕이 요동 땅으로 피신했다는 소식에
	자결하다
증조부	이말정李末丁 – 병산부수屛山副守
조부	이천수李千壽 – 지산령知山令
부	이학정李鶴汀 – 이원부령利原副令
모	정양鄭瑒의 딸

정종의 후손

이양원의 자는 백춘(伯春)이고, 호는 노저(鷺渚)로, 조선조 2대왕 정종의 서자 선성군 이무생의 현손이다. 증조부는 병산부수를 지낸 이말정이고, 조부는 지산령을 지낸 이천수이며, 아버지는 이원부령을 지낸 이학정으로 왕족의 후손으로 영의정까지 오른 몇 안되는 인물 중 하나이다. 왕족의 후손[100]이라 해도 관직 생활을 하는 동안 임금으로부터 특별한 혜택을 받은 기록은 없다. 이양원은 당파가 한창 결성 중일 때 퇴계의 문하생인데도 불구하고 그 어느 편에도 속하지 않은 채 중립을 지켰다. 그러한 태도가 선조의 마음에 들어 선조는 이양원을 중용했다는 기록을 남기고 있다.

---

100) 조선시대 왕족은 특권과 함께 불이익도 당하였다. 우선 임금의 4대 이내 왕족의 자손들은 일체 과거와 양반 관료직에 진출하지 못하도록 법으로 제한되었다. 양반 관료제로 불리는 조선시대에 관료임용시험 자체를 봉쇄당하는 것은 정치적. 사회적 금고와 마찬가지였다. 또 이들은 원칙적으로 거주지역이 한양에 제한되었다. 한양을 벗어나 지방을 횡행하면서 왕족이라는 신분을 악용해 민폐를 끼칠 우려가 있고, 은밀한 곳에서 반란을 도모할 수도 있다는 이유 때문이었다. 왕족이 한양을 떠나려면 출발 날짜. 도착지, 돌아올 날짜 등을 상세히 기록하여 왕에게 보고하고 허락을 받아야 했다. 왕의 허락으로 지방에 머물 때도 그 지역의 수령은 1년에 두 차례 동정을 살펴 보고해야 하였다. 만약 이를 무시하고 몰래 지방을 다녀오면 중벌을 내리고, 그 지방 수령도 연대 책임을 물어 파직하였다.
특권으로는 왕족이 법을 어겼을 때 왕에게서 허락을 받아야 조사에 착수할 수 있었고, 체포 연행 시에도 목에 거는 칼을 채우지 않았다. 조사할 때에는 모반대역 이외에는 고문할 수 없었다. 형량도 자신의 범죄에 해당하는 처벌보다 한 등급씩 내려서 형을 받았다. 왕족을 상대로 일반인이 죄를 지으면 3등급을 가중하여 처벌하였다. 그러나 왕족이라도 모반에 연루되면 형사상의 특권을 상실하는 것은 물론 3대까지 처형되었다. 신분상 특권으로는 천인(賤人)이 되지 않았다. 조선시대에는 부모 중 한 사람만 천인이면 그 후손은 무조건 천인이 되는 원칙이 있었으나 왕의 후손으로 9대 이내에 해당하는 사람들은 면천되었다. 왕의 4대 이내 왕족은 종친부의 관직을 받음으로써 군역에서 면제되었다. 또 4대 이후의 왕족은 과거에 합격해 양반 관료가 되면 군역에서 벗어날 수 있었다. 이양원의 경우 왕의 4대 범위를 벗어나 과거에 진출할 수 있었다.

이양원은 일찍이 퇴계 이황 문하에서 배워, 명종 때 문과에 급제하여 한림으로 뽑힌 뒤 호당으로 사가독서까지 했던 인재였다. 한림은 예문관 소속으로 문과 출신 인재들 가운데서 통감과 좌전 등 역사서의 이해 정도를 시험을 통해 선발한 후, 항상 왕의 옆에 자리하여 왕의 말을 대필하고, 왕의 일거수일투족을 기록하는 임무를 띤 직위였는데, 비록 지위는 낮았으나 조선 시대 대표적인 청요직으로 쳤다.

1563년[38세] 명종 18년 종계변무사宗系辨誣使의 서장관으로 뽑혀 명나라로 가는 사신 일행이 되었다. 종계변무는 명나라 태조실록과 대명회전에 조선 태조 이성계의 아버지를 이인임으로 잘못 기재하여 이를 바로잡는 일이었는데, 수십 차례 조선 왕조에서 이를 시정해 달라는 요청을 하였으나, 명나라 조정이 이를 차일피일 미루어, 조선 왕조의 큰 숙원사업이었다. 이 사신단 종계변무사의 정사正使는 예조참판 김주金澍였는데, 김주가 갑자기 명나라에서 병을 얻어 죽으니, 서장관 이양원이 직무를 대행하는 수 밖에 없었다. 뜻밖의 변을 당한 이양원은 각고의 노력 끝에 임무를 처리하고, 조선 왕실의 오랜 숙원이었던 종계를 바로 잡고 귀국하니, 명종은 이양원을 크게 치하하였다.

이양원은 시문에도 능하고 정치적 경륜도 갖춘 인물이었으나 흠도 없지 않아 훗사람들의 평이 좋지 않았다. 대동야승에 실린 율곡 이이의 글 석담일기에 이런 기록도 실려 전한다.

"대사헌 이양원을 형조판서로 삼았다. 이양원은 느른하여 맡은 일에 충실하지 아니하고, 본래부터 국사에 뜻을 두지 아니하였으며, 다만 집안 재산을 경영하여 크게 치부하였고, 동작 강가에 정자를 짓고 강에다 명주실 어망을 가로질러 둔 것이 두어 벌이나 되었으니, 모두 여러 군·읍에서 거두어들인 것이었다. 임금이 그의 묵중한 태도를 좋아하였기 때문에 자헌대부로 승진시켰는데, 형조판서가 되어서는 청탁만을 구하므로 사람들이 모두 더럽게 여겼다."

남다르게 특별한 탄핵을 받은 적이 없는 이양원이었지만 소속 당파가 없었으니 변명해줄 아군도 없어 혹평을 남겨둔 것이다.

임진왜란의 첫 승전보와 영의정 발령

1592년[67세] 선조 25년 4월 13일 임진왜란이 일어나던 당시 3정승은 영의정 이산해, 좌의정 유성룡, 우의정 이양원이었다. 이양원은 우의정으로 유도대장[101]을 겸하여, 서울 도성에 남아 수도를 방어할 책임을 맡았다. 영의정과 좌의정은 임금의 피신 길을 수행 중에 있었다. 임금이 평양으로 피신 도중 임진왜란 수습을 잘못한 책임을 물어 영의정 이산해를 삭탈관직하고, 좌의정에 있던 유성룡을 영의정에 임명했으나, 좌의정도 책임을 면할 수 없다 하여 같은 책임을 물어 하루 만에 유승룡도 면직시켜 버렸다.

우의정 이양원은 서울에 남아 수도 방어를 맡았지만, 대포와 소총으로 무장한 왜군을 대적할 힘이 부족하여 피신할 수밖에 없었다. 당시의 상황을 조선 왕조 선조수정실록에는 다음과 같이 기록하고 있다.

5월 3일 경성이 함락되자 도검찰사 이양원 등이 도망하였다.

적이 경성을 함락시키니 도검찰사 이양원, 도원수 김명원, 부원수 신각이 모두 달아났다. 이에 앞서 적들이 충주에 도착하여 정예병을 아군처럼 꾸며 경성으로 잠입시켰다. 왕의 피난이 이미 결정되었음을 염탐한 뒤에 두 갈래로 나눠 진격하였으니, 일

---

101) 유도대장留都大將은 임금의 타지로 거동 때 서울 성안을 지키는 대장을 말한다.

진은 양지·용인을 거쳐 한강으로 들어오고 나머지 일진은 여주·이천을 거쳐 용인으로 들어왔다. 적의 기병 두어 명이 한강 남쪽 언덕에 도착하여 장난삼아 헤엄쳐 건너는 시늉을 하자 우리 측 장수들은 얼굴빛을 잃고 부하들을 시켜 말에 안장을 얹도록 명하니 군사들이 모두 붕괴하였다. 이양원 등은 성을 버리고 달아났고, 김명원·신각 등은 뿔뿔이 흩어져 도망하였으므로 경성이 텅 비게 되었다. 적이 흥인문 밖에 이르니 대문이 활짝 열려 있고 시설이 모두 철거된 것을 보고, 의심쩍어 선뜻 들어오지 못하다가 먼저 십수 명의 군사를 뽑아 입성시킨 뒤 수십 번을 탐지하고, 종루에까지 이르러 군병 한 사람도 없음을 확인한 뒤에 입성하였는데, 발들이 죄다 부르터서 걸음을 겨우 옮기는 형편이었다고 한다.

이때 궁궐은 모두 불탔으므로 왜적 대장 평수가는 무리를 이끌고 종묘로 들어갔는데 밤마다 귀신이 나타나 공격하는 바람에 적들은 놀라서 서로 칼로 치다가 시력을 잃은 자가 많았고 죽은 자도 많았다. 왜장 평수가는 할 수 없이 남쪽 별궁으로 옮겼다. 이것은 한 고조의 영혼이 왕망에게 위엄을 보인 것과 다를 바가 없다.

– 선조실록 25년 5월 3일–

　　1592년 5월 3일 왜적의 서울 침입으로 우의정 이양원과 도원수 김명원이 퇴각을 거듭하다가 양주의 해유령[102]에 철수하여 주둔 중이던 김명원의 수하 부원수 신각과 합류하고, 함경도 병마절도사 이혼이 합세되어 북상하는 일본군 70명의 목을 베니 임진왜란 중 육지의 전투에서 첫 승리를 한 것이다. 조정은 매우 고무적인 일로 여겨 최고 지휘관 이양원을 일약 영의정으로 특임시켰다. 그러나 실전에서 싸워 이긴 신각은 김명원 수하에서 도망간 장수로 첩보가 올려져 처형되었다. 해유령 전투는 임진왜란 때 왜군과 싸워 최초로 승전한 곳으로 기록하고 있다. 신각을 도망병으로 보고한 김명원도 죄를 둘러씌운 죄로 처형되었다. 이때의 상황을 왕조실록에는 다음과 같이 기록하고 있다.

---

102) 양주 백석 게너미고개

1592년[67세] 5월 1일 임진왜란 중 육지에서 첫 승전하여 일본군 70명의 목을 참수한 부원수 신각을 잘못된 상황보고로 처형하였다. 선조실록과 선조수정실록의 날짜는 조금씩 다르게 표현되어 있으나 정황상 부원수 신각의 처형은 서울 성곽을 빼앗기고, 양주에서 전투에 승리한 후에 이루어졌다.

> 사신을 보내어 부원수 신각을 참하였다. 신각은 처음에 부원수로서 김명원을 따라 한강에서 방어했었는데, 김명원의 군사가 패하여 도망가자 이양원을 따라 양주에 와서 흩어진 군사들을 수습하였다. 마침 응원하러 온 함경 병사 이혼을 만나 군사를 합쳐 진을 결성했는데, 민가에 흩어져 약탈하는 왜병을 양주의 백석의 해유령에서 요격하여 패배시키고 70명을 참수하였다. 왜적이 우리나라를 침범한 뒤로 처음 승전이 있었으므로 원근에서 듣고 의기가 솟구쳤다. 그런데 이양원은 당시 산골짜기에 있었으므로 상황의 보고가 끊겼고, 김명원은 신각이 이양원을 따른다고 핑계를 대고 도망쳤다는 것으로 임금에게 장계를 올려 처벌할 것을 청하였다. 이에 유홍이 그대로 믿고서 선전관을 보내어 현장에서 목을 베도록 청하였다. 선전관이 떠나고 난 뒤에 승전 첩서가 이르렀으므로 주상이 뒤따라 선전관을 보내어 중지하도록 하였으나 미치지 못하였다. 신각이 비록 무인이기는 하나 나라에 몸 바쳐 일을 처리하면서 청렴하고 부지런하였는데, 죄없이 죽었으므로 나라 사람들이 원통하게 여겼다.

> – 선조수정실록 25년 5월 1일–

이양원은 영의정으로 임명을 받았지만 임금은 평양에서 철수 중이었고, 이양원은 양주의 산골짜기에 있었으니 영의정에 제수되었다는 소식을 전해 들을 수가 없었다. 국정 최고의 직위만 내렸을 뿐 이양원은 전투 현장에서 밤낮 적군과 대적해야만 하는 처지였다.

이때 이양원에게 임금이 의주까지 피난했다가 압록강을 건너 국경을 넘어가, 명나라에 복종하기로 했다는 풍문이 전해졌다. 이양원은 기어코 나라가 망했다는 좌절감에 빠져 식음을 전폐한 채 통분해 하다가 8일간 단식 끝에 피를 토하고 죽고 말았다. 통신의 미비로 인한 비분강개한 죽음이었다. 이양원의 나이 67세, 임진년 5월의 일이었다.

이양원의 졸기

1592년[67세] 전 의정 이양원의 졸기 〈선조수정실록〉

전 의정 이양원이 졸하였다. 이양원은 경성에서 관동으로 도망했다가 이천에 왔다. 행 조정[103]에서는 있는 곳을 모른 채 직급을 차례대로 승진시켜 영의정에 이르렀으나 얼마 뒤에 교체시켰는데, 모두 발령 소식을 받지 못하고 졸하였다. 이양원은 장수와 정승으로 출입하면서 편안하게 부귀를 누리며 오래도록 살았다. 오로지 시속에 따라 처신하여 한 번도 책망이나 비난을 받은 적이 없었으므로 세상에서는 복을 온전히 누리는 사람이라고 일컬었다. 그러나 난리를 당해서는 정신을 못 차리고 초야에서 목숨을 부지하다가 곤궁하게 죽었으니, 끝마무리를 잘한 군자라고는 말할 수 없다.

– 선조수정실록 25년 7월 1일–

선조와의 문답시와 이양원에 대한 평가

국역 연려실기술에 이양원에 대한 이런 기록이 있다. 조정에는 동서분당의 의논이 치열하였는데 이양원은 어느 편에도 속하지 않자 선조는 '아로가鴉鷺歌'를 친히 지어 하사하며 이양원의 진의를 물으니 이양원은 즉석에서 '주록가朱綠歌'를 지어 답하였다.

---

103) 이동 조정. 임금이 계신 곳.

아로가鴉鷺歌

까마귀가 너보다도 검은 게 없고
해오라기가 너보다도 하얀 게 없네.
검고 하얀 것 저처럼 어지러운데
독수리야 너는 어찌 검지도 희지도 아니하느뇨.

-선조-

주록가朱綠歌

주홍빛도 제 빛깔 아니요, 초록빛도 내 빛깔 아니라지만
주홍빛 초록빛 뒤섞이어 눈부심도,
그 또한 나의 미덕 아니옵니다.
님은 어찌 날 몰라주시고, 오색빛깔 물들었다 하나이까.

-이양원-

이에 왕은 그의 진심에 편당 됨이 없음을 알고 더욱 어질게 여겼다. 이 일로 이양원은 스스로 호를 노저鷺渚라 했다. 곧 모래톱의 백로라는 뜻이었다.

이양원은 시문에도 능하고 정치적 경륜도 갖춘 인물이었으나 흠도 없지 않아 뒷사람들의 평가가 좋지 않았다.

이양원은 문헌공文憲公으로 시호만 받았을 뿐 임진란 극복에 공을 세운 인물들에게 내린 호성扈聖·선무宣武공신에도 들지 못하였다. 오늘날의 충남 당진군 대호지면 송전리에 이양원의 묘소가 있다. 숙종 때 예조판서로 청나라 사신으로 나갔다가 그 곳에서 죽은 이우정이 이양원의 후손이다. 청구영언에 이런 시 한편이 전해진다.

높으나 높은 남게 날 권하여 올려 두고
이보오 벗님네야 흔들지나 말았으면
떨어져 죽기는 섧지 않아도 님 못 볼까 하노라
                                    -이양원-

[승진과정]

1556년[31세] 명종 11년 7월 17일 알성시 문과 병과 급제
1557년[32세] 명종 12년 10월 예문관 검열
1558년[33세] 명종 13년 6월 홍문관 정자, 11월 홍문관 저작
1559년[34세] 명종 14년 3월 홍문관 박사, 8월 부수찬
1561년[36세] 명종 16년 4월 시강원 사서, 5월 2일 병조좌랑,
　　　　　　　　5월 21일 부수찬, 윤 5월 수찬, 8월 부교리, 9월 이조정랑
1562년[37세] 명종 17년 11월 의정부 검상.
　　　　　　　　젊은 시절의 대부분은 홍문관에서 관직생활을 하였다.
1563년[38세] 명종 18년 종계변무사 서장관으로 명나라 사신
　　　　　　　　7월 홍문관 응교, 12월 10일 호조참의,
　　　　　　　　12월 22일 동부승지, 12월 28일 우부승지
1564년[39세] 명종 19년 2월 병조참지, 윤 2월 우부승지, 5월 우승지,
　　　　　　　　7월 예조참의, 10월 좌승지
1565년[40세] 명종 20년 1월 병조참지, 10월 병조참의, 11월 대사간,
　　　　　　　　12월 대사간
1566년[41세] 명종 21년 2월 병조참의, 3월 홍문관 부제학,
　　　　　　　　6월 병조참의
1566년[41세] 선조 즉위년 11월 이조참의
1567년[42세] 선조 1년 1월 도승지, 3월 병조참지, 3월 25일 대사간,
　　　　　　　　4월 25일 가선대부 도승지
1569년[44세] 선조 2년 9월 경상도 관찰사
1572년[47세] 선조 5년 11월 형조참판.
　　　　　　　　12월 명나라 사은사 종계 악명 주청사.
1573년[48세] 선조 6년 1월 대사헌, 2월 병조참판, 7월 대사헌
1574년[49세] 선조 7년 6월 부총관, 7월 동지중추부사, 8월 대사헌,
　　　　　　　　10월 대사헌
1575년[50세] 선조 8년 2월 개성유수, 8월 대사헌
1578년[53세] 선조 11년 1월 대사헌.
　　　　　　　　6월 평안감사로 발탁, 사헌부에서 불가하다 아뢰다.
1580년[55세] 선조 13년 2월 부제학
1581년[56세] 선조 14년 2월 형조판서, 10월 예조판서
1583년[58세] 선조 16년 4월 대사헌, 8월 대사헌

1586년[61세] 선조 19년 12월 이조판서
1587년[62세] 선조 20년 7월 지경연
1588년[63세] 선조 21년 3월 병조판서
1589년[64세] 선조 22년 1월 이조판서

1590년[65세] 선조 23년 정여립의 난을 처결하는 과정에서, 정여립을 김제군수와 황해
도사로 추천한 이조당상 명단을 밝히라 하여, 그 명단에 포함되어 곤욕을
치뤘으나 임금이 이를 무마시켰다.

4월 대제학, 5월 우찬성, 9월 좌찬성.
종계변무의 공으로 광국공신 3등에 책록, 한산부원군

1591년[66세] 선조 24년 2월 우의정
1592년[67세] 선조 25년 4월 13일 임진왜란,
4월 17일 겸 경성 도검찰사
1592년[67세] 선조 25년 5월 영의정
1592년[67세] 선조 25년 7월 1일 전 의정 이양원이 죽다.

69. 최흥원崔興源
하루 만에 3정승을 거치다

생몰년도	1529(중종 24) ~1603(선조 36)[75세]
영의정 재직기간	(1592.5.5.~1593.10.25) (1년 6개월)
본관	삭녕朔寧
자	복초復初
호	송천松泉
공훈	위성공신(광해군을 호위한 공신) 1등,
	호성공신(선조를 호위한 공신) 2등
	묘소 및 신도비 경기도 파주시 아동동 236-3 (군부대 내)
출신	경기도 파주
기타	하루만에 우의정, 좌의정, 영의정으로 발령난 인물.
	선조임금이 사후에 백비를 하사하다.
증조부	최항崔恒 – 영의정
조부	최영호崔永灝 – 좌찬성
부	최수진崔秀珍 – 정4품 종친부 전첨典籤
모	성주이씨 – 이세신의 딸
처	안동권씨 – 이조참판 권응창의 딸
장남	최산립崔山立 – 좌찬성
장손	최윤조 – 좌의정
차손	최윤서 – 봉직랑
차남	최순립 – 한성좌윤
딸	직장 송흥조에게 출가
딸	현감 이춘항에게 출가
딸	현감 유순에게 출가

몸가짐이 중후하여 적을 만들지 않았던 정승

최흥원의 자는 복초復初이고, 호는 송천松泉으로, 본관은 삭녕이다. 증조부 최항은 세종 때 훈민정음 창제에 참여하였고 세조 때는 영의정을 지냈다. 조부는 좌찬성을 지낸 최영호이며, 아버지 최수진은 종친부에서 서무를 맡아보던 영천부원군으로, 경기도 파주가 고향이다.

최흥원은 임진왜란으로 하루아침에 우의정, 좌의정, 영의정에 제수되었다. 이조판서를 지내고 좌찬성이 되었는데 임진왜란이 일어났다. 임진왜란의 책임을 물어 영의정 이산해와 좌의정 유성룡이 교체되자 하루 동안에 우의정, 좌의정, 영의정으로 발령난 것이다. 평상시의 영의정 자리는 1인지상 만인지하의 최고직이지만 전시의 영의정 자리는 그야말로 막중한 책임만 있는 자리였다.

최흥원은 나라를 위해서는 기꺼이 목숨도 내놓는다는 신념이 대단한 대신이었다. 외직에 나가서는 백성들의 고충을 살펴 민생에 폐가 되는 일은 결코 용납하지 않았다. 충훈부에서 공신들에게 그려주는 초상화도 받지 않으려 할 만큼 겸양하였고, 정승의 지위에서도 관복 외에는 결코 비단 옷을 몸에 걸치지 않았다.

최흥원이 죽었을 때 죽음을 아쉬워한 선조임금은 찬양하는 글조차 부질 없다는 의미에서, 아무런 글자가 없는 이른바 백비白碑를 내려 그의 묘소 앞에 세우도록 하였다. '백비'란 말 그대로 몇 마디 말로는 그 공로를 치적할 수 없다는 뜻으로 표현된다.

최흥원에 대한 좋지 않은 평은 청백한 성품에 빼어난 충신이었으나 학문에는 서툰 점이 있어, 글 잘하는 신료들로 부터 "…천박한 말학末學으로 생각이 황무荒蕪하다…"는 말을 듣기도 했다. 그러나 이는 그의 충성스런 인품에 허물을 씌우려 했던 작은 트집으로 짐작된다. 이러한 최흥원의 승진과정을 살펴보면

1555년[27세] 명종 10년에 진사시에 합격하여 음서로 호조좌랑이 되어 벼슬을 시작하였다. 과거를 거치지 않은 벼슬자리가 탐탁치 않았던지 13년이 지난 1568년[40세] 선조 1년에 문과에 도전하여 병과에 급제하여 내시교관, 경상도사로 문관 벼슬을 시작하였다. 호조정랑, 사간원 정언, 사헌부 장령·집의 등을 역임하고 1578년[50세] 부평부사로 나갔는데, 인종과 인성왕후의 능陵을 개수하는 일에 감역을 맡았다가 기일을 지키지 못하였다 하여 파직되었다. 1581년[53세] 선조 14년 1월에 3년 만에 복직하여 승정원 도승지가 되었고, 이후 황해도 관찰사, 호조판서, 개성유수, 대사헌, 형조판서를 역임한 후 1591년[63세] 이조판서가 되었다.

유성룡이 최흥원을 이조판서에 발탁하였는데, 최흥원은 본래 주·현에서 발탁되어 명망이 두텁지 않았으므로 특지로 임용하고 정승이 겸직하여 살피게 했다.

1592년[64세] 선조 25년 4월 임진왜란이 일어나니 최흥원은 경기 · 황해도 순찰사로 임명되었다. 4월 13일 부산항에 상륙한 왜군이 파죽지세로 북상하자 선조는 허겁지겁 한양성을 버리고 개성으로 도피했다. 피난을 가던 중 삼사에서 영의정이 왜란을 대비하지 못한 죄로 책임을 물으라 하니 3정승이 차례대로 사의를 표명했다. 4월 29일 선조가 개성에 이르니 어영대장 윤두수가 지략과 재량이 풍부한 최흥원을 우의정으로 기용토록 천거하여 5월 1일 하루 동안 우의정, 좌의정, 영의정으로 발령되어 중책을 맡게 되었다. 당시 영의정과 좌의정은 왜란을 대비하지 못한

죄로 파직되었고, 우의정 이양원은 서울 성곽을 방어하고 있었다. 왕의 피신 소식에 분노한 백성들은 한양성에 불을 지르고, 평양성에서는 선왕의 위패를 들고 피신하던 신하와 궁녀들에게 몽둥이를 휘두르고 수레를 때려 부수었다. 당시 평양성 상황을 류성룡은 징비록에 이렇게 적고 있다.

"칼을 들고 길을 가로막으며 함부로 공격하여 종묘사직의 위폐가 땅에 떨어졌다. 백성들은 도망가는 재신들을 가리키며 큰 소리로 꾸짖었다. '너희들은 평소 나라에서 주는 녹봉을 훔쳐 먹더니 지금은 이처럼 나라를 그르치고 백성을 속이느냐'…〈중략〉… 부녀자와 어린아이들까지 모두 화가 나서 삿대질하며 소리쳤다."

– 유성룡 징비록 –

평양을 떠난 선조의 행렬은 울부짖는 백성을 뒤로 한 채 안주, 영변을 거쳐 의주로 피난하였다. 평양성이 함락되는 동안 임금의 피난길은 매우 황급하게 되어 요동으로 건너갈 결심으로 의주로 피난길을 정했던 선조는 분조分朝[104]를 결심하고 세자의 보필을 최흥원에게 책임 지웠다. 최흥

---

104) 임진왜란으로 삼도읍지(한양·개성·평양)가 함락되고 함경도까지 적이 침략하여 나라가 위급하게 되자 선조는 장차 요동으로 망명할 목적으로 의주방면으로 갈 때 평안도 박천에서 왕세자인 광해군으로 하여금 종묘사직을 받들고 본국에 머물도록 하였다. 이때 조정을 나누어 의주의 임금이 계신 행재소行在所를 '원조정元朝廷'이라 하고 세자가 있는 곳을 '분조分朝'라 하였다. 즉 분조는 선조가 요동으로 망명할 것에 대비하여 임금을 대신하여 나라를 다스리라는 왕명에서 나온 소조정小朝廷이었다. 영의정 최흥원 등 10여인의 중신들이 광해군을 따라 분조에 귀속되었다. 광해군은 종묘사직을 이끌고 평안도의 맹산·양덕, 황해도의 곡산을 거쳐 강원도 이천에 분조를 두고 남조의 장수들과 각 처의 의병장들에게 사람을 보내어 격려하고 상을 내리고 벼슬에 임면하는 등 활동이 활발하였다. 왕세자가 이천에 머문 지 한 달여 만에 적병이 사방에서 나와 위험을 느끼게 되자, 황해도를 거쳐 평안도 성천으로 갔다가 영변으로 가서 분조를 이끌어갔다. 1593년 선조 26년 4월 왜병이 서울을 철수한 뒤에도 광해군은 위험을 무릅쓰고 호남지역까지 다니며 군민을 격려하며 민심 수습에도 크게 공헌하였다. 이로 인하여 임진왜란이 끝난 뒤 광해군 분조에 호종하여 공이 있는 사람에게 위성공신을 책록하였으나 1623년 인조 즉위년 인조반정으로 삭훈되었다.

원은 강계로 가서 보조 행군토록 하는 한편 종묘사직을 봉안하고, 세자와 함께 평안도 성천 지역에 머물며 의병을 모아 지휘하고, 군량미를 확보하여 군사를 독려하는 등 환란을 극복하는 데 노력을 하였다.

1593년[65세] 선조 26년 8월 9일 최흥원은 영의정 겸 유도대신을 맡았다. 궐 밖에서 혼란스러운 나라를 짊어진 사명감으로, 왕을 대리하여 전쟁에 임하던 세자 광해군을 극진히 보필하며, 민심을 수습하는데 심혈을 쏟았다. 이천과 선천에 유숙하면서 분조를 차리고 비변사를 설치하도록 격문을 띄우고 민심을 수습시키자 충의에 감동한 의병들이 각지에서 소매를 걷어붙이고 일어났다.

군량 확보와 명나라 지원군 요청 등 정책을 펼친 결과 명나라 이여송 제독이 대군을 거느리고 들어와, 평양성이 수복되어 임금이 의주에서 정주로 옮기게 되자 임금을 영접하고 종묘사직에 제사를 올려 위안하였다.

선조 26년 10월 2일 영의정 최흥원을 꾸짖는 내용으로 전교하였다.

전교하였다. "왕의 수레가 입성할 적에 곡식을 싣고 상경하여 굶주린 백성들을 구제할 것이므로 곡식을 실어 들여올 것으로 명하였는데도 전연 조치하지 않았고 다른 일들도 모양이 말이 아니다. 영의정 최흥원은 유도대신[105]으로서 해야 할 일을 조처하지 않았으니 매우 온당치 못하다."

임금의 전교를 들은 최흥원은 다섯 차례의 사직서를 올렸는데 10월 25일에서야 사직 처리가 되었다.

영의정 최흥원이 신병으로 다섯 번 사직하니, 교체하라고 전교하였다. 사관은 논한

---

105) 유도대신留都大臣 : 임금이 거둥할 때에 도성에 남아 있으면서 정무를 대신 처결하는 대신.

다. 최홍원은 성질이 본시 유약한 데다가 학문도 하지 않았다. 난리로 인해 갑자기 승진하였고 정책 건의한 것도 없었는데 이때 이르러 병으로 사면했다.

- 선조실록 26년 10월 25일 -

1594년[66세] 선조 27년 3월 판중추부사가 되었는데 기세를 부리던 명나라 이여송 제독이 이끄는 부대가 벽제관 전투에서 참패를 당하여 그의 아우 이여백과 이여매를 잃고 평양으로 후퇴하여 움직이지 않자, 최홍원은 의주로 가서 명나라 지원군 사령관 병부시랑 송응창을 만나, 왜적을 빨리 격퇴하여 국토를 회복시켜 줄 것을 간청하니, 이에 병사를 정비하여 맹공을 감행하여 1594년 선조 27년에 서울을 탈환하였다. 서울을 떠난 지 2년 만에 선발대로 최홍원이 입성하여 폐허가 된 성내를 순회하면서, 전란에 시달린 난민을 위로하고 구제에 노력하였다.

최홍원은 임진왜란 동안 몸을 돌보지 않고, 동분서주하여 몸이 쇠약해져 병을 얻고 말았다. 전쟁 이듬해 몸을 가누지 못할 지경에 이르러 사직했는데, 원로로서의 예우를 받아 영돈녕부사가 되고, 영평부원군에 봉해졌다.

환란 속에 오직 나라와 겨레를 위하여 전심전력을 기울이다가 몸은 지칠 대로 지쳐서 중태에 이르렀다. 선조가 7월 1일 환도하여 사직을 청하였으나 허락되지 않아 누차에 걸쳐 진언하니 마지못해 판중추부사로 있게 하는 한편 세자시강원 빈객으로 요양하면서 국가 대사에 참여토록 하였다.

1599년[71세] 선조 32년 6월 7일 영중추부사가 되었는데 우승지 임몽정이 비변사가 제기능을 다하고 있지 못함에 대하여 아뢰었다.

우승지 임몽정이 아뢰기를, "비변사는 군국의 대소사를 장악하고 있는 곳으로 사소한 일은 유사 제조가 담당하지만 조금 중대한 일은 대신에게 문의해서 논의한 연후에야 결정할 수 있습니다. 그런데 요즘 들어 의정이 갈리기도 하고 병이 들기도 하고 외방에 있기도 하여 모든 긴요하고 중한 공사가 적체된 지 이미 오래인데도 아뢰지 못하고 있습니다. 변방에 대한 계책과 군량 문제를 중국 장수에게 자문을 보내고 회답하고 하는 것이 하루가 급한 일인데 모두 허송세월만 하고 있으니 안타깝고 답답하기 이를 데 없습니다. 전일 현직 상신이 유고할 경우에는 혹 원임대신 영돈녕 이산해, 영중추부사 최흥원, 해원 부원군 윤두수, 행 지중추부사 정탁 등이 전담하여 일을 처리할 때가 있었으니, 비변사로 하여금 속히 의논하여 처리하게 하는 것이 어떻겠습니까?"

하니, 아뢴 대로 하라고 전교하였다.

사관은 말한다. 대신은 임금의 팔다리로 국가의 안위가 그에게 달려 있으니, 진실로 충성심으로 몸을 나라에 바치는 자가 아니면 태평 시대의 조정에서도 책임을 감당하지 못할 걱정을 면치 못할 것이다. 하물며 나랏일이 다사다난한 때인 데야 말해 뭐하겠는가. 일시의 비방으로 인하여 조금이라도 태만하고 소홀한 마음을 둔다면 어떻게 어려운 시대를 잘 구제하여 태평성대의 교화를 도와 이룩할 수 있겠는가. 지금의 삼공을 보건대, 서로 사직하여 자리가 오래도록 비어 있고 원임 대신들도 모두 사직하여 군국의 대사를 서로 모른 채 버려두고 태만히 염려하지 않고 있다. 관직을 물어보면 대신이라 하지만 정사를 물어본다면 매양 병 때문에 의논하지 못한다고 핑계 대니, 보상의 책임이라는 것이 정말 이런 것인가. 옛적에 방현령은 병이 위독한 가운데에서도 오히려 요를 정벌하는 전쟁을 근심하여 임종할 즈음에 표문을 넘겨 간절히 간하였고, 장위공은 경사를 떠난 지 20년이었는데도 변방의 수비가 텅비어 있음을 차마 보지 못하여 만리 남쪽 변방에서 피를 뿌리며 아뢰었다. 이 두 신하는 충군 우국하는 마음이 사생 진퇴 간에 조금도 변하지 않았기 때문에 아무리 위태로운 시기에도 간절히 나라를 생각하고 오히려 그 충성심을 바쳤던 것이다. 애석하다, 지금의 대신들은 어찌하여 유독 그렇지 못하단 말인가. 말과 생각이 여기에 미치니 분통이 터진다.

— 선조실록 32년 6월 7일 —

1603년 선조 36년 2월 16일 영중추부사 최흥원이 75세의 나이로 죽었다. 1604년 선조 37년 6월 호성공신 2등에 추록하고 청빈한 생활로 청백리에 선정되었다.

최흥원의 졸기

1603년[75세] 선조 36년 2월 16일 영중추부사 최흥원의 졸기 〈선조실록〉

영중추부사 최흥원이 졸하였다.

사관은 논한다. 최흥원은 천성이 인후하고 국량이 크고 의연하였다. 외직으로 나가서는 지방을 맡고 내직으로 들어와서는 호조를 맡았는데, 큰소리로 호령하지 않아도 가는 곳마다 잘 다스려졌다. 직위가 정승에 이르렀어도 처신이 벼슬 없는 선비와 다름이 없었으며, 집에 거처할 때에는 담박하고 검소하게 하여 의식을 간략하게 하였다. 사람들을 대할 때에는 반드시 지성껏 하였으며 친척에게는 더욱더 돈독하게 대하였다. 평소 말을 빨리하거나 안색이 변하지 않아 집안의 자제들일지라도 그가 기뻐하거나 화내는 것을 보지 못하였다. 어려운 시대를 만나 두 차례나 임금을 호종하였는데 자신을 잊고 나라를 위해 정성을 다하는 마음을 처음부터 끝까지 변치 않았다. 노병으로 관직에서 물러난 지 6~7년이 되었는데 이때 이르러 졸하니 향년이 75세였다.

1603년[75세] 선조 36년 2월 1일 전 영의정 최흥원의 졸기 〈선조수정실록〉

전 영의정 최흥원이 졸하였다. 최흥원은 몸가짐이 근신하였고 또 인물의 선악에 대하여 일찍이 평한 적이 없었다. 비록 모호하다는 비평은 있었지만 또한 훌륭한 재상이라고 할만하다.

2월 16일 75세로 세상을 떠나니 파주시 아동동 학령산하에 예장으로 모시고 동년 9월 1일 청백리에 선정되어 연평부원군에 봉해지고 시호를 충정忠貞으로 내렸다. 더불어 협책호성공신과 선무 원종공신에 책훈되었다. 장남 좌찬성 최산립, 차남 한성좌윤 최순립, 장손 좌의정 최윤조, 차손 봉직랑 최윤서, 사위 직장 송홍조, 사위 현감 이춘향, 사위 현감 유순 등도 최홍원의 명에 따라 구국전선에 앞장서 군량 수집과 아울러 왜적을 소탕하는 데 공을 세웠는데 일가족 모두 호성원종 공신에 녹훈되니 선조께서는 구국충절과 청백 고결한 지조를 높이 찬양하여 청백비를 특별히 하사하였다.

임진왜란의 공신 책록

1604년 선조 37년 6월 25일 호성공신 2등에 추록되고 청빈한 생활로 청백리에 선정되다.

임진왜란에 대한 논공행상은 전쟁이 끝나고 6년 뒤 최홍원의 사후에 이뤄졌다. 1604년 선조 37년 6월 25일 기록이다. "서울에서 의주까지 시종 수레를 따른 사람들을 호성공신으로, 왜적을 친 제장과 군사와 양곡을 주청한 사신들은 선무공신으로, 이몽학의 난을 토벌해 평정한 사람들을 청난공신으로 하고 각각 3등급으로 나누어 차등 있게 명칭을 내렸다"고 기록하고 있다. 이후에 왕세자를 호종한 위성공신을 추가하였다.

1604년 선조 37년 10월 29일 호성 공신의 교서를 반급할 때에 선독한 별교서.

호성 공신의 교서를 반포할 적의 별도 교서 내용은 다음과 같다.

"그대들의 공로를 버릴 수 없음은 세상 사람들을 면려시키기 위한 당연한 일이요, 공이 있으면 반드시 상을 주는 일은 가장 우선하는 정사이다.

지난번 오랑캐들이 난을 얽어내기 위해 감히 길을 빌자는 흉계를 부렸는데, 이런 고통을 부모에게 호소하는 것은 정리상 실로 당연한 것이다. 외적을 편들기 위해 황제를 저버리는 것은 죽어도 할 수 없는 일이거든, 평소 지성으로 사대하였으니 내가 어찌 감히 생각이나 할 수 있겠는가. 힘을 다해 주선하기에 분주하여 신하들 또한 수고로웠다. 충정한 절개를 바쳐 말고삐를 잡고 치달리는 수고로움을 극진히 하였으니, 일은 같지 않지만 그 공로는 다를 바 없다. 교서로 호칭을 내려 크게 맹약하는 반열에서 고하게 하는 것이 마땅하다.

1등은 이항복, 정곤수 등 2명이고, 2등은 이원익, 윤두수, 류성룡 등 32명, 그리고 3등은 52명이다. 마부 6명 외에도 내시 24명, 의관 2명도 모두 3등 공신으로 책봉되었다.

이에 이항복·정곤수를 1등에 책훈하고, 모습을 그려 후세에 전하며, 관작과 품계를 세 자급 올린다. 그의 부모와 처자도 세자급을 올리되, 아들이 없으면 생질과 사위를 두 자급 올리라. 적자에게 세습케 하여 녹봉을 잃지 않게 할 것이며 대대로 영원히 사면을 받게 하라. 이에 호위병 10인, 노비 13구, 관노비 7명, 전지 1백 50결, 은자 10냥, 내구마 1필을 하사한다.

신성군 이후·정원군 이부·이원익·윤두수·심우승·이호민·윤근수·유성룡·김응남·이산보·유근·이충원·홍진·이곽·유영경·이유징·박동량·심대·박숭원·정희번·이광정·최흥원·심충겸·윤자신·한연·해풍군 이기·순의군 이경온·순녕군 이경검·신잡·안황·구성은 2등에 책훈하고 모습을 그려 후세에 전하며, 관작과 품계를 두 자급 올린다.

그들의 부모와 처자도 두자급을 올리되, 아들이 없으면 생질과 사위를 한 자급 올리라. 적자에게 세습케 하여 그 녹봉을 잃지 않게 할 것이며, 대대로 영원히 사면을 받게 하라. 이에 반당(호신병(6인, 노비 9구, 구사(관노비) 4명, 전지 80결, 은자 7냥, 내구마 1필을 하사한다.

정탁·이헌국·유희림·이유중·임발영·기효복·최응숙·최빈·여정방·송강·고희·이응순·절신정 수곤·강인·김기문·최언준·민희건·허준·이연록·김응수·오치운·김봉·김양보·안언봉·박충경·임우·김응창·정한기·박춘성·김예정·김수원·신응서·신대용·김새신·조구수·이공기·양자검·백응범·최윤영·김준영·정대길·김계한·박몽주·이사공·유조생·양순민·경종지·최세준·홍택·전용·이춘국·오연·이희령은 3등에 책훈하고, 모습을 그려 후세에 전하며, 품계와 관작을 한 자급 올린다. 그들의 부모와 처자도 한 자급 올리되, 아들이 없으면 생질과 사위를 계급을 더하라. 적자는 세습케 하여 녹봉을 잃지 않게 할 것이며, 대대로 영원히 사면을 받게 하라. 이에 반당 4인, 노비 7구, 구사 2명, 전지 60결, 은자 5냥, 내구마 1필을 하사한다.

호성공신에는 내시 24인, 마의馬醫 6인, 의관醫官 2인, 별좌 사알 2인이 포함된다.

공의 등급이 1등에서 3등까지여서 고하가 다른 것을 면할 수 없고, 상의 혜택이 많기도 하고 작기도 하여 경중의 차이가 있게 되었다. 그러나 어떻게 감히 그 공을 잊을 수 있겠는가. 애오라지 가상히 여기는 마음을 표하는 바이다. 아, 황제께서 다시 세워 준 은총은 진실로 전고에 없던 것이니 군신을 일체로 여긴 성은이 후세에까지 전해가기를 바란다. 가서 신명을 받아 모두 열복하는 지극한 마음을 품으라. 때문에 교시하노니 잘 알 것으로 여긴다."

목숨을 바쳐 나라를 구한 선무공신보다 임금의 호위하며 모신 호성공신이 몇 배로 많아 그 수가 86명이다. 전쟁에 직접 임했던 선무공신은 18명에 불과하다.

1등 공신은 이순신, 권율, 원균 등 3명이다. 2등에 신점·권응수·김시민·이정암·이억기, 3등에 정기원·권협·유충원·고언백·이광악·조경·권준·이순신李純信·기효근·이운룡 등 총 18인이다.

— 선조실록 37년 10월 29일 —

민족의 영웅 이순신이야 두말 할 필요도 없다. 원균이 1등 공신으로 기록되었다. 선무공신에 의병장들이 모두 빠졌다. 무능하고 부도덕했던 왕과 대신들, 성을 버리고 줄행랑치기 바빴던 장수들… 그나마 국토를 지켜낸 것은 고경명 부자, 곽재우, 김덕령, 조헌과 7백 의병, 영규 대사와 승병들 등등 전국 각지에서 들고 일어난 의병장들이었다. 그러나 이들의 이름은 선무공신 명단 어디에도 없다. 김덕령, 곽재우에겐 반란 누명까지 뒤집어씌웠다.

1596년 선조 29년 이몽학이 지배 체제에 환멸을 느낀 수천 명을 모아 충남 부여에서 봉기했는데 "김덕령 같은 의병장들도 호응하기로 했다"고 거짓 선동한 것이 발단이었다. 당국은 김덕령과 곽재우, 홍계남을 잡아들였는데 곽재우, 홍계남은 간신히 풀려났지만, 김덕령은 선조의 친국으로 정강이뼈와 온몸이 부서진 끝에 처참하게 목숨을 잃었다. 이후 곽재우는 고향으로 돌아가 초야에 은거해 버린다.

조선왕조실록을 기록한 사관조차 "김덕령이 억울하게 죽게 되자 소문을 들은 자 모두 원통하게 여기고 가슴 아파했다. 그때부터 남쪽 선비들은 김덕령의 일을 경계하여 용력이 있는 자는 모두 숨어버리고 다시는 의병을 일으키지 않았다"고 기록하고 있다.

―선조수정실록 29년 8월 1일 ―

백비白碑를 내린 선조

최흥원은 나라를 위해서는 기꺼이 목숨도 내놓는다는 신념의 대신이었다. 외직에 나가서는 백성들의 고충을 살펴 민생에 폐가 되는 일은 결코 용납하지 않았다. 충훈부에서 공신들에게 그려주는 초상화도 받지 않으려 할 만큼 겸양하였고, 정승의 지위에서도 관복 외에는 결코 비단옷을 몸에 걸치지 않았다. 이에 그의 죽음을 몹시 아쉬워한 선조임금은 이른 바 백비白碑를 내려 그의 묘소 앞에 세우도록 하였다. 조선 시대 최고의 권력자인 임금은 신하에 대한 감사나 찬사의 표시로 '백비白碑'를 하사했다. '백비'란 말 그대로 아무 내용도 쓰이지 않은 깨끗한 비석을 뜻한다. 몇 마디 말로 찬양하는 글이 그 공로를 치적할 수 없다는 뜻일 것이다.

훗날의 명재상 채제공은 최흥원의 시호를 내릴 때 기록하기를 "그의 구국충성과 청렴결백한 정신은 영세불멸" 이라 했고, 명나라 장수 송응창은, 최흥원의 인품에 감복하여 "조선에는 참으로 훌륭한 인물이 있다" 며, 극찬을 아끼지 않았다. 율곡 이이가 황해도에 큰 흉년이 들었을 때 임금에게 상주하기를, "굶주리는 백성들을 구할 사람은 오직 최흥원 뿐이다" 했고, 왜란 때 정승 윤두수는 "위급한 상황을 구 할 사람은, 오직 지모와 도량이 넓은 최흥원 뿐입니다"고 했다.

최흥원의 묘소는 경기도 파주시 금촌읍 아동리의 어느 군부대 안에 자리 잡고 있고, 묘역에서 남서쪽으로 100m 가량 떨어진 군부대 초소 옆에, 최흥원의 행적을 새겨 세운 신도비가 있으며, 묘소 앞에는 영돈녕부사 한준겸이 글을 지어 세운 묘비가 따로 있다.

[승진과정]

1555년[27세] 명종 10년에 진사시 합격, 음서로 호조좌랑, 상의원 판관
1568년[40세] 선조 1년에 증광시 문과 병과 급제, 내시 교관, 경상도사
1569년[41세] 선조 2년 호조정랑, 예조정랑, 사간원 정언, 홍문관 옥당
1573년[45세] 선조 6년 1월 장령, 2월 정언, 4월 장령, 6월 장령,
               8월 장령, 10월 장령
1574년[46세] 선조 7년 1월 장령, 4월 장령, 6월 집의, 6월 홍문록,
               7월 집의, 8월 집의, 10월 사간
1575년[47세] 선조 8년 2월 동래부사
1578년[50세] 선조 11년 6월 부평부사
1581년[53세] 선조 14년 1월 3년 만에 복직하여 승정원 부승지, 도승지
1583년[55세] 선조 16년 황해도 관찰사, 중추원사, 한성좌윤, 호조판서
1588년[60세] 선조 21년에 평안도 관찰사 겸 개성유수,
               호조판서 겸 의금부지사, 사헌부 대사헌, 형조판서
1591년[63세] 선조 24년 2월 이조판서
1591년[63세] 선조 24년 겸 경연지사, 병조판서, 의정부 좌참찬
1592년[64세] 선조 25년 4월 13일 임진왜란, 경기·황해도 순찰사
1592년[64세] 선조 25년 5월 1일 우의정, 좌의정, 영의정
1593년[65세] 선조 26년 8월 최흥원은 영의정 겸 유도대신,
               11월 1일 영의정 면직, 영돈녕부사, 영평부원군
1594년[66세] 선조 27년 3월 판중추부사
1599년[71세] 선조 32년 5월 영중추부사
1603년[75세] 선조 36년 2월 16일 영중추부사 최흥원이 죽다
               〈선조실록〉
               1603년[75세] 선조 36년 2월 1일 전 영의정 최흥원이 죽다
               〈선조수정실록〉
               1604년[사후] 선조 37년 6월 호성공신 2등에 추록, 청백리 선정

70. 이원익李元翼

태종의 후손으로 3왕조 영의정을 지낸 명재상

생몰년도	1547년(명종 2)~1634년(인조 12) [88세]
영의정 재직기간	1차(1598.10.8.~1599.5.26.) 2차(1599.9.22.~1600.1.)
	3차(1608.2.14.~1609.8.13) 4차(1611.8.24.~1612.6.21)
	5차(1623.3.16.~1625.2.21) 6차(1625.8.7~1626.12.10)
	(총 6년 5개월)
본관	전주全州
자	공려公勵
호	오리梧里
시호	문충文忠
배향	인조 묘정에 배향, 시흥 충현서원에 제향
저서	오리집梧里集, 속오리집續梧里集, 오리일기梧里日記
	가사로 고공답주인가雇貢答主人歌
출생	한성부 출신. 종로구 동숭동
기타	태종의 아들 익녕군의 4세손
고조부	이치 ― 태종의 아들 익녕군
증조부	이정은李貞恩 ― 수천군
조부	이표李彪 ― 청기군
부	이억재李億載 ― 함천군
모	동래정씨
아들	이의전李儀傳
서녀	윤효전의 첩이자 윤휴의 서모
서외손	윤영
서외손부	충무공 이순신의 서녀
사돈	충무공 이순신

태종의 후손으로 충직하고 올곧았던 청백리 정승

이원익의 자는 공려公勵이고, 호는 오리梧里로, 조선조 태종의 열두번째 아들 익녕군 이치의 4세손이다. 증조부 이정은은 수천군에 봉해졌고, 조부 이표는 청기군에 봉해졌으며, 아버지 이억재는 함천군에 봉해졌는데 논어 등 사서에 정진하여 음률에 정통하였다. 함천군의 전처에게서는 후손이 없었고, 후처 동래 정씨가 이원익을 낳았다.

이원익은 어려서부터 영리하여 글을 읽어도 한 번 보면 바로 외웠다. 스스로 옷을 입고 다닐 만큼 자라서는 늘 바깥채에서 기거하였는데, 서모가 정성으로 종을 시켜 번갈아 모시게 하였으나 끝내 가까이하지 않았다. 이때부터 명성이 대단하였으며, 18세에 진사시에 합격하고 23세에 과거에 급제하였다. 평소에 남들과 사귀는 것을 좋아하지 않아서 문을 닫고 홀로 앉아 먼지가 방에 가득하여 보이는 것이 없을 듯하였는데, 하루는 유성룡이 들러 보고서 크게 감탄하고 기특히 여겼다 한다. 젊었을 때에 기품이 자못 호방하였다. 집이 낙산 아래에 있었는데 번번이 산에 올라 거문고를 타고 노래하였으며 옛사람의 가사까지도 소리를 길게 끌며 소리 높혀 읊으면 다 곡조에 맞았다. 때로는 삼각산의 백운대와 개성의 성거산과 영동의 금강산과 영변의 묘향산 등 뛰어난 경치며 유명한 곳에는 모두 얽매임 없이 홀로 가서 즐겼다고 기록하고 있다.

사람의 지위와 임무가 높고 중요할수록 그의 일상은 평온보다는 변화와 격동에 지배되기 쉽다. 사람은 성품에 따라 지위가 그에게 행복이기도 하고 고통이기도 한 것이다. 이원익은 뛰어난 실무적 경륜과 굳은 원칙으로 그런 국면을 잘 헤쳐나간 비범한 인물이다. 성품이 소박하고 단

조로워 과장이나 과시를 할 줄을 몰랐고, 소임에 충실한 한편 옳은 일에는 강직하며 정의감이 투철하였고 몸가짐은 깨끗하였다.

여러 고을의 수령을 역임했는데 치적이 가장 훌륭하였다고 기록하고 있다. 근면·민첩하고 청렴하여 일 처리를 잘하였으므로 아전은 두려워하고 백성들은 존경하였다. 평안도에서는 살아있는 사람의 생사당을 세우고 제를 지냈다고 전해진다.

여섯 차례나 영의정을 지냈으나 집은 두어 칸짜리 오막살이 초가였으며, 조석거리조차 걱정할 정도로 청빈하였다. 효종임금이 세자시절 이원익의 거처를 지나다가, 곧 쓰러질 듯한 오두막집에서 쭈그리고 앉아 자리를 짜는 이원익의 모습을 지켜보고 말없이 눈물만 흘렸다 한다. 사람들과 번잡하게 어울리기를 좋아하지 않았고, 공적인 일이 아니면 외출도 잘 하지 않는 성품이었다.

퇴계, 율곡, 이순신, 권율, 유성룡, 이항복, 이덕형 등과 연배는 다소간 차이는 있었지만 같은 시대를 살았던 뛰어난 인물들이다. 임진왜란 동안 그는 유성룡과 함께 이순신을 변함없이 옹호한 대신이었다. 많은 대신들이 원균을 지지하며 교체를 요구할 때도 "경상도의 많은 장수들 중에서 이순신이 가장 뛰어나다" 면서 그를 교체하면 모든 일이 잘못될 것이라고 주장하였다. 그의 주장대로 원균이 원수로 교체되자 대패하여 병력은 병력대로 사기는 사기대로 잃었다.

사람을 볼 줄 아는 판단력이 정확했다. 광해군이 즉위해서도 임해군의 처형과 영창대군의 처벌, 인목대비의 폐비 등을 극구 반대하여 유배까지 당했지만 결국 광해군도 폐위되고 말았다. 이때에도 이원익의 정치적 판단은 정확했다. 북인이 물러가고 서인이 집권하여 광해군을 처형하려 할 적에 여섯 번째 영의정이 된 이원익은 광해군을 처형할 경우 광해군 때 영의정을 지낸 본인부터 처벌하라고 하여 광해군의 목숨을 살렸다. 중종 때 연산을 모신 신하들은 척결되었지만, 광해를 모신 수많은 사람의 목숨을 이원익이 살려낸 것이다.

이처럼 이원익은 세태를 읽어내는 판단력이 정확했고, 사적인 일에는 부드러운 사람이었고 공적인 일에는 원칙을 지키는 용기있는 대인이었다.

늙어서 직무를 맡을 수 없게 되자 바로 사직을 하고 고향 광명으로 돌아가, 비바람도 가리지 못하는 몇 칸의 초가집에 살면서 떨어진 갓에 베옷을 입고 쓸쓸히 혼자 지냈으므로 보는 이들이 그가 재상인 줄 알지 못했다 한다. 70여 년을 관직에서 보낸 이원익이 말년에 가난 속에 헤매다가 눈을 감았다는 전갈을 들은 인조는, "정승 노릇 40년에 그토록 가난했단 말이냐?" 고 눈물을 글썽이며 탄식하고, 관을 짤 나무와 장례비용을 내려 주었다.

빈틈없는 일 처리와 청렴함

1573년[27세] 선조 6년 겨울에 명나라 성절사로 질정관[106)에 보충되었는데 행낭에 물건이 하나도 없었으므로 일행이 그 청렴함에 감복하였다.

1574년[28세] 선조 7년 겨울 조정에서 병정을 장부에 등록할 때에, 이원익이 황해도 도사로서 사무를 맡게 되어 목장이 있는 섬에 들어가 여

---

106) 질정관質正官 : 조선시대 임시벼슬로 글의 음운이나 기타 제도 등에 관한 의문점을 중국에 질문하여 알아오는 일을 맡았으며, 중국에 사신이 갈 때 함께 갔음.

러 날 동안 말을 점검하는데, 서로 아는 수령은 예쁜 계집을 치장시켜 보내어 즐겁게 하려 하였으나 이원익이 모두 물리쳤다. 황해도 도사로 부임한 뒤에 감사가 잇달아 네 사람이나 갈려서 문서가 수북히 쌓였는데 이원익이 잘 처리하여 넉넉히 남은 힘이 있었다. 이때 황해도 관찰사는 이율곡이었는데 그가 결단하기 어려운 상소장을 죄다 맡겼는데, 주고 빼앗는 것이 있었으나 상소하는 사람이 없었으므로, 이율곡이 이원익의 인물됨을 눈여겨보고 중앙관직에 추천하니 쉽게 중앙직에 들어갈 수 있었다.

1576년[30세] 선조 9년 1월에 정언에 제수되었는데, 의정부에서 관직의 임면에 관한 기록을 보고 말하기를, "영특한 재능이 있으면서도 이제야 비로소 중요직에 통하였으니 마음을 고요하게 지키는 사람일 것이다." 하였다.

1583년[37세] 선조 16년 승정원 우부승지로 재직 중에 도승지와 영의정 사이가 좋지 않았다. 박근원이 도승지로 있었는데, 성질이 자못 격렬하여 늘 영의정 박순이 하는 일을 언짢아하고, 시류에 찬동하는 유생의 상소는 다 물리쳐 버렸다. 이때 승정원이 임금의 총명을 가린다고 상소를 하여 임금을 격노하게 한 사람이 있었는데, 하루는 승정원에서 계사[107] 때문에 명하기를, "이 계사는 누가 지은 것인가?" 하였다. 동료가 사실대로 대답하려 하였으나, 이원익이 안 된다고 하며 아뢰기를, "동료에게 죄를 돌아가게 하여 나머지만 모면할 생각을 하는 것은 신들이 차마 할 수 없습니다." 하였다. 두세 번 명하여도 끝내 대답하지 않으니, 임금이 모두 내쳤다. 이때부터 수년 동안 임야에 물러가 살면서 경전과 사서로 스스로 즐겼다.

---

107) 임금께 올리는 글

도승지 박근원과 영의정 박순의 사이가 좋지 않자 원인이 승정원에 있다는 탄핵이 제기되었다. 다른 승지들은 도승지와 영의정의 불화 때문이라고 주장하며 화를 면하려 하였다. 그러나 그는 동료를 희생시키고 자신만 책임을 면할 수 없는 일이라고 보고해 파면되어 야인으로 있었다. 이듬해 8월 부친상을 당했다. 이원익은 경기도 금천에서 삼년상을 치렀다. 결국 그는 파직과 복상服喪으로 5년 동안 관직에서 물러나 있었다.

- 선조실록 16년 8월 1일 -

1586년[40세] 선조 19년에 조정에서 의논하기를, "평안도 안주는 서쪽의 문호인데 여러 번 적합하지 않은 수령의 행정을 겪어서 쇠잔하고 피폐함이 지나치게 심하므로 매우 명망이 있는 사람을 가려서 차출하여 보내야 한다." 하였으나, 차출된 두어 사람이 다 계략을 써서 회피하였다.

1587년[41세] 선조 20년 4월에 이조참판 권극례의 추천으로 이원익이 안주목사에 기용되었다. 이조에서 아뢰기를, "안주는 버린 땅이 되었으나 쇠잔하고 피폐한 것을 구제할 수 있다면 오직 이원익에게 맡길 만하니, 파직된 사람을 기용하여 보내소서." 하여 윤허를 받았다.

이원익이 벼슬을 잃고 있다가 부친상을 당하여 복을 마쳤으나 오히려 복관되지 못하였다. 이때 안주는 변방의 중요한 진영인데 재해를 여러 차례 겪고 기근이 들어 피폐되었다는 것으로 명망이 중한 문신을 정밀히 골라 그 지방을 다독거려 수습하게 하되 오랫동안 근무시켜 공을 세우도록 책임지우기를 청하였다. 이름난 관료들이 모두 꺼려 피하기를 도모하였으므로 주상이 이조에 명하여 반드시 적합한 사람을 얻도록 책임지웠는데, 이조참판 권극례가 면직된 사람을 기용하고자 하여 이원익을 천거하니 주상이 허락하여 이 임명이 있게 된 것이다.

이원익이 혼자서 말을 타고 부임하여 먼저 조곡 1만 석을 감사에게 청해다가 종자를 주어 경작을 권하였더니 가을이 되자 큰 풍년이 들어 조곡을 갚고도 창고가 가득찼다. 드디어 군정을 변통하고 잡역을 감면하여 몸소 변경 진영에 세금을 납입하게 하여 물가를 오르게 하는 폐단을 없앴다. 안주는 서쪽 변방에서 누에치기를 힘쓰지 않았다. 이원익이 백성에게 뽕나무를 심어 누에치기를 권장하니, 사람들이 이를 이공상李公桑이라 불렀다. 근면하고 민첩하고 청렴하고 일을 잘 처리하였으므로 아전은 두려워하고 백성은 사모하여 치적이 크게 나타났다. 자주 포상을 받아 3품에 올라 조정에 돌아오기에 이르렀으니, 정승의 명망은 여기에서 기초되었다.

- 선조수정실록 20년 4월 1일 -

이원익은 정성과 믿음으로 교화하는 것을 먼저 힘쓸 일로 삼았으므로 간사한 자가 사라지고 해악이 없어져서 백성이 다 안정하였으니, 세상에서 옛 방식은 행할 수 없다고 하는 것을 어찌 또한 믿겠는가? 업적이 으뜸이기 때문에 특별히 형조 참판에 제수되었다.

병졸들의 훈련 근무도 연 4차 당번하던 제도를 6번제로 고쳐 시행하였다. 이는 군병을 넷으로 나누어 1년에 3개월씩 근무하게 하던 것을, 1년에 2개월씩 하게 함으로써 백성들의 부담을 경감시킨 것이다. 이 6번 입번 제도는 그 뒤 순찰사 윤두수의 건의로 전국적인 병제로 정해지게 됐다.

임진왜란 방비책과 선조와의 문답

1596년[50세] 선조 29년 11월 17일 이원익이 왜적의 방비책·볼모·방납 등에 대해 아뢰다.

주상이 별전에 나아가 우의정 겸 강원·충청·전라·경상도 도체찰사 이원익을 만났다. 주상이 이르기를, "오늘 어느 지방으로 가려 하는가?" 하니, 이원익이 아뢰기를, "충청도 쪽으로 내려가면 장수를 볼 수 없고 공문을 보낼 수도 없으니, 반드시 경상·전라도 지방으로 내려가서 잇따라 공문을 보내야 군사를 모을 수 있을 것입니다." 하였다. 주상이 이르기를, "성주 산성은 수축하여 지키는가?" 하니, 이원익이 아뢰기를,

"수축했어도 성 모양이 좋지 않고 골짜기의 평평하지 않은 곳에 있으므로 장수와 병사들이 다들 그곳에 있기를 좋아하지 않습니다. 선산의 금오산성은 선산의 수령인 배설을 장수로 정하여 지키게 하였습니다." 하였다. 주상이 이르기를, "금오는 성은 매우 좋으나 물이 없다 하는데, 그러한가?" 하니, 이원익이 아뢰기를, "전혀 물이 없다고는 할 수 없으니, 우물을 파면 있을 것입니다. 안에는 육지와 평야가 잇달아 있고 민가도 빽빽한데, 온 힘을 다하여 방비할 곳은 대개 적습니다." 하였다. 주상이 이르기를, "성주 사람은 위급하면 금오성에 들어가려 하는가?" 하니, 이원익이 아뢰기를, "성주 북쪽 30리 안에 사는 사람들은 다들 들어가려 하나 용기성의 백성들은 용기에 들어가기를 바라지 않고 금오성에 들어가는 것도 바라지 않으며 그들의 처자를 산골에 감추려 한다고 합니다. 그러나 위급한 일이 있더라도 반드시 죄다 흩어지게 되지는 않을 것입니다." 하였다.

주상이 이르기를, "종사관은 데려가지 않는가?" 하니, 이원익이 아뢰기를, "이시발은 데려가지 않겠습니다." 하였다.

주상이 이르기를, "적이 다시 움직이면 반드시 전라도를 침범할 것이다." 하니,

이원익이 아뢰기를, "그것도 알 수 없습니다. 근일 떠도는 말을 들으면 왜장 청정이 '반드시 왕자를 잡아가겠다.' 하였다 하는데, 이는 마음 아파지는 일입니다. 도원수가 3~4만의 군사를 모아 요행히도 격멸하고자 하나, 어찌 일을 성취한다고 보장하겠습니까. 저들이 발동하지 않으면 부산 등지에서 농사를 지을 것인데, 우리나라에서 부득이 중국군을 청한다면 많은 군량을 공급하느라 지쳐서 적이 오지 않더라도 우리가 또한 피곤해질 것입니다. 또 저들의 계책이 공갈과 위협에 있는지 발동하는 데 있는지는 알 수 없으나 발동한다면 우리가 이미 지쳐서 막지 못한다 하더라도 저들의 일 역시 무익할 듯합니다. 권율 도원수의 보고는 바야흐로 다른 대신들과 그 가부를 의논하고 있습니다." 하였다.

주상이 이르기를, "그 보고는 어떠한가?" 하니,

이원익이 아뢰기를, "계책은 좋으나, 일을 성취하기는 어렵습니다. 날짜를 정하여 격멸한다면 열흘로 기약할 수 있으나, 자연히 저들을 지치게 할 생각이라면 반드시 너댓 달을 지내야 할 것입니다. 무명 1백 동을 내려 보내더라도 너댓 달의 양식을 댈

수는 없으니, 반드시 양호兩湖[108]에서 1만 4천 석의 곡식을 내야 할 형세입니다. 또 1만 5천 석을 수송하여야 되고, 그렇지 않으면 일을 성취하기 어려울 것이니, 내려가서 원수를 만나 의논하여 처치해야 하겠습니다." 하였다.

주상이 이르기를, "우리나라가 불행하더라도 중국은 왜적을 오래 있게 하지 않을 것이고, 중국이 일본왕의 책봉을 허락하여 무사하기를 바라더라도 왜적이 우리에게 화를 입히도록 허락하지는 않을 것이니, 우리나라가 어찌 곧바로 왜국이야 되겠는가." 하니,

이원익이 아뢰기를, "왕이 있는 성은 중국의 힘을 빌리더라도 하삼도는 반드시 우리 백성의 힘으로 보전해야 될 것입니다. 적은 섬에 있어서 갔다가 다시 오는데, 우리 군사와 중국군은 천리 밖에 있으므로 양식을 대어 먹이지 못하고 육로는 양식을 나르기가 더욱 어려워서 정예한 병졸이 양식을 나르기에 지치며, 저들은 도랑을 깊게 하고 보루도 높게 하여 변동하지 않으니, 우리의 형세가 날로 글러갑니다.

병란 이전부터 수령이 어질지 못하고 체계가 서는 갈피가 착오되어 백성들이 학대를 받았는데, 병란이 일어나게 되어서는 더욱 무휼하지 않아 백성을 여위게 하면서 자기만 살찌우는 풍조가 어디나 다 같았으므로, 백성들이 살기를 좋아하는 마음이 없어져 거의 다 고향을 떠날 생각만 한 채 일정한 거주지와 가족이 없으니, 보금자리가 있는 새와 짐승만도 못합니다.

법이 시행되지 않으므로 명령하여도 가지 않고 왜적을 막게 하면 줄곧 달아나니, 혹시라도 불온한 사람이 갑자기 돌봐주면서 모아들이면 일어나서 도둑이 될는지도 알 수 없습니다.

이번에 백성들이 조정에서 체찰사를 불렀다는 말을 듣고는, 백성의 힘을 더는 것을 아뢰어 신으로 하여금 각 관사의 볼모 공물을 반드시 아뢰어 보고하여 변통하게 할 것을 바라고, 곧 와서 바치지 않고 사세를 관찰하고 있다 합니다.

볼모의 일은 백성을 괴롭히는 것이 더욱 심하므로 반드시 변통해야 회복할 수 있으니, 위에서 특별히 재량하소서. 볼모를 값을 줄이려면 안 될 것이고, 또 국가의 법이 반드시 향리를 시켜서 마련하므로, 종사관을 보내 감사와 상의하게 하려 합니다마는, 백성이 중노동에 지치는 것이 이곳과 무엇이 다르겠습니까.

백성 중에는 매우 지친 자와 매우 지치지 않은 자가 있으니 소용되는 수는 반드시 줄이되, 강원도에서 1명, 전라도에서 3명을 줄이면 어떠하겠습니까? 볼모도 반드시

---

108) 호남湖南과 호서湖西. 곧 전라도와 충청도를 아울러 이르는 말

처자를 먹여야 힘을 펼 수 있을 것이니, 들이는 물건은 전대로 독촉하여 받아들이되 받아들이는 수는 조금 줄이는 것이 어떠하겠습니까?" 하자, 주상이 이르기를, "줄이라." 하였다.

이원익이 아뢰기를, "공물의 방납은 조정이 금하는 것이기는 하나, 그렇게 하지 않으면 외방에서 직납하는 것도 오지 않으므로 형세가 장차 낭패하게 될 것입니다. 호조와 비변사에 들이는 물건을 일체 줄여서 군량을 만든다 하는데, 군량을 만들면 공물보다 나을 것입니다. 또 근래 중국군이 남방에 내려갔는지, 중국이 장차 우리 남쪽 변방을 구원할 것인지, 신은 알 수 없습니다." 하니,

주상이 이르기를, "중국은 반드시 남방을 버리고 서방만을 구원하지는 않을 것이다. 대저 천하의 힘으로 구원하지 못할 것이 있겠는가." 하였다.

이원익이 아뢰기를, "천하의 큰 힘으로서도 한 변방에 양식을 나르고 멀리 가서 강한 적을 정벌하는 것은 어려울 것입니다. 또 중국군이 등주·내주를 거쳐서 넘어온다면, 신의 생각으로는 반드시 남방에 미치지 못할 것이니, 남방은 조정에서 방어할 방책을 생각해야 하겠습니다." 하니,

주상이 이르기를, "중국만을 믿고 우리나라에서는 하지 않을 수 있겠는가?" 하였다.
이원익이 아뢰기를, "우리나라 사람은 참으로 스스로 힘써야 하니, 어찌 중국만을 믿을 수 있겠습니까." 하니,
주상이 이르기를, "우리나라는 본디 논의가 많거니와, 비변사에서까지 논의가 분분하여 참으로 한결같지 않으니, 매우 미안하다." 하였다.
이원익이 아뢰기를, "소신이 올라올 때에 보니, 공주산성은 형세가 매우 좋지 않았습니다." 하니,
주상이 이르기를, "경연에서 그 성이 좋다고도 하고 좋지 않다고도 했는데, 무슨 까닭인가?" 하였다.
이원익이 아뢰기를, "좋지 않다고 하는 것은 물가의 산성으로 안이 대접과 같아서 형세가 매우 낮고 좁다는 것입니다. 그러나 중간에 물에 막혀 있고 가운데에 언덕이 있으므로 조치하여 민가를 만들면 매우 좋으므로, 감사가 아속을 데리고 들어가서 지킬 생각입니다." 하니,
주상이 이르기를, "성을 쌓으면 곧 무너진다고 하는데, 무슨 일을 할 수 있겠는가."

하자,

이원익이 아뢰기를, "조정의 영이 없으면, 감사는 반드시 들어가지 않을 것입니다. 신이 공주를 지날 때에 감사에게 무너진 것을 핑계하지 말고 반드시 온 가족이 들어가라고 하였습니다.

또 한산도는 날씨가 좋아 들어갈 만하면 신이 한번 가보고 수군을 얼마쯤 징발하여 막을 계책을 의논하려 합니다. 충청도까지만 내려가라고 하교가 계시기는 하였으나, 반드시 소신이 남방에 내려가야 각 포의 배를 내어 농민을 실을 것이고 연해의 주사도 급히 징발할 수 있을 것입니다. 여기에서는 미리 헤아리기 어렵습니다." 하였다.

주상이 이르기를, "수군은 공노비와 사노비를 따지지 않는다는 말이 맞는가?" 하니, 이원익이 아뢰기를, "이미 마련하였습니다. 토지에 따라 양식을 내는데 공노비와 사노비도 죄다 그 가운데에 들어갔습니다. 이제 또 수군과 육군이 다 죽었으므로 토지에 따라 농민까지 죄다 내었고, 또 장흥 이남은 한 배에 90명을 배정하고 4운運으로 나누었는데, 양식을 주지 않았습니다. 그러다가 신이 올라오니, 해당 관사가 다 '경비가 모자라므로 도로 공문을 보내어 사노비를 뽑아내게 하였다.' 했습니다." 하였다.

주상이 이르기를, "투항하는 왜가 붙어 와도 처치하기 어려우므로 투항하는 길을 끊었으나, 아주 막을 수는 없다." 하니, 이원익이 아뢰기를, "신의 생각으로는, 제 나라를 버리고 와서 붙는 자는 반드시 속으로는 사악한 마음을 품으면서도 겉으로만 우리에게 투항하여 붙는 모습을 보이는 것일 것입니다. 그러니 소문만 들어도 놀랍고 두려울 것인데 더구나 우리에게 이용될 수 있겠습니까. 반복하여 오는 자가 반드시 다 배반하지는 않는다 하더라도, 반드시 참으로 붙으리라고 보장할 수도 없습니다. 신이 김응서의 진중에 가서 보니 우리 나라 사람과 의복을 같이하며 자종립을 썼고, 우리나라 사람과 함께 재주를 시험할 때에 분수分數를 더 주었으며, 또 당 위에서 예의와 대우를 뒤쫓아 가본 뒤에 투항한 왜를 시켜 들어와 절을 하게 하였더니, '나는 왜중의 양반이다.' 하였습니다. 뒷날에 다시 들으니, 먼저 온 벼슬한 왜는 자기의 벼슬을 스스로 뽑내고 새로온 왜는 또 '나는 양반이니 이 나라의 벼슬보다 낫다.' 하였다 하는데, 김응서가 이 때문에 잘 대접하지 않자 그가 불측한 말을 하였으므로 김응서가 죽였다 합니다. 이들과 같이 투항한 왜는 도리어 뜻밖의 화가 있을까 매우 염려스럽습니다." 하였다.

주상이 이르기를, "제어하는 것으로 말하면, 김응서의 도량이 우연한 것이 아닌 듯하다." 하니,

이원익이 아뢰기를, "김응서가 제어를 잘하여 그런 것이 아니고, 단지 그들의 말을 들어주어 대접을 후하게 해주기 때문입니다. 모든 요구에 대해 그 뜻을 따라 주지 않는 것이 없어서, 혹 여색을 구해도 바라는 대로 해주니, 병사들이 자못 원망합니다." 하였다.

주상이 이르기를, "반드시 좋은 장수를 얻어야 일을 성취할 수 있으니, 남방의 쓸모 있는 장수를 올라오게 하여 써야겠다." 하니,

이원익이 아뢰기를, "곽재우는 명장으로 알려졌는데, 신은 아직 그 사람을 보지 못하였습니다." 하였다.

주상이 이르기를, "우의정이 불러도 오지 않던가?" 하니,

이원익이 아뢰기를, "오지 않습니다. 신이 서류를 만들지 않고 명령서도 보내지 않고서, 다만 별지로 써 보내어 나오지 않아서는 안 된다는 뜻으로 책망하였더니, 답하기를 '상소하여 천거해 준다면 몸을 버리고 출근하겠다.' 하였습니다. 아무쪼록 내어 쓰고는 싶으나, 얼굴을 보지 못하였으므로 천거하기 어렵습니다. 대개 그 사람됨은 조정에서 듣고 그곳에서도 들었는데 다들 쓸 만하다고 말합니다." 하였다.

주상이 이르기를, "그의 버릇이 좋지 않은데, 그 처자는 병란 때에 죽었다 한다." 하니,

이원익이 아뢰기를, "그의 아비는 승지였습니다. 재산이 아주 없어서 궁박하기까지 하였는데, 군사를 모을 때에 또 가산을 죄다 흩어 주었으므로 지금은 의지할 데가 없어 별로 조치하는 일도 없습니다. 아무쪼록 장수를 얻는 것은 대신들이 늘 마음에 두는 것인데 아직 보고 들은 것이 없는 것은 신의 감식이 밝지 못하기 때문입니다. 다만 힘껏 싸운 것을 취하였을 뿐, 대장이 될 만한지는 알 수 없습니다. 반드시 맡겨 보아야 마땅한 사람인지 밝힐 수 있는데, 세상에 쓸 만한 사람이 없으므로 이토록 구구합니다.

우복룡은 무반 장수가 아니기는 하나 남방의 병마가 있는 곳에서 수령을 시키면 필시 물러나지 않고 한 지역을 막을 수 있을 것입니다." 하였다.

주상이 이르기를, "군사를 거느리는 일을 그가 잘 하는가?" 하니,

이원익이 아뢰기를, "몸으로 직접 행동하니 물러나 달아나는 장수보다는 낫습니다." 하였다. 주상이 이르기를, "반드시 방략을 지시하여 가르쳐준 것이 있어야 할 수 있을 것이다." 하니,

이원익이 아뢰기를, "그는 용렬한 사람이 아니니, 군사를 거느리는 모든 일을 감당하

지 못할 걱정은 없습니다." 하였다.

주상이 이르기를, "왜적이 요구하는 물목은 중국에 대하여 맥을 살펴보는 말이 아니 겠는가. '중국에서 조선을 칠 것인가? 본국이 칠 것인가?' 하였으니, 이 말을 보면 중 국에서 반드시 무슨 말이 있겠으나, 중국에서는 그들이 말한 것을 들어주지 않을 것 인데, 그들은 중국에서 반드시 무슨 처치가 있으리라고 생각할 것이다." 하니,
이원익이 아뢰기를, "공손하고 온순함을 다하여 임금께 글을 올리기를 끝냈다⋯⋯.' 고한 황신의 보고서로 보면, 필시 희롱하는 일이 있을 것인데, 얽어매어 중국에 여쭈 면서 지연시키는 사이에 무슨 일을 하려는 것이 아니겠습니까?" 하였다.
주상이 이르기를, "그들에게 큰 뜻이 있다면, 반드시 먼 데와 사귀고 가까운 데를 칠 것이다." 하니,

이원익이 아뢰기를,
"왜적으로 하여금 처자를 거느리고 나와 그대로 머물러 경작케 함으로써 고향을 생 각하는 마음을 없애게 하려는 그들의 계책이야말로 완전하다 하겠습니다. 중국에 대하여 명을 기다리는 듯이 하면서 실제로는 중국군의 형세를 늦추고 점차로 잠식 한다면 한 조각의 강토가 자연히 침범될 것인데, 그들이 도랑을 깊게 하고 보루도 높여 타국 병사가 들어오지 못하게 한다면 중국군이 나오더라도 근거지를 소탕하기 를 기대하기는 어려울 것입니다. 신이 내려가서 상의하더라도 권율의 소견 또한 이와 같을 텐데 물러나 모욕을 받는 것보다 차라리 결전하는 것이 낫다고 하는 것이 곧 원수의 뜻입니다." 하였다.

주상이 이르기를, "군량은 어떻게 장만하는가?" 하니,
이원익이 아뢰기를, "군량 문제는 매우 어렵습니다. 양호兩湖에서 나르게 할 경우 사 람들이 이미 병들어 지쳐 있는 상태입니다." 하였다.
주상이 이르기를, "수군으로 왕래하는 적의 배를 막아야 하겠다." 하니,
이원익이 아뢰기를, "수군도 서둘러야 하고, 들판을 비우는 일도 늦추어서는 안 되겠 습니다." 하였다.

주상이 이르기를, "5년 동안 군사를 훈련하였으면, 반드시 기묘한 꾀가 있을 것인데, 우리나라의 활이나 배의 제도를 적이 배우지 않았겠는가? 그들이 우리나라 배를 만 들어 대포를 싣고 온다면 해로울 것이다." 하니,

이원익이 아뢰기를, "큰 배로는 물마루를 넘어 들어올 수 없으므로 저들이 다 새로 만들었으나 우리 배만 못한데, 튼튼하지는 않더라도 바다를 건너는 데 편리하도록 만들었기 때문에 그렇습니다. 그들의 기술은 매우 정교하지만 수군은 그들도 겁을 냅니다. 그들의 배는 매우 얇으므로, 우리 배와 부딪치면 부숴지지 않는 것이 없습니다.

원균은 수군으로 용감히 싸웠으므로, 윤두수가 신에게 반드시 그를 쓰게 해야 한다고 하였는데, 소신도 반드시 그렇게 하려 합니다." 하자,
주상이 이르기를, "두 장수가 서로 사이가 좋지 않으니, 일이 어떻게 될 수 있겠는가. 원균은 끝내 이순신의 부하가 되려 하지 않고 매우 미워한다." 하였다.

이원익이 아뢰기를, "활을 많이 만들려 하여도 뿔은 있으나 힘줄이 없는데, 제주에 배가 없으므로 또한 넉넉히 가져올 수 없습니다. 총통을 만들어도 화약이 없으니, 매우 염려됩니다. 또 한 방향에서 병기를 이미 많이 내어놓았으나, 말이 없어서 나르지 못합니다. 그리고 화약은 한성에 많이 있습니다." 하니,
주상이 이르기를, "서울에서 어찌 반드시 죄다 쓰겠는가. 아무쪼록 많이 가져가야 하겠으니, 해당 관사에 말하여 넉넉히 가져가라." 하자,
이원익이 아뢰기를, "선천에 있는 화약 3천근은 서방에서 죄다 써서, 전일 가져간 50근도 매우 적습니다. 보고서에 말한 1천근도 적어서 방어하기 어렵습니다." 하였다.

주상이 이르기를, "내부의 병기는 이번에 날라 가는가?" 하니,
이원익이 아뢰기를, "병조에 말이 없으므로 지금 구하고 있습니다." 하였다.
주상이 이르기를, "이제 비호 자모포를 내리겠다. 우의정은 아직 그 만듦새를 보지 못하였는가?" 하니,
이원익이 아뢰기를, "신은 아직 보지 못하였습니다." 하였다.
주상이 이르기를, "포에는 자루가 있는가?" 하니,
이원익이 아뢰기를, "없습니다." 하였다.
주상이 이르기를, "이것에는 자루가 있다. 모포母砲는 형상이 싸앗 같은데 그 아래에 화약을 담고 흙을 채우고서 자포子砲를 모포에 바짝 대고 모포에 불을 놓으면, 자포의 중심이 마치 진천뢰震天雷처럼 공중에서 독毒을 낸다. 자포는 49개이나 모포는 1개이어서 간편하여 쓸 만하고, 헛 쏘더라도 해가 없다. 이것은 경략 송응창이 만든 것인데, 한번 쏘아 보니 소리가 진천뢰와 같았다. 이것을 가져다 군중에 두고 밤에

쏘기도 하고 낮에 쏘기도 하여 이것으로 도둑에 대비하면, 사람들이 반드시 두렵고 놀라워 할 것이다." 하니,

이원익이 아뢰기를, "진천뢰도 매우 좋습니다. 경주 싸움에서 왜적이 속았다고 합니다." 하였다.

주상이 이르기를, "남방 사람은 조총을 쏠 줄 아는가?" 하니,

이원익이 아뢰기를, "알기는 압니다마는, 서울 사람만큼 정교하지 못합니다." 하였다.

주상이 이르기를, " 우묵한 종지같은 곳에 화약을 담고, 그 위에 있는 구멍에 불을 곧바로 붙이고 자포의 중심을 손으로 누르면 곧 계란포를 쳐 보내고, 화염이 곧바로 화편에 닿아서 죄다 흩어진다." 하니,

이원익이 아뢰기를, "그것은 소신이 본 것이 아닙니다." 하였다.

주상이 이르기를, "심요라는 것은 흙을 담는 기구인데, 송 경략이 여기에 와서 많이 만들었다. 싸움에서 여러 개로 어지러이 쏘면 적진이 반드시 크게 놀랄 것이다." 하고,

또 이르기를, "반드시 인재를 얻어 써야 널리 구제할 수 있을 것이니, 군공軍功이 있는 자뿐만이 아니라 적을 죽인 것은 분명하지 않더라도 나라의 일에 힘쓴 사람이면, 당상관으로 직급을 올려 그 다음은 은銀을 주어 그 마음을 위로하도록 하라." 하니,

이원익이 아뢰기를, "당상관으로 직급을 올리는 것은 반드시 여쭈고 나서야 할 수 있으니, 아랫사람이 감히 마음대로 할 수 없습니다. 사람들이 또한 직급을 경시하여 귀하게 여기지 않으니, 참봉 같은 말관 일지라도 여쭈어서 제수하면 그들 또한 제수되는 것을 즐거워할 것입니다." 하자,

주상이 이르기를, "짐작해서 하라." 하였다.

주상이 또 이르기를, "직첩은 받아 가는가? 백성에게 폐해가 되는 일이 있으면 죄다 말해야 한다. 담당관이 막을지라도 편의한 대로 하라. 공물 상납을 감면하는 것을 나는 안 된다고 생각하지 않는다마는, 담당관이 지연시킬 뿐이다." 하니,

이원익이 아뢰기를, "신이 보고하더라도 해당 관사가 번번이 보고서를 올리지 않으므로, 민정이 답답하여 못 견딥니다." 하였다.

주상이 이르기를, "해당 관사가 막으려 하여도 내가 듣지 않는 것이 있거니와, 혹 왕복하여 견제한다면 어려울 것이다." 하니,

이원익이 아뢰기를, "백성이 힘이 매우 지쳐서 응당 해야 할 온갖 부역도 이바지하지 못하니 그 처자를 가두더라도 어찌할 수 없습니다. 쌀도 책임지고 바치기 어려운데, 무명을 살 때 도리어 3∼4섬의 쌀을 써야 겨우 응할 수 있으니, 앞으로는 그 가족을 가두더라도 울부짖으며 흩어져 떠나서 운봉으로 달아나지 않으면 반드시 남원으로 달아날 것입니다. 추포하려 하더라도 그들이 이미 떠나 살고 있어 결코 돌아 오지 않을 것이니, 죄주고 엄히 벌하더라도 막을 수 없을 것입니다. 이처럼 달아나 숨는 무리는 호남과 영남에서 다 부릴 수 없습니다." 하였다.

주상이 이르기를, "'편의대로 하라.'는 두 자를 우상에게 말하노니, 군인에게 상을 행하고 민폐를 없애는 일에 대해 우상이 마음대로 하라. 낱낱이 지휘를 기다려서는 안 된다." 하니,

이원익이 아뢰기를, "하교처럼 한다 하더라도 재주가 미치지 못하는 것과 알아도 할 수 없는 일은 반드시 위에서 재결하셔야 하겠습니다." 하였다.

주상이 이르기를, "적이 말을 탄다면 막을 수 없는 형세인가? 군량은 어떻게 장만하는가?" 하니,

이원익이 아뢰기를, "밭을 깨끗이 하는 것이 상책입니다. 밭을 깨끗이 하면 방방곡곡에 저축한 것이 깨끗이 없어지므로 적이 오는 길을 끊을 수 있고 적이 오는 것을 늦출 수 있을 것입니다. 잘하면 되겠지만 그렇지 못할 경우 백성들이 제 때에 거행하지 않을까 염려됩니다. 수령이 아전을 시켜 독촉하면 일이 많이 전도될 것이니, 아무쪼록 편의에 따라 잘 조치하고자 합니다. 과연 이 방도를 잘하면, 왜적도 군량 문제가 어렵게 될 것입니다." 하였다.

주상이 이르기를, "저들의 재력은 부유하고 웅대하다고 이를 만하니, 큰 중국으로서도 미치기 어려울 듯하다." 하니,

이원익이 아뢰기를, "저들은 한 주州에 3백의 정병이 있더라도 반드시 죄다 뽑아서 날마다 조세에 따라서 군사를 내므로, 어느 결結로는 어느 군사를 공급할 수 있다는 것을 마련한 후에 움직입니다. 그렇게 군사를 낼 뿐이고, 군량은 왜장 수길秀吉이 따로 저축하여 전쟁에 쓴다고 합니다." 하였다.

주상이 이르기를, "남방 사람은 모두 싸우고자 한다는데, 사실인가?" 하니,

이원익이 아뢰기를, "영남과 호남 사람은 다들 부역에 괴로우므로 싸울 뜻이 없으나, 북돋아 인도한다면 어찌 절로 격려되지 않겠습니까.
신이 영남의 인심을 오래 관찰했는데, 그들이 '임진년에는 뜻밖에 병란을 당하였으므로 그처럼 겁냈으나, 이제 다시 온다면 어찌 적과 함께 살 수 있겠는가.'라고 말하고는 있습니다만, 병란을 당해보아야 알 수 있습니다. 안동부터 위로는 인가가 드물고 군사를 뽑는 영이 내리면 사람들이 다 달아나 숨으나, 남도만은 다 병란을 겪었으므로 이와 다른데, 사람들이 그 마음을 가지런히 할 수 없고 그 힘을 한결같이 할 수 없기 때문에 그런 것입니다.

호남은 부역이 매우 중하므로 인심이 원망한다는 말이 있는데 어찌 다들 난동까지야 생각하겠습니까. 그러나 국가가 잘 알아서 처치해야 하겠습니다. 전라도는 임진년의 병란 이후로 국가에 공이 많거니와, 양반 중에서 임금께 충성한 자는 다 호남 사람입니다. 또 호남이 원망하는데도 나라에서 사람을 대우하는 것은 그렇지 않으니, 말소리와 얼굴빛의 차이없이 호남 사람을 필히 거두어 써야 하겠습니다." 하였다.

주상이 이르기를, "평안도 사람을 거두어 쓰게 했는데도 시행하지 못했으니, 이는 아마도 이조와 병조가 거기에 미칠 겨를이 없었던 듯하다." 하니,

이원익이 아뢰기를, "이조와 병조가 거두어 쓰려 해도 미칠 겨를이 없습니다." 하였다.

주상이 이르기를, "평안도 사람은 죄다 등용하지 않아 아전직 하나도 주지 않는 것은 매우 미안한 듯하다." 하니,

이원익이 아뢰기를, "아전을 삼을 사람이 없기 때문입니다." 하였다.

주상이 이르기를, "죄다 극진한 사람일 수 있겠는가. 그 가운데에서 가려 써야 할 것이다. 또 평안도의 일이 우상이 있었을 때와 같지 않은데, 우상이 들은 바는 어떠한가?" 하니,

이원익이 아뢰기를, "윤승길은 본디 나라의 일에 힘썼는데, 이것은 감사도 그렇다고 하였습니다." 하였다.

주상이 이르기를, "서울 군사는 노비로 인원수를 채운다고 하는데, 건장한 자만을 골라 넣는 것이 어떠한가? 만약 적을 대하게 한다면 건장하지 않아서는 안 될 것인데, 이제 도감은 그렇지 않고서 아이나 나약한 자도 죄다 그 가운데에 속하게 하고 있으니, 그렇게 하지 말아야 할 듯하다. 총검에 능할지라도 반드시 씩씩한 자라야 하는데, 평안도에서는 과연 골라 쓸 수 있는가?" 하자,

이원익이 아뢰기를, "고른다 하더라도 어찌 어리석은 자가 없겠으며, 어찌 죄다 고를 수 있겠습니까." 하니,
주상이 이르기를, "오직 우상이 잘 처치할 줄 믿으니, 편의한 대로 일을 처리하라." 하였다.

동부승지 정윤우가 아뢰기를, "우리나라의 방비에 관한 일은, 반드시 어느 진에 어느 군사를 넣는다는 것을 미리 정하여 계책을 만들어야 합니다. 미리 정한 후에라야 적이 와도 막을 수 있을 것인데, 도원수가 책임자까지 군영을 배열한다 하니, 빨리 보고하게 하고 격려하게 하는 것이 어찌 마땅하지 않겠습니까." 하니,

주상이 이르기를, "도체찰사와 도원수가 사세를 보아 헤아려서 해야지 공연히 보고해서는 안 된다." 하였다.

정윤우가 아뢰기를, "남방뿐 아니라 충청도 죽령·조령·추풍령에도 소로가 있으니 반드시 미리 조치해야 되겠습니다. 수도의 동서도 모두 허술한 듯하니 아울러 유념하소서." 하니,

주상이 이르기를, "비변사가 군량을 의논하여 처치하였으나 제 때에 나르지 않는다 하니, 승정원은 살펴서 하라. 화약을 더 내는 일도 살펴서 하라." 하였다.

정윤우가 아뢰기를, "이원익의 보고를 해당 관사가 막는다고 하니, 주상께서 판단하셔야 할 듯합니다." 하니,

주상이 이르기를, "말은 좋으나 관찰사에 알리지 않는 것은 옳지 않고, 담당관이 막는 것도 옳지 않은데, 위에서 홀로 직접 판단한다 해도 온당하지 못할 듯하다." 하였다.

이원익이 아뢰기를, "신은 곧바로 남으로 가야 하니, 물러가겠습니다." 하니,

주상이 이르기를, "우상은 조금 더 머무르라." 하고, 이어서 술상을 내렸다. 세 번째 잔을 들고 아뢰기를, "소신은 다 마실 수 없습니다." 하니,

주상이 이르기를, "양대로 하라." 하고, 이어서 보자기에 싼 물건을 내렸다. 12시에 파하여 나왔다.

– 선조실록 29년 11월 17일 –

1598년[52세] 선조 31년에 영남에서 조정으로 돌아왔다. 이때 명나라 경리 양호楊鎬가 중국 군사를 거느리고 직산에 주둔한 적을 쫓아가 토벌하였으므로, 임금이 중국 조정에 칭찬하여 아뢰려 하였다. 이때 명나라 주사 정응태라는 자가 경리를 중상모략하느라 온 힘을 기울이므로, 임금이 문장력과 언변이 있고 응변을 잘하는 정승을 가려서 보내려 하였는데, 당시의 의논이 영의정이 가야 할 것이라 하였다.

이원익이 임금에게 청하기를, "영의정은 90세 된 늙은 어머니가 있을 뿐아니라 나라가 어지러운 이때 사신으로 보낼 수 없습니다. 유성룡은 외방에 있으니, 신이 노고가 심하더라도 대신 가겠습니다." 하니, 임금이 윤허하였다.

이에 앞서 중국사람 사세용이라는 자가 일본에 있으면서 들은 바를 아뢰기를, "왜놈이 조선에 길을 빌려 중국을 침범하려 합니다." 하였는데, 중국사람들이 서로 전파하여 우리나라가 왜적한테 편드는 것으로 의심하였다. 이때 이원익이 떠나서 압록강에 이르렀는데 뜻밖에 정응태 일행이 왕래하는 것을 만났다.

정응태가 이원익이 가면 반드시 경리를 칭찬하여 아뢰리라는 것을 알고 크게 섭섭히 여겨, 어두워진 뒤에 두세 장관을 보내어 요동 경계까지 이원익을 쫓아가서 급하게 돌아가기를 재촉하였다. 이원익이 중국말을 알아듣고 말하기를, "우리들은 국왕의 명을 받들고 중국 조정에 들어가는데, 중도에서 멈추게 하면 임금의 명을 막는 것이다. 너희들이 힘으로 우리 일행을 묶어서 거꾸로 실어 갈 수는 있겠으나, 우리들이 국왕에게 변명할 말이 있을 터인데, 어찌 너희가 그럴 수 있겠는가?" 하니, 장관이 강제할 수 없음을 알고 돌아갔다.

정응태가 중국 조정에 사람을 보내어 아뢰기를, "신이 조선에 가니 길가에 떨어진 작은 책 하나가 있었는데 다 조선이 왜를 섬기는 절목이었습니다. 이번 왜구의 침범은 수상 이원익과 그 국왕이 길을 빌려주어 인도한 것이니, 이원익을 하옥하고 엄히 캐어물으면 그 정상이 절로 나타날 것입니다." 하였는데, 그 말이 갖가지로 기교하였다.

이원익이 부사 허잠과 서장관 조정립과 함께 중국 조정 육부와 도어사의 아문에 해명하고 또 통정사 정문에 머리로 바닥을 받아 피를 흘리고 각로閣老가 나오는 것을 기다려 호소하니, 각로가 온화한 말로 이르기를, "내가 이미 알고 있으니, 위에 전달하여 아뢸 것이오." 하였다. 명나라 군부의 끈질긴 방해 공작으로 소기의 성과를 거두지 못하고 돌아오고 말았는데, 선조는 이원익의 충정이 고맙고 가상스러워 위로와 칭찬을 아끼지 않았다.

요동에 돌아왔을 때에 본국의 대간이 영의정 유성룡이 중국 사신으로 스스로 가지 않은 것을 논쟁하고, 기회를 타서 모함한다는 말을 듣고 이원익이 매우 분노하였다. 이때 임금을 뵈니, 임금이 이르기를, "경이 북경에 가서 힘써 변명하느라 노고가 많았다." 하였다. 이원익이 사례 후 아뢰기를, "유성룡은 청렴한 절개를 스스로 지키고 지극한 정성으로 나라를 근심하는 것이 실로 당대에서 첫째가는 사람이고 그가 스스로 주청하여 가지 않은 까닭도 임금께서 아시는 바인데, 이제 아무개들의 거짓을 준거로 삼아 당대의 착한 선비들을 모두 유성룡의 당이라고 몰아쳐 사림의 화가 여기서 비롯하였으니, 신은 실로 나라 일이 어떻게 되는지 모르겠으며 신의 외로운 자취도 어찌 홀로 조정에서 편안할 수 있겠습니까?" 하였다.

또 아뢰기를, "조정이 존중되지 않고 임금의 권위가 서지 않아서 이영국·채겸진 등이 감히 그릇된 논의로 임금님의 귀를 어지럽혀서 시비가 분명하지 않고 방향을 그릇되게 만듭니다." 하고, 홍여순·임국로의 이름을 낱낱이 들어 말하기를, "이런 사람들을 쓰면 반드시 국가에 화를 끼칠 것입니다." 하였다.

시류를 극론하고 임금이 그 시비를 밝히고 사랑과 미움으로 기쁨과 노여움을 삼지 말기를 청하고, 또 현명한 재상을 위임하여 뭇 경박한 자를 진압하기를 청하고 신처럼 어리석은 자는 쓰여서는 안 된다 하여 반복하여 아뢰어 벼슬에서 물러가겠다고 청하여 마지않으니, 임금이 달래어 이르기를, "경은 종실 인척인 대신인데 나를 버리고 초나라로 갈 것인가? 제나라로 갈 것인가?" 하였다. 이때부터 물러가 동호東湖에 살았다.

이원익의 졸기

1634년[88세] 인조 12년 1월 29일 전 의정부 영의정 완평 부원군 이원익의 졸기

전 의정부 영의정 완평 부원군 이원익이 졸하였다.

이원익은 강명하고 정직한 위인이고 몸가짐이 맑고 깊었다. 여러 고을의 수령을 역임하였는데 치적이 제일 훌륭하다고 일컬어졌고, 관서지방에 두 번 부임했었는데 서도 백성들이 공경하고 애모하여 사당을 세우고 제사하였다. 선조 때 내직으로 들어와 재상이 되었지만 얼마 안 되어 면직되었고 광해군 초기에 다시 재상이 되었으나 정사가 어지러운 것을 보고 사직하고 여주에 물러가 있었으므로 임해, 영창의 옥사에 모두 관여되지 않았다. 적신 이이첨 등이 인목대비를 폐하려 하자, 이원익이 광해에게 소장을 올려 자전께 효성을 다할 것을 청하니, 광해가 크게 노하여 말하기를, "내가 효성을 다하지 못한 일이 없는데 이원익이 어찌 감히 근거 없는 말을 지어내어 임금의 죄안을 만들 수 있단 말인가." 하고, 마침내 홍천으로 귀양 보냈는데, 대체로 그의 명망을 중하게 여겨 심한 형벌을 가하지는 못했던 것이다.

인조가 반정하고 나서 맨 먼저 그를 천거하여 재상으로 삼고 매우 위임하였다. 그리고 그가 연로하였으므로 궤장을 하사하여 편안하게 하였고 또 흰 요와 흰 옷을 하사하여 그의 검소한 것을 표창하였다. 1624년 인조 2년 이괄의 변란 때 체찰사로서 공주까지 호가하였고, 1627년 인조 5년 정묘호란 때에는 총독군문으로서 세자를 전주까지 배행하였는데, 조야가 모두 그를 믿었다. 이원익이 늙어서 직무를 맡을 수 없게 되자 바로 치사하고 금천에 돌아가 비바람도 가리지 못하는 몇 칸의 초가집에 살면서 떨어진 갓에 베옷을 입고 쓸쓸히 혼자 지냈으므로 보는 이들이 그가 재상인 줄 알지 못했다. 이때 죽으니, 나이 87세였다. 주상이 관 1부를 하사하라 명하고 예조 낭청과 경기 감사를 보내어 금천에 가서 호상하게 하였으며 문충文忠이란 시호를 내렸다. 그 뒤에 종묘에 배향하였다.

1634년 인조 12년 2월 13일 승지 이민구를 금천에 보내 영부사 이원익에게 제사지내게 하다

이원익은 키는 작았으나 성품이 소박하고 너그럽기 그지없었다. 과시할 줄 모르고 언제나 몸을 낮추었다. 소임에는 충실하고 정의감과 책임감이 투철하였다. 재상을 수차례 거듭하며 평생이 벼슬살이였으나 거처는 두어 칸 오두막집이었고, 아침저녁 끼니를 걱정 할 만큼 곤궁하였다.

그는 귀양살이 할 때 돗자리를 손수 짜서 생계를 이었다. 하루는 친구가 찾아와 "왜 그런 천한 일을 하느냐"고 다그치니, 이원익은 껄껄 웃고 "글과 친하려니 이미 노후에 다달았고, 바둑이나 풍류는 한가한 악습이매 나는 즐기지 못하네! 그러나 이 일은 백가지 잡념이 가라앉고, 더구나 생활에 보탬을 주니 이보다 더 즐거운 일이 어디 있겠나?" 하였다.

오늘날의 경기도 광명시 소하2동 서독산 기슭 남향에 부인 영일정씨와 쌍분으로 된 이원익의 묘소가 있다. 영조 10년 이원익의 4세손 대사간 이존도가 중국의 명필 안진경의 글씨를 모아 새겨 묘비를 세웠고, 묘역 아래의 신도비는 우승지 이준이 짓고, 이원익의 손자사위인 우의정 허목이 글씨를 썼다. 문충공으로 시호가 내려지고 인조의 묘정에 배향된 이원익은, 당대의 성인으로 백성들이 널리 숭배하였다.

저서로는 오리집梧里集·속오리집續梧里集·오리일기梧里日記 등이 있으며, 가사로 고공답주인가雇貢答主人歌가 있다.

[승진과정]

전교하기를, "평안 감사 이원익의 사람됨은 내가 다시 말할 필요가 없으니, 지난날 우리나라에는 단지 이원익이 있을 뿐이라고 말할 정도였다. 그 자신은 이미 숭정대부가 되었으니 아들이나 사위가 있다면 관직을 제수하여 그의 노고에 보답하는 것이 어떻겠는가? 비변사에 이르라." 하였다. 비변사가 답하기를, "이원익이 나랏일에 마음을 다했으니 그 아들이나 사위들에게 관직을 제수하여 가상히 여겨 포장하는 뜻을 보이는 것은 임금님의 훈시가 마땅합니다." 하였다.

1596년[50세] 11월 17일 왜적의 방비책·볼모·방납 등에 대해 아뢰다.
1598년[52세] 선조 31년에 영남에서 조정으로 돌아왔다.
1598년[52세] 선조 31년 4월 좌의정, 10월 8일 영의정
1599년[53세] 선조 32년 5월 판중추부사, 9월 22일 영의정
1600년[54세] 선조 33년 4월 좌의정 겸 4도 도체찰사
1601년[55세] 선조 34년 8월 평안 황해 함경도 3도체찰사

청백리에 천거되었는데, 조선왕조실록에는 "이원익 같은 사람은 성품이 충성스럽고 밝으며 참된 마음으로 국가를 위해 봉공하는 이외에는 털끝만큼도 사적인 것을 영위하지 않았다. 벼슬이 정승에 이르렀으나 의식衣食이 넉넉지 못하여 일생 동안 맑고 곤궁하였는데, 이는 사람으로서 감당할 수 없는 것인데도 홀로 태연하였다."고 하고 있다.

1602년[56세] 선조 35년 6월 판중추부사
1603년[57세] 선조 36년 6월 영중추부사
1604년[58세] 선조 37년 임진왜란 공으로 호성공신 2등에 녹훈,
7월 완평부원군
1608년[62세] 선조 41년 선조 승하, 광해즉위, 2월 14일 영의정
1611년[65세] 광해 3년 8월 네 번째 영의정
1614년[68세] 광해 6년 영창대군 사사
1615년[69세] 광해 7년 인목대비를 폐출하려는 움직임. 폐모론 반대
강원도 홍천으로 유배
1623년[77세] 인조 1년 3월 인조반정, 다섯 번 째 영의정
1624년[78세] 인조 2년 이괄의 난
1625년[80세] 인조 3년 8월 7일 여섯 번째 영의정
1626년[81세] 인조 4년 12월 영중추부사
1627년[82세] 인조 5년 정묘호란, 경기 충청 전라 경상 4도체찰사
1632년[86세] 인조 10년 6월 인목대비 승하
1634년[88세] 인조 12년 1월 29일 금촌에서 세상을 떠났고,
4월 그곳에 묻혔다.

71. 윤두수尹斗壽
임금 앞에서 직언을 서슴치 않았던 정승

생몰년도	1533년(중종 28) ~ 1601년(선조 34) [69세]
영의정 재직기간	(1599.7.24~1599.9.19) (2개월)
본관	해평海平
자	자앙子仰
호	오음梧陰
공훈	호성공신
출생	서울 은평구 불광동
묘소	경기도 장단
기타	성수침·이황李滉을 문하에서 수학 도량이 넓고 온화한 성품
증조부	윤계정 – 장원서 정원
조부	윤희림尹希琳 – 부사용
부	윤변尹忭 – 군자감정
모	전주이씨
생모	팔기 현씨
동생	윤근수尹根壽 – 우찬성, 양관 대제학
부인	황씨 – 황대용의 딸
장남	윤방尹昉 – 영의정
손자	윤신지尹新之 – 선조의 딸 정혜옹주와 결혼
손자	윤순지尹順之 – 예조판서, 대제학
2 남	윤흔尹昕 – 예조판서
손자	윤취지尹就之 – 부사직과 연안부사를 거쳐 가의대부
3 남	윤휘尹暉 – 우찬성
손자	윤면지尹勉之
4 남	윤훤尹暄 – 병조판서
손자	윤의지尹誼之
손자	윤징지尹澄之
서자	윤간尹旰 – 수문장

도량이 넓고 온화한 성품의 정승

윤두수의 자는 자앙子仰이고, 호는 오음梧陰으로, 본관은 해평이다. 증조부 윤계정은 장원서 장원을 지냈고, 조부 윤희림은 충무위 부사용을 지냈으며, 아버지 윤변은 군자감 정을 지냈다. 윤변의 전처는 전주 이씨로 후사가 없었으며, 후처 팔기 현씨는 부사직 현윤명의 딸로 윤두수 형제를 낳았다.

윤두수는 사육신의 인척으로 고조부 이후로는 높은 벼슬을 역임하지 못했으나, 윤두수와 그의 동생 윤근수가 정1품 벼슬까지 올라가면서 집안을 다시 일으켜 세웠다. 명종 때까지 남아 있던 훈구파들이 물러가고 선조 때부터는 사림파들이 조정을 차지하게 되자 사림들 간에 당파가 형성되었다. 어떤 스승 아래 학문을 수학했느냐에 따라 조성된 당파는 퇴계학파와 율곡학파로 나누어져 동인과 서인이 되고, 당사자인 퇴계와 남명은 당파 자체를 모르는 채 운명하였지만, 당파의 기미가 있을 무렵까지 살아있던 율곡은 이러한 조짐을 매우 걱정하면서 세상을 떠났다.

윤두수는 율곡의 문하에서 수학하고, 퇴계의 문하에서도 수학하여 동문인 박승임, 유성룡 등은 동인이 되었으나 그는 서인을 선택하게 된다. 서인의 영수 정철이 건저문제[109]로 탄핵을 받을 때 윤두수는 특별한 죄도 없이 같은 서인이었다는 이유로 탄핵을 받아 유배 가기도 했다.

윤두수는 평소 도량이 넓고 판단력이 있고 온화한 성품이었으나, 일을

---

109) 세자책봉

처리함에 있어서는 임금 앞에서 직언을 서슴치 않을 만큼 강직한 면도 있었다. 언젠가 대사헌 이원익이 윤두수가 뇌물을 많이 받는다는 여론이 있자, 윤두수를 탄핵하여 입장을 난처하게 만든 일이 있었다. 그런 뒤, 이원익이 공무로 윤두수를 찾았는데 아무런 감정없이 이원익을 맞았다. 이원익이 민망한 생각에 몸둘 바를 몰라 하니, 이원익의 속마음을 궤뚫어 보고는 "가난한 친족들이 경조사가 있을 때마다 모두 내게 도움을 청하기에, 이를 들어 주느라 무슨 물품이고 보내오면 받지 않을 수가 없었네. 대간의 탄핵은 당연한 것이었으니, 내가 무슨 변명을 하겠는가?" 하며, 오히려 이원익의 탄핵을 추켜세워 주었다.

임진왜란이 일어나기 한해 전인 1591년에 왜적이 명나라를 치겠다며 우리나라에 길을 빌려 달라는 문서를 보냈는데, 중국에 알리느냐 감추느냐를 두고 조정이 옥신각신하였다. 윤두수가 앞장서서 중국에 알릴 것을 청하여 알리게 되었다. 다음 해 임진왜란이 일어나 한 달도 되지 않는 기간에 제대로 싸우지도 않고 평양성까지 진격한 왜구를 보고도 중국은 우리나라를 의심하지 않았고, 구원병을 보내어 우리나라 국토를 회복할 수가 있었다. 윤두수의 판단을 선조는 신임하였고 재상의 지위까지 오를 수 있었다.

선조 때 형성된 당파는 전쟁 기간에도 계속되었는데 이순신과 원균을 두고도 당파가 나누어져 다투게 된다. 윤두수는 이순신을 처벌하자는 입장에 섰고 유성룡은 구원하는 입장에 서게 된다. 당파싸움은 선조 이후로 갈수록 심해지는데 윤두수가 세상을 떠날 무렵에는 북인의 세력이 강한 시기였고, 선조실록이 편찬될 때에는 북인이 집권하던 시기라 윤두수에 대한 평은 좋게 기록되지는 않았다. 결국 윤두수는 탄핵에 의해 벼슬을 놓고 물러나 있다가 세상을 하직하고 말았다. 윤두수의 성장 과정과

경력사항을 살펴보면

윤두수는 어려서부터 점잖아 어른다웠고 웃음이 적었으나 총민함이 뛰어나 기개가 솟구쳤는데, 부친이 가르침을 소홀히 하지 않아 학문을 권하고 장려함에 법도가 있었으며, 학문을 권할 때까지 기다리지 아니하니 학업이 날로 늘어갔다. 17세에 부친을 여의었고, 20세가 되면서는 큰 유학자가 되어서 사학四學110)의 제술 시험에 우등하여 1555년[23세] 명종 10년 생원시에 나가 장원을 하였고, 또 정시의 제 생도 중 장원을 하여 1558년[26세] 명종 13년 식년시에 나아가서 문과 을과로 급제하였는데, 그때의 정승인 이준경이 윤두수의 친척이었으므로 칭찬하기를, "후일에 반드시 재상의 인물이 되리라." 하였고, 같은 합격자 기대승도 항상 대인의 기상이라고 하였다.

1563년[31세] 이조정랑에 재임 중 권신 이량이 그의 아들 정빈을 이조좌랑에 천거한 것을 박소립·기대승 등과 함께 반대하였다. 이 때문에 대사헌 이감의 탄핵을 받아 삭직되었다. 그 해 영의정 윤원형, 우의정 심통원의 아룀으로 무죄임이 밝혀져 수찬에 다시 서용되었다. 그 뒤 이조정랑, 의정부 검상·사인, 사헌부 장령, 성균관 사성, 사복시정 등을 지내고, 1565년[33세] 문정왕후의 천거로 부응교에 임용되었다가 동부승지에 임명되었다.

1567년[35세] 명종 22년 3월에 우승지가 되어 경솔하게 상례를 논하다가 사헌부의 탄핵을 받았으나 왕이 무마시켰다.

---

110) 동학·서학·남학·중학

명종이 위독할 때 우승지로 승정원에 있으면서 '송나라의 문언박이 궁중에 들어와 잤다' 는 중국 역사기록을 써서 영의정 이준경에게 보내자 이준경이 곧 들어와 숙직을 했다. 처소에서 자다가 이날 밤에 대왕의 유훈을 받았는데, 임금이 후계할 세자가 없었으므로 조정의 혼란을 위태롭게 여기고 있던 것을 잠깐 동안에 결정하였다. 이때 명나라 사신 허국과 위시량이 중국황제 목종이 등극한 조서를 반포하려고 왔는데, 길사와 흉사의 예절이 섞이게 되어 일을 미리 강구하지 못했던 차에 윤두수가 분담하여 처리하니 합당하게 진행되었다.

이해 7월 명종이 승하하고 선조가 즉위하여 대사간에 제수되었다. 임금의 첫 정치에 초임이 언관의 장이 된 것은 전례에 없던 일이었다. 1575년[43세] 선조 8년 동인과 서인이 나뉘게 되자 윤두수는 동문인 김효원 등을 따르지 않고 이이·심의겸·성혼을 따라 서인에 가담하였다.

1578년[46세] 선조 11년 10월 1일 사헌부와 사간원이 윤두수·윤근수·윤현을 이종사촌 아우 이수李銖로 부터 뇌물을 받았다는 허위 상소로 탄핵을 당하여 파직되었다. 파직된 지 두 달만인 12월 1일 복직되어 연안부사로 나갔다.

1580년[48세] 선조 13년 연안부사로 재직 중 흉년이 들어 백성을 구휼하니 임금이 비단 옷감을 내려보내 장려하였다.

흉년을 만나 극진한 뜻으로 백성을 구휼하여 구제했으므로 원근의 유민들이 관아에 와서 먹는 자가 매일 천명 정도였는데, 황해감사가 이를 보고하자 임금이 특별히 비단 옷감을 하사하여 포상하여 장려하였다. 윤두수는 때때로 잔치를 베풀어 늙은이를 위안하고 동리마다 글방을 설치하여 어린이를 가르치니 온 경내 백성들이 고무하였다. 평원당을 지어 놓고 공무에서 물러나면 그 안에 앉아서 호수와 산과 시와 음식으로 휴식하였는데, 때마침 아우 윤근수가 송도유수로 와 있어 왕래하면서 좋은 계절이나 길일에는 서로 연이어 잔치를 차리고 모친께 술잔을 올렸으므로 도내에서 장한 일이라고 칭송하였다.

이후 한성좌윤·오위부총관·형조참판 등을 역임하였다. 1584년[52세] 모친상을 당하여 3년간 여묘살이를 하였고, 1587년[55세]에 복직하였는데 왜구가 전라도 지방을 침범해 지역 인심이 흉흉해지자, 전라도 관찰사로 부임해 수사·수령의 기강을 쇄신하고 범죄자 처벌에 노력하였다.

왜적이 전라도를 침범하여 변방 관리를 죽이자 인심이 흉흉하고 무서워했으므로 당시의 공론이 윤두수를 관찰사로 임명하여 진정시키게 하는지라, 전라도 관찰사로 부임하여 엄정하고 명백하게 정치를 하여 책상에는 미결 서류가 있은 적이 없었다.

전라도 관찰사를 마치니 1589년[57세] 1월에는 평안도 관찰사에 제수되었다. 서쪽 국경에 만주의 오랑캐 우두머리가 온다는 소식이 있자 윤두수가 책략을 써서 대응하였다. 그때 방위하는 군사들을 네 개의 당번으로 나누어 교대하므로, 자주 당번이 돌아오는 것을 견디지 못하여 도망가는 자가 날로 늘어났는데, 윤두수가 본진에 소속된 군사를 줄이고 또 군에 들어오지 않은 장정을 수색하여 군인수를 늘려서, 6개 조로 교대하게 하여 당번을 완화시켰다.

압록강 연변의 백성들이 전에는 목면을 심을 줄 몰랐는데, 윤두수가 씨를 준비하고 재배하는 방법을 가르쳐서 백성들이 덕을 보게 하였다.

이때 병이 나서 상소하여 사면할 것을 청하였더니, 특별히 의원을 시켜서 약을 가지고 와 진찰하게 하고, 또 글을 내리기를, "경은 재주가 있고 지혜가 있어 비록 노련한 오랑캐 우두머리가 온다고 할지라도 스스로 대화로써 대처할 것이고 나의 털 하나 움직이게 하지 않을 것이다." 하는 등 위로의 말이 있었다.

윤두수가 평안감사가 되어 모든 군사와 백성에 관한 사무가 있으면 그때마다 이원익과 의논하였는데 혁신한 바가 많았고 일이 완료되면 그의 공로를 아뢰었다. 이원익도 윤두수가 도량이 있고 사무를 잘한다 하여 그를 임용하기를 좋아하였다. 그래서 관서 지방의 민정에 정리된 바가 자못 많았다.

1589년[57세] 선조 22년 정여립의 대동계 사건이 확대되어 기축옥사가 일어나, 서인이 동인을 제거하고 집권하자 대사헌으로 발탁되어 중앙직으로 들어왔다.

이때 왜의 추장 풍신수길의 사신이 가지고 온 문서에 말한 것이 지극히 흉패하여 '반드시 대국을 침범하겠다'고 한 말이 있었는데, 그 일을 궁중에 비밀스레 맡아 두었다. 아침 경연에 참석한 여러 대신들이 물러가려는데 임금이, "왜국의 문서에 관한 일을 대신과 비변사의 여러 중신과 더불어 비밀리에 의논하여 처리할까 하는데, 대사헌은 계획과 생각이 있는 사람이니 참여하기에는 적당치 않겠으나 참여하라." 하였다.
논의하는 신하들이 모두 명나라에 알릴 필요가 없다고 말하였는데, 윤두수는 홀로 사실에 의거하여 자세하게 아뢰기를 청하며 '신하가 임금에게 정직하게 하기를 당연히 이와 같이 할 것이오. 다른 것은 계산할 것 아니라' 하고 경전에 있는 뜻을 인용하여 매우 정확하게 말하였으므로, 임금이 마침내 윤두수의 청함을 따랐다.

1591년[59세] 선조 24년 2월 13일에 호조판서로 발령을 받았는데 대사헌 재직 중의 일로 회령으로 유배를 갔다.

대사헌 재직 중 건저문제(왕세자 책봉 문제)로 벌어진 동인과 서인 간의 당파싸움에 말려 유배를 가게 되었다. 선조는 신성군에게 마음을 두고 있었으나 정철이 어전회의에서 광해군을 지지하는 발언을 하자 선조의 진노를 사게 되었고, 정철이 유배를 가게 되니, 같은 서인으로 있던 윤두수도 호조판서로 임명된 지 얼마 지나지 않아 동생 윤근수와 함께 삭탈관직 되어 회령으로 유배를 갔다. 그 뒤 동인계열의 계속된 탄핵으로 유배지가 옮겨져 홍원으로 이배되었다. 그해 10월 윤두수의 공적이 적지 않다는 왕명으로 해주까지 옮겨졌다가 11월에 방면되었다.

1592년[60세] 선조 25년 4월 13일 임진왜란이 일어나 피난을 가던 중 5월 3일 3정승이 교체되자 우의정에 올랐다. 이어 좌의정에 올랐다가 사직하였고, 1599년[67세] 선조 32년 7월 24일 영의정에 올랐다. 비난하는 자가 심하게 일어났지만, 임금이 끝내 허락하지 않으며 심지어 '원로로서 재주가 있어 수상에 합당하기로는 이 사람 만한 이가 없다'고 말하였다.

성품이 침착하고 기국과 도량이 관대하였다. 네 아들이 모두 맑고 높은 직이 되었고 한 손자가 부마가 되어, 안으로는 대궐의 후원을 받고 밖으로는 시류의 인망을 거두었다. 온 집안의 융성함이 어제 오늘에 비교될 사람이 없으니, 당시에 복인으로 일컬었다. 그러나 재물을 탐하여 높고 깨끗한 언론에 용납되지 못한 지가 오래되었다.

8월 1일 사헌부가 영의정 윤두수의 교체를 청하였다.

사헌부가 아뢰기를, "영의정 윤두수는 본래 흉칙하고 교활한 성품으로 남을 해치려는 마음을 품었는가 하면 염치없이 이익을 즐겨 오직 탐욕만을 일삼았기 때문에 평생 동안 자행한 용심과 처신의 버릇없음을 말로 다할 수 없습니다. 그래서 사림에 죄를 얻고 높고 깨끗한 언론에 버림을 받은 지 오랩니다. 이는 나라 사람들이 모두 알고 있을 뿐 아니라 주상의 살핌을 또한 피하기 어려운 것인데, 정승에 제수하는 거조가 갑자기 기대의 밖에서 나왔으므로 보고 들은 사람은 놀라지 않는 이가 없습니다. 어떻게 구제하는 중책을 이와 같은 소인에게 맡길 수 있겠습니까.

신들은 윤두수가 무슨 재주가 있는지 알 수 없거니와, 설사 재주가 있다 하더라도 재주를 믿고 사악한 짓만 할 뿐입니다. 착한 사람은 천지의 기강인데 윤두수가 그를 모함하였으니, 그가 기회와 허점을 노려 간계를 부린 작태에 대해 사람들이 모두 팔을 걷어붙이고 분개해 합니다. 그의 간흉이 이와 같은데도 임금님의 가르침은 도리어 수상에 합당하기로는 이 사람만한 자가 없다고 하니, 나라를 일으키고 잃는 것이 한 마디 말에 달려 있을진대 신들은 고통과 번민스러움을 참을 수가 없습니다. 망설이지 말고 빨리 체차시키소서." 하였다.

사헌부와 사간원에서 윤두수의 퇴직을 청하는 상소가 1599년 7월 25일부터 9월 19일까지 매일 계속되었다. 임금은 결국 9월 19일 영의정 윤두수의 세 번째 사직 요청에 따라 교체할 뜻을 유시하였다. 9월 19일 영의정 사직하고 해원부원군이 되었다.

이로부터는 윤두수는 세상에 뜻이 없어 말하기를, "내 나이가 70세에 닿았고, 여러 아들이 다 조정에 벼슬하여 가득함이 지극하다. 이치가 오래가기 어려우니 떠나지 아니하고 어이하리." 하였다.

남쪽 청파青坡에 작은 집이 낙성되어서는 대체로 거기에서 여생을 마칠 생각이었다. 그런데 윤두수가 전부터 구토하는 증세가 있었는데, 1601년 선조 34년 4월에 대궐에 들어가 문안드릴 일이 있어서 나갔다가 연일 바람을 쏘여 증세가 다시 일어나 하루 이틀만에 병세가 위독해져 초 7일에 일어나지 못하였으니, 나이가 69세였다.

임종할 때 아들들이 울면서 유언을 청하였는데, 집안 일에 대해서는 한마디도 없었고 간곡히 꿈속의 말처럼 오직 나랏일에 관해서만 이야기하였다. 부음이 알려지자 임금이 대단히 슬퍼하여 정무를 3일간 정지하게 하고, 부의를 보통보다 더 내리는 한편, 예관을 보내어 조상하고 제사 지내게 하였으며, 관에서 장사지내는 일을 돕게 하였다. 사대부들은 슬픈 마음으로 서로 조상하였고, 거리나 골목에 이르기까지도 역시 탄식하여 말하기를, "어진 정승이 죽었다." 하였다.

왕실 외척 인사요청을 거절하여 삭직되다

1563년[31세] 명종 18년 8월 17일 이조좌랑에 재임 중 인순왕후의 외척 이양李樑이 그의 아들 이정빈을 이조전랑에 추천할 것을 청하였으나 윤두수·기대승·박소립이 거절하여, 사림을 숙청하려는 분란이 일어나 명사 5인이 한 날에 죄를 받았고 윤두수도 삭직되어 파주로 물러나 살았다.

사헌부(대사헌 이감, 집의 이영, 장령 황삼성·권순, 지평 윤지형·신담)가 아뢰기를,
"조정의 화평함은 국가의 복이나, 사림이 안정되지 않음은 주상의 통치에 상서로운 일이 아닙니다. 처음에는 아주 미세하더라도 고금의 혼란의 기미가 언제나 이에서 말미암지 않은 적이 없었으니 어찌 두렵지 않겠습니까. 대저 선을 좋아하고 악을 미워함은 인정상 같은 바이니, 어진이를 보면 그와 같기를 생각하여 마음으로 좋아해서 힘써 행하여 중지하지 않는다면 사람마다 모두 착한 부류가 될 것입니다.

그러므로 화평한 세상에는 이를 진작시키고 흥기시키는 데 항상 힘썼습니다. 그런데 풍속이 퇴폐된 지 이미 오래여서 선비의 풍습이 더욱 투박하여, 명색은 선류라 하지만 사실은 선을 좋아하지 않는 자가 있고 겉모습은 장엄한 것 같으나 속은 무지한 자도 있어 양¥의 바탕에 범의 가죽을 쓰고 감정을 꾸며 명예를 구하는 등 못하는 짓이 없으니, 이는 선을 하다가 생긴 실수가 아니라 선을 가장하는 것입니다. 그 폐단이 천박 경솔한 풍습으로 발전하여 사사로이 서로 표방하여 붕당을 맺고는 인물의 선악과 시정의 득실을 논의하여 신진 사류들로 하여금 시비를 알지도 못한 채 섬겨 따르게 하여 선비의 풍습이 날로 그릇되고 국사가 날로 잘못되게 하고 있으니, 고담준론이 나라를 해침이 심합니다.
이미 그러했던 성패의 자취가 명약관화 하건만 사전에도 징계할 줄 모르고 사후에도 경계할 줄 모르시니, 일찍이 이런 풍습을 막지 않는다면 어찌 좋아함과 싫어함의 올바름을 밝혀 장래의 근심을 없애겠습니까.

신들이 삼가 살피건대 요즘 조정에는 사람 사이에 이론이 없고 일은 안정되어, 사대부가 임금님의 높고 밝은 덕으로 갈고 닦아 감화되어 다시금 온유하고 돈후한 풍속을 보려나 했더니, 뜻밖에도 천박하고 경솔한 무리들이 소란한 자취를 현저하게 나타냄으로 하여, 의론이 격발하고 있으니 마땅히 그 조짐을 막아 의론을 진정시켜야 합니다.

전 정랑 박소립(자품이 대범하고 담박하여 이양이 그 아들 이정빈을 이조에 천거해 달라 요구한 것을 처음부터 허락치 않았으므로 마침내 미움을 샀다.)과 사정 기대승(다문 박식하여 일찍이 명망을 떨쳤다. 이양이 일찍이 그 형 기대항을 통하여 한 번 만나볼 것을 요청했으나 끝내 가지 않았으니 그 지조를 알 수 있다.)은 모두 천박 경솔하고 경망한 자질로 오로지

고담[111]만을 일삼아 신진들의 영수가 되었고, 전 좌랑 윤두수가 맨 먼저 옳지 않는 말을 억지로 끌어 붙여 자기에게 유리하게 하여, 서로 찾아다니면서 국사의 시비와 인물의 장단을 모조리 평론의 대상 속에 넣고, 겉으로는 악을 물리치고 선을 도모한다는 이름을 빌어 장차 나라를 위태롭게 할 풍조를 빚고 있습니다.

행 대호군 이문형은 자신이 재상의 반열에 있으면서 스스로 근신하지 못하고 천박 경솔한 무리들을 끌어들여, 논의를 주도하는 바람에 문하에 끊임없이 객이 출입하고 있으며, 삼척부사 허엽(일찍이 화담 서경덕의 문하에 종유하여 학문의 길을 알아서 언제나 옛사람을 사모하는 뜻이 간절했다.)과 과천현감 윤근수(윤두수의 아우로 자품이 영리하고 독실한 행실이 있었다.)는 모두가 명성을 좋아하는 사람들로서, 경연에 입실하였을 때에 애써 과격한 의논을 펴서(일찍이 야간경연에서 기묘사화의 일을 극력 아뢰어 주상의 뜻을 돌려보려다가 도리어 배척을 당했으니 애석한 일이다. 지금 주상의 뜻을 헤아리고 애써 영합하여 모두를 죄 주자고 청하니 그 계교가 너무도 흉악하지 않은가.) 듣는 사람으로 하여금 지금까지 의심하고 놀라면서 오래도록 잊지 못하게 하였으니, 이들 역시 죄 주지 않을 수 없습니다.

박소립·기대승은 그 관작을 삭탈하여 도하에 발을 붙이지 못하게 하여 몰려다니는 길을 끊으시고, 윤두수는 관직을 삭탈하고, 이문형·허엽·윤근수는 파직하소서." 하니 아뢴 대로 하라고 하였다.

(과거에 이양이 그 아들 이정빈을 이조의 낭관으로 삼으려 하자 박소립·윤두수가 당시 이조에 있으면서 들어주지 않아 이로 인해 틈이 생겼다. 또 기대승이 당시에 명망이 있으므로 만나보려 했으나 기대승이 끝내 만나주지 않았다. 이감李戡도 그 아들 이성헌을 한림으로 삼으려 했으나 한원翰苑[112]에서 추천해 주지 않았는데 그때 기대승이 한원에 있었기 때문에 항시 원망하고 있다가 마침내 모함하여 무너뜨릴 계책을 이루게 된 것이다. 또 그들 스스로가 자기들의 하는 짓이 반드시 지식인들에게 미움을 살 줄 알고 자기 일당들과 내쫓을 것을 모의했으나 명목이 없었다. 그런데 대비전이 항시 기묘사화의 사람들을 불쾌하게 여기고 있는 것과 주상도 싫어하고 있는 것을 알고 마침내 고담이니 격양[113]이니 하는 말로 마구 공격하여 장차 일망

---

111) 고담준론高談峻論 : 뜻이 높고 바르며 매우 엄숙하고 날카로운 말.

112) 한원翰苑 : 한림원과 예문관을 예스럽게 이르던 말.

113) 격양激揚 : 격탁 양청激濁揚淸의 준말로 악을 물리치고 선을 발양시킨다는 뜻.

타진할 계책을 세운 것이다.)

명命이 나오자 사림들이 깜짝 놀라고 온 서울이 뒤숭숭해졌다. 이감 등이 이 논계를 올린 것은 이양이 주동이 된 것이다. 대저 이양이 비록 임금의 외척의 친속을 빙자하여 높은 지위에 올랐고 위복과 여탈이 그 손아귀에 있었지만 사림들이 비루하게 여겼고, 조금만 지식이 있는 자라면 모두 침을 뱉고 돌아보지 않았다. 그래서 이양이 사림에게 늘 앙심을 품고 있었다. 그 문하에 출입하는 자들은 모두 권세가 무서워서 아첨하는 무리가 아니면 재물이나 좋아하는 염치없는 자들뿐이었다. 이감도 흉악하고 괴팍스런 성질로서 주상의 유모를 모친처럼 섬기고 윤원형을 상전처럼 섬겼는데 그 덕으로 좋은 벼슬을 역임하였다. 뒤에 다시 이양과 심복 관계를 맺어 그 권세가 화염처럼 치성했으므로 사림들이 비루하게 여기고 미워하기를 이양과 같이 했다.

그래서 역시 분하게 여기고 있었으며 끝내 용납되지 못할 것을 알고는 밤낮으로 동류를 모아놓고 쓰러뜨릴 계책을 궁리하던 끝에, 사림들의 뿌리는 이황과 조식이니 점차로 그 뿌리를 모조리 제거한 뒤에야 우리가 마음대로 할 수 있으리라 생각하고 우선 이 몇 사람을 시험삼아 해치우고 앞으로 그 흉포를 자행할 셈이었다.

이에 앞서 이감 등이 회의를 할 적에 이중경·김백균 등과 모든 당원이 모여 있었는데, 이감의 뜻은 죄에 얽어 넣어 모두 베어 내려 했으나 모든 당원들이 명목이 없음을 걱정하였다. 조금 뒤에 이감이 일어서서 돌다가 도로 앉으며 '그대들이 내 계책을 쓰지 않았다가는 아마 후회할 것이다.' 했다. 그러고도 죄명을 찾을 길이 없어서 고담부정高談不靖[114]이란 말로 주상을 현혹시키게 된 것이다.

사관은 논한다. 세상에서는 이양의 당이 박소립 등과 조그만 혐의가 있어서 중죄에 얽어 넣었다 하는데, 겉으로 보면 근사한 말이지만 실상은 그렇지 않다. 대체로 군자와 소인은 언제나 상반되는 것 - 향내나는 풀과 냄새나는 풀, 얼음과 숯 -이 한 그릇에 담길 수 없는 것 같을 뿐만이 아니다. 그러므로 저쪽이 성하면 이쪽이 쇠하는 것은 정해진 이치이다. 그렇다면 비록 싫어하고 원망함이 없다손 치더라도 어찌 원수로 여기지 않겠는가. 만약 소인에게 시기하고 모해하는 마음이 없다면 어찌 소인이 되겠는가. 이때 이양의 무리가 하는 짓이 극히 불안정하였으므로 그들이 마음쓴 것

---

114) 고담부정은 뜻이 높고 바른 것을 문란시켰다는 의미

은, 오직 자기들을 비난할까 염려하는 데 불과했으니, 자기들과 뜻이 맞지 않는 사람들을 서둘러 몰아내지 않을 수 없었을 터인데 더구나 본래 싫어하고 원망함이 있는 자이겠는가.

이것이 박소립 등이 맨 먼저 중상을 당한 이유이니, 앞으로 몇 사람이 또 당할는지를 어찌 알겠는가. 심하다, 이양의 어리석음이여. 언젠가 심의겸을 나무라기를 '너는 박소립·기대승·윤두수를 무엇 때문에 좋아하는가? 이문형은 너더러 동방의 성인이라고 한다는데 네가 과연 성인인가?' 하였다.

이로 미루어 보면 이양의 질시하고 원망하는 마음이 박소립 등에게만 있는 것이 아니라 심의겸에게도 감정이 없지 않았다는 것이 분명하다. 그리고 거사하는 처음에는 을사년의 사건을 들어서 모조리 얽어 넣어, 기필코 중죄로 다스리게 하려고 했었는데, 심의겸이 애써 구원함에 힘입어 죄가 이에서 그쳤으니 그 또한 다행한 일이다. 애당초 야기된 발단은 윤백원이 윤원형과 이양의 말을 가지고 양쪽 사이를 드나든 데서부터 시작되었는데 심통원도 많은 작용을 했었다. 아, 기묘년의 일이 아직도 주상 아래에서 명백하게 드러나지 않고 도리어 사람을 잡는 덫과 함정이 되고 있으니 통탄할 일이다.

– 명종실록 18년 8월 17일 –

이양이 실각하자 1563년 명종 18년 9월 영의정 윤원형이 이양의 모함을 당한 윤두수·기대승 등을 다시 서용하여 수찬으로 등용되었다가 승진하여 이조정랑이 되었다.

윤두수가 겪은 임진왜란

1592년[60세] 선조 25년 4월 13일에 왜구가 대거 침입하자 임금이 윤두수를 특별히 부르라 하여 이전의 작위를 회복시켜주었다. 이튿날 임금이 서북으로 피난하자는 논의는 이미 정해져 있어 윤두수는 오직 수레를 호종할 뿐이었는데, 수레가 동파관에 도착하자 윤두수를 앞으로 나오라 하여 이르기를, "경의 형제는 나를 떠나지 말고 죽든지 살든지 서로 저버리지 말자." 라고 하며 차고 있던 주머니를 풀어 하사하였다.

개성에 도착하자 임금이 윤두수에게 어영대장으로 임명하며 호위하고 통솔하게 하였다. 5월 3일 대광보국 숭록대부 우의정에 임명하고 겸직과 함께 해원부원군이 되었는데, 윤두수가 임금에게 '남대문에 나가 촌로들을 위무하고 측근 신하에게 성내에 두루 알리도록 하며, 스스로의 잘못을 비판한 글을 8도에 내리고, 사신을 보내어 의병을 소집하게 하며, 옛 도성인 개성의 인재를 등용하라' 고 청하였으니, 그것이 처음으로 실시한 정책이었다.

윤두수의 부인이 경기 고을에서 윤두수를 따라가려고 한다는 소식을 듣고서 말하기를, "내가 이런 때에 대신으로서 어찌 가족을 따르게 하겠는가 ?" 하고 오지 못하게 하였다.
서북쪽 보산참에 도착하여 '종묘의 신주가 왔는가?' 라고 물은즉 예조의 관원이 '다급한 중에 개성 이태조의 옛집 목청전에 묻었다' 고 하자, 윤두수가 깜짝 놀라 아뢰고 예관을 보내어 싣고 뒤따라오게 하였는데, 곧 왜적이 개성에 들어와 발굴하지 않은 곳이 없었다고 하였다.

평양에 도착하여 좌의정에 임명되고 세자부 까지 겸하자, 군국의 모든 정무를 계획하고 집행하는 것이 시기와 형평에 맞아 조금도 막힘이 없었다. 임금이 하루는 대신을 보내어 대동강 이남을 경영하여 다스릴 것을 의논하니, 모두 윤두수가 적임자라고 하여 아뢰려 하는데, 판서 김응남이 참판 이항복의 귀에 대고 말하기를, "윤정승이 여기를 떠나면 주축이 와해된다." 고 하여 다른 정승으로 할 것을 아뢰었다.

이때 윤두수가 부인상을 당해 사가에 있으며 나오지 아니하여 서류가 가득 쌓였는데, 여러 정승이 판단하지 못하여서 낭관을 보내어 윤두수가 오기를 청하자, 해가 기울 무렵에 나와서 재량껏 처리하여 깨끗해졌으므로, 판서 이성중이 탄식하며 말하기를, "사람의 재주와 지혜가 서로 차이 남이 이와 같은가?" 하였다.

무릇 한 가지 일을 만나면 여러 재상이 각기 자기 소견을 고집하고 다투며 논변하다가도 윤두수가 자리에 있을 때면 한번 의견을 말하고 지나갈 뿐이었다. 여러 재상들이 급하게 여기는 것은 목전의 일에 지나지 않았으나, 윤두수는 반드시 장구하게 계획하여 말하기를, "성취되고 패하는 것은 하늘에 달려 있다." 하였다.

금년도의 팔도 세납을 일체 지난해에 실지 조사한 수에 따를 것을 건의하였는데, 금년에도 대풍이어서 다음 해 명나라 군사를 지원함에 있어 모자람이 없었다. 서북의 군사를 징발하든가 식량을 조달하는 일은 모두 윤두수가 평소에 계획하고 생각했던 것으로 곧 한 집안의 물건을 꺼내 쓰듯 하여서 같이 일하던 자가 탄복하였다. 각 고을에 공문을 보내어 왜적이 쳐들어오더라도 함부로 창고를 불태우지 말고, 백성들에게 풀어 나누어주어 상환곡으로 거두어들이는 데 대비하라고 하였는데, 황주와 중화의 관리들이 윤두수의 명령을 잘 받들어서 명나라 장수가 나왔을 적에 능하다는 칭찬까지 받았다.

따라왔던 대소 신하들이 어버이를 찾겠다고 상소를 올리는 자가 줄을 이었는데, 임금이 효심을 널리 펼쳐 청하는 자가 있으면 곧 허락하였으므로, 이동 조정의 체모가 한심함이 더해지자 윤두수가 아뢰어 '신하는 오직 있는 곳에서 죽음을 바친다' 는 의리를 인용하여, 이제부터 부모의 변고를 확실히 들은 자 외에는 사사로운 편의를 들어주지 말도록 기본 원칙을 세우도록 하였다.

왜병이 서쪽으로 접근해 오자 논의하는 자들 모두가 평양을 버리려 하므로, 윤두수가 '평양의 지형이나 상황은 반드시 지킬 만하지만, 이곳에서 한 걸음만 떠나도 국가 업무가 결단난다. '고 자극되게 말하였다. 그러나 모두들 함흥으로 갈 수 있다고 말하자 임금도 뜻이 쏠리므로, 윤두수가 또 '성이 견고하기로는 영변이 함흥보다 나으니 가서 지킬 만하고, 또 일이 위급하면 의주로 가서 명나라에 달려가서 호소하기가 편리함이 있으며, 북방의 인심은 매우 사납고 악하여 보전할 만한 땅이 아니다. '고 극진하게 말하였는데, 함흥을 말하는 자가 그래도 많았으나 윤두수가 끝내 고집하자 임금이 함흥으로 거둥하지 않은 것은 윤두수의 힘이었다. 그 뒤 함흥이 적에게 함락되고 회령에 있을 때 토착민이 두 왕자를 포박하여 적에게 넘겨주게 되자 사람들이 그제야 크게 놀라 윤두수의 견해를 믿었다.

임금이 평양을 떠나면서 윤두수를 머물게 하여 지키도록 하자, 곧 성을 보수하고 병기를 손질하여, 밤에는 정예병을 추려 적의 진영을 공격하고, 낮에는 쇠붙이와 북을 두드려 허위 병사를 두어 반드시 수호하려 하였다. 그러나 강의 경계를 잃게 되어 적병과 부딪쳐 성을 지킬 수 없게 되자, 장수를 보내어 성밖에 진을 치고 성내의 백성에게 피난하도록 하여 인명을 온전히 보존토록 하였으며, 윤두수도 임금이 있는 행재소인 선천으로 뒤따라 가자 이미 철수하라는 부름이 있었다.

의주에 도착하니 우리나라의 지도가 끝나는 곳으로 나라의 명맥이 실낱같았다. 윤두수가 충의와 정성으로 격앙하고 기운을 내어 조정 신하의 선두에서 정색하고 나서니, 우뚝하기가 산과 같아서 비록 낭패의 지경에 있었으나 사람들이 바라보고 믿는 바가 있었다.

이때 요동으로 건너가자는 의논이 결정되었으므로 윤두수가 하루에 다섯 번이나 힘껏 막으면서, "종묘사직과 백성을 온통 어디에다 맡기고 가볍게 필부의 행동을 하려 합니까?" 라고 말하기까지 하였다.

명나라의 군사를 청해서 평양의 적병을 격퇴하여 다시 일어날 기초를 이룬 것은 윤두수의 힘이 컸다. 충심으로 비는 것은 반드시 신명에게 통할 수 있는 것이라 여긴 것은 윤두수의 심중에 믿음이 있었던 것이지만, 윤두수의 그 뜻과 공적은 춘추 전국 시대의 관중이나 악의 이하의 사람으로는 헤아려 알 수가 없는 것이었다.

임금이 윤두수가 대신으로서 유독 수고한다 하여 그의 아들이나 사위에게 관직을 내리려 하였으나, 아들들은 다 모친 상중에 있었고 사위는 없었으며, 오직 장남인 윤방 만이 전쟁 중에 부름을 받고 관직에 있었기 때문에 직급을 뛰어 승진시키게 하고, 윤두수에게 솜이불을 하사하였으니, 윤두수가 전쟁 중에 서리와 이슬을 참고 견디는 것을 염려함이었다.

1593년[61세] 선조 26년에 서울에 웅거해 있던 적병이 명나라 군사에게 궤멸되어 남쪽으로 달아났으나 서울은 아직도 텅 비어 있고, 인심도 수습하기 어려워 상하가 모두 돌아올 의사가 없었는데, 윤두수가 불가함을 극진하게 말하여 임금의 수레를 모시고 동으로 돌아오는데 해주를 통해서 서울에 들어왔다.

윤두수가 행재소에서 정승으로 있을 때에 그의 마음에 현인이라면 성혼 같은 이라 여겼고, 장수의 재질이라면 권율 같은 이라 여겨, 권율은 군수에서 기용하여 원수가 되게 하였는데 과연 위대한 공적을 올렸다.

기타의 임명하는 데에도 오직 그럴 만한 사람을 씀으로 비록 이전에 마음이 서로 맞지 않았던 사람이라도 요직에 두게 하면서 자신을 배신하여도 후회하지 않았는데, 이는 옛 사람이 임금 섬김에 있어 국가의 급한 것을 먼저 했다는 데 부끄러울 것이 없는 것이다.

　재상과 대간과 사관이 임금을 버리고 의리를 잊은 죄를 들어 탄핵함에 있어서는, 갑론을박하는 사이에 화평하고 용서하는 것을 주로 힘써, 너무 심한 데에는 이르지 않게 하였다.

　이항복이 대사헌이 되어 일을 논할 때 윤두수를 침범하였지만 뒤에 윤두수가 같이 일하기를 전후 10년이나 되었으나, 털끝만큼이라도 얼굴빛이나 말에 나타나지 아니함으로, 이항복이 물러가 사람들에게 말하기를, "나는 윤두수 공에게 포용된 지가 오래이다." 하였다.

　창의사 김천일은 강화에 군사를 머물러 두었고, 의병장 우성전은 공로가 없으면서 서쪽에서 요청할 때 병으로 가지 못하여, 임금이 엄준한 분부를 내리자 윤두수가 아뢰기를, "김천일은 의병 일으키기를 가장 먼저 하여 팔도의 인심을 모아 돌아오게 했지만, 군사가 적고 돕는 자가 없어서 출병하지 못하는 것이고, 우성전의 병이 많은 것은 나라 사람이 다 아는 것인데, 관망하고만 있다고 책하는 것은 크게 실정에 가깝지 아니합니다." 하니, 듣는 자가 윤두수의 의논을 옳게 여겼다.

　진주성의 함락으로 성안의 사람 수만이 죽었는데, 윤두수가 김천일과 최경회 등을 표창하여 증직하고 장례를 내려 의로운 혼령을 위로할 것을 청하였으니, 대개 임금이 조금 기다리려 하던 차에 윤두수가 청하여서 실행하였으므로 전국에서 흔쾌하다고 일컬었다.

명나라 장수 유격 사유가 평양에서 전사하였는데, 군중에서 조선 군사일 가능성이 있다고 헐뜯으므로 윤두수가 요동에 달려가서 총병 양소훈에게 즉석에서 변론하였으며, 제독 이여송이 갑자기 회군하자 윤두수가 달려가 검수참에서 만나고 간절히 말하여 다시 가기를 청하는데, 눈물이 말을 따라 떨어지자 낯빛이 변하게 되어 '우는 정승'이란 호칭이 생겼다.

　서울에서 명령을 받고 총병 유정을 영남에 가서 보고 돌아오자 임금의 뜻에 맞게 하였다면서 윤두수를 불러 만나자 윤두수가 조용히 아뢰기를, "수레가 서울로 돌아온 뒤에 연이어 의정부·의금부·사헌부의 죄인에 대한 신문이 있는데, 서울이 오랫동안 적중에 함락되었던 상황에서 사람들 중에 어찌 제 스스로 의심하는 마음이 없겠습니까? 인심을 진정시키는 방도가 아닌 것으로 여겨집니다." 하니, 임금이 말하기를, "진실로 옳은 말이나 단지 왕릉에 관련됨으로 어쩔 수 없어 그리하는 것이다." 하여 옥사가 무사하게 되었다.

　임금이 황해도에는 절도사가 없다면서 설치할 것을 의논하라고 명하자, 윤두수가 고집해 말하기를, "역대왕조에서 이미 설치하였다가 다시 파한 것은 진실로 본도의 민력으로는 감영과 병영을 감당하지 못합니다." 하였는데, 임금이 여러 번 그 의논을 명령하여 후일에 설치하게 되었으나 결국에는 과연 큰 폐단이라고 하게 되었다.
　윤두수가 오랫동안 임금의 등용에 의논에 참여하지 않은 적이 없었는데, 자기 뜻을 굽혀서 임금의 뜻에 복종하지 않은 것은 많으나 그대로 실행한 것은 다 드러나지 않은 것들이었다.

　해마다 흉년으로 기근이 있는데, 경기도가 더욱 심하여 종자도 없게 되었으므로 윤두수가 호남과 호서의 곡식을 거두어서 한강으로 운송해

와서 활용하니 큰 도움을 입었다.

명나라 황제의 칙령 가운데 윤두수의 이름을 들어서 광해군과 같이 일을 맡아 처리하라 하여, 1594년 선조 27년 8월에 세자를 호위하게 하고 충청·전라·경상 삼도 도체찰사로 임명하여 호남에 가 있었다. 그때에 왜적이 철수한다고 하면서 해안가 지방에 오래 주둔해 있었으며, 명나라 군사도 기꺼이 출동하지 아니하고 힘쓰지 않아 다시는 더 전투할 형편이 못되므로 윤두수가 여러 장수를 모아 격려하고 좌우의 수군을 합해서 거제의 적병을 공격하려고 조정에 상소를 올리기를, "이기게 되면 하늘이 우리나라를 돕는 것이고, 이기지 못하여도 마땅히 역대 왕조께 말할 것이 있습니다." 하였는데, 듣는 자가 출사표에 비유하기까지 하였다. 이에 모함하는 말이 있어 패전할 짓을 했다고 하여 윤두수의 정승 자리를 흔들었다.

1594년 9월, 윤두수는 군사를 이끌고, 거제에 머물고 있는 왜적을 물리치려 했다가 실패하고 말았다. 이에 패전의 책임을 져야 한다는 정적들의 탄핵을 받아 파직되었다가 11월에 판중추부사로 복직하였다.

- 국역국조인물고, 윤두수, 세종대왕기념사업회 -

1595년 선조 28년 11월에 행 판중추부사로 명령을 받들어 1596년 1월 해주로 가서 중전을 호위하였으며, 1597년 선조 30년 1월 27일 수군 작전 통제권을 가지고 대신들과 논의를 하다가 이순신의 교체를 주장하였다.

윤두수가 아뢰기를, "전일에 권율이 소신에게 편지를 보내왔는데 보니, 왜장 행장行長이 바야흐로 평화조약을 말하는데 고성·곤양 근처에 적도들이 쳐들어왔으므로 이것을 행장에게 말했더니, 행장은 '그 적은 나의 무리가 아니다. 조선에서 비록 그들을 죽이더라도 내가 가서 구할 리가 없다.'고 했다 했습니다.

신이 선거이·이순신 등으로 하여금 군사를 이끌고 영등포[115]에 진을 치고 있는 적과 싸우도록 했더니 장문포[116]에 진을 치고 있던 적들이 와서 구원하고, 장문포에 진을 치고 있던 적과 싸우면 영등포에 진을 치고 있던 적들이 와서 구할 뿐 행장의 군사들은 관망만 하고 있으면서 후원할 만한데도 끝내 와서 구하지 않았으니, 역시 오는 대로 격파해야 합니다.

원수가 길에서 왜적 5~6명을 만났다고 하는데, 적이 만약 원수가 외로움을 알았다면 말할 수 없게 되었을 것입니다. 체찰사 역시 간약한 사람인데 행동을 경솔하게 해서는 안 됩니다. 지난번 비변사에서 이순신의 죄상을 이미 아뢰었으므로, 주상께서도 이미 통촉하시지만 이번 일은 온 나라의 인심이 모두 분노해 하고 있으니, 행장이 지휘하더라도 역시 할 수 없을 것입니다. 위급할 때에 장수를 바꾸는 것이 비록 어려운 일이지만 이순신을 교체시켜야 할 듯합니다." 하고,

정탁이 아뢰기를, "참으로 죄가 있습니다만 위급할 때에 장수를 바꿀 수는 없습니다." 하자,

주상이 이르기를, "나는 이순신의 사람됨을 자세히 모르지만 성품이 지혜가 적은 듯하다. 임진년 이후에 한번도 거사를 하지 않았고, 이번 일도 하늘이 준 기회를 취하지 않았으니 법을 범한 사람을 어찌 매번 용서할 것인가. 원균으로 대신해야 하겠다. 중국 장수 이 제독 이하가 모두 조정을 기만하지 않는 자가 없더니, 우리나라 사람들도 그걸 본받는 자가 많다. 왜영을 불태운 일도 김난서와 안위가 몰래 약속하여 했다고 하는데, 이순신은 자기가 계책을 세워 한 것처럼 하니 나는 매우 온당치 않게 여긴다. 그런 사람은 비록 왜장 청정의 목을 베어 오더라도 용서할 수가 없다." 하였다.

이산해가 아뢰기를, "임진년에 원균의 공로가 많았다고 합니다." 하니, 주상이 "공이 없었다고 할 수 없다. 앞장서서 나아가는 것을 귀하게 여기는 것은 병졸들이 보고 본받기 때문이다." 하였다.

유성룡이 "신의 집이 이순신과 같은 동네에 있기 때문에 신이 이순신의 사람됨을 깊

---

115) 경상남도 거제시 장목면 구영리 일대

116) 경상남도 거제시 장목면 장목리 일대

이 알고 있습니다." 하자,

주상이 "경성사람인가?" 하니, 유성룡이 "그렇습니다. 성종 때 사람 이거의 자손인데, 직무를 감당할 만하다고 여겨 당초에 신이 조산 만호로 천거했었습니다." 하였다.

주상이 "글을 잘하는 사람인가?" 하니, 유성룡이 "그렇습니다. 성품이 굽히기를 좋아하지 않아 제법 취할만하기 때문에 그 사람이 수령으로 있을 때 신이 수군으로 천거했습니다.

임진년에 신이 차령에 있을 때 이순신이 정헌이 되고, 원균이 가선이 되었다는 말을 듣고는 작상이 지나치다고 여겼습니다. 무장은 지기가 교만해지면 쓸 수가 없게 됩니다." 하자,

주상이 "그때 원균이 그의 동생 원전을 보내 승전을 알렸기 때문에 그런 상이 있었다." 하였다.

유성룡이 아뢰기를, "거제에 들어가 지켰다면 영등·김해의 적이 반드시 두려워하였을 것인데 오랫동안 한산에 머물면서 별로 하는 일이 없었고 이번 바닷길도 역시 요격하지 않았으니, 어찌 죄가 없다고 하겠습니까. 다만 교체하는 사이에 사세가 어려울 것 같기 때문에 전일에 그렇게 아뢰었던 것입니다. 비변사로서 어찌 이순신 하나를 비호하겠습니까." 하니,

주상이 이르기를, "이순신은 조금도 용서할 수가 없다. 무신이 조정을 가볍게 여기는 습성은 다스리지 않을 수 없다. 이순신이 조산 만호로 있을 때 김경눌 역시 녹둔도에 둔전屯田하는 일로 마침 그곳에 있었는데, 이순신과 김경눌은 평소 사이가 좋지 않았다.

이순신이 밤중에 만주사람 하나를 잡아 김경눌을 속이니, 김경눌은 바지만 입고 도망하기까지 하였다. 김경눌은 허술한 사람이어서 그처럼 위태로운 곳에서 계엄을 하지 않았고, 이순신은 같은 변방의 장수로서 서로 희롱해서는 안 되는 것이다. 내가 그런 일을 일찍이 들었다. 김경눌은 매양 공을 세우는 데 뜻을 둔 사람인데, 지금은 어디에 있는지 모르겠다. 평일에 자부하던 기개를 어찌 전쟁 때에 시험하지 않고 있는가." 하자,

이정형이 아뢰기를, "이순신이 '거제도에 들어가 지키면 좋은 줄은 알지만, 한산도는 선박을 감출 수 있는데다가 적들이 얕고 깊음을 알 수 없고, 거제도는 만이 비록 넓기는 하나 선박을 감출 곳이 없을 뿐더러 또 건너편 안골의 적과 상대하고 있어 들어가 지키기에는 어렵다.'고 하였으니, 그 말이 합당한 듯합니다." 하니,

주상이 이르기를, "들어가 지키는 것이 어렵다고 했는데, 경의 생각은 어떤가?"

하자, 이정형이 아뢰기를, "신 역시 자세히 알 수가 없습니다. 그 사람의 말이 그렇습니다.
원균은 사변이 일어난 처음에 의기에 복받쳐 원통한 마음에 공을 세웠는데, 다만 군졸을 돌보지 않아 민심을 잃었습니다." 하였다.
주상이 "성품이 그처럼 포악한가?" 하니, 이정형이 "경상도가 어지러워진 것은 모두 원균에게서 말미암은 것입니다." 하였다.

주상이 "우의정이 내려갈 때 원균은 적과 싸울 때나 쓸 만한 사람이라 하였으니, 여기에서 짐작할 수 있다." 하니, 김응남이 "인심을 잃었다는 말은 우선 문제 삼지 않고 수군으로 써야 합니다." 하였다.

주상이 "원균은 자기 소견대로만 하고 고칠 줄을 모른다. 체찰사가 비록 논리적으로 타일러도 고치지 않는다고 한다." 하니,

유성룡이 "대개 나라를 위하는 데는 성심이 있습니다. 상당산성을 쌓을 때 움막을 만들고 자면서 역사를 감독해 수축하였습니다." 하고, 이산해가 "상당산성을 수축할 때에 위력으로 역사를 감독했기 때문에 원망하는 사람이 많았습니다." 하고, 이정형이 "상당산성의 역사는 비록 이루어졌지만 도로 비에 무너지고 말았습니다." 하였다.

주상이 이르기를, "체찰사가 이순신과 원균에게 분부하는 일이 있으면, 비록 온당하지 못하더라도 이순신은 그런대로 보는 앞에서 순종을 하지만 원균은 노기를 내어 듣고 잘 따르지 않는다고 한다. 이는 그의 공을 빼앗겨서인가? 원균을 좌도수군에 임명하고, 또 다른 사람으로 하여금 2인을 진압하게 하는 것이 어떻겠는가?" 하니,

이정형이 "이순신과 원균은 서로 용납하지 못할 형세입니다." 하고, 김수가 "원균은

매양 이순신이 공을 빼앗았다고 신에게 말하였습니다." 하고,

이덕열이 "이순신이 원균의 공을 빼앗아 권준의 공으로 삼으면서 원균과 상의하지도 않고 먼저 아뢴 것입니다. 그때 왜적선 안에서 여인女人을 얻어 사실을 탐지하고는 곧장 아뢨다고 합니다." 하였다.

주상이 "그때 왜장이 3층 누선에 앉아서 모자를 쓰고 바둑을 두고 있었는데 그 배가 매우 허술하였기 때문에 우리 배와 만나 즉시 부서졌다 한다. 왜선이 지금도 그곳에 있다 하니, 모든 배를 붙잡았다는 말이 반드시 허언은 아닌 것으로 생각된다." 하고,

또 주상이 "전라도는 중국 사신을 안내하느라 수군과 사공이 아직 정돈되지 않았다고 한다. 이러한 일은 모두 이순신만을 책할 수는 없다." 하니, 김수가 아뢰기를, "불태우는 일을 이순신이 처음에 안위와 밀약하였는데, 다른 사람이 먼저 불사르니 이순신이 도리어 자기의 공로로 삼은 것입니다. 그러나 그 일은 자세히 알 수가 없습니다." 하고,

이정형이 "변방의 일은 멀리서 헤아릴 수가 없으니, 서서히 처리해야 합니다." 하고, 김수가 "이것이 사실이라면 용서할 수는 없습니다." 하고,

유성룡이 "그 사람의 죄가 그렇기는 하나 지금부터 재촉하고 격려해야 합니다." 하고,

윤두수가 "이순신과 원균을 모두 통제사로 삼아, 서로 세력을 협조토록 해야 합니다." 하였다.

주상이 "비록 두 사람을 나누어 통제사로 삼더라도 반드시 조절하여 절제하는 사람이 있어야 한다. 원균이 앞장서서 싸움에 나가는데 이순신이 물러나 구하지 않는다면 사세가 어려울 것이다." 하니, 김응남이 아뢰기를, "그렇게 한다면 이순신을 중죄에 처해야 합니다." 하였다.

주상이 "옛날 이현충의 일도 있었으니 반드시 문관으로 하여금 두 사람을 조절하게 하여 기탄하는 바가 있게 해야 한다. 그가 이미 통제사가 되었으니, 수군을 모아야

하는데 어째서 정돈하지 않고 있는가?" 하니, 유성룡이 아뢰기를, "겨울이면 사공을 풀어준다고 합니다." 하고,

김수가 아뢰기를, "으레 10월이면 사공을 풀어주는 것이 이미 규례가 되었기 때문에 아직까지 정돈하지 못하고 있습니다." 하고,

 윤두수가 "신이 남원에 있을 때, 이순신이 군관을 남원에 보내 군사를 모집하다가 그곳 지방 병부를 참하기까지 하여 백성들이 잇따라 소란하고 곡성이 하늘에까지 사무쳤습니다. 군관을 불러서 물어보았더니, 그들의 멀고 가까운 친척까지 붙잡아 갔기 때문이라고 하였습니다. 이로 보건대 군사를 모을 즈음에 상서롭지 못한 일이 많았습니다." 하였다.

주상이 "전날에는 군사를 뽑을 때 어떻게 하였는가?" 하니, 유성룡이 아뢰기를, "전에는 공노비 사노비와 잡인들로 구성한 부대 잡류군이 있었습니다." 하였다.

주상이 "오늘날에도 어찌 무반의 서자나 다방면으로 쓰이는 제색군이 없겠는가." 하니, 유성룡이 아뢰기를, "충청도는 병사를 모집하여 지방군으로 편성된 속오군으로 삼은 자가 5백여 명입니다." 하였다.

주상이 "이시발이 거느렸는가?" 하니, 유성룡이 아뢰기를, "그렇습니다. 선봉군 8백여 명 역시 조련하고 있는데, 이는 모두 쓸 만하고 그 외에는 쓸 만한 군사가 없습니다." 하였다.

주상이 이르기를, "그밖에 어찌 제색군사가 없겠는가."

유성룡이 아뢰기를, "우리나라는 한갓 문교만을 숭상하여 각 고을에 훈도를 두고 있는데, 군사 훈련도 훈도를 설치해야 합니다." 하고,

주상이 "원균에게 수군을 나누어 통제하게 하는 일을 판서는 어떻게 생각하는가?" 하니,

이덕형이 아뢰기를, "박진의 말로는, 이순신의 군관이 원균이 있는 곳에서 돌아왔는

데, 군중에서 나쁜 말로 부추켜서 주장수를 배척했다 하여 군관을 내쫓았다고 합니다. 두 사람의 사이가 점점 이렇게 되고 있습니다." 하였다.

이정형이 아뢰기를, "원균을 통제사로 하면 일이 이루어지지 않을까 싶으니, 경솔히 하지 말고 자세히 살펴서 해야 합니다."

—선조실록 30년 1월 27일—

1598년[66세] 선조 31년에 2월 25일 다시 좌의정에 임명되었으나 전과 같이 당시의 꺼리는 바가 되어 그 지위에 편안히 있지 못하였다. 이때의 실록에는 다음과 같이 기록하고 있다.

위인이 탐욕스러우며 방종하고 음험해서 한결같이 착한 부류를 배척하는 것으로 마음을 먹었다. 그러므로 20의 나이에는 외척에 빌붙어 동년배들을 턱으로 지시하였고 마침내 여론을 잡게 되어서는 자기에게 들어오는 자는 주인으로 여기고 나가는 자는 종으로 여겼다.

중년에 미쳐서는 또 정철에게 교분을 바쳤다. 평안감사가 되었을 때에 마침 정여립의 난을 만나자 때를 타서 소장을 올려 신문을 엄히 하라고 청하여 한때의 절의 있는 자들을 일망타진하기로 작정했다. 때문에 백유양 3부자가 머리를 연하여 죽음을 당했고, 이발·이힐이 세살난 어린 자식과 90된 늙은 어머니와 더불어 모두 구금되어 갇혔고 필경에는 죽고 말았다. 심지어는 우상 정언신과 동지 정언지와 같은 사람도 모두 신문을 당하고 유배되었다. 그밖의 신식·김우옹과 같은 사람들도 혹은 형장을 맞기도 하고 혹은 방면되기도 하였는데 그 수가 얼마인지 알 수 없다.

아래로 사관인 유대정·한준겸·박승종 같은 자들도 모두 옥에 구금되어 화를 입었다. 이뿐만이 아니라 또 유생까지도 죽이기도 하고 유배시키기도 하였다. 또 이뿐만이 아니라, 산림의 선비인 최영경까지도 화를 입어 죽고 말았다.

그가 구속되었을 때에 그것이 허위임이 환히 밝혀져 위에서 특명으로 석방시키게 했는데도 윤두수가 또 대사헌으로 다시 그를 굳게 가두고 엄히 다스리자고 청하여 마침내 죽이고 말았으므로 지금까지 사림들의 의논이 절치부심하고 있다.

그런데 조금도 징계하지 않고서 남의 전토를 침탈하고 남의 재화를 구함에 있어 평시보다 더 극심해서 하지 못하는 짓이 없었다. 그러니 일찌감치 변방으로 내쳐 내국

인과 함께 살 수 없게 해야 마땅한 것이다. 그런데 이제 이 사람을 정승에 임명하라는 명이 나왔으니 이는 덕망이 전혀 생각지도 않았던 데에서 나온 것이다. 어찌 하루인들 백성들이 모두 쳐다보는 정승 자리에 있게 할 수 있겠는가. 공론의 반론이 수일이 지난 뒤에야 나왔으니 이 또한 더디게 나온 것이다.

—선조실록 31년 2월 25일—

1598년[66세] 선조 31년 2월 29일 윤두수가 자신은 정승 자리에 맞지 않다는 이유로 교체를 요청하였고, 3월 3일에는 사헌부에서 윤두수가 음험하고 청의에 어긋난다면서 체직을 요청하였다.

사헌부가 아뢰기를, "임금이 정사를 함에 있어서는 재상을 논하는 것보다 중요한 것이 없으며 국가의 흥망도 여기에 달려 있는 것으로, 덕이 높고 명망이 중한 사람을 재상 자리에 앉힌 다음에야 인심이 흡족하여 따르고 재상의 업적을 이룰 수 있는 것입니다.

더구나 지금은 국사가 위태롭고 군무가 바야흐로 급하여 쓰러진 것을 일으켜 세우고 어려움을 구제할 책임을 결단코 적임자가 아닌 자에게 맡길 수 없는 데이겠습니까.

좌의정 윤두수는 음험하고 탐욕스러워 나라 사람들이 침을 뱉고 있으며 일찍이 본직에 있으면서는 속셈을 자행하여 공론이 지금까지 격분해 하고 있는데, 다시 세운다는 명이 이 사람에게 내려졌습니다. 그리하여 전국이 실망하고 있으며 벼슬자리가 거듭 더럽혀져 나라의 위태로움이 이 한 사람에게 말미암고 있는데 어찌 비부로 하여금 다시 국권을 쥐게 하여 나라가 전복되는 화를 끼치게 할 수 있겠습니까. 속히 개정하라는 명을 내리어 사람들의 마음을 흔쾌하게 하소서." 하니, 답하기를, "이미 명을 내렸다. 윤허하지 않는다." 하였다.

—선조실록 31년 3월 3일—

1598년[66세] 선조 31년 4월 2일 한산 전투에서 패배한 장수와 원균의 징계를 청하다.

주상이 이르기를, "지난해 한산 싸움의 패배에 있어 수군 제장들에 대하여 즉시 공과 죄를 가려내어 법대로 처리했어야 했는데도, 아직까지 고식적인 습관에만 젖어 위엄을 밝히는 교훈을 보여줄 생각을 않고 있다. 지금까지 한 사람의 죄도 바로잡지 않고 한 사람의 공도 포상을 하지 않고서 그들로 하여금 죄를 진 채 공을 세워 속죄하도록 하자는 것에 불과한데, 이에 대하여 비변사는 어떠한 소견을 가지고 있는지 모르지만 그렇게 하다가는 비록 한신과 백기가 장수가 되더라도 싸움을 승리로 이끌지는 못할 것이다.

도원수마저도 대수롭잖은 일로 보아 한 명의 무관이라도 목을 베어 군율을 크게 진작시키지 않고 있으니, 어떻게 일을 성사시킬 수 있겠는가. 옛사람이 삼군으로 하여금 죽음을 영광으로 삶을 치욕으로 생각하게 할 수 있었던 것은 오직 권선징악이 분명했기 때문이다. 지금 한산 싸움에 대하여 실시한 권선징악은 과연 어떠한가. 이 일은 여느 심상한 일이 아니니 서둘러 권징을 시행해야 할 것이다. 세월이 점점 오래되고 나면 사실을 밝히기가 쉽지 않을 것이다." 하였는데,

비변사가 아뢰기를, "원균이 주장수로서 절제를 제대로 하지 못하여 적들로 하여금 불의에 기습을 감행하도록 하여 전군이 함몰되게 하였으니 죄는 모두 주장수에게 있다 하겠습니다. 그러나 그 아래 각 장수들의 공과 죄과에 대해서도 신상필벌을 행하여 군기를 바로잡지 않으면 안되겠습니다." 하니,

주상이 이르기를, "원균 한 사람에게만 핑계 대지 말라." 하였다. [이산해와 윤두수가 그렇게 아뢰게 한 것이다.]

사관은 논한다. 한산의 패배에 대하여 원균은 책형磔刑[117]을 받아야 하고 다른 장졸들은 모두 죄가 없다. 왜냐하면 원균이라는 사람은 원래 거칠고 사나운 무지한 위인으로서 당초 이순신과 공로 다툼을 하면서 백방으로 상대를 모함하여 결국 이순신을 몰아내고 자신이 그 자리에 앉았기 때문이다. 겉으로는 일격에 적을 섬멸할 듯 큰소리를 쳤으나, 지혜가 고갈되어 군사가 패하자 배를 버리고 뭍으로 올라와 사졸들이 모두 고기밥이 되게 만들었으니, 그때 그 죄를 누가 책임져야 할 것인가. 한산에서 한 번 패하자 뒤이어 호남이 함몰되었고, 호남이 함몰되고서는 나랏일이 다시

---

117) 책형磔刑 : 기둥에 묶어 세우고 창으로 찔러 죽이던 형벌.

어찌할 수 없게 되어버렸다. 시사를 목도하건대 가슴이 찢어지고 뼈가 녹으려 한다.

-선조실록 31년 4월 2일-

윤두수의 졸기

윤두수의 졸기도 선조실록과 선조수정실록에 두 편이 전해진다. 북인이 집권해서 기록한 선조실록과 이후 서인이 집권하여 수정한 선조수정실록의 내용이 다르게 작성되었다.

1601년[69세] 선조 34년 4월 7일 해원 부원군 윤두수가 죽다.

〈선조실록〉

해원 부원군 윤두수가 죽었다. 전교하였다.
"대신이 죽어 매우 놀랍고 슬프다. 부의토록 하라."

1601년[69세] 선조 34년 4월 1일 해원 부원군 윤두수의 졸기

〈선조수정실록〉

해원 부원군 윤두수가 졸하였다. 윤두수는 젊어서부터 재상의 기대를 받았는데, 전랑이 되어 이양의 아들이 낭관직에 천거되는 것을 허락하지 않았다. 이때 이양의 기세가 커서, 윤두수가 드디어 이 때문에 죄를 얻었는데, 선비들의 의논이 훌륭하게 여겼다. 광국훈에 녹공되고 정경에 올랐다. 1591년 선조 24년에 왜적이 우리 나라에게 길을 빌려 달라고 하였는데 윤두수가 가장 먼저 중국에 그것을 고할 것을 청하였다. 이 때문에 임진년의 난리가 일어났을 때 중국이 끝내 우리나라를 의심하지 않았다. 주상이 이 일로 그를 인재로 여겨 드디어 재상의 지위에 이르렀다. 그러나 당시에 꺼리는 바가 되어 이를 사양하고 한가하게 살다가, 이때에 이르러 졸하였다.

[승진과정]

1549년[17세] 명종 4년 부친상

1552년[20세] 명종 7년 사학(四學 : 동·서·남·중학)의 제술시험 우등

1555년[23세] 명종 10년 생원시에 나가 장원, 정시의 제생 중에 장원,
　　　　　　　성균관 입학

1558년[26세] 명종 13년 식년시 문과 을과 급제, 분관分館[118] 되어
　　　　　　　승문원에 들어가 권지를 거치다.
　　　　　　　예문관 검열, 홍문관 정자·저작

1559년[27세] 명종 14년 5월 홍문관 정자

1560년[28세] 명종 15년 10월 홍문관 저작

1561년[29세] 명종 16년 9월 홍문관 부수찬, 10월 병조 좌랑
　　　　　　　11월 홍문관 수찬, 사간원 정언, 12월 사간원 정언

1562년[30세] 명종 17년 4월 사간원 정언, 5월 홍문관 부수찬,
　　　　　　　7월 사간원 정언, 10월 이조 좌랑

1563년[31세] 명종 18년 8월 이조좌랑, 삭직
　　　　　　　9월 수찬, 10월 이조정랑

1564년[32세] 명종 19년 7월 의정부 검상, 7월 사인, 10월 사헌부 장령,
　　　　　　　성균관 직강, 장령, 사성, 사복시 정

1565년[33세] 명종 20년 1월 이조좌랑, 홍문관 부응교, 통정대부로 승급,
　　　　　　　무관직인 오위장을 겸하다.

1566년[34세] 1월 동부승지, 우부승지, 8월 좌부승지, 윤 10월 우승지

1567년[35세] 명종 22년 3월 형조참의, 4월 우승지
　　　　　　　3월 상례를 논하다가 탄핵을 받았으나 왕이 무마시켰다.

1567년[35세] 선조즉위년 7월 대사간.

1568년[36세] 선조 1년 8월부터 우승지, 이조참의, 좌승지, 대사성,
　　　　　　　대사간, 장례원 판결사, 병조참지, 병조참의, 황해도 관찰사

1574년[42세] 선조 7년 9월 병조로부터 임금께 보고하는 문건에 죄인의
　　　　　　　이름을 빼버렸다는 이유로 탄핵을 당했다.

1575년[43세] 선조 8년 을해당론, 동인과 서인이 나뉘게 되자 이이,

---

118) 분관分館 : 조선 시대, 새로 문과에 급제한 사람을 승문원, 성균관, 교서관의 삼관에 각각 나누
　　어서 권지라는 이름으로 실무를 익히게 하던 일.

심의겸, 성혼을 따라 서인에 가담하였다.

1576년[44세] 7월부터 대사간, 대사성, 공조참의, 형조참의, 호조참의

1577년[45세] 선조 10년 4월 첨지중추부사, 도승지

1578년[46세] 선조 11년 10월 사헌부와 사간원이 윤두수·윤근수·윤현을 이종사촌
아우 이수李銖로부터 뇌물을 받았다는 이유로 탄핵을 하여 파직 당했다.
12월 복직

1579년[47세] 선조 12년 나주목사, 연안도호부사, 동지중추부사,
한성부 좌윤, 오위도총부 부총관, 형조참판

1584년[52세] 선조 17년 병조참판, 모친상, 3년간 여묘살이

1587년[55세] 선조 20년 2월 탈상, 동지중추부사, 부총관,
전라도 관찰사, 임기후 동지중추부사, 형조 참판

1589년[57세] 선조 22년 1월 평안도 관찰사, 10월 정여립의 난,
기축옥사, 서인이 집권하자 대사헌에 발령

1590년[58세] 선조 23년 종계 변무 광국공신 2등으로 책훈,
해원부원군에 책봉, 자헌대부, 형조판서, 대사헌,
동지경연사, 지중추부사, 대사헌

1591년[59세] 1월 사헌부 대사헌, 2월 호조판서, 회령으로 유배,
11월 석방

1592년[60세] 선조 25년 4월 13일 임진왜란, 5월 3일 우의정

1593년[61세] 선조 26년 서울 수복

1595년[63세] 선조 28년 11월 행 판중추부사

1597년[65세] 선조 30년 1월 27일 이순신의 파직을 주장하다.

1598년[66세] 선조 31년 2월 25일 좌의정, 3월 4일 좌의정 사직,
4월 2일 원균의 징계를 청하다.

1599년[67세] 선조 32년 7월 24일 영의정, 세자사 겸직,
9월 19일 영의정 사직, 해원부원군

1601년[69세] 선조 34년 4월 7일 해원부원군 윤두수가 죽다.〈선조실록〉

1601년[69세] 선조 34년 4월 1일 해원부원군 윤두수가 죽다 〈수정실록〉

1604년[사후] 호성공신 2등에 책록

72. 이항복李恒福
임진왜란시 6번의 병조판서를 지내다

생몰년도	1556년(명종 11)~1618년(광해10) [63세]
영의정 재직기간	1차 (1600.6.17~1602.윤2.1)
	2차 (1604.4.18~1604.5.16) (총 2년간)
본관	경주慶州
자	자상子常
호	백사白沙, 동강東岡, 필운弼雲
군호	오성부원군(약칭 오성대감)
출생	서울 서부 양생방(이항복의 호에 따라 필운동이 됨)
죽음	인목대비 폐모를 반대하다가 유배를 당하여 운명하다.
묘소	경기도 포천군 가산면 금현리 신도비 우의정 김상용이 쓰다.
배향	화산서원과 노덕서원에 제향
기타	권율장군의 사위, 신립 장군은 그의 동서
	후손 중 이광좌, 이태좌, 이종성, 이경일, 이유원이 정승에 오름
	독립운동가인 이회영, 이시영 형제도 이항복의 후손이다.
증조부	이성무李成茂 – 안동판관
조부	이예신李禮臣 – 성균 진사
부	이몽량李夢亮 – 우참찬
모	전주 최씨
처	안동 권씨 – 권율의 딸
장남	이성남李星男 – 이조판서
손자	이시현李時顯
2 남	이정남李井男 – 이조판서
손자	이시술李時術 – 이조참판
장녀	윤인옥에게 출가
측실	금성 오씨
3 남	이규남李奎男
손자	이시행李時行
4 남	이기남李箕男 – 지중추부사

영의정 권철이 한번 보고 손녀 사위로 삼다

이항복은 1556년 명종 11년 5월 13일 서울에서 태어났다. 본관은 경주이고, 자는 자상子常으로, 호는 필운弼雲·백사白沙·동강東岡이다. 고려의 대학자 이제현의 후손으로, 고조부는 첨지중추부사를 지낸 이숭수이고, 증조부는 안동판관을 지낸 이성무이며, 조부는 성균진사 출신 이예신이다. 조부는 숨은 덕을 지녀 일찍이 포천에다 묘지를 잡고 말하기를, "내 뒤로 2대에 걸쳐 반드시 영달할 것이다." 하였는데, 아버지 이몽량은 세 조정을 섬기면서 청검과 충효로 소문이 난 참찬 출신이다.

이항복은 임진왜란시 병조판서를 6번이나 역임한 선조가 총애한 신하였다. 병조판서로서 군사력을 정확히 진단한 그는 피난길에서, 임금께 우리 힘으로는 국가를 지키고 방어할 수 없다며 이덕형과 함께 명나라의 원병을 요청하자고 강력히 주장하여 이를 성사시켰다.

소년 시절에는 부랑배의 우두머리로서 헛되이 세월을 보냈으나 어머니의 교훈으로 학업에 열중하였다.

1571년[16세] 선조 4년에 모친상을 당하자 죽을 마시며 여묘살이를 하였으며, 상복을 벗은 뒤에 민씨 부인이 된 누님에게 의탁해 지내면서 경전을 펴놓고 뜻을 분변하며 학업을 독실히 하였다. 시문을 짓는 재주가 호방하여 한 시대의 명류들이 얼굴을 한번 보길 원하였다.
영의정 권철이 이항복을 한번 보고 재목으로 여겨 자기 손녀를 시집보냈으니, 곧 도원수 권율 장군의 딸이다. 그와 죽마고우인 한음 이덕형에 얽힌 재미있는 일화는 당대에도 뭇 사람들의 입에 오르내렸다.

1575년[20세] 선조 8년에 진사 초시에 오르고 성균관에 들어가 학문에 힘써다가, 1580년[25세] 선조 13년 알성시 문과 병과로 급제해 승문원 권지 부정자가 되었다. 예문관 검열을 거쳐 선조 16년 선조가 주자강목을 강독하려면서 재능 있는 신하를 가려 궁중에 소장하는 책을 하사하여 익히게 하였는데, 그때 선발된 다섯 사람 중에 이항복과 이덕형이 선발되었다. 이들을 추천한 사람은 이율곡이었다. 율곡은 도학과 문장이 한 세상을 압도하였는데, 이항복은 한번 보고 뜻이 부합하였다. 그 뒤에 곧 호당에 사가독서를 하였고, 홍문관의 관원으로 천거되어 정자·저작·박사가 되었다.

1585년[29세] 선조 18년 9월 1일 이조좌랑이 되었다. 이조낭관은 권세 있는 벼슬자리로 불리었는데, 이항복은 한산한 부서나 다름없듯이 담담하게 지내어, 문밖에 찾아와서 청탁하는 자가 없었고, 좌석에는 낯선 손님이 없었다. 요직에 있던 송언신과 윤담무는 당시의 명망을 믿고 이항복에게 자신들을 이조의 요직으로 천거해 달라고 회유하였는데, 이항복은 그 행위를 미워하여 응해 주지 않았으므로, 두 관원이 이로 인해 유감을 품었다. 이후 홍문관 수찬, 교리, 예조정랑을 거쳐 홍문관 저작이 되었다.

홍문관 저작으로 있을 때였다. 동인의 거두로 대사간이던 이발이 너무 파당에 치우쳐 기강을 어지럽히자, 이항복은 이발의 교체를 강력히 주장했다. 그러자 실권을 잡고 있던 동인들이 거세게 반격하니, 이항복은 관직에 환멸을 느낀 나머지 세 번이나 사직 상소를 올렸다. 한데, 선조는 "이항복은 홍문관을 떠날 수 없다"며, 도리어 조정 백관의 인사권을 관장하는 이조정랑으로 영전시켰다.

1588년[33세] 선조 21년 12월 1일 이조정랑이 되다.

이항복·이덕형을 이조정랑으로 삼았다. 이때의 이름있는 인사는 모두 시류의 완급을 가지고 평하여, 논의를 달리하는 자는 죄를 얻고 자신을 지키는 자는 명망이 없었다. 그런데 이항복·이덕형 등은 특별히 문장이 뛰어나고 재주가 영리하였으므로 주상의 대우를 받아 사람들이 감히 논하지 못하였다. 이들 몇몇 사람은 명망이 있었으나 구차히 당파에 아첨하여 진출하기를 구하지 않았으므로 공론이 칭찬하였다.

– 선조수정실록 21년 12월 1일 –

1589년[34세]에 예조정랑이 되었는데 이때 정여립의 난이 발생하여 문사 낭청으로 역모 사건의 친국에 참여하였다.

예조정랑 때 발생한 정여립의 역모 사건에 문사낭청으로 임금이 친히 하는 국문에 참여하였다. 선조가 친림하여, 죄수를 논죄할 때 이항복은 응대하기를 빈틈이 없이 민첩하게 하고 절도에 맞았으며, 눈으로는 보고 귀로는 듣고 입으로는 묻고 손으로는 글쓰기를 동시에 하는데, 상대방의 말은 하나도 빠뜨림이 없었고 붓대는 잠시도 멈추지 않았다. 종횡무진으로 계속 움직이되 그 요점을 전부 파악하였으므로, 백관들은 팔짱만 끼고 서리들은 곁에서 보기만 하며 놀라서 귀신이라고 하였다. 선조는 누차 이항복이 재주가 있다고 칭찬하고 매사를 이항복에게 맡겼는데, 이항복은 죄수가 많이 연루되어 옥사가 빨리 끝나지 않음으로써, 남이 화를 당하기를 바라는 자의 마음을 부끄럽게 여긴 나머지, 죄상이 의심스러울 때는 재조사하여 공평하게 판결하기를 힘썼다. 옥사를 심의할 때 자주 곁에서 의견을 제시하는가 하면, 문서 중에 혹시 석연치 않은 점이 있을 때는 반드시 일을 담당한 자에게 꼼꼼히 따져보는 등 붓대를 잡고 문서만 작성하지는 않았다.

언젠가 경연에서 임금을 모시고 있을 때 선조가 이항복을 불러 앞으로 나오라 하고서는, 역모사건을 국문할 때의 일을 이야기하고 뛰어난 재주라고 칭찬하기를 그치지 않았으며, 직급을 승급시켜 장려하고 직제학으로 승진시켰다가 특지로 통정대부로 승급하여 승정원 동부승지를 제수하였다.

—국역국조인물고, 이항복, 세종대왕기념사업회—

이때, 파당을 조성하는 대사간 이발李潑을 공박하다가 비난을 받고 세 차례나 사직하려 했으나 선조가 허락하지 않고 특명으로 옥당에 머물게 한 적도 있었다. 그 뒤 응교·검상·사인·전한·직제학·우승지를 거쳤는데 정여립의 모반사건을 처리한 공로로 평난공신 3등에 녹훈되었다.

1591년[36세] 선조 24년 봄에 호조참의에 제수되었는데, 겨우 한 달 만에 호조의 사무가 모두 처리되어 복잡한 것이 없고 창고에 저장한 물자가 새어나가는 것이 없자, 윤두수가 호조판서로 있으면서 이항복을 크게 중시하여 말하기를, "문자에 종사하는 선비도 금전과 곡식을 다스리는 재간이 있단 말인가?" 하였다. 당시 간신 홍여순이란 자가 세상의 선비를 몰아 죽이려고 하였는데, 이항복은 승지로 있으면서 그 여파를 받아 파직되었다가 여름에 풀려나 다시 승지에 제수되었다. 그러나 이항복에게 해묵은 유감을 품고 있던 두 관원이 기회를 타고 일어나 중형에 몰아넣으려 하였는데, 이원익이 대사헌으로 있으면서 자기를 먼저 탄핵하라고 강력히 버티어 화를 면하였다.

정철이 이산해의 계교에 빠져 광해군을 세자로 추대하려다 신성군을 마음에 둔 선조의 미움을 샀다. 이에 사람들이 사건에 연루될까 두려워하여 정철을 외면했지만 이항복은 좌승지의 신분으로 날마다 그를 찾아가 대화를 나누었다. 그로 인해 죄인 정철을 감쌌다는 트집으로 동인들로부터 탄핵을 받고 일시 파직되었지만 대사헌 이원익의 적극적인 비호가 있어 곧 복직되고 도승지에 발탁되었다.

1592년[37세] 임진왜란이 일어나자 왕비를 개성까지 무사히 호위하고, 또 왕자를 평양으로, 선조를 의주까지 호종하였다. 그동안 이조참판으로 오성군에 봉해졌고, 이어 형조판서로 오위도총부 도총관을 겸하였다. 곧 이어 이조판서 겸 대제학을 거쳐 의정부 우참찬에 승진되었다. 1593년과 1594년에 병조판서, 1595년에 이조판서, 1596년과 1597년에 병조판서를 맡음으로써 임진왜란 중 줄곧 병조판서를 맡았으나 이름대로 항복하는 일은 없었다.

1598년[43세] 임진왜란이 끝나니 우의정에 제수되었다. 이때 명나라 사신 정응태가 동료 사신인 경략經略[119] 양호를 무고한 사건이 발생하자, 우의정으로 진주변무사[120]가 되어 부사 이정구와 함께 명나라에 가서 소임을 마치고 돌아와 토지와 재물 등 많은 상을 받았다.

1600년[45세] 선조 33년 6월 영의정 겸 영경연·홍문관·예문관·춘추관사, 세자사에 임명되니 이때 사관은 이항복에 대해 다음과 같이 평하고 있다.

> 해학을 일삼았기 때문에 마치 세상을 하찮게 여기며 즐기는 사람 같았다. 정승 자리에 앉아서는 건의한 일이 없었기 때문에 식자들이 한탄하였다. 이항복은 임진왜란과 정유재란 동안 병조판서를 여섯 번이나 역임했다. 그만큼 그가 군사의 일을 적절하게 잘 처리했으며, 왕과 조정이 그를 믿었다는 의미이다.
>
> – 선조실록 33년 6월 17일 –

1601년에 호종 1등공신에 녹훈되었다. 1602년[47세] 정인홍·문경호 등이, 최영경을 모함하여 살해하려 한 장본인이 성혼이라고 발설하자 삼사에서 성혼을 공격하였다. 이에 이항복은 성혼을 비호하고 나섰다가 정철의 편당으로 몰려 영의정에서 자진 사퇴 하였다.

1606년[51세] 선조 39년 가을에 대마도의 오랑캐 의지義智가 두 사형수를 묶어 사신 편에 보내면서 임진란 때 왕릉을 범한 적이라 사칭하고

---

119) 명나라때 국가적 위기 상황에서 설치되는 비상설 관직

120) 중국에서 조선에 대하여 곡해한 일이 있을 때 이를 밝히기 위하여 임시로 중국에 보내던 사절단

화친을 요구하였다.

이때 유영경이 권력을 잡고 있으면서 그 일을 자기의 공으로 삼고 싶은 생각으로, 종묘에 포로를 바치는 예를 행하여 그 공을 과시하려 하자, 이항복은 그들을 부산에서 참수하여 그 목을 왜구 사신에게 보이자고 하였다. 유영경이 듣지 않고 마침내 잡아다가 신문하였으나 얻어낸 것이 없었다.

1608년[53세] 다시 좌의정 겸 4도 체찰사에 제수되었으나 이 해 선조가 죽고 광해군이 즉위해 북인이 정권을 잡게 되었다. 그는 광해군의 친형인 임해군의 살해 음모에 반대하다가 정인홍 일당의 공격을 받고 사의를 표했으나 수리되지 않았다.

그 뒤 성균관 유생들이 이언적과 이황의 문묘 배향을 반대한 정인홍의 처벌을 요구했다가 도리어 구금되어 권당[121]하는 사태가 생기자, 이항복이 겨우 광해군을 설득, 무마해 해결하기도 하였다. 이 때문에 정인홍 일당의 원한과 공격을 더욱 받게 되었다.

1611년[56세] 광해 3년 이언적·이황의 문묘 배향 문제로 정인홍과 다투었다. 1612년 광해 4년 김직재의 옥사[122]가 일어나 광해군이 매일 심문청에 나와서 극히 하찮은 문제 이상에는 다 직접 처결하였는데, 이항복은 일마다 잘못된 것을 바로잡았다.

1613년[58세] 광해 5년 정인홍 등이 이항복을 공격하니 은거해 버렸다.

---

121) 동맹휴학

122) 광해군 때 정권을 장악하고 있던 대북파大北派가 영창대군을 지지하던 소북파를 제거하려고 일으킨 옥사獄事

1617년[62세] 인목대비 김씨가 서궁(경운궁)에 유폐되고, 이어 폐위해 평민으로 만들자는 주장에 이항복은 이를 극력 반대하였다. 이 일로 이항복은 모든 관작을 삭탈 당한 채, 그해 12월 함경도 북청으로 유배되었다. 윤 12월 이항복의 유배지를 다른 곳으로 옮기라는 위리안치의 명이 떨어진 이후 계속 유배지를 옮겨 17일 용강, 18일 홍해, 21일 창성, 24일 경원, 28일 삼수로 명이 계속 바뀌었다. 1618년[63세] 광해 10년 1월 인목대비가 유폐되고, 이항복도 1월 31일 북청으로 이배되어, 5월 13일 병사하니 63세였다.

　　유생들이 조정의 반대를 무릅쓰고 사당을 세워 기리니, 포천의 화산서원·북청의 노덕서원이 그의 향사다. 청렴하기 그지없어 뒤가 말끔했던 이항복은 청백리에 책록되고, 문충공으로 시호가 내려졌다. 영의정 신흠이 짓고, 도학자로 유명한 이조판서 김집이 글씨를 썼으며, 우의정 김상용이 전액을 새긴 신도비가 세워졌다.

　　이정구는 그를 평하기를 "그가 관직에 있기 40년, 누구 한 사람 당색에 물들지 않은 사람이 없을 정도였지만 오직 그만은 초연히 중립을 지켜 공평히 처세하였다. 그래서 아무도 그에게서 당색을 찾아볼 수 없을 것이며, 또한 그의 문장은 이러한 기품에서 이루어졌으니 뛰어날 수밖에 없지 않겠는가!" 라면서 기품과 인격을 칭송하기도 하였다.

- 국역국조인물고, 이항복, 세종대왕기념사업회 -

병조판서 이항복이 겪은 임진왜란

1592년[37세] 선조 25년 4월 13일에 왜구가 갑자기 쳐들어왔을 때 이항복은 도승지로 있었는데, 크게 분개하여 나라에 몸을 바쳐 순절할 생각을 가졌다. 적이 쳐들어왔다는 소식을 들은 뒤로 관아에서 물러나 집에 가면 안쪽문을 차단하고 바깥채에 거처하면서 집안의 식솔들에게 내 정신을 흐르게 하지 말라고 경계하였는데, 측실이 한 번만이라도 얼굴을 보자고 요구했으나 들어주지 않았다.

파천[123)]이 결정되어 임금의 수레가 도성을 나가 관서 쪽을 향해 가고, 백관은 다 흩어져 궁중이 텅 비어서 아무도 없는데, 비는 주룩주룩 내려 칠흑같이 어두운 밤 2시 경에 중전이 홀로 시녀 10여 인과 함께 걸어서 인화문을 나가자, 이항복이 촛불을 잡고 앞길을 인도하니, 중전이 돌아보고서 누구냐고 물으며 위로와 당부를 극진히 하였다.

임금의 수레가 임진강 가에 다다르자 위아래가 실의에 차 있을 때 이항복은 병조낭관과 함께 걸어서 가며 진흙탕 길에서 사람들을 불러 모았다. 임금이 동파역에 이르러 대신과 윤두수를 불러 앞으로의 계책을 물을 때 이항복이 맨 먼저 말하기를, "우리나라의 병력으로는 왜적을 당해낼 수 없고 오직 관서쪽으로 가서 명나라에 호소하여 원병을 요청하는 길이 있을 뿐입니다." 하였다.

개성에 이르러 이조참판에 임명되고 오성군에 봉하는 한편 가선 대부

---

123) 임금의 피난

에 승급하여 충성심을 포상하였다. 이어 평양으로 피난 한 선조는 이항복을 형조판서 겸 도총관을 제수하고 자헌대부로 승급하였으며, 얼마 안 되어 대사헌으로 제수하여 전란으로 흐트러진 관의 기강을 다스리게 하는 등, 파격적으로 이항복에게 임무를 맡겨 대우하였다.

왜적이 도성을 유린한 뒤에 황해도와 평안도를 침입하는데도 조정의 의논은 정해진 계책이 없었고 그저 안절부절할 뿐이었다. 이항복은 한음 이덕형과 협의하여 사신을 명나라에 보내 구원병을 요청하자고 건의하고, 또 군량과 물품을 조달하는 관리를 각 지방으로 나누어 보내 군량품을 관리하게 하였으니, 나라를 다시 찾는 공적을 이루었던 것은 이것이 그 단초가 되었다. 6월에 병조판서 겸 홍문관 제학·지경연춘추관사·동지성균관사·세자 좌부빈객에 제수되었다.

임진강이 함몰되자 어떤 사람은 마땅히 평양을 고수해야 한다 하고, 어떤 사람은 함흥이 웅거할 만하다고 말했는데, 이항복은 좌의정 윤두수와 함흥으로 가는 것은 옳은 계책이 아님을 극력 아뢰고 영변으로 갈 것을 청하였다. 그러나 다수의 의논은 함흥을 주장하여 중전과 세자빈이 먼저 덕천으로 향하여 함흥 길을 떠났는데, 적병은 이미 대동강에 접근하였다.

이때 이덕형이 적진으로 들어가 적장 현소와 조신을 만나 그들의 진격을 늦춰보겠다며 말하기를, '그들의 진격을 늦추지 못한다면 두 적장의 목을 베어 오겠다'고 하자, 이항복이 "당당한 국가로서 어찌 도적이 행하는 일을 할 수 있는가?" 하였다.

임금의 수레가 평양을 떠날 즈음에 이덕형과 함께 영변으로 가서 머무를 것을 거듭 청하였으며, 요동에 가서 구원병을 요청하겠다고 자청하면서 두 사람이 서로 가겠다고 자정이 될 때까지 다투자, 선조가 심충겸의 말에 따라 이덕형을 요동으로 보냈다. 이항복은 이덕형을 남문에서 전송 하면서 자신이 타던 말을 주고 말하기를, "원병이 나오지 않는다면 자네 는 나를 시체더미 속에서나 찾아보게." 하자, 한음이 말하기를, "원병이 나오지 않는다면 나는 내 뼈를 하북성 땅에 버릴 것이네." 하고, 눈물을 뿌리며 작별했는데, 그 말을 들은 자들은 모두 숙연해졌다.

강여울을 지키던 군사가 또 무너지자, 선조가 밤중에 신하들을 불러 요동으로 국경을 건너가는 일을 의논하며 이르기를, "부자가 함께 압록 강을 건너간다면 국사는 가망이 없게 되니, 세자는 종묘사직의 신주를 받들고 갈라져 가고, 나는 약간의 신료만 데리고 의주로 들어가는 것이 좋겠는데, 나를 따를 자는 누구인가?" 하니, 뭇 신하들은 무엇이라고 대 답하지 못했고, 이항복은 흐느끼며 임금을 따르겠다고 대답하였다. 박천 에 머무를 때 중전이 덕천에서 다시 와 합류하였는데, 평양이 함몰되었 다는 소식이 들어왔다.

선조가 행차를 재촉하여 밤중에 길을 출발하는데 호위하는 자가 도중 에 많이 도망갔다. 비는 내리고 길은 좁아 이항복은 혹시 불의의 변고라 도 일어날까 염려한 나머지 하급 관리들에게 이르기를, "앞에서 척후하 는 자들이 매우 허술하다. 우리들은 모두 병조 관리이니 앞에서 길을 잘 인도해야 한다." 하고, 빨리 달려 앞으로 가니, 선조는 그가 이항복이라 는 것을 알고서 더욱 중시하였다.

임금의 수레가 의주로 들어간 뒤에 이항복은 말하기를, "한강 이남의 각도에서는 임금이 이미 요동으로 건너간 것으로 알 것이니, 급히 첩보를 보내 충청·전라·경상도의 군사를 일으켜 국난을 구할 것을 유시하고, 임금의 행차가 머물고 있는 곳을 알게 해야 한다."고 하였다. 이로부터 조정의 명령이 전달되고 국난을 구하는 군사들이 비로소 일어났다.

앞서 요동 지방에는 조선이 왜구를 인도하여 중국을 침략할 것이라는 말이 떠돌아 명나라 병부에서 황응양을 보내 비밀리 우리의 동태를 살폈다. 이항복은 전일 조정에 있을 때 이미 이러한 일이 있을 줄 알고, 1591년에 우리나라에 보내 온 왜구 문서를 찾아서 지니고 와 그것을 올리자, 황응양의 의심이 깨끗이 풀려 돌아가서 명나라 조정에 보고함으로써 비로소 출병을 의논하였다.

명나라 부총병 조승훈과 유격장군 사유 등이 군사 3천 명을 거느리고 출병하자 조정과 백성들이 당장 승리할 것이라고 하였으나, 이항복은 "조장수는 경망하고 지모가 적으니 반드시 패배할 것이다."라고 했는데, 과연 대패하였다.

조승훈이 돌아가서 우리나라 군사들이 도리어 왜적들을 도왔다고 모함하기까지 하자, 이항복은 대신을 보내 해명할 것을 청하고, 또 사신을 보내 대군을 보내어 달라고 청하였다.

겨울에 제독 이여송이 군사 4만 명을 거느리고 압록강을 건너 들어오자, 이항복은 군사 지휘하는 것을 보고 임금에게 아뢰기를, "반드시 성공할 것입니다. 다만 막하에 정문빈과 조여매 두 사람이 일을 멋대로 처리하여 싸움을 가로막는 소란이 있을 듯합니다." 하였다.

1593년[38세] 선조 26년에 명나라 군대가 대승을 거두어 평양성을 수복하였으나 그 후에 얼마 안 되어 왜적이 화의를 요청하자 거기에 제재를 받아 더 이상 싸우지 않았으니, 이는 정문빈과 조여매 두 사람이 그와 같이 한 것이었다. 서울이 수복되니, 돌아갈 것을 극력 청하여 10월에 선조가 옛 도성으로 돌아왔다.

명나라 사신 사헌이 조칙을 받들고 나와 급히 이항복을 원접사로 임명하여 예에 따라 접대하였는데, 명나라 조정의 조칙은 세자에게 호조와 병조의 장관을 대동하고 전라도와 경상도의 군무를 다스리라 하였으므로, 이항복은 병조 장관으로서 접대하는 직임에서 벗어나 세자를 모시고 남쪽으로 내려갔다.

1594년[39세] 선조 27년 봄에 충청도의 적신 송유진[124]이 반기를 들고 난을 일으키자, 분조[125]의 신하들이 세자를 받들고 이동 조정[126]과 회합하여 적을 피하려 하므로, 이항복이 상소를 올려 피하는 것을 중지시켰는데, 얼마 후에 난이 평정되었다.

가을에 조정으로 소환되어 수군 대장을 겸하고서 전선의 상황을 일제 점검하고 고기와 소금 등 수산물을 자산으로 삼아 재력을 증식하였으며, 면포 3만 필을 저축하여 호조로 넘겨 주었다.

1596년[41세] 선조 29년 1월 겸 홍문관 대제학이 되었다. 명나라의 일본 책봉부사 양방형이 이항복을 동반 접반사로 삼아 달라고 청하니, 선조가 허락하였는데, 이항복은 사직한 뒤에 이조판서와 대제학에서 해임

---

124) 1594년 송유진 등이 창의병을 자처하며 충청도 천안·직산 일대에서 세력을 모아 변란을 모의했다는 혐의로 고발되어 처형된 사건이다. 1596년에 일어난 '이몽학의 난'과 함께 임진왜란 기간에 일어난 대표적인 변란으로 꼽힌다.

125) 임란때 임금과 세자가 조정을 분할하여 두 조정을 운영하였는데 세자를 모신 조정을 분조라 하였다.

126) 선조를 모신 조정

할 것을 요청하여 우참찬에 제수되었다. 양방형은 이항복을 깍듯이 존경하여 말하기를, "동국에 이와 같은 사람이 있으니, 어찌 타국이라 하여 가볍게 보겠는가?" 하였다. 이항복은 명나라 정사 이종성을 가리켜 말하기를, "그저 귀한 집의 자제로 자라 글만 익혔을 뿐이니, 왕명을 욕되게 할 것이다." 하였는데, 뒤에 과연 그렇게 되었다. 8월 다시 병조판서에 제수되었고, 겨울에 양방형 부사를 전송하였다.

1597년[42세] 선조 30년 3월에 병조판서에 연임되었는데, 명나라 경략 양호가 대군을 거느리고 우리나라로 나오자 그 접반을 어렵게 여겨 다시 이항복을 추대하였으나 사양하고 나가지 않았다. 다만 호조판서·공조판서와 함께 양 경략을 구련성에서 만나보았는데, 그때 조목별로 묻고 대답한 말들은 나라를 빛내기에 충분하였다.

> 다시 이순신을 기용하여 통제사로 삼았다. 이때에 한산도의 패전보가 이르자 조야가 크게 놀랐다. 주상이 비변사의 여러 신하들을 불러 물으니, 모두 황공하여 대답할 바를 몰랐는데, 경림군 김명원, 병조판서 이항복이 '현재의 계책으로는 이순신을 다시 통제사로 삼아야만 된다.' 하니, 주상이 따랐다.
>
> — 선조수정실록 30년 7월 1일 —

9월에 병으로 면직되었다가 9월 29일에 다시 병조판서에 제수되었다. 이항복은 이때까지 무릇 병조판서를 다섯 차례, 이조판서를 한 차례 지냈는데, 마음 씀이 바르고 밝아 청탁이 들어오지 않았으며, 사람을 천거하고 발탁할 때 오직 그 재능의 유무만 보며 공론을 따랐고, 감히 다른 길로 진출시키는 일이 없었기 때문에 관문에 질서가 있고 벼슬길이 맑았으니, 조정이 겨우 모양만 남았어도 사대부들이 그런대로 염치를 알았던 것은 이항복이 인사부서에 있었기 때문이다.

병조의 일을 처리할 때에도 수륙으로 명나라 원병이 쏟아져 들어왔는데, 병조에 관계된 일로서 천둥 번개 같은 큰 일에서 부터 쇠털처럼 작은 일까지 이항복은 자유자재로 문제를 해결하여, 일이 아무리 쌓여도 적체된 적이 없으므로, 양 경략은 늘 긴급한 일을 만나면 반드시 '이항복을 말하였다'고 한다. 이항복이 병조를 떠날 때 기본적으로 사용할 면포 1만필 이외에도 군수물이 남아돌아, 병조 내에서 전하기를 '이항복이 저장한 것'이라고 말하며 오래도록 이를 지켜 간직하였다. 일컫는 자들이 근세의 병조 장관으로 율곡을 말하는데, 이항복은 족히 율곡과 상당하거니와, 위급하고 평온한 때를 가지고만 한다면 이항복이 더함이 있다고 하겠다.

1598년[43세] 선조 31년 4월 다시 병조판서가 되었고, 10월에 우의정에 올랐다. 가을에 명나라의 찬획 정응태가 우리나라를 모함하여 황제에게 주문을 올리자, 선조가 대단히 놀라 이항복을 의정의 벼슬을 내려 대광보국 숭록대부에 승급하고 부원군을 봉하여 진주사로 삼았다. 이항복은 여러 차례 이를 사양하였으나 받아들여지지 않아, 주야로 말을 달려 명나라에 가서 황제에게 주문을 올리고 날마다 내각·예부·병부를 찾아가 글을 올려 논변하였는데, 어조가 명쾌하고 예절 바른 태도가 단아하였으므로, 여러 관리들이 공경하는 태도로 두 손을 맞잡고 대답하기를, "나라의 수치는 저절로 씻어질 것이니, 공은 걱정하지 마십시오."고 하였다. 황제는 마침내 우리나라에 칙서를 내려 칭찬하고 정응태를 파직시켰다.

1599년[44세] 선조 32년에 중국에서 돌아와 복명하자, 선조가 크게 기뻐하고 토지와 노비를 하사하여 그 공로를 기렸다. 당시의 의논들이 정응태가 무고하여 주문을 올린 일을 가지고 그 죄를 접반사 백유함에게 돌려 그를 하옥시켜 죄를 받게 되었는데, 이항복은 그 옥사의 심문관으로서 그의 억울함을 알고 조리 정연하게 의견을 올리니, 선조가 그 실정을 이해하고 곧 사면하였다. 7월에 오성 부원군에 봉해졌다가, 9월에 좌의정이 되었다.

1600년[45세] 선조 33년 1월 도체찰사 겸 도원수에 제수되어 남쪽 지방에서 군대의 상황을 돌아보고서 백성을 편안케 하고, 일단 물러간 왜적의 재침에 대비할 것을 건의하고 해변을 방어할 16가지 계책을 올렸다.

– 국역국조인물고, 이항복, 세종대왕기념사업회 –

불의에 굴하지 않다

선조는 일찍이 임금자리를 광해군에게 약속하여 광해군이 세자로 있은 지가 17년간이었다. 불행히도 명나라에서는 세자책봉을 승인하지 않고 있었고 선조가 1년이 넘도록 병중에 있었기 때문에, 남이 화를 받는 것을 좋아하고 공명 얻기를 즐기는 자가 잔꾀를 부려 자취를 숨기고서, 세자교체를 선동하며 추켜세워 진심을 탐지하고 견제하여 사람들의 이목을 현혹시켰다.

선조가 승하하고 우여 곡절 끝에 광해군이 즉위하여 정인홍의 상소문이 들어가자 인심이 어지러워져 먼저 임해군을 표적으로 삼으니 전국이 술렁거렸다. 호위병이 갑옷을 입고 궁궐을 지켜 궁문을 낮에도 열지 않은 지가 여러 달이었다.

1608년[53세] 광해 즉위년 2월 광해군의 즉위와 함께 권력개편이 이뤄지자 이항복은 좌의정으로 복귀한 뒤, 그해 4월 4도 체찰사를 겸해 민심 수습에 앞장섰다.

어떤 간관이 임해군의 일로 와서 묻자 이항복은 말하기를, "복상 중에 있는 임금이 그 형적이 드러나지 않았는데, 어찌 섣불리 형벌에 처할 것인가?" 하였다.

삼사에서 임해군이 반역을 모의했다고 비밀히 고하면서 마땅히 절도에 유배해야 한다고 하자, 이항복은 사사로운 은총을 온전히 할 것을 청하였다. 그러나 논의하는 자들이 역적을 비호한다고 지목하여, 사은을 온전히 하라는 이항복의 말이 화근이 되었다.

6월에 선조의 산릉 일이 겨우 끝나자마자 삼사에서 임해군을 죽이자고 청하고 또 의정부가 임금에게 간하지 않은 것을 허물하였으며, 정인홍이 그 뒤를 이어 이항복이 사은을 온전히 하라고 한 잘못을 배척하므로, 이항복은 상소를 올려 재차 사직하였으나 윤허하지 않았다.

1611년[56세] 광해 3년에 정인홍이 상소하여 회재 이언적과 퇴계 이황 두 선생을 극구 비난하며 문묘에 배향시켜서는 안된다고 하자, 성균관 유생들이 상소하여 그 잘못을 해명하고 정인홍을 유생명부에서 삭제하였는데, 정인홍의 무리인 박여량이 그 사실을 들추어내 아뢰자 광해군이 그 논의를 주도한 자를 조사해 밝혀내어 구금시키라 하므로, 이항복은 크게 놀라 '이는 망국의 처사' 라 말하고 밤을 지새워 가며 상소를 써서 아침 일찍 올렸다.

성균관 유생들은 그와 같은 임금의 명을 듣고서 권당하고 떠났으며,

이항복은 또 상소를 올려 부당함을 아뢰었다. 그 뒤 면대할 때 회재 이 언적에 관한 일 네 조목을 기록하여 올렸는데, 정인홍은 이로 인해 크게 유감을 품어 해괴한 기틀이 점점 시작되었다.

명망있는 공경대부와 선량한 선비들이 두려워서 제대로 걷지도 못하고 숨도 크게 쉬지 못한 상황에서 비난과 참소가 사방에서 집중되어 이항복 을 밀어내는 것을 가장 우선으로 삼아 마침내 지방의 병권이 너무 무겁 다는 설을 만들어 기어코 죽음으로 빠뜨리려고 하자, 이항복은 날마다 조정을 떠날 것을 궁리하였다.

1612년[57세] 광해 4년에 김직재의 옥사 때 권필이 그가 지은 시로 죄 를 얻어 옥에 갇혀 신문을 받자, 이항복은 자리를 옮겨가며 간절히 간하 였으나 따르지 않았다. 풍수사 이의신이 도성을 옮기자는 설을 올리자, 재상들이 그 말에 찬동하여 임금의 뜻에 영합하는 자가 많았는데, 이항 복이 직언으로 저지시켰다.

1613년[58세] 광해 5년 정인홍 등이 "인물천거에 문제가 많았다"는 트집을 잡아 이항복을 공격하니, 그는 미련 없이 서울 근교의 벽지 망우 리에 조촐한 거처를 얻어 은거해 버렸다. 4월에 박응서가 반역행위를 고 발하여 차마 말할 수 없는 상황이 광해즉위년 때보다 심각하였는데, 피 고인 가운데 무인 정협이라는 자가 있었다.
이항복은 그와 평소 모르는 사이었으나 어느 대신의 천거가 있어 그를 변방 수령에 추천하였는데, 이 때에 와서 연루되어 죄를 받게 되자 이항 복은 조정에 나아가지 않았다.

삼사에서 영창 대군을 죽이자고 청하는데도 의정부가 간언하는 일이 없자 재상 두 사람이 매일 밤중에 이항복의 처소에 찾아와 화와 복으로 회유하고 온갖 말로 협박하여 듣는 사람이 무서워서 머리털이 쭈뼛하게 하였는데, 자제들이 눈물을 흘리며 번갈아 그대로 따를 것을 간하니, 이항복은 수염을 쓰다듬으며 꿋꿋하게 말하기를, "나는 두 조정에 은총을 받아 정승 자리에 있은 지 16년이 되었는데, 어찌 늙어 죽게 된 나이에 스스로 명예를 더럽히고 욕을 취하여 두 조정을 크게 저버릴 수 있겠는가?" 하였다. 그 재상은 이항복의 뜻을 돌릴 수 없다는 것을 알고 다시 한음 이덕형에게 찾아가 이항복에게 말했던 것처럼 하였다.

그 뒤에 이항복이 한음과 함께 심문청에 있을 때 대관이, 대신이 편전 문 밖에서 엎드리지 않는다는 것으로 공공연히 배척하니, 한음이 이항복에게 말하기를, "자네는 앞으로 어떻게 할 것인가?" 하자, 이항복은 말하기를, "내가 할 말은 무신년에 한 말 그대로이네." 하였다.

옥사가 날로 급해지고 화禍의 기세가 날로 일어나서 대관 정조와 윤인 등이 맨 먼저 인목대비를 폐하자는 논의를 꺼내자, 이항복은 한음에게 말하기를, "나는 이제 죽을 장소를 얻었네. 영창을 위해 죽으면 용기를 손상하는 것이고 인목대비를 위해 죽지 않으면 의리를 손상하는 것이네.

차마 우리 임금으로 하여금 정조와 윤인의 가리움이 되어 천하 후세에 죄를 지게 할 수야 있는가? 지금 사람이 이미 춘추春秋를 근거없이 잘못 인용하고 있으나 나는 춘추를 약간이나마 익혔으니, 경서를 인용하고 의리를 근거로 삼아 그 설을 깨뜨리겠네. 이른바 반역이란 것은 반역한 것을 보지 못했기 때문에 감히 토벌하지 못하지만, 신하로서 임금의 어머니를 폐하는 것은 참으로 반역한 신하이네. 혹시 임금께 의견을 아뢰게 되면 상소 한 통을 올릴 생각이네." 하였다.

이날 저녁에 집에 당도하여 관복을 벗지 않고 바깥채에 앉아 있었는데, 자제들이 그 까닭을 묻자, 이항복은 말하기를, "삼강三綱이 없어질 판이다. 나는 대신으로서 세상에 드문 대우를 받았는데, 어찌 남은 목숨을 아껴 차마 이런 꼴을 보겠느냐? 마땅히 간하다가 죽어 들것에 실려나오는 것으로 작정해야겠다." 하였고, 대사헌 최유원이 와서 이항복을 뵈었는데, 이항복이 말하기를, "만대에 우러러봄이 이번 일에 있을 것이다." 하였다.

최유원은 평소에 이항복을 존경하는 터이라 마침내 의논을 확정하고 두세 동료와 함께 정조와 윤인의 의견에 반론을 제기하였으니, 즉시 모후를 폐위하지 않았던 것은 이항복의 말로 인하여 그렇게 된 것이었다. 이항복은 상소장을 갖추어 한음에게 보이고 이를 가다듬으며 기다리던 차에 지난날 정협을 천거했던 일로 탄핵을 받아 의정직을 떠나게 되어 일이 이미 돌이킬 수 없게 되었다. 광해군은 이항복을 상직에서 교체하고 중추부를 제수하였다.

1614년[59세] 광해 6년 서인 편에 서다

광해군을 지지하던 당시 실세는 북인에서 갈라진 강경파 대북이었다. 대북은 왕권을 강화하기 위해 임해군을 죽였고, 이항복은 이덕형과 함께 이를 도리에 어긋난다 하여 반대했으나 받아들여지지 않았다. 그 후에도 대북은 선조의 장인이며 인목대비의 아버지인 김제남을 역모 혐의로 몰아 죽였다. 이듬해에는 선조의 유일한 적자인 영창대군을 죽인 데 이어, 서궁에 유폐되어 있던 인목대비마저 폐서인하고자 했다. 이항복은 평생토록 당쟁에 가담하지 않았으나, 대북파에 의해서 폐모론이 거론되자 이에 반대하며 서인西人에 가담하였다. 예순 살이 넘은 이항복은 지병이 있었지만, 인목대비를 폐하고서는 조정이 온전할 수 없다고 생각해 목숨을 걸고 상소문을 올렸다.

1615년[60세] 광해 7년에 맏아들 이성남이 적의 무고를 받아 하옥되자 집안사람이 세속에 따라 뇌물을 쓰자고 청하였으나 이항복은 정색을 하고 저지하였는데, 얼마 후에 옥사가 밝혀졌다. 겨울에 정인홍이 상소하여 이항복의 죄가 여기에 그치지 않는다고 말하고, 삼사에서 삭탈 관직하여 문외 출송할 것을 청했는데, 그 상소를 그대로 두고 결재하지 않았다. 이항복은 동쪽 근교로 가서 임시로 있다가 자리를 옮겨 망우리에다가 오두막집을 지었는데 불쾌한 빛이 얼굴에 보이지 않았으며, 산길과 물가를 따라 거닐고 거친 싸라기밥도 꺼리지 않으면서 마음 편히 지냈다. 청평의 수석이 아름답다는 말을 듣고 노새를 타고가 항상 농부와 시골 늙은이 속에 함께 어울려 지내니, 아무도 이항복이 귀인이라는 것을 몰랐다.

1617년[62세] 광해 9년 정인홍을 주축으로한 권력패들이 인목대비를 폐하려 하자, 이항복은 이를 극력 반대했다. 이 일로 그는 모든 관작을 삭탈 당했다.

1618년[63세] 광해 10년 1월 결국 인목대비가 폐비되어 유폐당했다는 소식이 전해지자 이항복은 침식을 폐하고 한탄해 마지않고 있는데, 갑자기 천둥이 천지를 뒤흔들자 이항복은 말하기를, "하늘이 경고하는 것이다." 하였다. 인목대비가 경운궁(덕수궁)에 유폐되고, 폐위해 평민으로 만들자는 주장에 맞서 반대하는 상소를 올렸다.

중추부 낭관이 임금의 분부를 받고 찾아와 임금께 아뢰게 하였으므로, 이항복은 이때 병중이었는데 심부름꾼이 부축하여 일으키자 붓을 들어 쓰기를, "누가 전하를 위해 이러한 계획을 세웠습니까? 요순의 일이 아니면 임금께 아뢰지 않는 것은 옛사람의 명백한 훈계입니다. 고대 중국의 순임금은 불행하여 사나운 아버지와 미련한 어머니가 항상 순舜을 죽이기 위해 우물을 치게 하고서 입구를 막아버렸고, 창고의 지붕을 수리하라 하고서 밑에서 불을 지르는 등 위태롭기가 이를 데 없었는데도 하늘을 향해 통곡하며 부모의 사랑을 받지 못한 것을 한탄하였을 뿐, 부모가 옳지 않은 점이 있다고 보지는 않았으니, 이는 진정 아비가 아무리 자애롭지 않더라도 자식으로서는 불효를 해서는 안 되기 때문입니다.

그러므로 춘추春秋의 의리에 자식이 어미를 원수로 여기는 의리가 없는 것이며, 더구나 공급[127]의 아내가 된 자는 곧 공백의 어미가 된다고 하였으니, 효성의 중함이 어찌 간격이 있겠습니까? 이제 바야흐로 효孝로써 국가를 다스려야 하는 때를 당하여 온 나라 안이 차츰 교화될 가망이 있는데, 이러한 말이 어찌하여 임금의 귀에 들어갔단 말입니까?

지금의 도道는 순의 덕을 본받아 능히 효로써 화해시키고 차차로 다스려서 노여움을 돌려 인자함으로 변화시키는 것이 어리석은 신의 바람입니다." 하였는데, 아뢴 글이 조정에 들어가자 그 글을 본 자들이 벌벌 떨었고 남몰래 눈물을 훔치는 자까지 있었다. 삼사에서 먼 변방에 위리안치할 것을 청하여 17일 용강, 18일 홍해, 21일 창성, 24일 경원, 28일 삼수에 유배하기로 결정하였는데, 북청으로 옮길 것을 명하였다.

1618년[63세] 광해 10년 1월 31일 북청에 도착하였다. 도성 백성들은 이항복이 귀양길을 떠난다는 말을 듣고 위로 조정 사대부로부터 아래로 제 조정의 옛 관리와 노복, 수레꾼까지 모두 찾아와 뵙기를 청하였고, 가는 길의 시골 백성과 여염의 부녀자들도 앞을 다투어 와서 우러러 절하였는가 하면 선비라고 일컬어지는 자들은 그 풍도와 의표를 흠모하여 모범으로 삼았다.

---

127) 공급은 공자의 손자 자사의 이름이고, 공백은 그의 아들 자상이다. 자상의 쫓겨난 어머니가 죽었을 때 자사가 아들에게 상복을 입지 못하게 하니, 그 이유를 물은 질문에 대해 자사가 대답한 말이다. 곧 아버지의 아내는 생모가 아니더라도 어머니이고, 쫓겨났을 경우에는 아무리 생모라도 어머니로 볼 수 없다는 것이다. 즉 인목대비를 폐모시킬 경우 자식이 천륜을 끊어 버리는 경우가 된다.

유배지인 북청으로 가던 중 강원도와 함경도의 경계인 철령에 닿았을 때 그는 시조 한 수를 남겼다.

철령 높은 봉에 쉬어 넘는 저 구름아
고신원루孤臣寃淚를 비 삼아 띄워다가
임 계신 구중심처에 뿌려본들 어떠리

또 이항복이 유배지에 다달아 지은 시가 전한다.

古朽松牌記北靑	낡은 장승에 북청이라 새겼는데
板橋西畔小人迎	나를 맞는 이 몇 안되니 외롭다.
群山定欲因豪傑	첩첩산은 호걸을 가두려하고
回望千峰鎖去程	뒤 돌아보니 돌아 갈길 막혔네

5월에 병에 걸렸는데, 꿈속에 감응하는 기이함이 있자 말하기를, "내가 오래 가지 못하겠구나." 하였다. 노추(奴酋, 청 태조 누르하치)가 요광遼廣을 침범하여 명나라에서 우리나라에 군사를 요청하였으나 조정에서 허락하지 않았다는 소식을 듣고 눈물을 흘리며 말하기를, "나라가 다시는 떨쳐 일어나지 못할 것이다." 하였다. 그로부터 이틀 뒤에 세상을 떠났으니, 이달 13일이었다. 향년은 63세였다.

이항복은 일찍이 집안 식구들에게 이르기를, "나라를 제대로 섬기지 못하여 이러한 견책을 받았으니, 내가 죽거든 조정관복으로 염습하지 말고 평소에 입던 유림들의 겉옷과 큰 띠를 사용하라." 하였다. 7월에 포천 선영으로 상여를 옮기고, 8월에 참찬공 묘소의 왼쪽 을좌의 자리에 장사

지냈다.

　그해 5월 초, 이항복은 꿈속에서 선조와 이덕형을 보고 자신의 최후를 예감했다. 평생 충성을 바쳤던 선조나 죽마고우 이덕형은 이미 세상에 없는 사람들이었다. 그 달 11일, 이항복은 유배지 북청에서 62년 동안의 외롭고 고단한 생애를 접었다.

　유생들이 조정의 반대를 무릅쓰고 사당을 세워 기리니, 포천의 화산서원·북청의 노덕서원이 그의 향사다. 청렴하기 그지없어 뒤가 말끔했던 이항복은 청백리에 책록되고, 문충공으로 시호가 내려졌다. 영의정 신흠이 짓고, 도학자로 유명한 이조판서 김집이 글씨를 썼으며, 우의정 김상용이 전액을 새긴 신도비가 세워졌다.

이항복의 졸기

　이항복의 졸기는 단 한 줄이다. 유배를 살다가 죽은 죄인으로 취급하여 사망 일자만 남긴 것이다. 당대 왕조의 영의정을 지낸 공신이자 충신인데도 정권을 잡은 권력가들에 당적이 다르다 하여 누구하나 반론도 하지 않은 채 역사는 매몰차게 기록하였다.

　1618년[63세] 광해 10년 5월 13일 전 영의정 오성 부원군 이항복의 졸기

　전 영의정 오성 부원군 이항복이 북청 유배지에서 죽었다.

필운대

  필운대는 인왕산 아래에 있다. 백사 이항복이 도원수 권율의 집에 처가살이하였으므로 필운이라 불렸는데, 석벽에 새긴 '필운대' 세 글자는 곧 이항복의 글씨다. 필운대 곁 인가에 꽃나무를 많이 심었기 때문에 경성 사람들이 봄철 꽃구경할 곳으로 반드시 먼저 여기를 꼽았다. 육각현은 필운대 곁에 있는데 대와 함께 이름이 알려졌다. 담장 둘레가 매우 길기 때문에, 사람들이 만리장성 집이라 불렀다.

  이항복의 옛집은 살구나무가 많아 시인, 묵객들이 많이 출입했다고 한다. 출입 인사 명단에는 허균도 들어 있었다. 허균은 비록 이항복과 당색은 달랐으나 이항복의 인품을 늘 존경해마지 않았다. 대북파가 정권을 잡았을 때 이항복은 이이첨, 허균 등의 인목대비 폐모론에 적극 반대하다 삭탈관직 되었다. 강경파들은 이항복을 참형에 처해야 한다고 했지만 허균은 차마 찬성도 반대도 하지 못했다. 결국 이항복은 허균이 죽기 3개월 전에 죽었다. 필운대는 현재 배화여자대학교내에 있다.

[승진과정]

1575년[20세] 선조 8년 진사 초시에 합격 성균관에 입학
1580년[25세] 선조 13년 알성시 문과 병과 급제, 승문원 권지부정자
1581년[26세] 선조 14년 예문관 검열
1583년[28세] 선조 16년 사가독서, 홍문관 정자·저작·박사
1585년[29세] 선조 18년 예문관의 대교·봉교, 성균관 전적,
              사간원 정언, 이조좌랑, 지제교
1586년[31세] 선조 19년 8월 홍문관 수찬, 12월 수찬
1587년[32세] 선조 20년 교리, 예조정랑, 홍문관 저작
1588년[33세] 선조 21년 12월 이조정랑
1589년[34세] 선조 22년 기축옥사
1590년[35세] 선조 23년 6월 응교, 검상, 사인, 8월 직제학, 동부승지,
              겨울에 평난공신 3등에 책록
1591년[36세] 선조 24년 봄에 호조참의, 승지
1592년[37세] 선조 25년 4월 13일 임진왜란, 이조참판, 오성군,
              가선 대부로 승급, 형조판서 겸 도총관, 자헌대부로 승급,
              대사헌, 6월 병조판서 겸 홍문관 제학, 지경연춘추관사,
              동지성균관사, 세자 좌부빈객, 9월 동지경연, 홍문관 제학
1593년[38세] 선조 26년 서울 수복
1593년[38세] 1월 세자 우부빈객, 7월 관상감 제조,
              윤 11월 세자 우빈객, 윤 11월 병조판서
1594년[39세] 선조 27년 7월 병조판서, 수군 대장 겸직
1595년[40세] 선조 28년 3월 이조판서, 8월 겸 예문관 대제학
              지춘추관 성균관사
1596년[41세] 선조 29년 1월 겸 홍문관 대제학, 8월 병조판서
1597년[42세] 선조 30년 3월 병조판서, 9월 병으로 면직,
              9월 29일 병조판서
1598년[43세] 선조 31년 4월 병조판서, 10월 우의정
1599년[44세] 선조 32년 7월 오성 부원군, 9월 좌의정
1600년[45세] 선조 33년 1월 도체찰사 겸 도원수, 6월 17일 영의정

겸 영경연·홍문관·예문관·춘추관사, 세자사.

1601년[46세] 선조 34년 영의정
1602년[47세] 선조 35년 윤 2월 1일 오성부원군
1604년[49세] 선조 37년 호종 1등 공신 녹훈
4월 18일 다시 영의정에 제수되었으나 사양하여 면직
5월 오성부원군
1608년[53세] 선조 41년 2월 1일 선조 서거, 2월 2일 광해군 즉위
1608년[53세] 광해 즉위년 2월 좌의정, 4월 4도 체찰사
1611년[56세] 광해 3년 이언적 이황의 문묘배향 문제로 정인홍과 다투다.
1612년[57세] 광해 4년 김직재의 옥사, 심문에 참여
1613년[58세] 광해 5년 정인홍 등이 "인물천거에 문제가 많았다"는
트집을 잡아 이항복을 공격하니, 그는 미련 없이 서울
근교의 벽지 망우리에 조촐한 거처를 얻어 은거해 버렸다.
1614년[59세] 광해 6년 서인 편에 서다.
1615년[60세] 광해 7년에 맏아들 이성남이 적의 무고를 받아 하옥되다.
1617년[62세] 광해 9년 정인홍을 주축으로한 권력패들이 인목대비를
폐하려 하자, 이항복은 이를 극력 반대했다. 이 일로
모든 관작을 삭탈 당하다.
12월 함경도 북청으로 유배
1618년[63세] 광해 10년 1월 인목대비 유폐, 1월 31일 북청으로 이배.
5월 13일 병사

73 이덕형李德馨

조선조 최연소 대제학에 오르다

생몰연도	1561년(명종 16)~ 1613년(광해군 5) [53세]
영의정 재직기간	1차 (1602.윤2.3~1604.4.9) 2차 (1609.9.9~1611.8.24)
	3차 (1612.9.5~1613.8.19) (총 5년)
본관	광주
자	명보明甫
호	한음漢陰 ·쌍송雙松·포옹산인抱雍散人
시호	문익文翼
출생	포천시 자작동
묘소	경기도 양평군 양서면 목왕리
배향	용연서원, 도남서원, 근암서원에 제향
기타	이산해의 사위. 토정 이지함(이산해의 숙부)이 이덕형의
	인물됨을 알아보고 사윗감으로 추천
	뛰어난 학문과 문장으로 최연소 대제학이 되다
증조부	이수충李守忠 – 부사과
조부	이진경李振慶
부	이민성李民聖 – 지중추부사
모	문화 류씨, 류예선의 딸
처	한산 이씨 – 이산해의 딸
장남	이여규李如圭 – 판결사
2 남	이여벽李如璧 – 현감
3 남	이여황李如璜 – 관찰사
장녀	정기숭鄭基崇의 처

띄어난 외교술과 인품으로 국난위기를 극복하다

이덕형의 자는 명보明甫인데 한산의 북편에 살았다고 하여 스스로 호를 '한음漢陰'이라 하였다. 증조부 이수충은 무관으로 부사과를 지냈고, 조부 이진경은 몹시 현명하였으나 젊은 나이로 세상을 떠났다. 아버지 이민성은 지중추부사를 지내고 문화 유씨를 아내로 맞이하여 이덕형을 낳았다.

이덕형은 20세에 과거에 급제하였고, 31세의 젊은 나이에 예조참판과 대제학에 오르게 된다. 조선 왕조 519년 역사 속에 31살의 대제학은 이덕형이 처음이자 마지막이었다. 나라의 학문을 바르게 평가하고 재는 저울이라는 의미로 문형文衡이라고도 불리는 대제학은 학자로서 최고의 영예였다. 품계는 판서와 동일한 정이품이지만, 3정승이나 육조판서보다 더 높은 예우를 받았다. 대제학은 누구나 오를 수 있는 자리가 아니라 과거 출신자여야 했고 대신들의 투표를 통해 다수의 표를 얻어야 대제학이 되었던 것이다. 비록 임진왜란 중 대제학에 제수된 것이지만 이덕형의 학문적 업적과 인품을 대변하는 것이라 볼 수 있다.

임진왜란의 가장 큰 공훈은 당연 이순신으로 기억하지만, 육지에서의 공은 권율, 김시민, 이원익, 유성룡, 이덕형, 이항복 등의 공도 무시할 수 없다. 권율과 김시민은 무관 장수로서의 역할이 컸고, 이원익과 유성룡은 영의정으로서, 이덕형과 이항복은 병조판서로서의 역할이 두드러졌다.

이덕형이 세운 공로는 외교 분야에 집중되었다. 전쟁 중에도 왜병 장수들과 담판을 시도했고, 왜란 발발 후 피난길에서 명나라에 원병 청원사로 가서 원군을 요청하는 데 성공하였다. 명나라 원병의 힘으로 거의 빼앗긴 국토를 탈환하였고, 바다에서는 이순신이 적군의 바닷길을 막으니 일본은 보급로가 끊겨 장기전을 치를 수가 없었다.

이덕형의 이러한 공로가 인정되어 41세의 나이에 영의정이 된다. 조선 역사를 통틀어 40대 초반에 영의정이 된 인물은 손꼽을 정도이다. 선조가 왜란을 평정하고 서울로 환도하여 중흥의 대업을 회복하였는데, 뭇 사람들이 칭송하기를 모두들 '이씨 성을 가진 세 분의 정승이 좌우에서 돕고 인도하여 오늘이 있게 되었다'고 하였는데, 세 정승이란 곧 이원익과 이항복과 이덕형이다. 이덕형은 세 정승 가운데 가장 연소하였지만 재능이 제일 뛰어났다고 하고 있다.

선조가 승하하고 광해군이 즉위하였는데 중국에서 왕위 책봉의 승인이 나지 않아 애간장을 태우게 하였다. 이때 이덕형이 책봉 주청사로 명나라에 파견되어 5개월간 머무르며 끝내 책봉 칙서를 받아온 것도 중요한 성과였다.

위인은 언제나 위기 때 나타난다고 한다. 위기를 어떻게 극복하고 어떻게 처신하느냐가 곧 그 사람에 대한 평가 기준이 된다. 당파가 극성을 부릴 때에도 이들은 당색에 따라 움직이지 않았다. 오직 국가와 백성들의 안녕을 위해 소신껏 행동한 결과가 오늘날에도 그 이름이 오르내리고 있는 것이다. 당대에 역사 실록을 편찬한 사관들은 이들과 당을 달리했기에 평가절하하는 글로 기록을 남겨 두었지만 사후로 갈수록 이들에 대한 재평가가 역사기록들을 덮어버리고도 남음이 있었다. 이덕형과 이항복. 두 지기에 대한 아쉬움은 너무 이른 나이에 세상을 등지고 만 것이다.

이덕형은 1561년 명종 16년에 태어났는데 나면서부터 자질이 뛰어나서 침착하고 순후하면서도 조심성이 있었다. 어렵거나 의심나는 점을 물을 때는 어린이 같지 않았으며, 15세가 되기도 전에 학문을 성취하였는데, 양사언을 따라 산수간에 다니면서 시를 짓고 시로 답하는 것이 갈수록 아름다운지라 양사언이 감탄하여 칭찬하기를, "그대는 나의 스승이다." 하였다. 이덕형이 읊은 '녹음백연기'라는 네 구절의 시를 아름다운 강산의 계곡 돌에 새겼는데, 지금까지도 완연하다.

野闊暮光薄 야활모광박   들은 넓어 저녁 빛 엷게 깔리는데
水明山影多 수명산영다   물은 맑아 산 그림자 가득하고
綠陰白煙起 녹음백연기   녹음 속에 하얀 연기 이는데
芳草雨三家 방초우삼가   아름다운 풀 언덕에 세 채 집이로세

1578년[18세] 이덕형은 생원시에 수석 합격하고 20세에 별시 문과에 2등으로 급제하였다.

20세에 과거에 응해 급제하여 승정원을 거쳐 예문관에 천거를 받았으나, 당시 장인인 이산해가 궁중의 서적을 주관할 때라 사사로운 친분을 의심받을까 여겨 응시하지 않았는데, 선조가 자치통감을 강독하려면서 자문에 대비할 재주있는 신하 다섯명을 선발케 하고 책을 친히 내어 주자 이덕형이 참여하니, 당시 사람들이 모두 영예롭게 여겼다.

22세에 홍문관 정자로 지내다가 독서당의 사가 독서에 뽑혀 학문수양에 정진할 수 있었다.

이듬해에 임금이 서총대에 친림하여 무예를 시험할 때 이덕형이 응시하여 장원했는데, 이로부터 무예를 겨룰 적마다 항시 수위를 차지하였다. 그러나 남의 윗자리를 바

라지 않음이 이덕형의 본뜻이었다. 일찍이 정시庭試에서 동급자가 질투하는 말을 하자 이덕형이 병을 핑계로 사양하고 나아가지 아니하니, 듣는 사람마다 칭찬이 자자하였다.

이후 부수찬, 정언, 부교리, 이조 좌랑, 일본 선위사, 이조정랑, 직제학, 승지를 거쳐 이조참의가 되었다. 이때 세자 책봉문제로 정철이 파직되어 유배를 갔는데 서인들의 처벌 문제를 두고 강경론과 온건론이 벌어졌는데 이덕형은 온건론을 취했다.

정철은 정여립의 역모 사건 때 기축옥사로 동인들을 가혹하게 처형한 일이 있어 동인들의 원수가 되었는데, 세자책봉 문제로 파직되어 진주로 유배를 갔다. 이때 동인들 사이에서는 정철뿐만 아니라 서인들을 대거 처벌해야 한다는 강경파 이발, 이산해, 정인홍 등과 처벌 범위를 최대한 줄여야 한다는 온건파 유성룡, 김성일, 우성전 등으로 의견이 나뉘었다. 이후 강경파는 북인으로, 온건파는 남인으로 불리게 되었다. 북인에는 화담 서경덕과 남명 조식의 문인이 많았으며 남인에는 퇴계 이황의 문인이 많았다.
이덕형의 성향은 남인 쪽에 가까웠다. 남인들은 다른 당파의 존재를 긍정적으로 받아들이고, 정국의 평온을 위해 협조하는 것을 중시하는 입장이었다. 이덕형의 장인 이산해가 북인의 거두였기 때문에 이덕형은 북인과도 교류하고 남인과도 교류하였는데, 갈수록 북인의 세력이 커지자 남인 쪽으로 기울었다. 그래서 북인 장인에 남인 사위라는 말이 나돌았다.

31세 대제학에 42세 영의정이 되다

이조참판에 특진되어 대제학을 겸하니 당시 나이 31세였다. 변계량 이후 대제학을 맡았던 사람은 모두 오랜 덕망과 품계가 높은 이들을 등용하였고 이덕형과 같이 젊은 나이에 그 자리를 차지한 사람이 없었다. 당시에 문학에도 능숙하고 덕망을 쌓은 훌륭한 이가 많았는데, 이덕형이 문형을 맡자 모두가 이르기를, "이덕형보다 앞설 사람은 없다." 하였다. 이덕형은 문장이 가장 우수하여 대신들이 문형에 알맞다고 다수가 추천했기 때문에 주상이 품계를 2품으로 올렸는데, 이때 나이 31세였다.

8월에 처남 이경전이 사가독서에 선발되지 않자 장인 이산해가 크게 노하였다. 이덕형은 장인의 부탁을 받고 다시 임금께 아뢰게 하여 이경전이 마침내 사가독서에 선발되었다.

1592년[32세] 4월 13일 임진왜란이 일어났다. 파죽지세로 밀려 서울을 점령당한 채 국가가 위란지계에 놓여있는 상황에서 6월 명나라 원병 파병을 요청하기로 하고 청원사로 중국으로 가서 원병출병을 성사시켰고 1593년 한성판윤, 대사헌, 명나라 제독 접반사, 형조판서, 병조판서, 대제학을 지내고, 1594년 모친상을 당했는데도 임금의 부름을 받아 이조판서가 되었다. 1595년에 병조판서, 1597년 공조판서가 되었는데 정유재란이 다시 발발하였다. 1598년 38세에 우의정에 오르고 곧 좌의정이 되었다.

1599년[39세] 홍여순이 이덕형을 해치려고 명나라 유정과의 관계를 적발하여 모함하니, 이덕형이 열 차례나 해직을 바라는 글을 올렸다. 임금은 이에 대해, "경의 심사는 청천의 백일과도 같다. 미친 바람 거센 비가 몰아친다 해도 그 몸가짐이 침착하니, 경은 마음속으로 반성을 하여도 부끄러움이 없을 것인데, 유정 그 사람이 어찌 해칠 수 있겠는가?" 하였다.

1601년[41세]에 경상·전라·충청·강원도 4도 체찰사에 임명되었다. 도체찰사의 임무를 띠고 남쪽 변방에 나아가 군정을 바로잡고 민폐를 파헤쳐 호남과 영남지방을 안정케 하였다. 특히 이덕형은 적을 살피는 데 뛰어나서 적의 진위를 손꼽듯이 정확하게 알았는데, 왜구 사신 귤지정이 문서를 가지고 와서, 허세를 부려 공갈하며 화친을 요구하자, 이덕형은 '이것이 대마도의 속임수이지 일본의 행위가 아니라'고 여겨 물리치고 받아들이지 않았다.

귤지정에게 이르기를, "명나라 조정에서는 너희 왜국이 침략을 거듭한 때문으로 본 조선에 군사를 남겨 뜻밖의 사태에 대비하고 있다. 너희들이 감히 이러한 때 거짓말을 하며 우리를 속이려 하는가?" 하고 남쪽 지역에 남아 있는 명나라 병사를 모아 대오를 정돈하는 한편 급히 군문에 통고해서 왜적들에게 알릴 첩문을 만들어 부산진에 널리 내걸게 하니, 적이 입을 다물고 물러갔다.

1602년[42세]에 영의정이 되었는데 이덕형이 세 차례나 사직을 하니, 윤허하지 않는다고 답하고, 교서를 내리기를,

"온갖 책임이 영상의 몸에 모여 성공을 기대하는 소망 바야흐로 간절하다. 수고로운 나머지 병을 얻어 갑자기 물러나려 하니 정말 섭섭한데 어찌 재차 그럴 수가 있겠는가. 경은 천성이 충후하여 문장 따위는 나머지 일이로다.

선비 시절에 벌써 삼정승의 기량으로 일컬어졌는데 위급한 날에 더욱 반석이 되는 재목임을 증험했었다. 국가를 다시 일으킨 공로가 으뜸이니 백관의 어른 지위가 마땅하다. 그러므로 점괘에 부응하여 거듭 정사를 보필하는 임무를 부여하였다.

후한 덕은 부박한 풍속을 진정시킬 만하여 군자가 믿어 두려움이 없게 되었고 큰 계획은 원대한 사업을 경영할 만하여 의정부에 은연히 사람이 있게 되었다. 부지런히 보필함을 힘입어 밤낮으로 다스리게 될 것을 도모하였는데, 창창한 나이에 물러갈 계획을 세울 줄 어찌 알았겠는가. 나아감을 어렵게 여기고 물러남을 쉽게 보는 기풍은 부박한 풍속을 격려할 만하다고 하겠지만, 공경히 보필하는 책임은 누구와 함께

이 어려움을 구제하겠는가. 더구나 오늘날은 내외가 다사다난하니 안으로 나라를 굳건히 다스리고 밖으로 힘을 키우는 정책을 필수적으로 펼쳐야 할 것이다.

생각건대 경의 거취에 국가의 안위가 달려 있도다. 신명이 도우시고 곧 치유되는 기쁨을 보게 될 것이니, 국가와 편안함과 근심을 함께 하여 아픔을 참고 조회해야 할 것이다. 너무 겸양만 앞세우지 말고 갈망하는 이 마음에 힘써 부응하라. 아, 그대로 장마와 배로 상나라를 구제한 것처럼 하기를 기대하노니 주나라 태전과 굉요가 주나라에서 아름다움을 독차지하듯 하게 말라." 하였는데, 이는 지제교 성균관 사예 박동열이 지은 것이었다.

6월 이덕형이 군국의 기무를 잘 다스리지 못할까 하여 사직상소를 올렸다.

영의정 이덕형이 상소를 올렸다. 그 대략에,
"신은 재주와 기량이 천박하여 실로 명망이 없었는데 갑자기 중임을 맡았으니 필시 이로 인해 전복됨을 재촉할 것입니다. 명을 받든 이래 근심과 두려움이 날로 더하여 일에 따라 둔하고 어리석은 재주나마 남김없이 다하였지만 원래 천성이 어리석은 탓으로 사람들의 논의만 불러일으켰습니다. 이에 구구한 충성심은 모두 비방으로 바뀌어 벼슬자리는 점차 가벼워지고 질병 또한 심해져서 여러 차례 글을 올려 사면을 청하고 삼가 체직하라는 윤허를 기다렸었는데 도리어 온화한 말씀을 내리셨습니다. 그리고 곧바로 반역사건이 잇따라 일어나 나아가 사례하기가 낭패스러워 미처 다른 생각을 할 겨를이 없었습니다.
다만 조정의 중하고 가벼운 계책의 득실과 시정일을 진정시키는 일은 모두 대신에게 달린 것인데 신은 재주나 덕으로나 나이나 명망이 모두 이에서 멉니다. 이토록 비슷하지도 않은 자질로 오히려 있어서는 안 될 자리에 외람되게 있게 되니 마음이 초조하여 머리만 세고 한갓 많은 사람의 비난만 받았습니다. 외부 사람들이 알지 못하는 군국의 기밀에 이르러서도 또한 헐뜯는 것만으로 부족하여 드러내어 죄를 따지고, 그것도 부족하여 상소하여 배척합니다.
신이 비록 성은을 그릇 탐하고자 하나 조정을 욕되게 하고 자리를 더럽히고 임금께 누를 끼치는 데야 어찌하겠습니까. 삼가 임금께서는 신의 사정을 불쌍히 여기셔서 속히 신의 본직을 교체하시어 한편으로는 체면을 높이시고 한편으로는 어리석은 신의 분수를 편안하게 하여 주신다면 신은 여러 대부들의 뒤에서 열심히 일할 것이며, 그 지위에 있지 않다고 해서 조금이라도 게으름을 피우는 일이 감히 없을 것이며, 물불을 가리지 않고 보답을 도모할 것입니다. 황공하고 절박하기 그지없습니다."

하였는데, 답하기를,

"상소를 보았다. 경의 나라를 위하는 충성은 내가 평소부터 아는 바이다. 김협의 상소는 본디 쟁론할 것이 없으니 경은 안심하고 사직하지 말라. 그리고 일개 관계없는 말로 인하여 조정의 일을 논급할 필요가 있겠는가. 지적하는 바가 있는 것은 같으나 나는 곡절을 모르겠다. 경은 더욱 마음을 다하여 돕도록 하라." 하였다.

1603년[43세]에 선무공신·호성공신 등의 책훈에 앞서 선조가 명하기를, "이덕형은 왜구들이 가득 차 있던 날 홀몸으로 적진으로 들어가 적의 우두머리를 만났으니, 나라를 위하여 목숨을 바친 사람이 아니라면 나아갈 수가 없다." 하면서 재촉하여 녹훈을 명하였는데, 7월 이덕형이 공신에서 삭제해 주시기를 청하였다.

영의정 이덕형이 상소를 올려 아뢰기를,
"공을 정하고 보답하기를 도모하여 종鐘과 정鼎에 새기는 것은 국가의 막중한 일이니, 반드시 종묘사직에 공이 있어서 더욱이 여러 사람들 보다 훨씬 뛰어난 자라야 이 명을 받을 수 있는 것입니다. 신에게는 더욱이 몹시 온편치 못한 점이 하나 있습니다. 이미 처음부터 끝까지 호위하며 따른 무리도 아니고 왜적을 정벌하느라 비바람에 시달린 장수도 아니어서 어느 모로 보나 기록할 만한 공이 하나도 없는데, 지난해에 원훈이 잘못 아뢰어서 함께 수록되었습니다.

제가 참여된 것에 대해 아무도 이의를 제기하는 사람이 없기는 하나 어찌 부끄러움이 없이 태연할 수 있겠습니까. 신 때문에 잘못된 것도 작지 않습니다. 녹훈하는 일은 지극히 중대하고 엄정한 것인데 어찌 위에서는 고치기를 아까워하시고 아래에서는 잘못된 것을 그대로 놓아둘 수 있겠습니까. 바라건대, 성상께서는 간절한 뜻을 굽어 살피시어 상의하여 삭제함으로써 공훈록을 중하게 하신다면 매우 다행이겠습니다."

하니, 답하기를,
"국가가 황급할 때에 공이 있으면 다 기록해야 되는 것이다. 경에게 큰 공이 있다는
것은 숨길 수 없는 사실이니 굳이 사양하지 말라." 하였다.

1604년[44세] 선조 37년 2월 26일 의정부 영의정 이덕형이 자신의 녹
훈 삭제를 요청하다.

의정부 영의정 이덕형이 상소를 올리기를,
"삼가 아룁니다. 신이 녹훈에 참여될 수 없다는 것은 지난해 여러번 상소를 올려 이
미 죄다 아뢰었으니 감히 다시 번거롭게 아뢸 수 없습니다마는, 매우 민망한 것이 있
습니다. 대간이 공론에 의거하여 아뢰어 윤허를 받았으면, 신은 실로 삭제할 대상에
들어 있어야 할 것입니다. 서울에서부터 호종한 것도 아니고 왜적을 정벌한 것도 아
니며 특명으로 수록된 사람도 아니니 세 가지 중에 의거할 만한 것이 하나도 없는
데, 무슨 이유로 대간이 삭제를 청한 뒤에 다시 수록한단 말입니까. 사세가 이러하
니, 무릅쓰고 참여할 수 없는 것은 틀림없습니다. 이제 자기가 마련하였는데 남은 삭
제되고 자기만 참여되었으니, 아무리 염치가 없다 해도 어떻게 스스로 편할 수 있겠
습니까.

이뿐만이 아닙니다. 외간의 논의는 다들 '의병을 일으키고 절개를 지키다 죽은 사람
을 반드시 먼저 수록해야 한다.' 합니다. 당나라의 왕실이 회복되었을 때에 곽자의·
이광필이 의병을 모았으나 장순·허원·남제운 등이 1등이 되었습니다. 국조國朝에
서도 차운혁이 이시애의 난 때 절개를 지키다 죽었는데 별로 성적이 없는데도 적개
공신의 반열에 수록되었습니다. 이는 대개 난리에 임하여 갑작스러운 사태에 절의
를 권장하기에 급했기 때문입니다. 이번에도 의병을 일으키고 절개를 지키다가 죽어
서 여론에 일컬어지는 사람이 있는데 다만 당초 우연히 빠진 까닭으로 끝내 수록되
지 못한 것입니다. 저들도 빠졌는데 신이 무슨 마음으로 참여될 수 있겠습니까. 남들
이 장차 '자신은 삭제돼야 할 공훈인데 무릅쓰고 수록하고서 남은 반드시 수록해야
할 공훈을 도리어 빠뜨렸다.' 할 것이니, 대간의 논의가 다시 제기되지 않더라도 자신
의 마음에 부끄럽지 않을 수 있겠습니까.

전에 어전에서 면대하여 지당하게 마련하라는 분부를 받들었으니, 조금이라도 미진

하게 한다면 임금님의 가르침을 크게 저버리는 것입니다. 공신에 수록되는 사람이 1백 10여 인인데 왕업에 힘쓰다가 절개에 죽은 사람은 하나도 수록되지 않았으므로 동료의 의논도 이것을 온당하지 못하게 여기기도 합니다. 다만 이미 감정하였으므로 다시 의논하기 어렵지만 참으로 공론이 이러하니 어찌 이미 정하였다 하여 아뢰지 않을 수 있겠습니까. 신은 더욱 부끄러워 몸둘 바를 모르겠습니다. 바라건대 신이 말씀드린 것은 관례에 따라 말씀드리는 것이 아니라는 것을 헤아리시고 특별히 명하여 다른 대신에게 하문하여 신의 이름을 삭제시키소서. 그리고 타당하지 못한 자가 있으면 다시 충분히 합당하도록 하여 중대한 일이 뒷날 비난을 면하게 해주시면 더없는 다행이겠습니다. 신은 상처가 매우 중하여 이제야 비로소 무릅쓰고 아뢰니, 몹시 두렵고 민망스러움을 견디지 못하겠습니다. 처분을 바랍니다."

하였는데, 답하기를,
"상소를 보았다. 녹훈하는 일은 이미 재삼 밝혀 바로잡아 상세하고 극진하게 마련하였으니 경이 사양할 수 없다. 사양한다면 의리상 미안한 점이 있다. 경은 다시 살펴서 사양하지 말기 바란다." 하였다.

사관은 논한다. 이덕형의 이 상소는 자신의 분수를 아는 데에 밝은 것이라 하겠다. 대저 녹훈은 국가의 막대한 일이라 윗사람도 사적인 일로 부당하게 수록할 수 없는 것이고 아랫사람도 공로가 없는데 거짓되게 수록될 수 없는 것이니, 어찌 터럭만큼이라도 거짓이 용납될 수 있겠는가. 이덕형은 자신이 재상 반열에 있으면서 국가가 변란을 당하였을 때 서울에서부터 호종하여 임금의 파천에 함께하지 못하였고 또 몸소 총탄을 무릅쓰고 불공대천의 원수를 없애지도 못하였으니, 의거할 만한 공로가 하나도 없는 것이다. 이러한데도 수록된다면 사적인 일로 부당하게 수록되고 공로가 없는데 거짓되게 수록되는 것임이 분명할 것이다. 한때의 시비는 혹 정해지지 않을지라도 천하 후세의 공론은 피할 수 없는 것이니, 이덕형이 말하지 않으려 하여도 그럴 수 있겠는가.

흰 무지개가 해를 꿰뚫는 이변이 일어나자, 임금이 2품 이상의 조정 신하들에게 그에 대한 생각을 아뢰라고 명하였는데, 이덕형이 아뢰다가 임금의 뜻에 거슬려 교체를 당하여 영중추부사에 임명되었다.

1608년[48세] 광해즉위년 6월 명나라 조정에서는 적장자를 버려 두고 서자를 왕에 세웠다는 이유로 광해군의 책봉을 허락하지 않았는데, 이 때 선조의 승하를 알리는 고부사告訃使 이호민이 북경에 도착하자, 명나라에서는 엄일괴·만애민 두 차관을 조선에 보내 임해군의 광포한 병 상황을 조사하자, 온 조정이 허둥지둥 놀라 입을 다물 뿐 감히 한마디 말도 못하고 있으므로 이덕형이 달려 나아가 이르기를, "아우의 일로 형을 조사하는 행위는 아무리 하국일지라도 명을 받을 수 없다." 하니, 차관들이 이 말을 듣고 다시는 조사하지 아니하였다.

명나라 신종 말엽에 천자의 뒤를 이을 후계자의 옹립이 오래도록 결정되지 않아 제후국에서 자국의 세자 책봉의 허락을 요청하여도 명나라 조정에서는 그 허락을 자꾸만 미루었다. 이 때문에 광해군은 이덕형에게 명하여 주청사로 삼으니, 이덕형은 길을 재촉하여 27일 만에 북경에 도착하여, 5개월 동안 머물면서 백방으로 주선하여 책봉의 허락을 받아 돌아오자, 광해군이 몹시 기뻐하여 이덕형의 아버지를 통정대부 판결사에 제수하고 이덕형의 아들에게는 6품 벼슬을 내렸으며, 전토와 노비를 갑절로 내려 돈독히 대우하였다.

> 임해군의 존재와 영창대군의 존재를 이유로 들어 광해군을 적통을 이어받은 왕으로 인정하지 않자 그는 스스로 진주사(주청사)가 되어 명나라에 가서 설득하고 되돌아왔다.

1608년[48세] 선조 41년에 선조가 승하하여 관이 아직 빈전에 있었는데, 임해군의 반역행위를 고하는 일이 있어 삼사에서 즉시 법대로 다스리길 청하자, 광해군이 대신들의 논의를 물었으므로 이덕형과 이항복은 의義로써 처단하는 것보다는 은혜로운 정으로 감싸줄 것을 말하였고, 한강 정구도 대사헌으로써 상소하여 은전을 주장했으며, 상신 이원익도 상소를 올려 역시 은전을 주장하자 시론이 떠들썩하게 일어나 은전을 주장한 사람들을 지목하여 호역[128]이라 몰아세웠다.

1609년[49세] 광해 1년 9월 다시 영의정이 되었다. 1611년 정인홍이 회재 이언적·퇴계 이황 두 분 선생의 문묘 배향을 두고 터무니없이 헐뜯자, 이덕형은 세 차례나 상소를 올려 정인홍의 망동을 신랄하게 배척하였다.

1613년[53세] 광해 5년에 박응서가 임금의 장인 김제남을 역모로 고발하는 사건이 일어났다. 한 사람을 조사하면 열 사람이나 끌어들여 무고한 사람을 거짓 죄에 옭아매어 불길이 궁궐 내에 까지 퍼지게 되어 참혹하였다. 아첨을 일삼는 대신들이 광해군의 마음을 틀어잡았고, 광해군은 친히 국문을 한답시고 하루도 빠짐없이 범인의 죄상을 살피니 입궐한 신하들이 겁에 질려 있었다. 이덕형은 오직 정의를 지켜 신문을 되풀이하여 죄를 공평히 하는 데 힘써 억울하게 당한 사람을 대부분 풀려나게 하였다.

이때 군소배들이 마음대로 날뛰어 영창대군을 화근의 씨앗이라 지목하고서 여덟 살에 불과한 대군을 언관들을 사주하여 목매달아 죽일 것을 청원케 했고, 또 대신들을 이용하여 명을 기다리게 하였다. 심지어 대사헌 송순과 대사간 이충은 궁궐에서 공공연히 말하기를, "조정의 여론이 모두 영의정이 백관을 거느리고 합문 앞에 엎드려서 영창의 죄를 다스리라 청하지 아니함을 잘못이라 한다." 하였고, 이어서 이이첨이 직접 나서 이덕형을 겁주며 말하기를, "조정의 공론이 모두 영창을 처형코자 하는데, 유독 이덕형만이 내보내기를 청하고 있으니, 우리들의 종묘사직을 위한 뜻과는 거리가 멀다." 하였다. 그러나 이덕형은 웃으며 동요됨이

---

128) 역적을 옹호하는 인물

없이 보고서를 써서 내보내기만 하자는 논의를 고집할 뿐 조금도 변하지 아니하니, 이이첨의 무리들이 몹시 분격하였으나 어찌할 수가 없었다. 8월 18일 양사가 영창대군의 처벌과 이덕형의 죄를 청했으나 임금은 듣지 않았다.

양사가 합계하여, 이의를 법대로 처리하고 법에 따라 이덕형의 죄를 정하라고 청했는데, 답하기를,

"아래서는 법을 지키고 위에서는 재량하여 처리하는 것이 일의 체모에 합당할 듯하다. 삼사의 논의가 옳으나 이미 영상의 의견을 따라 외딴 섬에 안치했으니 번거롭게 하지 않는 것이 좋겠다. 영상의 일에 있어서는 논한 바 법을 적용한다는 것이 어찌 베고자 하는 뜻이겠는가. 사람의 죄를 논하는 데 있어서는 정상과 법을 참작하여야 한다. 영상이 비록 잘못된 소견을 가지고 있다 하더라도 그에게 사형이라는 법을 적용할 수 있겠는가. 어찌 그리 짐작이 없이 감히 이런 말을 하는가. 내 매우 한탄하는 바이니, 다시 생각해 보라." 하였다.

당초 이덕형과 이항복이 이 일을 가지고 논의할 적에 이항복이 이르기를, "만약 영창대군을 도성 밖에다 내쫓는 데만 그친다면 우리들이 목숨을 걸고 다툴 이유는 없다. 그러니 뜻을 굽혀 따르라." 하였다. 그러나 영창을 밖에 내쫓는 것을 청한 것도 이덕형의 본 뜻은 아니었다.

영창이 내쫓기고 나자, '개가 겨를 핥다가 반드시 쌀에까지 미치려 한다는' 격으로 대관 정조·윤인·정호관 등이 한통속이 되어 폐모론을 제기하고 나서므로 이덕형이 이항복에게 이르기를, "살아서 고작 이런 일을 당하고 보니 어찌 일각인들 참을 수가 있겠는가? 내 마음이 타는 것만 같네.

오늘 바로 그대와 같이 상소를 올려 먼저 정성과 효도를 다하여 대비전(인목대비)에 위안을 드릴 것을 이야기하고, 이어서 군소배들의 하늘도

없고 도의도 없는 행위를 간절히 탄핵하며, 머리를 땅에 찧어 피가 나도록 간언하여 임금의 마음을 돌리게 한다면 나의 책임은 면할게 아니겠는가?" 하니, 이항복이 이르기를, "불가하다. 우리들이 문서를 절반도 아뢰기 전에 임금이 몹시 진노할 것이고, 대간이 그 틈을 타서 날쌔게 공격해 온다면 우리들이 하고자한 말을 어떻게 마치겠는가? 이 일은 몹시 중대한 문제이므로 필경 대신에게 자문을 구할 것이니, 조급히 서두르지 말고 온갖 정성을 다해 의견을 아뢰는 가운데 깊이 궁리하는 것이 어떻겠는가?" 하여, 이덕형도 그러겠다고 동의하였는데, 얼마 안되어 이항복이 거짓 모함을 당하고 물러갔다.

이때 국구 김제남이 모함을 당하여 사사되고 궁궐 속의 인목대비도 박해를 당할 날이 멀지 않았다. 그런데 조정 관료들은 김제남의 부음을 인목대비에게 고하느냐의 여부를 놓고 한창 논의하고 있었다.

이덕형은 춘추경의 '자식은 어머니를 원수로 여길 수 없고, 어머니와 절륜할 수도 없다.'는 구절을 인용하여 의논을 제기하니 상하의 군소배들이 몹시 놀랐다. 그리고 이이첨과 한찬남은 이성·박정길 등을 끌어들여 보조세력으로 삼고서 험악한 기세로, "역도는 바로 이덕형이다." 라고 했고, 삼사에서도 모두 들고일어나 법으로 다스리기를 주청한 것이 한 달을 넘겼다. 그러나 광해군은 허락하지 않고서 관직삭탈 만을 명하였다.

1613년[53세] 8월 16일 대신·종실 등이 영창대군의 처벌을 청하고, 양사에서 이덕형이 임금을 위협한 죄를 아뢰었다.

양사가 또 아뢰기를,
"영의정 이덕형은 수상의 몸으로서 정청할 때, 바른 법을 바로 거행하자고는 않으면서 범범하게 끌어내라고 말을 하여 희롱하는 듯한 점이 있었습니다. 그리하여 임의로 정지하고는 감히 유배하는 것으로써 스스로 단안을 내렸습니다.

인심이 일제히 격렬해지자 감히 분소할 계책을 내어 간사한 말을 장황하게 늘어놓으면서 성상을 현혹시켰습니다. 그 첫째로 말하기를 '나이가 혹 차지 않았을 경우에는 법에 있어 형을 시행할 수 없다.' 운운했는데, 십악十惡을 범한 죄인 경우 팔의八議의 법[129]으로도 용서해 주지 않는 것이니, 형을 쓰지 않는다는 설은 무슨 법에 근거한 것이란 말입니까.

그 둘째로 말하기를 '화의 근본을 제거하는 데 어찌 적절한 방법이 없겠는가.' 했는데, 조종의 정해진 법률이 해와 별처럼 환하게 있는데, 이밖에 다시 무슨 적절한 방법이 있는 것인지 모르겠습니다.

무신년의 조사 대질당한 치욕은 오늘날에 비길 바가 아니었으며, 광녕廣寧의 심문관에 관한 말은 거짓되게 과장하는 태도가 분명하게 있었으니, 비록 임금을 위협했다고 하더라도 또한 변명할 수 없을 것입니다. '여러 재상들과 더불어 감히 구차히 다른 논의에 동조할 수 없었다.' 한 것에 있어서는 어느 재상을 가리키는 것인지 알지 못하겠습니다. 감히 자기가 한 짓을 여러 재상들에게 떠넘기고 있는데, 여러 사람들의 눈은 가리기 어려운 법이니, 그가 속일 수 있겠습니까.

시종일관 근거없는 내용을 지어내며 갖가지로 변환하였는데, 주상께서 통촉할까 염려하여 정직한 체하며 모두 낱낱이 진술해서 죄를 모면할 계책을 삼은 것입니다. 그러나 그 속이 환히 들여다보이니 사람들을 속일 수 있겠습니까. 은혜를 온전히 해야한다는 설을 고수하였으므로 역적을 두둔한 죄를 회피하기 어려울 것인데도 다투어 이의를 제기한다고까지 말했으니, 은연 중 붕당을 나누고 함정에 밀어넣는 것처럼 한 것입니다.

아, 또한 교활하다고 하겠습니다. 애초 자전의 상복에 관하여 수의할 때에, 어미를 원수로 여기고 어미와 절교했다는 설을 창도하여 조정에 실제로 이런 일이 있는 것처럼 하여, 유생들로 하여금 사방에 통문을 돌리게 하여 보고 듣는 사람들을 의혹

---

129) 팔의八議의 법 : 평의하여 형벌을 감면해 주는 8가지 법. 1. 왕실의 친척 2. 왕실과 고구故舊 관계로 여러 해 은덕을 입은 사람. 3. 국가에 큰 공이 있는 사람. 4. 큰 덕행이 있는 현명한 사람. 5.재능이 우월하여 임금을 보좌하고 인류의 모범이 될 만한 사람. 6.문무관으로 정성스레 봉직하고, 사신으로 나가 열심히 봉공하여 공로가 현저한 사람. 7. 관직이 1품인 자, 문무관 3품 이상인 자, 산관의 2품 이상인 자. 8. 전대의 국왕 자손으로 선대의 제사를 맡아 국빈이 된 사람.

시켰으니, 더욱 가슴이 쓰립니다. 그 밖의 갖가지 내용도 임금을 위협하고 역적을 두둔한 죄가 아닌 것이 없으니, 유사에게 빨리 명하시어 법에 따라 죄를 정하소서."

하니, 답하기를, "영상의 일에 있어서는, 내가 평소 이 사람을 매우 우대하였는데, 어찌 역적을 두둔하고 임금을 위협할 리가 있겠는가. 너무 지나친 논의는 하지 말라." 하였다.

영창대군의 처형과 폐모론이 나오자 이항복과 함께 이를 적극 반대하다가 삭탈관직 당하였다. 이덕형은 용진으로 물러나 귀향하여 국사를 염려하고 탄식과 눈물로 세월을 보내면서 음식을 물리쳐 먹지 않고 밤이면 잠자지 못하다가 끝내 병을 얻어 일어나지 못하였으니, 나이 53세였다.

중국과 일본의 사신도 알아봤던 이덕형

1582년[22세] 선조 15년에 명나라에서 사신으로 온 왕경민이 한강에 유람하다가 이르기를, "본 조선국에 이모란 훌륭한 사람이 있다고 들었는데 만나볼 수 있는가?" 하였으나 이덕형이 명나라 사신과 사사로운 교제가 없다고 사양하자, 왕경민은 한 수의 시를 기증하고 사연을 곁들여 이르기를, "그대의 풍채와 도량이 몹시 출중하다 들었소. 내 비록 직접 만나보지는 못했으나, 글을 보내며 정신적 사귐을 갖고자 하오." 하였다.

1588년[28세] 선조 21년 12월 일본의 사신 현소와 평의지가 왔을 적에 이덕형은 이조정랑으로서 사신 접반의 선위 책임을 맡았다. 일본의 두 사신은 이덕형의 몸가짐을 보고는 자신들도 모르게 공경하는 마음을 일으켰으며, 서울로 들어와서는 향연을 베푼 자리에서 현소 등이 방문해 줄 것을 몹시 간청하므로 이덕형은 얼굴에 엄정한 빛을 띠고 말하기를,

"이웃 나라와의 수교에는 신의를 버리고는 할 수가 없다. 지난날 너희 나라의 봉강신이 우리나라의 도망병 사화동을 부추겨 국경을 침범하여 우리의 백성들을 사로잡아 갔는데도 너의 나라에서는 금할 줄을 모르니, 신의라는 게 어디서 있는가?" 하였다. 말이 채 끝나기 전에 현소와 평의지는 일본 병사를 우리나라로 보내어 한 달이 못 되어 사화동과 사로잡혀 간 늙은이와 아이들 백여 명을 데리고 와서 바치니, 임금이 가상히 여기고 특별히 직제학을 제수하고 은 허리띠를 하사하였다.

이덕형이 겪은 임진왜란

왜구들이 대거 침입하여 우리나라를 침식하면서 이덕형을 만나 강화를 논의하겠노라 하므로, 선조가 조정 대신들에게 그 대책을 두루 물었으나, 모두가 겁에만 질려 대답을 하지 못하였다. 이때 이덕형이 나아가, "급히 서두르는 것이 신의 직분입니다."라고 자청하여 단신으로 달려가 구성(용인)에 이르러보니 벌써 적의 기세는 걷잡을 수 없이 퍼져 있어 들어갈 틈이 없었다. 곧 되돌아 한강을 건너와 보니, 임금의 피난 행렬은 이미 서쪽으로 행한 뒤라 지름길로 뒤쫓아 평양에 도착하였다.

그동안 왜적은 대동강까지 밀고 들어와서 이덕형을 만나기를 청하므로, 이덕형도 가길 자청하여 배로 강에 나아가 그들을 회견하였다. 뭇 신하들과 여러 장수들은 그 광경을 바라보고 두려움에 질려 얼굴빛이 변하지 않는 사람이 없었건만, 이덕형은 적을 만나 태연자약한 기세로 꾸짖기를, "너희들이 아무런 까닭도 없이 군사를 일으켜 오랫동안의 우호를 깨뜨림은 무엇 때문인가?" 하니, 현소 등이 이르기를, "우리는 명나라로 들어가려고 하는데, 조선에서 침략 길을 빌려주지 않았기 때문이다." 하는지라, 이덕형은 준엄한 얼굴을 지으며 잘라 말하기를, "너희들이 우리의 부모국과 같은 나라를 침범하려고 하니, 설사 우리나라가 망하는 한이 있더라도 할 수 없다. 어찌 화의가 이루어지겠는가?" 하였다.

그 후에 현소 등은 이덕형을 칭송하여 이르기를, "험악한 적진 속에서도 말하는 품이 지난날 연회의 술자리에서 하는 태도와 다름이 없으니, 참으로 미치기 어려운 인물이다." 하였다.

이덕형은 밤중에 대동강을 건너 장전[130]에 배알하고서, 병조판서 이항복과 합력하여 명나라에 구원병을 요청하는 일을 아뢰자, 여러 대신들이 난색을 보였는데, 이덕형이 극력 맞서서 마침내 의견의 일치를 보았고, 임금의 피난 수레가 정주에 도착하고서야 길을 떠나게 되었다.

6월 명나라 원병 파병 청원사가 되었다. 이덕형이 명나라 청원사로 떠날 때 이항복이 배웅을 나왔다. 이덕형이 말이 한 필뿐이라 걱정을 하자 이항복은 자신이 타고 온 말을 풀어 이덕형에게 내 주었다. 이항복과 작별하는 자리에서 이덕형이 남긴 말은 옛날 신서申胥[131]가 "내 반드시 초나라를 중흥하리라." 고 한 것과 같은지라, 사람들은 모두 이덕형이 성공을 거두리라고 믿었다. 요동에 도착하여 움직이지 않고 서서 피눈물을 흘리며 명나라 순안사 학걸에게 여섯 차례나 글을 올리자, 학걸이 이덕형의 충심에 감탄하여 명나라 조정에 보고할 겨를도 없이 자신의 결정대로 조승훈 등 세 장수를 보내어 왜적을 대항해 싸우다가 패배를 당하였다.

---

130) 임금이 앉도록 임시로 꾸며 놓은 자리

131) 신서申胥 : 초나라 사람으로 오나라가 침입해 왔을 적에 진나라에 원병을 청하여 오군을 무찌르고 초나라를 지켰음.

황제가 크게 노하여 이여송으로 대도독을 삼아 대군을 출동시키니 여러 장수들이 넘치는 용맹으로 다투어 평양성의 적진을 격멸하였으므로, 이에 우리나라가 위태로움에서 벗어나 비로소 회복할 가망이 보였다.

1593년[33세] 임진왜란 2년차 2월 명나라 제독 접반사가 되었다. 이덕형이 대사헌으로서 명나라 제독을 접빈하며, 한편으론 군막료회의 계책에 참여하고 또 한편으론 군량의 공급을 주관하니, 비록 제독의 존엄이 있었지만 일의 중요한 대목을 당해서는 반드시 이덕형의 의견을 묻곤 하였다. 이때 전국의 산하는 치열한 싸움으로 피가 넘쳐흐르고 도시와 가옥은 텅텅 비어 있었다. 이덕형은 오직 충과 의로써 상처 입은 백성들을 격려해가며 군량을 운송하여, 공급을 떨어뜨린 적이 없었으므로 병마는 이로 배부르고 살쪘으며, 마침내 명나라 군사들에 의해 평양·개성·한성을 차례로 회복할 수 있었으니, 임금이 가상히 여기고 기뻐하며 형조판서의 직급을 더하였다.

4월에 한성판윤이 되었다. 이덕형은 명나라 군사를 인도하여 한양에 입성해서 종묘사직의 잿더미를 말끔히 쓸고 크게 통곡하니 살아남은 노인들이 모두 울면서 이덕형을 보기를 부모와 같이 여겼다. 한양은 병화에 결딴이 난 뒤라 굶주린 데다 돌림병마저 치열하게 번져 백성들이 고난 속에 슬피 울부짖었고, 굶어 죽은 시체가 길가에 가득하였는데, 이덕형은 쉴 새 없이 굶주린 백성들을 보살펴 구휼함은 이루 다 헤아릴 수가 없었고, 한편으론 흩어진 서적들을 수집하여 경연에 대비하게 하였다.

전쟁 중에도 발령은 계속되었다. 6월 형조판서, 11월 겸 예문관 제학, 윤 11월 세자 좌빈객, 윤 11월 병조판서. 이항복과 교대하여 병조판서를 제수받고서 유성룡과 함께 도성 안의 백성들을 위무하였다. 12월 대사헌

겸 홍문관 예문관 대제학, 지성균관사, 동지경연사, 세자우빈객, 병조판
서로 발령이 났다.

1594년[34세] 선조 27년 7월 모친상을 당하였는데, 임금이 '국가가 한
창 어려운 때이니, 이공은 나라의 기둥으로서 단 하루도 없어서는 아니
된다'고 하면서 기복[132]을 명하므로, 이덕형이 아홉 차례나 사직을 청하
는 글을 올렸으나 허락하지 아니하고 준엄한 비답을 내리기를, "나는 적
이 물러가지 않는 것을 걱정하는 것이 아니고, 경이 나오지 않는 것을 걱
정한다." 하니, 이덕형은 부득이 울음을 머금고 조정에 나왔다.

11월 상중에 부름을 받아 이조판서가 되었다. 이조판서에 임명하므로
시정업무 팔조를 아뢰었는데, 내용이 선명하고 조리가 있어, 상황에 적합
한 것이 마치 유부[133]와 편작[134]의 약 쓰는 법과도 같아 모두가 기사회
생시킬 것들이었다. 그 가운데 기민을 구제할 것과 장정을 선발하여 친
위병에 충당할 것들로서, 이름하여 '훈련도감'이라 했는데, 대저 무기인
창·방패·화포·대창 등의 제조법은 모두 명나라 척계광의 저서를 따른
것이었다. 또 널리 둔전을 설치하여 국가 식량을 넉넉히 하고 군량을 족
하게 한다 했으니, 조영평의 계책도 이보다 나을 게 없었으므로, 당시의
식자들은 말하길, "국가를 중흥하게 할 근본이 이 조항에 있다." 하였다.

1595년[35세] 선조 28년 3월 병조판서로 전보되었다. 선조 29년에 충
청의 역적 이몽학이 군사를 일으켜 두 고을을 함락하자 홍주목사 홍가

132) 상중에 있는 상주에게 벼슬을 부여하고 출근케 하는 일

133) 고대 중국의 명의. 수술의 대가

134) 주나라 때 명의. 몸에 칼을 대지 않는 대가

신이 그를 토멸하여 주살하였는데, 그 잔당을 체포하니 이덕형의 이름을 함정에 빠트려, 마치 명종 4년 이홍윤의 모반 때 영의정 이준경이 역적들의 입에 오르내림과 같았으므로, 이덕형은 거적을 깔고 엎드려 처벌의 명을 기다렸으나 임금은 수차 따듯한 유시를 내리고 심문에 참여하게 하였는데, 이덕형은 열 차례나 사면의 글을 올려 간곡히 청원하자 그제야 병조판서의 자리에서 풀려나게 되었다.

1597년[37세] 선조 30년 3월 공조판서가 되었는데 왜적이 재침하자 명나라 황제가 네 사람의 장수를 보내면서 병사 10만 명을 인솔하게 했고, 어사 양호를 감독으로 삼았다. 양공은 연소한 데다 기세를 마구 부려 이름난 선비들을 얕보는 버릇이 있어, 우리나라 사람들은 그 평판을 듣고 겁을 먹었는데, 임금은 신하들 가운데 오직 이덕형만이 이 제독의 막부에 들어가서 상하의 인심을 얻은 적이 있음을 살피고, 이덕형에게 그의 접반을 명하였다. 양공은 단 한 차례의 대면으로 이덕형에게 감복하므로 이덕형이 말하기를, "지금 왜적의 기세가 몹시 험악하니 순식간에 한강을 건너올 것이다. 까딱 한 번 천연의 요새지 한강을 잃는다면 비록 명나라 군의 위력일지라도 힘이 되기란 어려울 것이다." 하였다. 양공은 그 말을 듣고 즉시 서울로 들어가 서둘러 전투를 재촉하고 유격장 마귀가 거느린 용감한 기병들이 왜적을 직산의 소사 들판에서 크게 무찔렀다. 서울이 다시 안정을 찾게 됨은 이덕형의 공력이 많았다.

1597년 양공은 승전의 기세를 타고 남쪽으로 내려가 왜장 가등청정을 울산에서 포위하고, 그 외진을 공격하여 적의 무리를 무찌르자, 가등청정은 토굴 속으로 퇴각해 들어가 있었는데, 때마침 날씨가 큰비와 눈이 내리고 군마가 굶주려 다리를 떨고 있으므로 명나라 군대는 할 수 없이 산의 좌측에 숙영을 하고 있었다. 이덕형은 위급한 지경에 있으면서도 그 기상이 조금도 흔들리지 않으니 양공이 몹시 거룩하게 여기면서, "이공은 명나라 조정에 있다하더라도 예복 차림으로 위엄을 갖추어 의정부에서 백관들을 복종하게 할 인물이다. 참으로 훌륭하다!" 하였다. 임금이 이 말을 듣고 이듬해 이덕형을 우의정에 임명하니 나이 38세였고, 얼마 안 되어 좌의정에 올랐다.

1598년 제독 유정이 군사들을 이끌고 남하할 때 선조가 전송을 하니 유정이 간절한 말로 이르기를, "이 나라에서 문무를 겸비한 가장 훌륭한 자와 함께 동행하게 한다면 만족히 여기겠다." 하였다. 임금이 우의정 이항복에게, "의중에 생각나는 사람이 있는가?" 라고 물으니, "반드시 이덕형일 것입니다." 고 하였다. 임금이 이덕형을 동행하게 명하자, 유정은 몹시 기뻐하면서, "나는 성공을 하였다." 하였다. 순천에 당도하니 궁지에 몰린 왜적 추장 소서행장의 기세가 몹시 꺾여 섬멸의 날을 정할 수 있었는데, 유정은 교활한 성품에다 남에게 공을 나누는 것을 싫어하여 몰래 소서행장에게 사람을 보내 피하여 달아날 것을 권유하였다. 이덕형이 그 내용을 미리 탐지하고서 통제사 이순신으로 하여금 명나라 수군 제독 진린과 약속을 하고 요처에 잠복했다가 퇴각하는 적을 대파하게 하니, 소서행장은 겨우 죽음만을 면하고 도망하였다. 유정은 이 소식을 듣고 몹시 분개하면서, "이덕형이 나의 30년 공훈을 떨어뜨린단 말인가?" 하고 아쉬워하였다.

1598년[38세] 11월 27일 좌의정 이덕형이 수군의 활약상에 관한 글로 알리고, 이순신이 전쟁터에서 전사하다.

좌의정 이덕형이 글로 아뢰었다.
"금월 19일 사천·남해·고성에 있던 왜적의 배 3백여 척이 합세하여 노량에 도착하자, 통제사 이순신이 수군을 거느리고 곧바로 나아가 맞이해 싸우고 중국 군사도 합세하여 진격하니, 왜적이 대패하여 물에 빠져 죽은 자는 이루 헤아릴 수 없고, 왜선 2백여 척이 부서져 죽고 부상당한 자가 수천여 명입니다. 왜적의 시체와 부서진 배의 나무 판자·무기 또는 의복 등이 바다를 뒤덮고 떠 있어 물이 흐르지 못하였고 바닷물이 온통 붉었습니다.

통제사 이순신과 가리포 첨사 이영남, 낙안 군수 방덕룡, 흥양 현감 고득장 등 10여 명이 탄환을 맞아 죽었습니다. 남은 적선 1백여 척은 남해로 도망쳤고 소굴에 머물러 있던 왜적은 왜선이 대패하는 것을 보고는 소굴을 버리고 순천 왜교성으로 도망쳤으며, 남해의 강언덕에 옮겨 쌓아놓았던 식량도 모두 버리고 도망쳤습니다. 소서 행장도 왜선이 대패하는 것을 바라보고 먼 바다로 도망쳐 갔습니다.”

사관은 논한다. 이순신은 사람됨이 충성스럽고·용맹하고 재략도 있었으며 기율을 밝히고 군졸을 사랑하니 사람들이 모두 즐겨 따랐다. 전일 통제사 원균은 비할 데 없이 탐학하여 크게 군사들의 인심을 잃고 사람들이 모두 그를 배반하여 마침내 정유년 한산의 패전을 가져 왔다.

원균이 죽은 뒤에 이순신으로 대체하자 이순신이 처음 한산에 이르러 남은 군졸들을 수합하고 무기를 준비하며 둔전을 개척하고 어염을 판매하여 군량을 넉넉하게 하니 불과 몇 개월 만에 군대의 명성이 크게 떨쳐 범이 산에 있는 듯한 형세를 지녔다. 지금 순천 왜교성의 전투에서 육군은 바라보고 전진하지 못하는데, 이순신이 중국의 수군과 밤낮으로 혈전하여 많은 왜적을 참획하였다.

어느 날 저녁 왜적 4명이 배를 타고 나갔는데, 이순신이 명나라 진인에게 고하기를 ‘이는 반드시 구원병을 요청하려고 나간 왜적일 것이다. 나간 지가 4일이 되었으니 내일쯤은 많은 군사가 반드시 이를 것이다. 우리 군사가 먼저 나아가 맞이해 싸우면 성공할 것이다.’ 하니, 진인이 처음에는 허락하지 않다가 이순신이 눈물을 흘리며 청하자 진인이 허락하였다.

중국군과 노를 저어 밤새도록 나아가 날이 밝기 전에 노량에 도착하니 과연 많은 왜적이 이르렀다. 불의에 진격하여 한참 혈전을 하던 중 이순신이 몸소 왜적에게 활을 쏘다가 왜적의 탄환에 가슴을 맞아 선상에 쓰러지니 이순신의 아들이 울고 군사들은 당황하였다. 이문욱이 곁에 있다가 울음을 멈추게 하고 옷으로 시체를 가려놓은 다음 북을 치며 진격하니 모든 군사들이 이순신은 죽지 않았다고 여겨 용기를 내어 공격하였다. 왜적이 마침내 대패하니 사람들은 모두 '죽은 순신이 산 왜적을 물리쳤다.'고 하였다.

부음이 전파되자 호남 일도의 사람들이 모두 통곡하여 노파와 아이들까지도 슬피 울지 않는 자가 없었다. 국가를 위하는 충성과 몸을 잊고 전사한 의리는 옛날의 어진 장수라 하더라도 이보다 더할 수 없었다. 조정에서 사람을 잘못 써서 이순신으로 하여금 그 재능을 다 펴지 못하게 한 것이 참으로 애석하다.

이순신을 1596년과 1597년 연간에 통제사에서 교체시키지 않았더라면 어찌 한산의 패전을 가져왔겠으며 호남과 충청이 왜적의 소굴이 되겠는가. 아, 애석하다.

1598년[38세] 12월 7일 좌의정 이덕형이 이순신의 포장을 요청하다.

좌의정 이덕형의 보고에,

"이순신의 사람됨을 신이 직접 확인해 본 적이 없었고 한 차례 서신을 통한 적 밖에 없었으므로 그가 어떠한 인물인지 알지 못했습니다. 전일에 원균이 이순신의 처사가 옳지 못하다고 한 말만 듣고, 그는 재간은 있어도 진실성과 용감성은 남보다 못할 것이라고 여겼습니다.

그런데 신이 본도에 들어가 해변 주민들의 말을 들어보니, 모두가 이순신을 칭찬하며 한없이 아끼고 추대하였습니다. 또 듣건대 이순신이 금년 4월에 고금도로 들어갔는데, 조치를 매우 잘하여 3~4개월 만에 민가와 군량의 수효가 지난해 한산도에 있을 때보다 더 많았다고 합니다. 그제서야 이순신의 재능이 남보다 뛰어난 줄을 알았습니다.

명나라 유 제독이 힘껏 싸우는 데 뜻이 없다는 것을 간파한 뒤에는 국가의 대사를 전적으로 수병에 기대하지 않을 수 없었습니다. 신이 수군에 자주 사람을 보내어 이순신으로 하여금 기밀의 일을 주선하게 하였더니, 이순신은 성의를 다하여 전투에 임해 나라에 몸바칠 것을 죽음으로써 맹세하였고, 영위하고 계획한 일들이 모두가 볼 만하였습니다. 따라서 신이 생각하기를 '국가가 수군의 일에 있어서만은 훌륭한 장수를 얻었기에 우려할 것이 없다.'고 여겼습니다.

그런데 불행하게도 이순신이 전사하였으니 앞으로 수군의 일을 책임지워 조치하게 하는데 있어 그만한 사람을 구하기가 어려울 것입니다. 참으로 애통합니다.

첩보가 있던 날 군량을 운반하던 인부들이 이순신의 전사 소식을 듣고서 무지한 노약자라 할지라도 눈물을 흘리며 서로 조문하기까지 하였으니, 이처럼 사람을 감복시킬 수 있었던 것이 어찌 우연한 것이겠습니까. 그리고 군량미를 조치하는 등 모든 일에 있어서 처리해야 할 일들이 매우 광범위한데 하루 아침에 주관하는 사람이 없다면 필시 죄다 산실될 것입니다.

특별히 새 통제사를 임명하시어 마음을 다해 처리하고 장병들을 위무하여 뿔뿔이 흩어지지 않도록 하소서. 이순신이 나라를 위하여 순직한 정상은 옛날의 명장에게도 부끄러울 것이 없었습니다. 포상 장려하는 큰일을 조정에서 각별히 시행하소서." 하였는데, 비변사에 아뢰게 하였다.

1599년[39세] 6월 우부승지 이홍로가 국가 기밀상 중요한 문제에 관해 비변사에서 속히 의논하도록 아뢰었다.

우부승지 이홍로가 아뢰기를, (이홍로는 비루하고 교활하여 본래 명망이 없었다. 평시에 간신히 병부랑으로 임명되었다가 곧바로 다시 좌천되었으므로 청현의 직에는 참여되지 못하였다. 이때 연줄을 타고 승진하여 양양 부사에서 형조 참의로 전직되었다가 얼마 안되어 당하관으로 들어가자, 당시 사람들이 점입가경이라고 비웃었다.)

"전일 사헌부가 비밀히 아뢴 내용 중의 일에 대해 위에서 곡절을 알지 못하겠으니 비변사로 하여금 살펴 처리하게 하라는 일로 전교하셨습니다. 이 일은 국가 기밀상 극히 중요한 일이니 시급히 의논하여 처리해야 할 것인데, 비변사에서는 대신들이 출근하기를 기다려 상의하여 조처하겠다고 아뢰었습니다. 좌의정 이덕형은 현재 중한 임무를 맡고 있으므로 언제 끝내고 돌아올지 예측하기 어렵고, 우의정 이항복은 병으로 휴가 중에 있습니다.

설령 원임 대신들이 혹 유고가 있어 관청에서 회의할 수 없다 하더라도 관할부서 당상이 그 집에 찾아가 의논하여 일에 맞게 처리할 수도 있었을 텐데, 극히 중대한 일을 이토록 지체시키고 있으니 매우 온당치 않습니다. 속히 의논하여 처리하라는 일로 비변사에 이르는 것이 어떻겠습니까?" 하니, 아뢴 대로 하라고 전교하였다.

이때 사관의 평은 '이덕형은 일찍 과거에 등제하여 두루 청현을 거친 뒤 나이 38세에 정승이 되었는데 근대의 상신으로 이덕형과 같은 연소자가 없었다. 다만 의정부에 들어간 뒤로 건의하여 밝힌 일이 없었고 청렴검소한 덕이 부족하여 시론이 낮게 평가하였다.' 이항복은 '해학을 좋아하고 시류에 따라 부침했으므로 시론이 배척했다.'고 기록하고 있다.

이덕형과 이항복에 대한 사관의 글

1606년[46세] 선조 39년 1월 22일 선조실록에는 이덕형과 이항복의 전력에 대해 사관이 다음과 같이 평하여 두었는데, 선조수정실록에는 이에 대해 다시 기록해 두었다.

이덕형이 모친상을 당한 뒤에 이조판서에 부름을 받아 인사부서에서 버젓이 출근하고 흑색 무관복 차림으로 늘 정사에 참여하였다. 난리 중에 군무로 말미암아 기복하였다면 그래도 댈 핑계가 있겠지만 이덕형의 경우는 이권을 탐내어 이렇게 나왔으므로 사람의 도리를 다시 찾아볼 수 없다. 훈련 도감 제조로 있을 적에는 도감을 개인 창고로 삼아 날마다 쌀과 베를 가져다 썼고 또 남대문 밖에 사사로이 큰 집을 지었는데, 병조의 군사로 공공연히 터를 닦게 하고 별영의 재목을 가져다 썼다. 미천한 사람 박자우도 대중 앞에서 그의 추잡하고 방자한 작태를 큰 소리로 비난하였다. 그리고 선비 채정선 및 그의 아우 문사 채경선이 조정 대신들에게 말하기를,

"이덕형의 아버지가 문화현령으로 있을 적에 이덕형이 공명첩 1백여 장을 내어다 몰래 문화현 일대에 팔아 소 수백 마리를 사들여서 통진에 있는 농장에 두었는데 이 소를 방목할 때 들판이 누렇게 되었다." 하였다.

이는 채정선의 형 채길선이 이덕형의 아버지 후임으로 문화현령이 되었고 또 통진을 오간 일이 있었기 때문에 두 곳을 직접 보고 말한 것이다. 다만 재주가 조금 있어 기회에 따라 아첨하는 것을 장기로 삼았다.
남인 쪽이 생기가 보이자 남인의 행세를 하는 한편 또 술을 가지고 서인 김·권의 집에 찾아가서 서인을 위한 말을 했고, 소북이 흥성할 무렵에는 맨 먼저 유영경을 추

천함으로써 당시 사람들이 모두 그 속을 들여다 볼 수 있었다. 이덕형이 또 스스로 말하기를, "큰 벼슬을 하는 자는 반드시 누차 변절한 뒤에야 정승이 될 수 있다."

하니, 조정 선비 유대정이 웃으며 답하기를, "그렇다면 대감은 몇 번이나 변절하였소?" 하자,

이덕형이 부끄러운 표정을 짓기도 하였다.

정철이 기축옥사 때 아뢰기를, "정여립이 호남에서 군사를 일으키자 영남에서 일어나는 자도 있고 서울에서 일어나는 자도 있습니다." 하였다. 이 의도는 이를 계기로 영남의 최영경·정인홍·유성룡 등과 서울의 이발·이길·정언신·백유양 등을 무너뜨리려는 계책이었다.

주상이 이르기를, "이 말을 아는 자는 이 모사에 참여한 것이다. 경은 어디에서 이 말을 들었는가?" 하였는데,

문사낭청 신잡이 이 비답을 전하자 정철이 말이 궁색하여 신잡에게 말하기를,

"그대가 이 말을 하지 않았소." 하였다. 이에 신잡이 자신은 모른다고 하니,

정철이 회계하기를, "이항복이 말하였을 것입니다." 하였다.

이항복이 정철과 서로 도와 나쁜 짓을 한 실상이 이와 같았는데 정승에까지 올랐으니, 어찌 괴이쩍다 하지 않을 수 있겠는가.

1606년 1월 1일 이덕형과 이항복을 기록한 선조실록에 대한 사평 〈선조수정실록〉

실록에 이르기를,
"이덕형의 아비가 문화현령으로 있을 때 이덕형이 공명 고신첩 1백여 장을 빼내어 그 고을에서 소 수백 두를 사가지고 통진에 방목하니 들이 온통 누렇게 변했다." 하고, 또 이덕형이 반복해서 세력을 좇고 계속하여 수시로 변절한 사실을 유대정의 말

을 인용하여 증명하였다. 또 이르기를, "이항복이 기축옥사를 당했을 때 정철에게 말하기를 '정여립이 호남에서 기병할 때에 영남에서 일어난 사람도 있고 서울에서 일어난 사람도 있다.'고 하였으니,

대개 이는 이항복이 영남의 최영경·정인홍·유성룡과 서울의 이발·이길·정언신·백유양을 모함하기 위한 계책이었다. 나쁜 사람끼리 서로 도와 나쁜 짓을 한 모습이 이와 같은데도 정승의 자리에까지 이르렀으니, 어찌 괴이하지 않은가." 라 하였다.

살피건대 이덕형과 이항복은 모두 어진 재상으로서 세상에서 기대하는 것이 컸기 때문에 기자헌과 이이첨의 무리가 무척이나 시기하여 반드시 그들을 모함할 계략을 꾸미려 했으나 적당한 구실을 찾지 못하자, 마침내 근거도 없는 얼토당토 않은 사실을 가지고 마음대로 비방하고 욕하면서 역사책에 기록한 것이다.

또 최영경의 죽음을 가지고 한 무리[동인]의 사람들이 전적으로 정철을 공격하였으나, 이항복은 기축옥사의 추국 심문관으로서 그 전말을 자세히 알고 있기 때문에 항시 말하기를 '최영경이 처음 체포되었을 때 정철이 상소를 초안하여 장차 그를 구하려 하였는데, 풀어주라는 명령이 있었기 때문에 마침내 상소를 올리지 못하였다. 그를 두 번째 국문함에 이르러 정철은 대간이 논한 것을 듣고 매우 놀라 심희수에게 입이 닳도록 말해주었으니 정철의 마음씀이 시종 이와 같았다.' 하였다. 그런데 이를 가지고 소인배들이 매우 심하게 미워하고 있지도 않은 일을 날조하여 마침내는 동악상제[135]라고까지 하였으니 통탄하고도 남을 일이다.

---

135) 동악상제同惡相濟 : 나쁜 사람끼리 서로 도와 나쁜 짓을 한다는 뜻

영의정 사직 상소문

광해 5년 8월 8일 영의정 이덕형이 사직하는 상소를 올렸으나 받아들이지 않았다.

영의정 이덕형이 상소를 올려 아뢰기를,
"삼가 생각건대, 신이 여름과 가을이 교차하는 환절기에 질병을 무겁게 앓아 신음하는 소리가 입에서 떨어지지 않았으니, 이는 조정에 늘어서 있는 모든 사람들이 함께 불쌍히 여겼던 바였습니다. 이달 2일 밤에는 곽란이 매우 심하여 부름이 있었는데도 달려가지 못함으로써 옥사의 국문이 지체되게 하였고, 지난 달에는 또 담을 앓아 기가 상승함으로써 육맥이 막혀 어지럽고 의식이 없어 거의 인사불성이었습니다. 생각건대, 나랏일이 한창 급박한 시기에 신이 병에 걸려 출근을 못함으로써 때맞추어 의논해서 아뢰어야 할 일까지도 나아가 올리지 못하였으니, 죄가 더욱 커 죽을 곳을 알지 못하겠습니다. 그런데 어의를 보내어 병을 보살피게 하시고 진귀한 조제를 하사해 주셨으니, 신은 더욱 감격하여 눈물만 흘린 채 무어라고 우러러 아뢸 수가 없습니다.

다만 신은 불행하게도 총애와 영화가 분수를 넘으므로 재앙이 거듭 닥치고 있습니다. 지난 해 겨울에 상소로 아뢴 '복이 지나치면 재앙을 초래한다' 고 한 것이 지금은 더욱 기승을 부려 온갖 병이 잇따라 발생하고 뭇 비방이 번갈아 모여들고 있으니, 몸이 죽고 정신이 사라짐에 성은을 보답하지 못하여 지하에서도 눈을 감지 못할까 하는 생각이 들었습니다. 이러한 한 생각이 이를 때마다 저절로 눈물이 흐르곤 하였습니다. 신이 비록 형편없지만 임금을 섬기는 가르침은 조금 알고 있습니다. 항상 스스로 기약하면서 힘썼던 것은 맹세코 용렬하고 비루한 사람이 되지 말자는 것이었습니다. 일찍이 선조 때 역적 이진이 재신을 살해한 변고가 있었는데, 변양걸과 유박 등이 옥사를 밝혀 도적을 체포하고자 하다가 서로 잇따라 형을 받아 죽을 뻔하였습니다. 온 조정이 모두 그들의 억울함을 알았지만 묵묵히 한마디 말도 하지 않았습니다. 그러나 신이 사사로운 혐의를 피하지 않고 상소로 그 진상을 아뢰어 드렸는데, 선왕의 성명한 조처를 입어 큰 견책을 받지 않게 되었습니다. 유영경이 국정을 하면서 방자하게 굴었는데, 능을 범한 왜적을 거짓으로 데려다 처형하고서는 강화를 맺어 외교의 일을 그르쳤습니다. 신이 수백 마디의 의견을 올려 그의 잘못을 하나하나 헤아렸는데, 유영경이 신에게 노여움을 품고 배척한 일이 많았습니다. 역적 이진과 유영경의 성세가 치열하던 날에 신이 상소를 올려 그의 원망을 받았던 것은, 조정에 있는 인사들의 임금을 사랑하는 정성이 엷음을 안타깝게 여겨서였지, 어찌 화복을 돌아보고 본심을 기만한 것이었겠습니까.

임금께서 즉위하시게 되어서는 더욱 무거운 은혜를 입었으니, 신의 아비가 노년에 재상의 반열에 갑자기 오르게 되었고 여러 자식들도 모두 벼슬에 통하였으며, 저 자신의 몸은 백관의 우두머리에 있고 이름은 공훈부의 맹약에 올라 있습니다. 그리고 또 성상의 은택을 입은 것이 그 숫자를 알 수 없을 정도입니다.
비록 미미한 곤충이나 초목과 같은 신이라 하더라도 크나큰 은혜를 입은 것에 감격하여 몸을 바쳐 충성을 다하고자 하는 마음은, 반드시 다른 사람의 만 배일 것입니다. 하물며 전에 없었던 변고를 만난 지금 친족의 죽음을 슬퍼하는 성상의 교지를 받들 때마다 간담이 쥐어지는 듯하여 침식을 모두 잊고 있으니, 한 번 죽어버리는 외에 다시 무슨 생각이 있겠습니까.

이의를 조처하는 일에 있어서 주상께서 변고를 만나고도 인륜을 극진히 하신 점은 예전의 성현들보다도 훨씬 뛰어나셨습니다. 뭇 사람들의 마음이 막연해지면 질수록 성상의 유시는 더욱 간절하셨으니, 교서가 내려짐에 전국의 사람들이 누군들 감격하여 눈물을 흘리지 않았겠습니까. 이의가 비록 강보에서 떠난 지 얼마 되지 않았다 하더라도 이미 화근이 되고 있습니다. 역적 이진과 유영경이 벌을 받을 적에 모두 이의 때문이었다고 말하였으니, 이의가 흉악한 도적들의 기화가 된 것은 그 유래가 오래된 일입니다. 이의가 죽으면 화의 뿌리가 끊어져 나라가 편안해질 것이며 이의가 죽지 않으면 인심이 흔들려 조정이 위태로울 것이니, 지식을 지닌 사람들이라면 모두 속히 처단하고자 하는데 조정에 있는 재상들 또한 누군들 이런 생각이 없겠습니까. 그러나 역모를 알고 있었다 하더라도 나이가 혹 차지 않았을 경우 법적으로 형을 시행할 수 없는데, 법은 왕이 삼가 지켜야 하는 것입니다. 그리고 화근을 제거하는 데 어찌 적절한 방법이 없겠습니까. 신과 여러 재상들이 감히 다른 논의에 동조하지 않는 것은 오직 이 때문입니다.

이어 생각건대, 역적 이진의 변고는 다행히 완곡하게 보존해 주신 전하의 은혜에 힘입어 명나라 엄일괴와 만애민이 와서 조사할 때 시원하게 분변될 수 있었습니다. 신이 광녕廣寧[136])에 이르렀을 때 무함하는 말이 시끄럽게 전파되어 차마 들을 수 없는 말이 있었는데, 엄일괴와 만애민이 돌아와 보고하고서야 비로소 사정을 알게 되어 무함하는 말이 저절로 깨뜨려졌으며, 성상의 덕은 보고하는 자문 가운데서 더욱 밝게 드러났습니다.

지금 또 광녕의 조사관이 머지않아 곧 나올 것인데, 데리고 오는 요동의 사람들은 대부분 우리나라의 말을 알기 때문에 의외의 와전이 또한 심히 염려되었으며 주밀한 선처가 또한 잘못하는 일이 아니라고 여겨졌습니다. 망령된 생각이 이와 같았기 때문에 재상들과 함께 잠시 물러났던 것이니, 이는 대개 성상의 지극한 뜻을 받들어 따르느라 저희 자신들도 모르는 사이에 일을 지나치게 염려한 것이었지, 쫓아냄에 곧 화의 뿌리를 끊을 수 있다고 여긴 것은 아니었습니다.

삼가 옥당의 상소를 보건대, 잇따라 배척을 가하며 역적을 놓아주어 임금을 위태롭게 한다는 죄로 지목하였는데, 이 말을 듣고부터 모골이 송연하였습니다. 죄가 진실로 이와 같다면 천지간에 달아날 곳이 없을 것인데, 어찌 감히 조정의 반열에 얼굴을 다시 들 수 있겠습니까. 공의가 엄하고 엄하니 신은 죄를 받기에 겨를이 없어야 하겠습니다만, 그래도 그 가운데 내용에 대하여 진달하지 않을 수 없는 것이 있습니다. 예로부터 비록 때를 타고 힘을 겨루어 보위를 취하려 하던 자라 하더라도, 일단 명분이 갈라지고 백성들의 뜻이 결정되면 간악하게 넘보던 무리들은 저절로 사라졌습니다. 하물며 우리 성상께서는 세자를 잘 기르시어 선열들을 빛내고 계시며, 어진 명성이 사람들에게 알려져 지극한 다스림을 다투어 기대하고 있는 경우이겠습니까. 비록 서너 흉악한 역적이 있어 그 사이에서 화란을 일으키고자 한다 하더라도 간악한 꾀가 발각될 것이니, 밝은 해가 중천에 뜨면 온갖 도깨비들이 흔적도 없이 사라지는 것과 똑 같은 것입니다. 어찌 꼭 염려하지 않아도 될 점을 지나치게 의심하고 두려워해야 되겠습니까. 법망이 흉악한 무리들을 빠져나가게 할 경우 무리들을 불러모아 다시 일어날 것이라고 매번 큰 염려를 하는 일종의 이야기도 있습니다. 진실로 이와 같다면 조정에 있는 여러 신하들이 모두 국은을 입었고 모두 이목이 있으니, 의분에 북받쳐 발언하는 것이 어찌 다른 사람에게 뒤지겠습니까. 저 옥당의 논의가 비록 지나친 염려에서 나온 것이라 하더라도 원근에 전해지자 인심이 의심하고 괴이하게 여기고 있습니다. 당나라 육지陸贄가 여우처럼 의심하여 지나치게 방지하는 것을 깊이 경계한 것은 바로 오늘날 마땅히 본받아야 할 점입니다.

---

136) 요동지역 육지와 바다의 요충지

아, 기축년 역변이 있은 이래로 양쪽이 붕당을 나누어 서로 배척하고 있는데, 역적을 다스려야 한다는 설과 역적을 보살펴주어야 한다는 설이 안에서 서로 싸우는 이론이 되었습니다. 세상의 도가 나날이 쇠퇴하여 이런 풍조가 점점 고질화되고 있습니다. 혹시라도 임금께서 위에 계시어 통촉하여 분명하게 결단하지 않으신다면, 뭇 사람들의 마음은 거의 모두 스스로 두려워할 것이니 대저 어찌 온전할 사람이 있겠습니까. 현재 인심이 나날이 더욱 흩어지고 조정은 나날이 더욱 어지러워지고 있으며, 왜구는 아침저녁으로 출동할 형세가 있는데 군사적 대비책은 터럭만큼도 믿을 만한 것이 없습니다. 비유하자면 물이 새는 배가 넓은 바다 가운데 떠 있으면서 노와 닻이 모두 부서졌는데도 편안하게 여기며 수리할 줄 모르고 있는 것과 같습니다. 한번 거센 파도를 만난다면 장차 어느 곳에 닻을 내리게 되겠습니까. 이것이 사람들이 모두 두렵게 여기고 있는 바입니다. 그런데 조정에 이를 깊이 염려하는 자가 있다는 말을 못 들었으니, 피차 논쟁하는 것을 가지고 계책을 삼기 때문입니다. 참으로. 안타까워할 만합니다.

신은 약관의 나이에 벼슬에 올라 지금에 이르기까지 34년째로 두 조정의 커다란 은택을 흠뻑 입었습니다. 일찍부터 조정의 온갖 폐단이 모두 사대부들이 붕당을 짓는 풍조에서 말미암는 것을 보았습니다. 그리하여 의분에 북받쳐 스스로 생각하기를 '송나라 범순인이 「자신을 자책하는 데 있어서는 밝지 못할까 염려하고, 남을 책하는 데 있어서는 오직 너그럽지 못할까 염려하라.」고 했는데, 일반 관리들이 항상 이것을 가지고 스스로 힘쓰면서 또 붕우들을 꾸짖는다면 당쟁의 폐습은 자연 제거될 수 있을 것이다.' 하였습니다. 홍범에서 또 말하기를 '일반인들이 지나치게 붕당을 짓는 일이 없고 관리들이 아첨하는 행위가 없는 것은 오직 제왕이 법도를 세웠기 때문이다.'고 하였으니, 붕당을 제거하는 것은 임금이 법도를 세우는 데 달려 있는 것입니다. 그런데 법도를 세우는 요점은, 또한 경敬에 머물러 이치를 궁구하는 학문으로써 정치를 내는 본원을 밝혀, 일에 따라 대상에 따라 터럭만큼도 치우치거나 기울지 않아서 뭇 아랫사람들의 표준이 되는 것입니다. 그렇다면 시비곡절이 저절로 거울로 비추듯 저울로 단 듯 드러날 것이니, 누가 감히 시비로 현혹할 수 있겠습니까. 신이 아는 사람을 만나면 충선忠宣의 경계로 충고하고 경연석상에 입실하게 되면 다스림의 표준으로 위에 기대하였으니, 애태우던 신의 이 마음은 하늘의 해가 보아왔습니다. 신의 마음이 이와 같았기 때문에, 가깝게 지내는 재상 반열의 후배들이나 대각의 명관들이 몇몇 있기는 합니다만, 공적인 일이 아니면 절대로 신의 집에 이르는 자가 없었으며, 신 역시 비록 동료라 하더라도 찾아가지 않았습니다. 추대하는 바는 오직 성군이었고 걱정하는 바는 오직 직무였습니다. 자취를 외롭게 지니고 성격대로 행동하여 일을 만나면 과감하게 하면서 어리석음을 고치지 않았던 것은, 나라 사람들이 모두 알고 있습니다. 요즈음에는 신이 생각해 낸 일이 모두 놀림을 받고, 충성을 바치려던 것이 도리어 죄안이 되었습니다. 기무를 검칙하고자 하면 제지를 받아 행해지지 않아 하나도 효과를 보지 못하고, 작위나 부질없이 훔쳐 차지하고자 하면 누적되어 오던 문제가 더욱 심해져 죄망만 앉아서 불러들이므로, 유생들이 벌써 상소를 올려 신을 배척하였고 대각이 또 양사의 완의석完議席[137] 에서 발론하였고 옥당이 잇따라 상소를 올려 또 극죄로 신을 배척하였습니다. 신이 이러한 때 염치를 돌아보지 않은 채 걸터앉아 사퇴하지 않는다면 나랏일이 나날이 잘못되고 제 자신 역시 끝내는 큰 죄에 빠질 것입니다. 성상께서 오늘날 자상하게 영의정 직을 반려하시는 은혜는 도리어 신의 훗날의 화를 보태는 것입니다. 지난 번 어전에서 성상의 유시를 받들었는데 '어려움을 만나서 물러난다.' 고 하교하기까지 하였습니다. 이는 하늘이 너무 높고 해가 멀어서 신의 본정을 통촉하지 못하신 듯합니다. 임진년 이래로 신이 죽을 곳도 마다않고 드나들었으며 뭇사람들이 모두 피하는 곳에도 곧장 달려갔으니, 이를 어느 누가 모르겠습니까. 편안한 곳을 사양하고 험난한 곳에 나아가며 오랑캐를 물리치는 것을 급한 병으로 여겼으니, 이것이 신이 평소부터 지녀왔던 뜻이었습니다. 혹시라도 훗날 어려움이 있을 경우 미약한 목숨이 아직 남아 있다면 비록 죽어 구덩이에 뒹굴게 된다 하더라도 어찌 전하의 은혜에 죽음으로나마 보답할 것을 잊겠습니까.

아, 어려움은 나날이 심해지고 낭패 또한 지극하니, 신은 처신할 곳이 없습니다. 그런데도 오히려 영화와 총애를 탐하여 말없이 지내며 구차하게 세월만 보내다가 시정이 신으로 말미암아 점점 무너져 후회해도 미칠 수 없게 된다면, 반드시 제 자신을 망치고 전하를 저버리게 될 것입니다. 어찌 슬프지 않습니까. 삼가 바라건대, 임금께서는 현 형세를 깊이 헤아리고 또 신의 사정을 살펴 빨리 신의 죄과를 나열하여 직명을 먼저 파직하고, 재주와 인망이 한 세상을 복종시킬 수 있는 자를 뽑아 등용하여 진압함으로써 나랏일을 구제하소서. 이렇게 해주신다면 참으로 다행이겠습니다. 신의 이 말은 한자 한자가 모두 진심에서 나온 정성으로, 만약 채택된다면 공사간에 거의 유익할 것입니다. 임금께서는 으레 하는 사퇴로 보지 마소서." 하였다.

---

137) 사헌부나 사간원의 벼슬아치들이 원의할 때 앉던 자리

(이때 구신과 명사로서 조정에 근근히 용납받아 오던 자들이 모두 역당이라는 이유로 쫓겨나 거의 남아 있지 않았다. 이덕형이 홀로 중망을 지녀 수상의 자리에 있었는데, 옥사를 국문하여 죄를 청하는 일에 있어서 힘껏 그때마다 참여하여 일에 따라 바로잡지 아니함이 없어 조그만 도움이나마 없지 않았다. 그러나 대세가 이미 결정되어 할 수 있는 일이 없었으니, 이견을 세우 자니 큰 화를 입을 것 같았고 세속을 따르자니 그의 본심이 아니었으므로, 항상 술을 마시고 눈물만 흘릴 뿐이었다. 백관이 정계함에 미쳐 삼사의 배척이 잇따르게 되자 비로소 상소하여 진정했는데, 말이 대부분 견강부회하는 것이었으므로 사람들이 매우 애석해 했다.)

답하기를,

"나라의 위급함이 지난 번보다 더 심하니 나같이 혼미하고 열등한 사람으로서는 어떻게 계책을 세워야 할지 모르겠다. 한밤 중에도 잠을 이루지 못하면서 항상 몹시 근심해 왔다. 지금 상소의 내용을 보고, 경의 나라를 걱정하는 정성이 보통의 인정보다 월등함을 알았으니, 매우 가슴이 뭉클하다. 법을 집행해야 한다는 의견과 은혜를 온전히 해주어야 한다는 의견은 서로 모순없이 병행하는 것이니, 경의 의견 또한 옳다. 그러나 이의를 무신년의 일에 비기기까지 한 것은 옳지 않다. 그때 명나라 차관이 와서 조사한 일은 또한 나의 부덕한 소치였지만 참으로 예전에 없던 변고였으니, 부끄러움과 쓰라림을 어찌 말로 할 수 있겠는가. 현재 인심이 각박하고 모지니 춘추의 의리를 아는 자가 누가 있겠는가. 내가 이미 백성들에게 덕택을 베풀지 못하고 신에게 한갓 죄를 얻기만 하여 변고가 갖가지로 나타나니, 임금노릇 하는 게 즐겁지 않다. 떨리고 두려워 사태가 어느 곳에 이르게 될지 모르고 있다. 이런 상황이니 신하로서 후환을 염려하는 자들을 어떻게 깊이 꾸짖을 수 있겠는가. 나의 견해는 이와 같으니, 말 그대로만 가지고 뜻을 해치지는 말라. 경은 안심하여 사직하지 말고, 빨리 출근해서 옥사를 의논하여 처리하라." 하였다.

이덕형의 졸기

1613년[53세] 광해 5년 10월 9일 전 영의정 이덕형의 졸기

전 영의정 이덕형이 졸하였다. 이때 죄를 주자는 논계는 이미 중지되었는데, 이덕형은 양근에 있는 시골집에 돌아가 있다가 병으로 졸하였다. 이덕형은 일찍부터 재상이 되리라는 기대를 받았는데, 문학과 덕과 기량은 이항복과 대등하였으나, 이덕형이 관직에서는 가장 앞서 나이 38세에 이미 재상의 반열에 올랐다. 임진년 난리 이래 공로가 많이 드러나 중국 사람이나 왜인들도 모두 그의 명성에 복종하였다. 사람됨이 간솔하고 까다롭지 않으며 부드러우면서도 능히 곧았다. 또 당파를 좋아하지 않아, 장인인 이산해가 당파 가운데서도 주장이 가장 편벽되고 그 문하들이 모두 간악한 자들로 본받을 만하지 못하였는데, 이덕형은 한 사람도 친하지 않았다. 이 때문에 자주 소인들에게 곤욕을 당하였다. 그가 졸하였다는 소리를 듣고 원근의 사람들이 모두 슬퍼하고 애석해 하였다.

1613년[53세] 10월 10일 이덕형이 졸하였다는 소식을 관작을 회복하고 조시를 예에 따라 중지케 하다.

왕이 이덕형이 졸하였다는 소식을 듣고 정원에 전교하였다. "그 소리를 들으니, 놀랍고 애통하다. 그의 관작을 회복하고, 예장과 조제하는 등의 일을 한결같이 법에 따라 거행하며, 조정회의를 예에 따라 중지하라."

부음을 전해 듣고 광해군은 몹시 애도하며 관작복위를 명했으며, 위로는 어진 사대부로부터 아래로는 아전과 군부대·시정의 소민들까지 탄식하고 눈물을 흘리며 말하기를, "우리들은 앞으로 어찌해야 할꼬?" 하면서, 더러는 철시를 하고서 곡을 하고, 더러는 서로들 재화를 염출하여 조의를 표하느라 문전에 줄을 이었다. 이때의 광경이 마치 송나라 때 북경의 백성들이 사마온공의 죽음을 애도함과 같았다고 하니, 도대체 이덕형은 어떻게 해서 이다지도 남에게 마음을 얻었단 말인가? 이덕형의 순일한 충성과 덕이 1592년부터 사람들의 마음속에 깊이 스며들어 병사와 칼로도 끝내 제지할 수 없었고, 또 이 백성들은 하·은·주 삼대의 올바른 도리를 행하는 백성들이라 이덕형을 위해서는 죽음까지도 사양치 않으려고 하는 터인데, 어찌 연계의 율법 같은 것을 염려했으리요?

[승진과정]

1578년(18세) 선조 11년 생원시 수석합격, 진사시 3등 합격
1580년[20세] 선조 13년 별시 문과 을과 1위 급제
1582년[22세] 선조 15년 홍문관 정자, 독서당의 사가독서에 참여,
              부수찬, 정언, 부교리, 이조 좌랑
1588년[28세] 선조 21년 7월 이조좌랑, 12월 이조정랑
1589년[29세] 선조 22년 6월 일본국 선위사
1590년[30세] 선조 23년 이조정랑, 직제학, 동부승지, 우부승지, 부제학,
              대사간, 대사성
1591년[31세] 선조 24년 1월 이조참의, 7월 대사간, 8월 이조참판
              겸 양관 대제학
1592년[32세] 선조 25년 1월 대사헌, 4월 13일 임진왜란, 6월 대사헌,
              6월 명나라 원병 파병 청원사, 8월 세자 우빈객,
              9월 명나라 사신 원접사, 대사헌, 12월 한성부 판윤
1593년[33세] 선조 26년 1월 지중추부사, 1월 한성 판윤, 대사헌,
              2월 명나라 제독 접반사, 형조판서, 4월 한성판윤,
              6월 형조판서, 11월 겸 예문관 제학,
              윤 11월 세자 좌빈객, 윤 11월 병조판서, 12월 대사헌
              겸 홍문관 예문관 대제학, 지경연사, 세자우빈객, 병조판서
1594년[34세] 선조 27년 7월 모친상, 11월 상중에 부름을 받아 이조판서
1595년[35세] 선조 28년 3월 병조판서
1596년[36세] 선조 29년 이몽학의 난, 함정에 빠지다.
1597년[37세] 선조 30년 3월 공조판서, 왜적의 재침,
              6월 의정부 우참찬, 9월 우찬성, 12월 이조판서.
1598년[38세] 선조 31년 4월 우의정, 10월 좌의정
1599년[39세] 선조 32년 8월 좌의정 사직, 행 판중추부사, 9월 겸 문학.
1600년[40세] 선조 33년 1월 행 지중추부사, 의정부 좌의정
1601년[41세] 선조 34년 1월 경상· 전라· 충청· 강원도 4도 도체찰사

도체찰사의 임무를 띠고 남쪽 변방에 나아가 군정을 바로잡고 민폐를 파
헤쳐 호남과 영남지방을 안정케 하였다. 특히 이덕형은 적을 살피는 데
뛰어나서 적의 진위를 손꼽듯이 정확하게 알았는데, 왜구 사신 귤지정
이 문서를 가지고 와서, 허세를 부려 공갈하며 화친을 요구하자, 이덕형

은 '이것이 대마도의 속임수이지 일본의 행위가 아니라'고 여겨 물리치고 받아들이지 않았다. 귤지정에게 이르기를, "명나라 조정에서는 너희 왜국이 침략을 거듭한 때문으로 본 조선에 군사를 남겨 뜻밖의 사태에 대비하고 있다. 너희들이 감히 이러한 때에 거짓말을 해가며 우리를 속이려하는가?" 하고 남쪽 지역에 남아있는 명나라 병사를 모아 대오를 정돈하는 한편 급히 군문에 통고해서 왜적들에게 알릴 첩문을 만들어 부산진에 널리 내걸게 하니, 적이 입을 다물고 물러갔다.

1602년[42세] 선조 35년 윤 2월 3일 영의정
1604년[44세] 선조 37년 4월 9일 판중추부사, 7월 영중추부사
1606년[46세] 선조 39년 영중추부사
1608년[48세] 선조 41년 선조 승하, 광해즉위
1609년[49세] 광해 1년 9월 9일 영의정
1610년[50세] 광해 2년 영의정 겸 가례도감 도제조
1611년[51세] 광해 3년 8월 24일 좌의정.
1612년[52세] 광해 4년 9월 6일 영의정.
              9월 익사형난공신에 책훈, 한원부원군
1613년[53세] 8월 19일 영의정 면직, 9월 20일 삭탈관직.
              영창대군의 처형과 폐모론이 나오자 이항복과 함께 이를
              적극 반대하다가 삭탈관직 당하였다.
1613년[53세] 광해 5년 10월 9일 전 영의정 이덕형이 죽다.

74. 윤승훈 尹承勳
강직한 성품에 공정한 인사

생몰년도	1549년(명종 4)~1611년(광해군 3) [63세]
영의정 재직기간	(1604.5.22~1604.11.26) (6개월)
본관	해평海平 구미
자	자술子述
호	청봉晴峰
시호	문숙文肅
묘소	경기도 양평군 강상면 화양리
묘비문	이항복 지음
기타	강직한 성품으로 임금의 총애를 받았으나
	강직함으로 탄핵을 받아 조정에서 물러나다.

증조부	윤훤尹萱	– 군기시첨정
조부	윤은필尹殷弼	– 이조판서
종조부	윤은보	– 영의정
부	윤홍언尹弘彦	– 사헌부 감찰
모	전주이씨	
처	성호문의 딸	
장남	윤공尹珙	– 수찬
차남	윤숙	– 용천군수
장녀	이경여에게 출가	
차녀	허국에게 출가	
서자	윤형尹珩	

강직한 성품으로 선조의 총애를 받다

윤승훈의 자는 자술子述이며, 호는 청봉晴峰으로 선산군 해평(구미) 사람이다. 증조부 윤훤은 군기시 첨정을 지냈고, 조부 윤은필은 이조판서를 지냈는데 영의정을 지낸 윤은보와 형제간이다. 아버지 윤홍언은 사헌부 감찰을 지냈고 어머니는 종실의 이순민 딸로 1549년 명종 4년에 윤승훈을 낳았다.

윤승훈은 세상에 널리 알려진 인물은 아니다. 젊어서 과거에 올라 청현직을 두루 거쳤고, 성격이 강직하고 과감하여 남에게 지기를 싫어하였다. 강직한 그의 성품은 임진왜란 시기에 임금의 총애를 받는 데 톡톡한 역할을 하였다. 그는 임진왜란을 만나 군량미를 관리하는 역할을 주로 하여 차질을 빚는 일이 없었다.

대북파에서는 왜란이 끝나고 국토를 수복한 업적을 들어 선조에게 존호尊號를 올릴 것을 제의하여 임금의 비위를 맞추려고 하였다. 그러자 조정의 사대부들이 그 간악함을 간파하고 침을 뱉지 않은 사람이 없었지만 모두 입을 다문 채 눈만 흘겼다.

이때 영의정이던 윤승훈이 그 불가함을 논박하기를, "깊은 원수를 갚지 못했으니 군신이 와신상담해야 할 때인데 이런 일이 있어서는 안 된다."고 주장하였다. 이를 빌미로 유영경은 언관을 통해 영의정을 탄핵하니 6개월간의 영의정 생활을 청산하고 물러난다.

이후 7년간 향리에서 머물다가 세상을 떠났다. 당파가 형성된 이후에는 한번 관직에서 물러나면 다시 등용되는 사례가 거의 없었다. 국익보다는 당파의 권력유지에 더 큰 목적을 두고 있었기에, 반대당의 씨앗이 아예 자라지 못하게 하였다. 그래서 반대당에서는 상대당이 집권하였을 때는 조용히 고향으로 내려가 후학을 기르는 일에 더 몰두하는 풍조가 일어나니 전국적으로 서원 창설이 주를 이루었다.

당색이 다르면서 조정에 머물다가 꼬투리가 잡혀 탄핵을 받으면 목숨을 잃는 일이 비일비재하였기 때문에 산림거사가 될 수밖에 없었다. 이러한 결과로 조선 중기 이후로는 서원이 크게 융성하게 된다.

윤승훈은 1573년[25세] 식년시 문과에 급제하여 첫 벼슬을 승문원에서 시작하였다. 1576년[28세] 모친상을 당하여 3년간 여묘살이를 하였고 복직하여 예조좌랑을 지냈다. 1581년[33세] 정언이 되어 대사헌 이이, 장령 정인홍과 함께 명종비 인순왕후의 친정 아우였던 예조참판 심의겸이 당파를 조장하였다는 혐의로 탄핵하였다. 심의겸은 조정관료들이 동인과 서인으로 갈라져 당파를 형성할 때 서인의 중심인물로, 동인 측의 김효원과 대립되어 당파를 조성한 인물이었다.

이때 윤승훈은 서인들이 우두머리 정철까지 탄핵하여 아울러 다스려야 한다고 주장하니, 이율곡이 너무 심하다며 반대하고 나섰다. 그러자 윤승훈은 한 걸음 더 나아가 이율곡마저 함께 논죄해야 한다고 주장하였는데, 그의 극단적 행동이 임금의 비위를 거슬러 7월에 신창현감으로 좌천되었다.

정인홍 등이 심의겸을 논계할 때 이율곡도 따랐었는데 정철까지 아울러 탄핵하자 율곡이 이의를 제기하였다. 그러자 정언 윤승훈이 율곡의 잘못을 탄핵하니 주상이 노하여 윤승훈을 신창 현감으로 내보냈다. 그러자 율곡이 아뢰었다. 윤승훈의 말은 본래 잘못이 있었으나 옳든 그르든 간에 간관에 대하여는 너무 지나치게 꺾어서는 안 되는데도 주상께서 특별히 외직에 전보를 명하셨습니다. 임금의 위엄이란 벼락의 정도가 아닙니다. 이 일이 사방에 전파되면 듣는 사람은 그 곡절은 알지 못하고 다만 일을 논하다가 견책을 당했다고 여길 것입니다.

- 선조수정실록 14년 8월 1일 -

1587년[39세]부터 정언, 헌납, 지평, 장령, 수찬, 교리, 응교 등을 두루 역임하고 1592년[44세] 임진왜란 중에는 충청도와 전라도 선유사를 지내고 형조참의가 되었다.

선조가 서쪽으로 피난할 때에 윤승훈의 아들 윤공이 식구들을 데리고 양주에 있었는데 윤승훈이 아들을 돌아보지 않고 결별하여 떠나자, 아들이 통곡을 하면서 옷을 잡고 놓지 않자 윤승훈이 성난 목소리로 꾸짖어 이르기를, "내가 평생동안 너에게 충효를 가르쳤는데 지금 이런 말을 할 수 있단 말이냐" 하고, 마침내 어가를 수행하였다. 그 공으로 품계가 더해져서 대사성이 되고, 나가서 충청과 전라지방을 유시하였다. 9월에 조정에 들어와 형조참의 겸 서로길 조도사를 겸하였다.

- 국역 국조인물고, 윤승훈, 세종대왕 기념사업회-

1593년[45세]에는 임진왜란 중에 수천곡의 군량미를 차질없이 관리하였다.

명나라 제독 이여송이 평양을 탈환할 적에는 윤승훈이 군인들의 군량을 관장하였다. 많은 군사가 주둔하여 시끌벅적한 가운데 하루의 드는 군량은 수천 곡으로 헤아릴 정도였고, 국가와 개인 창고가 불에 타 모두 잿더미가 되어버린 터였다. 그러자 윤승훈이 수하의 요속들과 함께 담장에 의지하여 갈대를 엮어 천막을 치고 여기에 거처하면서 낮이면 장부를 대조하여 군량을 흩어 지급하고, 밤이면 산가지를 가지고 회계를 하되, 힘을 다하여 주선함으로 인하여 군량이 결핍되지 않았다.

- 국역 국조인물고, 윤승훈, 세종대왕 기념사업회-

임진왜란 중이던 1593년 8월 조정에 들어와서는 동부승지가 되고 이어 우부승지에 승진되었다가 10월에 충청도 관찰사가 되어 외직에 나갔는데, 직산의 송유진이란 자가 반란을 일으켜 무리들을 불러 모으고 열읍에 격문을 돌림으로써 충청도가 소란해졌다. 그러자 어떤 이가 윤승훈에게 군대를 징발하기를 권유하니 윤승훈이 웃으면서 말하기를

"쥐새끼 같은 무리들이 오래지 않아서 저절로 무너져 포박당할 것인데 어찌 군대로 보위하는데 이르겠는가?" 하고, 부하 관료에게 지시를 하여 그를 체포하여 서울로 압송하고 나머지는 모두 불문에 부쳐 버렸다. 그런데 순변사 이일과 절도사 변양걸이 역적을 다스리는 데 있어 너무 느슨하게 해서는 안 된다고 말하자, 윤승훈이 말하기를, "양민이 춥고 배고픔에 급박하여 그런 것이니 어찌 본심이겠는가, 차라리 놓아 준 벌을 받을지언정 어찌 차마 내막을 알면서 모조리 죽일 수 있겠는가?" 하였다. 그리하여 죄수들이 감옥을 나와서는 모두 감격하여 울면서 돌아갔다.

– 국역 국조인물고, 윤승훈, 세종대왕 기념사업회–

1595년[47세] 충청 관찰사 임기를 마친 후 동지중추부사, 호조참판, 대사간, 대사헌, 경상도 관찰사를 역임하고 이조판서에 올랐다. 이어 호조판서와 대사헌을 지내고 세 번째 도백인 함경도 관찰사가 되어 부임하는 도중에 철원에 들러 부사 윤방에게 이르기를

"요즈음 시정을 관찰하건대 아무개와 아무개가 끝내 버틸 것이니 앞으로 한바탕 크게 시끄러울 것이다." 하였는데, 이듬해 정말 사실대로 되니 윤방이 그의 선견지명에 탄복하였다. 함경도에 부임하여 맨 먼저 학교를 수선하고 지도志道·구인求仁·박학博學·양몽養蒙 등의 재齋를 설치하여 총명하고 준수한 자들을 뽑아 차례로 올려서 보완하게 하니 문교가 크게 진흥되었다. 오랑캐의 우두머리 노토老土[138]가 해마다 국경의 근심거리였으므로 윤승훈이 군사를 일으켜 죄를 묻고 국가의 위엄을 펼 것을 청하면서 15개의 사항을 조목조목 진술하였는데, 의논하는 자가 혹시라도 차질이

---

138) 여진족

생기면 나라가 따라서 망하게 되므로 함부로 군대를 일으킬 수 없다고 하였다. 그러나 윤승훈은 더욱 극력 토벌을 청원하니 조정에서 하락하였다. 그리하여 이해 4월에 군사를 동원하여 절도사 이수일을 시켜 중군을 거느리게 하고 군사를 나누어 양쪽 날개로 삼아서 세 길로 진격하여 적의 보루를 불태우고 어유간에서 풍산보까지 3백여 리에 사는 적의 종락들을 모조리 소탕시키니 남은 적들은 도망가서 모두 항복하기를 원하였다. 그 일을 아뢰자 임금이 가상하게 여겨 특별히 정헌대부로 올려 승진시켰다.

– 국역 국조인물고, 윤승훈, 세종대왕 기념사업회–

1601년[53세] 선조 34년 당시 크고 작은 벼슬의 임명이 청탁을 거치지 않으면 뇌물에서 나왔는데 윤승훈이 병조판서가 되고부터 재능을 시험하고 다음으로 말과 행동을 관찰하고서 그 높고 낮음을 정하여 차례로 추천하며, 몰래 다른 경로를 따라 벼슬 얻기를 도모하는 자가 있으면 이름을 삭제하여 추천하지 않았으니 당시 인사가 깨끗하였다고 칭찬하였다.

좌의정 이헌국이 아뢰기를, 이조판서와 병조판서를 차출할 때는 대신에게 묻는 것이 관례입니다. 저번에 신이 윤승훈이 국사에 마음을 다한다고 여겨 천거하여 병조판서에 추천하였으니, 이는 적임자를 얻었다고 할 만합니다.

– 선조실록 34년 2월 1일 –

1601년[53세] 선조 34년 5월 1일에 특지로 재상을 가렸는데, 주상이 윤승훈의 성품이 대범하면서 재능이 있고 국사에 마음을 다하였다는 이유로 특별히 윤승훈에게 우의정을 제수하였다.

1603[55세] 2월 1일 좌의정에 올랐다가 1604년[56세] 선조 37년 5월 22일에 윤승훈을 영의정으로, 유영경을 좌의정으로, 기자헌을 우의정으로 삼았다

윤승훈은 정승이 된 지 이미 오래되었는데 자못 유능하다는 명성이 있었으므로 수

상이 됨에 이르러서도 사람들이 이상하게 여기지 않았다. 그러나 성미가 조급하고 도량이 좁아 작은 일에 당해서도 성을 잘 내었으므로 자못 대신다운 도량이 없었다.

- 선조실록 37년 5월 22일 -

1604년[56세] 선조 37년 11월 좌의정 유영경이 느닷없이, 윤승훈을 선조의 존호 결정에 소홀했다는 흠집을 만들어 공격하니, 파당에 의한 권력 다툼에 견디질 못하고 파직당하였다.

영의정으로 있을 때 선조의 존호尊號를 올리자는 공론을 정지시키려 했다는 사헌부·사간원의 탄핵을 받아 물러났고, 그로 인해 오랫동안 유영경의 배척을 받았다.

이 사건으로 윤승훈은 11월 26일 자로 영의정에서 판중추부사로 물러났고, 좌의정이던 유영경은 12월 6일 자로 영의정에 올랐다.

1609년[61세] 광해 1년 9월 권력을 쥔 유영경에 가려 7년 동안 거처에서 나오질 못하다가 1611년[63세] 광해 3년 6월에 숨을 거두고 말았다.

임금이 점찍고 있던 정승 발령

1601년[53세] 선조 34년 5월 승정원에 임금의 명을 전하기를, "좌상과 우상을 불러 정승이 될 사람을 추천하라." 하였다.

좌의정 이항복, 우의정 이헌국이 추천 단자에 최흥원·정탁·이원익·윤두수·이덕형을 써서 아뢰니, 임금은 다시 추천하라고 하였다. 심희수를 더 첨가하여 아뢰니, 임금이 비망기를 내려 전교하기를,

"상신相臣[139]의 직임은 어려운 것이라 정승의 덕이니 정승의 재주니 정승의 도량이니 하는 말이 있다. 합당한 사람을 쓰지 않으면 성패가 여기에 걸려 있는 것이니, 백관에 견줄 수 있는 것이 아니다. 더구나 이런 때이겠는가.

지금 추천한 것을 보건대, 최흥원과 정탁은 늙고 병들었으며 윤두수와 이원익은 논란이 있고 이덕형은 나이 젊어 아직 수상首相에는 적합하지 않으므로 다시 추천하게 한 것인데, 심희수를 천거하였으니 이 사람은 합당할 것 같다. 다만 지난날 그가 이조판서로 있을 적에 남이공 등의 사주를 받았다는 말이 있다.

재상이 젊은 간신과 친교를 맺었다면 이는 매우 불가하다. 나는 그렇지 않은 줄 알지만 아래에서 한 일을 직접 목격하지는 못하였다. 합당한 사람이 없다면 공석으로 두는 편이 낫다. 서경書經에 '관은 반드시 갖출 필요가 없다. 오직 합당한 사람이어야 한다.'고 하였고, 역대왕조 때에도 간혹 한명만 있을 때도 있었다고 하니, 이에 대하여 보고하라." 하였다.

좌의정 이항복과 우의정 이헌국이 보고하기를,
"임금님의 말씀을 받드니 어렵게 여기고 신중히 여기는 뜻이 지극하여 신들이 감히 다시 의논드릴 수가 없습니다. 다만 군국의 일이 많으니 이러한 업무를 위임하여 처리해야 할 터인데, 근년 이래 정승이 오랫동안 채워지지 않은 것은 국가의 불행일 뿐만 아니라 좌우의 요구에 응하는 일이 결코 한두 사람으로서는 감당할 수가 없는 것입니다.

조정에서 의논을 달리하고 시비가 대립되어 여러 공경들을 다 거론해 보았지만 완벽한 사람이 거의 없습니다. 완벽한 사람을 기어코 구하려 한다면 그런 사람이 조정엔 없을 듯합니다. 적격자를 구하다가 간혹 사람을 잃는 수가 있으므로 식자들이 늘 이 때문에 탄식해 왔습니다.

전하께서 그 인품이 어떠한가만을 살피면 됩니다. 논란은 한때 일어나는 것이지만 인품의 현명함과 그렇지 않음은 만세에 정하여지는 것입니다. 이른바 지난번의 물의란 신들이 두루 아뢰지 않더라도 위에서 이미 통찰하셨을 것입니다.

---

139) 삼의정 즉. 영의정·좌의정·우의정 등을 이름

만약 한때 의논의 굽음과 곧음은 살피지 않고 그저 물의가 있었다는 것만을 지적하는 것은 사람을 쓰는 도리가 아닌 듯합니다. 또 사람의 재덕은 나이에 따라 다른 것이 아니므로 신들이 삼가 원임 정승 등을 천거한 것입니다.

임금의 명을 받들고서야 신들은 심희수가 지난날 논박받은 적이 있었던 것을 알았습니다. 연소배들과 교류하였다는 말이 거짓임을 조정 대신들은 다 알고 있고 전에 추천한 바 있으므로 다시 감히 추천하였던 것입니다. 신들의 뜻은 이러하지만, 오직 성상의 재가에 달려 있습니다."

하니, 답하기를,

"김명원은 감당할 재능이 모자라는 듯하지만, 몸가짐이 관후하며 늙은 몸으로 왕의 일에 수고를 아끼지 않았고, 한응인은 큰 공훈이 있고, 윤승훈은 성품이 깨끗하고 국사에 마음을 다하였을 뿐 아니라 재능도 있으니, 이들 몇 사람 역시 논의의 대상이 된다. 하지만 과연 합당한 지의 여부는 아직 모르겠다. 심희수 이하 네 사람 가운데서 다수에 따라 보고하라." 하였다.

보고하기를,

"위에서 분부하신 네 사람은 다 한때의 덕망 있는 사람들입니다. 참으로 신하를 아는 것은 임금만 한 이가 없습니다. 신들은 감격스러움을 이기지 못하여 감히 하례드립니다. 삼가 주상의 재가를 바랍니다."

하니, 답하기를,

"이는 그렇지 않다. 나의 의견을 한번 답하기는 하였지만, 갑자기 정할 수는 없다. 서경에 '공신을 점친다'고 하였고, 또 '사람들에게 묻는다.'고 하였다. 오늘은 우선 물러가 널리 의견을 물어보고 나서 네 사람 가운데 사람들이 아무가 합당하다고 하면 그 말을 따라 다시 와서 아뢰도록 하라."

하였다. 또 아뢰기를,
"신들이 한때의 주상 말씀 때문에 감히 경솔히 답한 것이 아닙니다. 김명원·한응인은 직급이 상당할 뿐 아니라 인망 또한 무겁기 때문에 오늘 회의에서 과연 추천하려 하였습니다. 그러나 원임 대신에게 사람들의 기대가 쏠리는데 새로운 추천이 많으면 미안할 듯하여 전에 추천했던 한 사람만을 같이 천거하였던 것입니다.

윤승훈의 재능과 식견으로 말하면 역시 인망이 두터우나 마침 외직에 나가 있으므로 미처 논의하지 못했던 것입니다. 주상의 전교가 이러하니 이는 실로 여론에 맞을 뿐 아니라 신들이 사사로이 논의한 것과도 우연히 서로 부합되므로 감히 아뢴 것입니다. 뒷날 다시 와서 아뢴다고 해도 이와 다를 바가 없겠기에 감히 아룁니다."

하니, 답하기를, "그렇다면 상하의 의견이 서로 부합된 것이니, 매우 기쁘다. 다시 단자를 써서 들이라." 하였다.

— 선조실록 33년 6월 17일 —

윤승훈의 졸기

1611년[63세] 광해 3년 6월 16일 영중추부사 윤승훈의 졸기

영중추부사 윤승훈이 졸하였다.
윤승훈은 일찍 과거에 올라 청현직을 두루 거쳐 재상에 이르렀다. 위인이 강직하고 과감하여 남에게 지기를 싫어하였고 지론이 당파에 치우친 까닭에 식자들이 단점으로 여겼다. 선조의 존호를 의논할 때 자못 이론을 주장하고자 하여, 마침내 유영경에게 배척을 당하니 사론이 이 일로 그를 좋게 평가하였다.

[승진과정]

1573년[25세] 선조 6년 3월 사마시에 합격, 성균관에 입학
1573년[25세] 선조 6년 식년 문과 병과급제, 승문원으로 뽑혀 들어갔다.
1576년[28세] 선조 9년 모친상, 3년간 여묘살이
1579년[31세] 선조 12년 한림원
1580년[32세] 선조 13년 예조좌랑
1581년[33세] 선조 14년 7월 심의겸을 탄핵하다가 정철 이율곡까지
              아울러 탄핵하니 신창현감으로 좌천되다.
1583년[35세] 선조 16년 황해 도사
1584년[36세] 선조 17년 부친상, 3년간 여묘살이
1587년[39세] ~1591[43세] 황해도 구황 경차관, 정언, 헌납, 사헌부 지평,
              사헌부 장령, 강릉부사, 홍문관 수찬, 교리, 응교, 사인
1592년[44세] 선조 25년 4월 13일 임진왜란,
              7월 대사성, 충청 전라 선유사, 9월 형조참의
1593년[45세] 선조 26년 군량미 관리, 8월 동부승지, 우부승지,
              10월 충청도 관찰사
1595년[47세] 선조 28년 가선대부, 10월 동지중추부사
1596년[48세] 선조 29년 4월 호조참판, 10월 부제학, 11월 대사간

1597년[49세] 선조 30년에는 사은사가 되어 명나라에 갔다. 9월 대사헌,
              10월 4도 총독사, 자헌대부로 특별 승급.
1598년[50세] 선조 31년 1월 경상도 관찰사, 10월 이조판서
1599년[51세] 선조 32년 1월 호조판서, 2월 대사헌, 2월 24일 이조판서,
              4월 함경도 관찰사
1601년[53세] 선조 34년 2월 병조판서
1601년[53세] 선조 34년 5월 우의정에 특별 제수
1602년[54세] 선조 35년 3월 우의정 사직, 6월 지중추부사,
              11월 판돈녕부사
1603년[55세] 선조 36년 2월 좌의정
1604년[56세] 선조 37년 5월 22일 영의정
1604년[56세] 선조 37년 11월 26일 판중추부사
1609년[61세] 광해 1년 9월 영중추부사
1611년[63세] 광해 3년 6월 16일 영중추부사 윤승훈이 죽다.

75. 유영경柳永慶
선조의 사돈, 소북파의 영수

생몰년도	1550년(명종 5) ~ 1608년(선조 41) [59세]
영의정 재직기간	(1604.12.6~1608.2.14) (3년2개월)
본관	전주全州
자	선여善餘
호	춘호春湖
묘소	경기도 남양주시 별내면 덕송리
죽음	소북의 영수로 영창대군 옹립을 시도하다가 가족이 몰살당하다.
당색	북인
기타	소북파의 영수로 영창대군을 옹립하려다 삭탈관직당하고 가족이 몰살당하다

증조부	유헌柳軒 – 대사헌
조부	유세린柳世麟 – 참판
부	유의柳儀 – 참봉
모	노첨盧瞻의 딸
형	유영길柳永吉 – 예조참판
처	황사우의 딸
장남	유열柳悅 – 아버지가 영창대군을 옹립한 죄로 사망
손자	유정량柳廷亮 – 선조의 사위, 정휘옹주에게 장가. 후손을 이어 나감
2 남	유제 – 아버지의 죄로 사망
3 남	유선 – 아버지의 죄로 사망
4 남	유업柳㦖– 이조좌랑, 아버지의 죄로 문초중 사망
5 남	유흔 – 아버지의 죄로 사망

선조의 사돈, 선조의 유훈을 지키려다 비참한 최후를 맞다

유영경의 자는 선여善餘이고, 호는 춘호春湖로 본관은 전주이다. 증조부 유헌은 대사헌을 지냈으며, 조부 유세린은 참판을 지냈고, 아버지 유의는 참봉을 지냈다.

유영경은 선조 때 영의정을 지낸 소북파의 영수였다. 조선시대의 당파는 동인과 서인으로부터 시작되었는데, 권력을 잡은 당은 항상 분당을 가져왔다. 동인이 집권하자 남인과 북인으로 갈라졌고, 북인이 집권하자 다시 대북과 소북으로 나누어졌다. 이때 유영경은 소북파의 영수가 되었고, 소북파는 남이공南以恭과의 불화로 탁북과 소북으로 분리되었다.

1592년[43세] 임진왜란으로 국가가 위기에 빠지자 선조는 정실 소생의 아들이 없어 후궁 소생들 가운데 공빈 김씨의 둘째 아들 광해군을 세자로 삼았다. 전란 속에 선조는 민심 수습이나 왕권 행사를 세자인 광해군에게 일임하고 의주로 피난하면서 요동으로 망명할 것을 대비하였다. 왕권을 위임받은 광해군은 조정을 둘로 분할하여 선조가 있는 곳을 원 조정이라 하고 자신이 있는 곳을 분조라 하여 아버지 선조를 대신하여 종묘사직을 이끌며 임진왜란을 수습하였다.

왜란이 종식된 후 광해군을 친아들처럼 키운 왕비 의인왕후 박씨가 죽고, 선조 35년에 새 중전 인목대비를 맞아들이니 인목대비는 3년이 지난 뒤 왕자 영창대군을 낳았다. 55세가 된 선조가 처음으로 낳은 적자 출신 왕자였다.

이이첨이 움직이기 시작한 것은 이 무렵부터였는데, 이이첨은 "머지않아 적자 승계의 주장이 나오리니 두고 보시오" 하고 다녔다. 이때 영의정이던 유영경은 선조의 의중을 헤아리고, 자신의 권력을 계속 지켜나가고자 영창대군을 세자로 삼으려는 계획을 꾸몄는데 갑자기 선조가 쓰러져 버렸다.

이때 세자 광해가 일상적인 아침 문안 인사를 하려고 갔는데 선조가 "매일 아침 세자가 문안하는 것은 노여우니 문안을 정지하고 삼일 간격으로 하라"는 명을 내렸다. 그러잖아도 영창대군으로 세자를 교체하는 주장이 나돌던 때라 이를 들은 광해군은 망연자실할 뿐이었다.

선조가 위독한 가운데 광해군에게 왕위를 전위한다는 교서를 내린 것은 선조 40년 10월이었다. 영의정 유영경은 임금의 전위 교서를 받들고는 공식적으로 대내외에 발표하지 않고 조정회의를 열어 전위의 교서를 거두어줄 것을 극구 간청하였다.

1608년[59세] 선조 41년 1월, 전위 교서를 감추고, 원임 대신을 빈청에서 내보냈다는 소문이 나돌자 유영경을 탄핵하는 상소가 올려졌다.

이때 합천에서 후진 양성을 하고 있던 정인홍은 '세자가 책봉되어 있고 임진왜란 중 능력을 인정받았던 광해군을 폐할 수 없다.'는 상소를 올렸다. 이러던 중 선조는 1608년 2월 초하루에 승하했다.

다음날 정릉동 행궁의 즉조당 서청에서 34세의 광해는 마침내 면복을 갖추고 임금으로 즉위하였고, 광해군이 즉위하자 정인홍이 복귀하여 정책 수행에 관여하게 되었다.

선조가 죽기 전에 영의정 유영경 등 7인에게 유훈으로 영창대군을 부탁한다는 글을 남겼는데, 이 유훈은 결국 척결해야 할 대상으로 낙인이 되고 말았다.

유영경을 파직하라는 정인홍 일파의 탄핵 상소는 매일같이 이어져 결국 유영경은 파직되었다. 그 다음은 삭탈관직, 다음은 문외출송, 중도유배, 위리안치, 처형 순서로 이어졌다.

"죄인 유영경은 나와서 어명을 받으라" 집안으로부터는 아무런 기척이 없었다. 나졸이 다가가 초라한 문짝을 발길로 열어보니 어두컴컴한 공간 들보에서 목매여 죽은 수상 유영경의 시신을 발견하였다. 그의 다섯 아들도 소북파를 척결하는 과정에서 모두 죽었고 손자 유정량 만이 정휘옹주에게 장가간 덕으로 겨우 살아남아 후손을 이어 나갔다. 권력 추구의 종말이었다. 유영경의 벼슬과정을 살펴보자.

유영경은 1572년 23세의 나이로 춘당대 문과 병과로 급제하여 벼슬을 시작하였다. 사헌부, 사간원 등 주요부서에서 요직을 거치고 비교적 늦은 나이인 40세에 홍문록 명단에 들었다. 홍문록은 홍문관의 교리와 수찬에 대해, 이들을 선발하기 위해 선거하고 임명하던 기록이다. 홍문록 선거는 부제학 이하가 모여 적격자의 이름 위에 권점을 찍고, 이것을 다시 3정승·좌우참찬·대제학·이조판서·이조참판·이조참의 등이 참여하는 도당록 선거를 거쳐 임금에게 올리면 차점 이상의 득점자를 교리 또는 수찬에 임명하였다. 홍문관의 중견 관리를 선발하는데 소속 관원들의 투표와 3정승과 인사부서의 책임자가 모여 투표를 통해 선발하는 민주적인 제도가 조선 시대부터 있었다니 놀랄만한 일이 아닌가.

1592년[43세] 4월 13일 임진왜란이 일어나 선조가 피난길에 유영경을 초유어사에 특별 임명하니, 전국을 누비며 의병을 모집하는 등, 전란 초기에 낮은 직위로서 국난극복을 위해 크게 활약하였다.

1593년[44세] 선조 27년 4월 17일 호조참의 겸 황해도 관찰사가 되었는데 사간원이 청하여 관찰사 유영경을 조사하게 하였다.

사간원이 아뢰기를 황해 감사 유영경은 중국군이 나온다고 빙자하여 각 고을의 창고 곡식을 백성들에게 나누어 주지 못하게 하였기 때문에 수령들이 감히 손을 쓸 수가 없어 밭갈고 씨뿌리는 시기를 놓치게 하여 온 도민의 원망이 말할 수 없는 지경입니다. 조사하게 하소서." 하니, 주상이 따랐다.

– 선조실록 27년 4월 17일 –

1596년[47세] 선조 29년 12월 정유재란 때 유영경은 지중추부사로 있었는데, 공인으로 가족을 먼저 피난시켰다는 대간들의 비난을 받아 파직되었다가, 이듬해 병조참판에 기용되고, 당파가 무성할 때 유성룡과 함께 동인에 속했다가 동인이 다시 남인·북인으로 갈라지게 되자 북인 편에 섰다.

1599년[50세] 선조 32년 10월에 대사헌이 되었는데 북인이 대북·소북으로 갈라지니 소북의 영수가 되었다.

1602년[53세] 선조 35년 1월에 이조판서가 되었다가 3월에 우의정에 올랐다. 세자교체 문제로 대북·소북이 다툴 때 광해군을 지지하는 대북파 정인홍의 공격을 받는 위치에 서게 되었다.

1604년[55세] 선조 37년 5월 좌의정이 되었는데 유영경의 손자 유정량이 선조의 딸 정휘옹주와 혼인을 맺으니, 왕실과 척족이 되어 든든한 배경을 구축하였다. 이어 선조의 존호 문제로 영의정 윤승훈을 밀어내고 12월 영의정에 올랐다.

유영경은 선조의 신임 아래 권력을 행세하니, 민심이 기울고 뇌물이 성행하여 백성들의 입에 험담이 오고 갔다. 선조 말엽 유영경은 세자 광해군을 밀어내고 선조가 마음에 두고 있는 영창대군을 옹립하려는 일을 계획하였다.

1607년[58세] 선조 40년 10월 9일 새벽에 선조임금이 쓰러지니, 왕세자 등이 입실하였다.

해돋을 무렵 왕세자가 문안하려고 동궁에서 나오는데 내관이 주상의 환후가 위급하다고 전언하였다. 새벽에 주상이 기침하여 방 밖으로 나가다가 숨이 차서 넘어졌다고 하였다. 왕세자가 수레에서 내려 급히 달려가 입실하였다. 약방 도제조 영의정 유영경, 제조 이조판서 최천건, 부제조 권희, 기사관 목취선·이선행·박해, 어의 허준·조흥남·이명원이 입실하고 말을 전하는 내관과 약을 가진 의관들이 침실 밖 대청에 많이 들어와 있었다.

연흥 부원군 김제남도 스스로 입실했다. 주상이 일어나지 못하고 의식이 들지 않으니, 청심원·소합원·강즙·죽력·계자황·구미청심원·조협말·진미음 등 약을 번갈아 올렸다. 주상이 기후가 조금 안정된 후에, "이 어찌된 일인가, 어찌된 일인가." 하고 급히 소리지르니, 왕세자가 손을 저어 좌우를 나가게 하였다. 약방 도제조 이하가 합문 안으로 물러나 대령하였다.

– 선조실록 40년 10월 9일 –

1607년 선조 40년 10월 11일 삼정승을 불러 세자에게 전위하거나 인목대비를 통해 섭정케 하라고 하였다.

주상이 삼공을 불러 빈청에 모이게 하고 하교하기를, "나의 병이 이와

같으니 옛 전례에 의거하여 세자에게 왕위를 전해야 할 것이다. 만약 어렵다면 섭정하도록 하라." 하니,

영의정 유영경, 좌의정 허욱, 우의정 한응인 등이 아뢰기를,

"임금의 옥체가 자연히 강녕질 것이니, 막중한 거사를 감히 받들어 따르지 못하겠습니다." 하였다. 얼마 뒤에 중전이 다시 언문으로 전교하기를, "원컨대 대신들은 임금의 뜻에 따라 조섭하는 데 편안케 하라." 하니,
영의정 유영경 등이 아뢰기를, "신들은 죽는 한이 있어도 끝내 감히 따르지 못하겠습니다." 하였다.
이날 원임 의정인 이산해·이원익·이덕형·이항복·윤승훈·기자헌·심희수 등도 빈청에 모여 있었는데 모두 유영경에게 내돌림을 당한 나머지 비변사로 피해 나가서 정승의 의논에 참여하지 못하였다.

다음날 허욱·한응인 및 여러 대신들이 또 빈청에 모였는데, 유영경이 약방에 있으면서 허욱과 한응인에게 사람을 보내 말하기를,

"삼공이 지금 회의하여 다시 아뢰어야 하겠는데, 어느 곳이 적당하겠습니까." 하니,
여러 대신들이 그 뜻을 깨닫고 모두 피해 나가려고 하자,

이원익이 말하기를, "빈청은 현임과 원임이 자리를 함께 하는 청사입니다. 우리들이 여기에 있다고 하더라도 현임들이 공무를 보는데 무슨 방해가 된다는 말입니까." 하고, 굳게 앉아 움직이지 않았다.
그러나 모두가 말하기를, "오늘날의 형세상 피해 줄 수밖에 없습니다." 하고, 서로 이끌고 나갔다. 대개 이는 유영경이 다른 논의가 있게 될까

두려워한 나머지 단지 현임 좌의정 허욱의 무리와만 약속해서 아뢰려 했기 때문이었다.

1607년[58세] 10월 11일 영의정 유영경 등 삼정승이 왕위를 전위하고 섭정하는 명령을 거두어 달라고 청하다.

영의정 유영경, 좌의정 허욱, 우의정 한응인이 보고하기를, "신들이 삼가 비망기를 보고 서로 돌아보며 놀라고 황공하여 아뢸 바를 모르겠습니다. 주상께서 여러 달 동안 조섭하시어 즉시 쾌복되지는 않았다고 하더라도 점차 수라를 드시어 원기가 회복되어 가니 온 나라 신민이 평복될 날을 간절히 바라고 있습니다. 그런데 천만 의외에 이번에 갑자기 이런 명을 내리시니 신들은 몹시 걱정스러운 마음 금할 수 없습니다. 군국의 기무는 조섭 중에 계시더라도 적체된 것이 없으니 바라건대 이런 점은 염려하지 마시고 심기를 화평하게 하여 조섭에 전념하시면 종묘와 사직이 은밀히 도와서 임금의 옥체가 저절로 강녕하게 될 것입니다.
이는 신들의 소원일 뿐만 아니라 백관의 뜻이 모두 이와 같습니다. 황공하게 감히 아룁니다." 하니,

답하기를, "이처럼 하고서 조섭하고자 한다면 이는 먹기를 거절하면서 살기를 구하는 것과 같으니 가련키 그지없다. 그러던 중에 심병이 갑자기 발작하면 감당할 수 없을 것이니 몹시 민망스럽다. 오직 이 일념뿐 그밖에 다른 생각은 없다." 하였다.

– 선조실록 40년 10월 11일 –

16년간이나 세자자리를 지켜온 광해군을 폐위하고 두 살짜리 영창대군을 왕위에 앉혀 인목대비로 하여금 섭정을 시도하려 했는데, 인목대비가 이를 반대하였다. 10월 11일 영의정 유영경 등 삼정승이 중전의 언문하교에 답하였다.

영의정 유영경, 좌의정 허욱, 우의정 한응인이 고하기를, "신들은 삼가 중전의 하교를 보고 황공스러운 심정을 가눌 길이 없습니다. 신들의 민망한 마음은 이미 대전의

비망기에 대한 보고에 모두 아뢰었습니다. 그 밖에는 달리 아뢸 바를 모르겠습니다."
하니,

언서로 답하기를, "임금에게 아뢴 글은 지극하다. 그러나 지금은 지난날에 비교할 수 없다. 만일 이 일로 인하여 심려를 많이 써서 더욱 손상된다면 후회해도 미칠 수 없을 것이니 몹시 민망스럽다. 다시 바라건대, 대신은 깊이 규범을 생각하여 힘써 주상의 명을 받들어 오늘날의 옥체를 조섭하는 소지를 만들면 몹시 기쁘고 다행스러운 일이겠다." 하였다.

- 선조실록 40년 10월 11일 -

광해군의 즉위와 선조의 유훈

1608년[59세] 선조 41년 1월 18일 정인홍이 유영경을 공격하는 상소를 올리니, 유영경은 정인홍의 상소에 대해 자신을 변명하는 상소를 올렸다. 2월 1일 선조가 승하하고 2월 2일 광해군이 선왕의 유교를 받고 어좌에 올랐다.

5시경에 왕이 면복을 갖추고 큰 뜰의 절하는 곳으로 나아가니, 도승지 유몽인, 좌승지 최렴, 우승지 이형욱, 좌부승지 이경함, 우부승지 이덕온, 동부승지 유희분, 기사관 김시언·이정, 가주서 조국빈, 기사관 박해가 입실하였다. 왕이 뜰에서 네 번 절한 뒤에 동쪽계단으로 올라가서 유훈을 받았는데, 유훈의 내용에,

"내가 부덕한 몸으로 오랫동안 큰 기업을 맡아 오면서 온갖 힘난한 일을 두루 겪었으므로 항상 환란을 걱정하는 조심스런 마음을 지녀 왔다. 이제 마지막 명으로 부탁하는 것은 운명의 조짐이 가까워졌기 때문이다. 생각건대, 너는 인효한 자품을 타고 났기 때문에 나의 백성들의 기대를 한몸에 모으고 있으니 이는 실로 국가의 경사인 것으로 내가 다시 무슨 걱정할 것이 있겠는가. 본조를 섬김에 있어서는 네가 정성을 다하여 주야로 게을리하지 않기 바라며, 동기를 사랑함에 있어서는 내가 살아 있을 때처럼 하여 시종 혹시라도 간격이 없게 하라. 외적의 침입에 대처할 방도를 더욱

공고하게 하고 사대하는 예절을 다시 극진히 하라. 이는 종묘사직을 위한 원대한 계책이니 어찌 부자 사이의 깊은 정 때문에만 하는 말이겠는가. 하늘은 환히 드러내기 마련이니 어명을 내리는 보답을 저버리지 않을 것이고, 백성들 또한 노고가 극심했으니 이럴때 조금 편안하게 해주어야 한다. 나의 지극한 마음을 깊이 유념하여 네가 덕을 배양하도록 힘쓸 것을 면려한다." 하였다.

왕이 장막에서 조금 쉬고 나아와 궁전에 있는 어좌의 동쪽에 서니, 통례 김권이 나아와서 아뢰기를, "어좌로 오르소서." 하였으나, 왕이 응하지 않았다.

유몽인이 아뢰기를, "어좌로 오르소서." 하니,

왕이 이르기를, "심정이 매우 망극하여 차마 어좌에 오를 수가 없다." 하였다.

유몽인이 다시 아뢰기를, "어좌에 오르소서." 하니,

왕이 이르기를, 이미 이 전상에 올라왔으니 어좌에 오른 것이나 다름이 없다. 어좌에 오르지 않고 있는 것은 망극한 심정을 조금이나마 풀기 위해서인 것이다." 하였다.

예조판서 권협이 들어와서 아뢰기를, "대신들이 모두 문 밖에 있는데 어좌에 오른 뒤에 입실하려고 합니다." 하니,

왕이 이르기를, "해가 저물려 하니 속히 예를 행하라." 하였다.

이형욱이 아뢰기를, "뭇 신료들이 안타까워하고 있으니 돌보아 생각하여 주소서." 하니, 왕이 이르기를, "이미 이 전상에 올라왔으니 어좌에 오른 것과 다름이 없다. 해가 저물어가니 속히 행하라." 하였다.

권협이 대신의 뜻으로 아뢰기를, "신료들이 예를 제대로 이루지 못할까 염려되어 안타까워하고 있습니다. 대신들이 모두 문밖에 있으면서 어좌에 오르기를 기다리고 있습니다." 하니,

왕이 이르기를, "조종 조의 열성 가운데는 어좌에 오르지 않은 분도 계셨었다. 해가

이미 저물어가고 있으니, 속히 행하도록 하라." 하였다.

이형욱이 아뢰기를, "뜰에 가득한 신료들이 모두 안타까워하는 마음을 품고 있기 때문에 감히 아룁니다." 하고,

최렴이 아뢰기를, "뜰에 있는 신료들이 모두 예가 제대로 이루어지기를 바라고 있는데도 위에서 이렇게 굳게 고집하시니, 어떻게 해야 할지 아뢸 바를 몰라 재촉하지 않을 수 없습니다." 하고,

유몽인은 아뢰기를, "위에서는 심정이 망극하실 것입니다만, 여러 사람들의 심정을 돌아보아 생각하시어 어좌에 오르심으로써 행례를 제대로 이루게 하소서." 하고,

홍문관 부제학 송응순 등은 아뢰기를, "예로부터 제왕이 어좌에 오르지 않고서 행례를 제대로 한 경우는 있지 않았습니다. 군정이 그지없이 안타까워하고 있기 때문에 감히 아룁니다." 하니,

왕이 이르기를, "열성들께서도 어좌에 오르지 않았었는데 쟁집할 필요가 뭐 있는가. 속히 행례하라." 하였다.

이형욱이 아뢰기를, "군하들의 마음을 돌보아 생각하여 주소서."
하고, 유영경이 들어와서 아뢰기를, "재촉하고자 하는 것이 있습니다." 하니,

왕이 이르기를, "해가 저물어가고 있으니 속히 행례하라." 하였다.

송응순 등이 또 아뢰기를, "예로부터 제왕은 어좌에 오르지 않은 분이 없었습니다." 하니,

왕이 이르기를, "내가 이 전상으로 올라왔으니 어좌에 오른 것과 다름이 없다. 해가 이미 저물었으니 속히 행례하기 바란다." 하였다.

유영경이 아뢰기를, "바르게 출발하는 처음에 대례가 제대로 모양을 이룰 수 없게 되었으므로 관료들이 매우 안타까워하고 있습니다." 하니,

왕이 이르기를, "선왕께서 어좌에 오르지 않았던 것을 내가 분명히 알고 있다. 차마 어좌에 오르지 못하겠다." 하였다.

대사헌 박승종, 대사간 이효원 등이 아뢰기를, "속히 어좌에 오르시기 바랍니다." 하니,

왕이 이르기를, "힘써 억지로 따를 수 없다는 뜻으로 이미 대신에게 하유하였다." 하

였다.

유영경이 아뢰기를, "군정이 매우 안타까워하고 있으니 삼가 힘써 따르시기 바랍니다." 하니,

왕이 이르기를, "조종 조 때에도 어좌에 오르지 않은 분이 있었던 것을 뜰에 있는 원로 재신들은 반드시 알고 있을 것이다. 해가 이미 저물고 있으니 속히 행례하라." 하였다.

허욱이 아뢰기를, "해서는 안 될 일이라면 대신이 어떻게 감히 이렇게 아뢸 수 있겠습니까. 삼가 바라건대 군정을 힘써 따르소서." 하니,

왕이 이르기를, "어좌 앞에 서 있으면 대례를 이룰 수 있을 것이다." 하였다. 유영경이 네 번째 아뢰기를, "군정을 힘써 따르지 않을 수 없습니다." 하니,

왕이 이르기를, "나아가 속히 행례하라." 하니, 유영경이 아뢰기를, "군정이 매우 안타까워하고 있습니다. 삼가 바라건대 힘써 따르소서." 하니, 주상이 이르기를, "여러 사람들의 말이 이와 같기 때문에 죽기를 한하고 거절하려 했으나 힘써 따르는 것이다." 하였다.

왕이 어좌에 오르니, 대정에 있는 신하들이 모두 만세를 부른 다음 머리 조아려 절하고 하례를 끝마쳤다. 왕이 바른 길에서 내려와 상주의 거소로 돌아갔다. 어둑해져서야 차례대로 파하고 나아갔다. 전국의 대소 신료·기노·군민인 등에게 반포문을 내렸다.

그 내용에,

"하늘이 큰 재앙을 내려 나라에 큰 슬픔이 있게 되었으니, 이는 실로 백성들이 복록이 없는 것임은 물론, 내가 장차 누구를 의지해야 하겠는가. 통곡하면서 정신없이 찾아 헤매니, 마치 곡진하게 마주 대해 타이르는 것만 같다. 생각건대, 우리 정륜·입극·성덕·홍렬·지성·대의·격천·희운·대행 대왕께서는 학문에 힘쓰는 것은 항상 민첩하게 하였고 성품은 나면서부터 아는 성인의 자질을 타고났다.

정성을 다하여 명나라를 섬겼으므로 명나라의 총애가 이미 넉넉하였고 한결같은 마음으로 백성을 보살폈으므로 백성들이 모두 열복하였다. 종묘사직의 도움을 받아

42년 동안 전수하여 왔고 전국의 백성들 마음은 천년· 만년 장수하기를 바랐다. 그러나 불행하게도 혹독한 병을 만났는데 그래도 약을 쓰지 않고 치유되기를 바랐었다. 그런데 하루아침에 갑자기 만백성을 버리게 될 줄이야 어찌 생각이나 했겠는가. 바야흐로 하늘을 향하여 울부짖으면서 망극한 슬픔에 잠겨 있는데 갑자기 무슨 마음으로 즉위할 수 있겠는가마는, 돌아보건대 유훈이 이처럼 분명하고 왕위는 잠시도 비울 수 없어서 2월 초2일에 정릉동 행궁의 서청에서 즉위하였다. 대행 왕비는 왕대비로 높였고 빈 유씨를 왕비로 삼았다. 이렇게 왕위를 계승하는 날을 당하여 크게 풀어주는 은혜를 베푸는 바이다. 아, 중대하고도 어렵게 이룩한 서업을 물려받았으니 참으로 모든 것이 시작을 올바르게 하는 데 달려 있는 것이고, 허물을 용서하고 죄를 사면하였으니 모두 참여하여 스스로 새로운 자세를 지니기 바란다. 그러므로 이렇게 교시하니 이런 내용을 상세히 알아야 할 것이다." 하였다.

– 선조실록 41년 1월 18일 –

2월 2일 유영경·한응인·박동량 등에게 선조의 유훈을 내렸다.

내전이 유훈 봉투를 내렸는데 외면에 쓰기를 '유영경·한응인·박동량·서성·신흠·허성·한준겸 등 제공에게 유교한다.' 고 하였다.
유교의 내용은,
"부덕한 내가 왕위에 있으면서 백성들에게 죄를 졌으므로 깊은 골짝과 연못에 떨어지는 것 같은 조심스러운 마음이었는데 이제 갑자기 중병을 얻었다. 수명의 장단은 운명이 정해져 있는 것이어서, 낮이 가면 밤이 오는 것처럼 감히 어길 수 없는 것으로 성현도 이를 면하지 못하였으니, 다시 말할 것이 뭐 있겠는가. 단지 대군이 어린데 미처 장성하는 것을 보지 못하게 되었으니, 이 때문에 걱정스러운 것이다. 내가 불행하게 된 뒤에는 사람의 마음을 헤아리기 어려운 것이니, 만일 그릇된 말들이 있게 되면, 원컨대 공들이 애호하고 보존하기 바란다. 감히 이를 부탁한다." 하였다.
유영경·한응인·박동량·서성·신흠·허성·한준겸 등은 모두 왕자·부마의 인척들이었기 때문에 이 유교가 있었던 것인데 이 일곱 신하의 화는 실상 이로부터 시작된 것이다.

– 광해일기 즉위년 2월 2일–

정권 교체와 적폐청산

1608년 2월 12일 정언 이사경이 색승지와 내관 민희건·영의정 유영경을 파직해야 한다고 아뢰었다.

정언 이사경 등이 아뢰기를, "자전·중전께서 내리신 임금의 뜻은 반드시 대비전을 먼저 거친 뒤에 임금께 재가를 받아야 합니다. 지난번 자전께서 산릉의 일에 대해 언문으로 곧바로 빈청에 내렸는데도 승지가 전연 살피지 않았기 때문에 끝내 아뢰지 않았습니다. 이런데도 다스리지 않으면 뒤 폐단이 있을까 우려되니, 색승지[140]는 파직시키고, 동참한 승지들은 아울러 조사하게 하소서.

내관 민희건은 본디 환관인 주제에 흉악하고 간교스러운데 오랫동안 내수사 제조로 있으면서 권세를 빙자하여 폐단을 한없이 일으켜서 팔도에 폐해를 끼쳤으므로 나랏사람들이 그의 살점을 먹고 싶어 한 지 오래입니다. 그런데 승하하신 뒤로부터 악한 짓을 한 것이 더욱 극심하여 현저히 용서하기 어려운 죄가 있으니 그대로 둘 수 없습니다. 귀양시켜 멋대로 방자한 짓을 하는 환관들을 징계시키소서.

영의정 유영경은 본디 흉악한 사람으로 오래도록 권력을 잡고 있으면서 임금의 총명을 옹폐시켰으므로 권세와 기염이 하늘을 찌를 듯 하였습니다. 그리하여 손톱과 어금니 같은 복심들이 조정에 많이 끼어 있게 되었고 인척과 족척들이 현요직에 포열되어 있으며 자신과 의견을 달리하는 사람을 배척하고 언로를 막았으므로 사람들이 감히 지적하지 못하였으며 도로의 사람들이 간흉으로 지목하였습니다. 벼슬을 잃을까 걱정하는 마음에서 하지 않는 짓이 없었고 헤아릴 수 없는 흉악한 모의를 숨기고 있으니 용서할 수 없는 죄를 저질렀습니다. 그런데도 아직 정승의 자리에 버티고 있는가 하면 악역을 토죄하는 법전을 거행하지 않고 있으므로 사람들의 분노가 날로 과격해지고 있습니다. 공론은 막기 어려운 것이니 선조의 옛 신하라는 것으로 어렵게 여겨서는 안되고 국상을 당하여 슬퍼하는 때라는 것으로 피하여 꺼려해서도 안됩니다. 유영경의 관직을 삭탈시키고 문외출송시켜서 여론을 통쾌하게 하고 공론을

---

140) 일정한 일을 맡았거나 또는 책임을 맡은 승지

펴게 하소서." 하니, 답하기를,

"산릉에 대한 일은 내가 승정원에 내린 것이다. 단, 대행 대왕의 행장은 내가 본 뒤에 자전께서 승정원에 내렸다. 따라서 색승지가 반드시 대궐에서 있었던 곡절을 상세히 살필 수 없었기 때문에 미처 아뢰지 못했을 것이다. 이는 우연히 살피지 못한 일에 불과한 것이니, 파직시키고 추고할 것이 없다. 민희건은 바로 선왕께서 부리던 환관 이고 또 호성공신인데, 어떻게 유배시킬 수 있겠는가. 버려두는 것이 가하다. 영의정이 어찌 그러하겠는가. 아뢴 내용이 지나치다. 선조의 옛 신은 경솔히 논할 수 없으니 아울러 윤허하지 않는다." 하였다.

- 광해일기 즉위년 2월 12일-

2월 13일 대사헌 김신원 등이 영의정 유영경과 그 심복들을 파직시키라고 합동으로 아뢰었다.

대사헌 김신원, 장령 윤양, 지평 민덕남, 헌납 윤효선, 정언 이사경·임장이 합계하기를,

"영의정 유영경은 본디 흉험한 사람으로 외람되이 정승 자리에 웅거하고 있으면서 안으로는 궁궐과 접촉하고 밖으로는 사당을 심어 권력을 마음대로 휘둘렀으며 임금의 총명을 막아서 가려 자기와 의견을 달리하는 사람을 배척하고 언로를 막았습니다. 그리하여 권세와 기염이 하늘을 찌를 듯이 치솟았으므로 길가는 사람들도 간흉으로 지목하였는데, 벼슬을 잃을까 걱정하는 마음이 오랠수록 더욱 극심하여 흉칙하고 비밀스런 계략과 모의를 하지 않은 것이 없었습니다. 이러한 남을 해치려는 마음을 품고 임금을 무시하고 나라를 저버린 죄는 천지 사이에 용납할 수 없는 것이므로 신과 사람이 다함께 통분스럽게 여기고 있습니다. 그런데 아직도 정승의 자리에 그대로 있게 한 채 악역을 토죄하는 법전을 거행하지 않고 있으므로 사람들의 분노가 갈수록 격해지고 있습니다. 공론은 막기가 어려운 것이니, 속히 관직을 삭탈하고 문외 출송시키소서. 원흉이 죄악을 저지름에 있어 하지 않은 짓이 없었는데, 화를 즐기는 간사한 무리가 그의 오른팔이 되어주지 않았다면 그 형세가 또한 어찌 불어나고 덩굴져 도모하기 어려운 것이 이처럼 극도에 이를 수 있었겠습니까. 김대래·이유홍·이효원·성준기 등이 복심이 되기도 하고 손톱과 어금니가 되기도 하여 주야로

모여 획책한 것이 귀역들과 다른 것이 없었으며, 홍식·송보는 그의 사주를 받아 조정을 어지럽혔습니다. 호군 이효원, 부호군 이유홍, 사인 성준구는 아울러 삭탈 관작하여 문외로 출송시키소서. 이조 참판 홍식, 이조 정랑 송보도 또한 삭탈 관작하여 악역의 당파가 된 자들을 경계시키소서."

하니, 답하기를, "영상에 대해서는 이미 윤허하지 않는다는 뜻을 알렸다. 이효원 등에 대해서는 이런 때에 죄줄 수 없지만 공론이 이러하니, 파직만 시키라." 하였다.

– 광해일기 즉위년 2월 13일–

2월 14일 유영경을 영의정에서 면직하고, 임해군 이진을 진도에 안치하였다.

"동기간에 좋게 지내라는 유훈이 아직 귓전에 생생한데 이 무슨 일인가. 내 어찌 형을 벌할 수 있겠는가. 대신들은 어떻게든 임해군을 살릴 방도를 강구하라."

광해는 언관들의 상소 내용의 허무맹랑함에 기가 막혔다. 그는 임해군을 잘 알고 있었다. 난폭하지만 우직하고, 왕위를 넘보는 야심 같은 것은 갖고 있지 않았다. 그러나 이이첨의 선동은 더욱 치열했고, 언관들을 매일 상소를 올려 임해군을 처형하기를 청했다.

이렇게 임해군을 감싸 돌던 광해군이 2월 14일 의금부에 전교하기를,

"임해군 이진은 오랫동안 다른 마음을 품고서 사사로이 군사와 병기를 숨기고 은밀히 목숨을 바치는 병사를 양성하여 왔다. 그리하여 지난해 대행 대왕께서 병으로 편치 못하실 때부터 적당들을 많이 모았을 뿐만이 아니라 또한 많은 이름난 장수들과도 사귀어 무사들을 불러 모아 주야로 반역스런 일을 은밀히 도모하여 온 것은 나랏 사람들이 다함께 분명히 알고 있는 것이다. 승하하신 날에 이르러서는 초상을 알리기 전에 공공연히 그의 집을 나아갔다가 한참 시간이 지난 뒤에 달려 들어왔으니, 그 흔적이 비밀스러워 사병을 지휘한 정상이 현저하다. 이제 지척에 있는 가까운 곳에서 물건 만드는 것을 위조하여 철퇴와 환도를 빈 가마니에 싸서 많은 수량을 반입하였으니 헤아릴 수 없는 상황이 조석에 박두해 있다. 음모가 발각된 뒤에 도성 문밖에 유치시켜 놓았으나 뜻밖의 환란을 차마 말하기 어려운 점이 있다. 따라서 지친

이라는 사정 때문에 임시변통으로 용서할 수는 없다. 단서가 드러날 때까지 절도에 유배하라." 하였다.

- 광해일기 즉위년 2월 14일-

2월 20일 양사가 합사하여 유영경을 벼슬을 삭탈하여 내쫓고 홍식을 삭탈시킬 것을 아뢰니, 답하기를, "유영경은 관작을 삭탈하라." 하였다.

2월 21일 양사가 합계하여 유영경을 대궐문 밖으로 출송시킬 것을 청하니, 답하기를, "대신이 이미 중한 논박을 받아 관작이 삭탈되었으니 서울지방에 그대로 있기는 어려울 것이므로 이에 억지로 따른다." 하였다.

3월 10일 양사(사헌부 사간원)가 유영경에게 가죄할 것을 청하니, 답하기를, "선조의 대신을 너무 야박하게 대우해서는 안 된다. 그러나 공론도 중한 것이니 이에 억지로 따른다. 중도부처[141]하게 하라." 하였다.

3월 14일 양사가 합사하여 유영경을 안치시키라고 아뢰고 허욱의 관작을 삭탈시키라고 아뢰니, 답하기를, "선조의 구신은 혹 죄과가 있다고 하더라도 너무 야박하게 대해서는 안 되기 때문에 이렇게 미루어 온 것이다. 그러나 공론이 날로 격해져 여러 사람들의 분노를 막기 어려우니, 마지못해 억지로 따른다." 하였다.

3월 17일 양사가 유영경을 위리안치시키라고 아뢰니, 답하기를, "내가 아끼는 것은 대신을 대우하는 체면 때문이었다. 그러나 서로 버틴 날짜가 오래여서 도리어 미안스러운 점이 있으니 이에 따른다." 하였다.

---

141) 벼슬아치에게 어느 곳을 지정하여 머물러 있게 하던 형벌

9월 4일 대사헌 정사호 등이 유영경의 처형을 신속하게 명령할 것을 아뢰었다.

대사헌 정사호, 대사간 송순, 집의 이이첨, 사간 유경종, 장령 박건, 지평 이민성, 헌납 이성, 정언 한찬남이 아뢰기를, "유영경은 지극히 음험하고 흉악한 죄를 지었기 때문에 하루도 천지 사이에 살려둘 수 없는데도, 삼사·대신·백관들이 여러 날 동안 합동하여 아뢰고서야 비로소 윤허를 받았습니다. 그러나 사형에 처하여 신과 사람의 분함을 풀지 못한 것을 한스럽게 여기면서, 죄안을 전하여 올린 뒤에 머물러 두고 내려보내지 않은 지가 지금 3일이나 되었습니다. 이것이 어떤 죄악이기에 벌써 죽었어야 할 흉악한 자를 이렇게까지 연명시키는 것입니까. 한갓 전국의 사람들의 마음이 의아하게 여길 뿐만 아니라, 뜻밖의 환란이 없지 않을 것입니다. 빨리 밝은 명령을 내리어 신속하게 천벌을 행하소서."

하니, 답하기를, "죄안을 올려 아뢰었을 때 마침 국상과 대치되어 즉시 내려보내지 못하였으며, 차마 하지 못하는 마음이 그래도 남아 있었기 때문에 아직 머물려 두었는데, 지금 내려보내겠다." 하였다.

– 광해일기 즉위년 9월 4일–

9월 5일 의금부의 낭청을 보내어 유영경에게 임금의 뜻을 알리고 자결하도록 할 것을 명하였다.

의금부가 아뢰기를, "죄인 유영경을 유배지에서 자결하도록 하였습니다. 전례에 사약을 내리는 사람은 의금부의 낭청이 약물을 싸가지고 가서 임금의 뜻을 알리고 그대로 사약을 주어 죽게 하였는데, 자결하게 하는 경우는 근거할 만한 전례가 없으며, 또 옛일을 들어서 아는 사람도 없습니다. 단지 의금부 낭청만을 보내어 임금의 뜻을 알리고 자결하도록 해야 합니까? 감히 여쭙습니다."

하니, 전교하기를, "유영경은 비단 선조의 대신일 뿐만 아니라, 나에게는 과거에 사부였다. 공론에 몰리어 내가 끝까지 비호하지 못한다마는, 그렇다고 차마 사약을 내리지도 못하겠으니, 이 아룀에 따라 낭청을 보내어 알리고 자결하게 하라." 하였다.

– 광해일기 즉위년 9월 5일–

1612년[사후] 광해 4년 7월 1일 양사와 한성부에서 유영경의 집을 헐어버리고 못을 파는 일에 대해 아뢰었다.

한성부가 아뢰기를, "역적 유영경·김대래·이홍로 등의 집을 헐어버리고 못을 파는 일은, 비록 평소에 살던 빈 대지 및 행랑이 있더라도 '생시에 들어가 모여 흉모를 꾸민 곳을 헐어버리고 못을 파는 것이 마땅하다.'고 하여, 한성부에서 이어받아 전함에 따라 문서기록 및 호적을 가져다 고찰하니, 유영경의 평소 살던 집은 동부 숭교방에 있는데 빈 대지 및 행랑 10여 칸만 있고, 난리 이후에 살던 집은 남부 성명방에 있는데 이는 곧 유영경의 처조카인 전 승지 황시가 유정량에게 별도 증여한 것입니다.

그런데 그 문서기록이 관의 서명을 거쳐 발급되지 않았으며, 또 병오년 호적에는 유영경의 이름으로 입적되었고, 무신년에 유영경이 죄를 입은 후 기유년 호적에 이르러서야 비로소 유정량의 이름으로 입적되었습니다. 황시는 유정량의 타성 사촌 대부이니 증여의 문서를 만들 수 없으며, 법전 내에 '부모·조부모·외조부모·처부모·지아비·처첩 이외는 모두 관의 서명을 거친 문서기록을 쓴다.'고 하였고 보면 이 문서기록은 관의 서명을 거치지 않았으니 법례에 어긋남이 있습니다. 또 상속한 문서기록이 없으므로 사실을 증명하기는 어려울 것 같습니다. 더구나 병오년 호적에 유영경의 이름으로 입적되어 있으므로 곧 유영경의 집이라 할 수 있기에, 명에 의해 못을 파기 위해 헐어버리려 하였습니다. 그런데 삼가 어제 의금부에 내린 비망기를 보니 몹시 황공합니다. 모처에 못을 파는 일은 우선 의금부의 처치를 기다려 시행함이 어떻겠습니까?" 하니, 윤허한다고 전교하였다.

— 광해일기 4년 4월 7일—

1612년 광해 4년 7월 1일 의금부에서 유영경의 집을 헐어버리고 못을 파는 일에 대해 아뢰었다.

의금부가 아뢰기를,
"유영경의 집을 헐어버리고 못을 파는 일을 재가를 받은 후 전례에 의해 한성부에 이첩하고, 그 후 이와 같은 폐단이 있을까 염려되어 집주인의 이름자와 소유 권한을 서로 대조 고찰하여 처치할 일로 또 이첩하였고, 그 다음은 의금부가 알 바가 아니었습니다. 지금 명을 받들건대 한성부로 하여금 다시 자세히 조사하라고 하셨는데,

옹주가 사는 집은 헐지 말고 유영경의 본가만 못을 파는 것이 어떻겠습니까?"
하니 답하기를, "윤허한다. 이 일뿐만 아니라 다른 죄인의 집 역시 소유권을 가져다
자세히 살펴 처치함으로써 뜻밖에 잘못 걸려드는 억울함이 없게 하라." 하였다. 유영
경의 손자 유정량이 옹주와 결혼하였기 때문이다.

– 광해일기 4년 4월 7일–

권력은 사람을 상대로 군림하려 하고 복종시키려는 독성을 가지고 있
어 권력을 쥐었을 때에는 권력에서 물러난 후를 생각하지 않기에 권력을
쥐었던 자들의 말로는 순탄치 않은 것이다.

멸문지화 당한 가족

유영경은 다섯 아들이 모두 관직에 나가 있었는데, 아버지의 허물을
쓰고 한창 나이에 모두 몰 죽음을 당하고 말았다. 이런 유영경은 인조반
정으로 관작이 되돌려 지기는 하였으나, 유생들의 명부인 청금록에는 그
이름이 삭제되고 시호도 받지 못했다.

유영경의 죽음을 두고 이긍익이 쓴 연려실기술에는 다음과 같이 기록
하고 있다.

"유영경이 7년 동안이나 국정을 담당하면서 권력을 마음대로 하고, 당파를 심어 언
론에서 비난을 받았음은 참으로 마땅하다. 그러나 그때 기강이 대강 섰고, 조야가
조금 안정되었으며 또 사람에게 화를 끼친 죄가 있다는 말을 듣지 못하였는데, 끝판
에 낭패하여 혹독한 화에 걸렸음을 사람들이 함께 불쌍하게 여겼던 까닭에 반정 직
후에 특별히 그 죄를 씻어주고, 그 관작을 회복시켰던 것이다. 관작을 회복시킨 것은
너무 후하다고 더러 말하나, 오직 그 화를 받음이 너무 혹독하였으므로, 갚는 도리
에 그렇게 밖에 할 수 없었던 것이다."

– 이긍익, 연려실기술 –

유영경의 손자로 선조의 사위였던 유정량도 화를 피할 수 없어 유배를 당하였고, 오랜 토굴 생활을 하는 가운데 눈이 실명될 위기에 처하기도 하였다. 이때 유정량의 처 정휘옹주는 시할머니와 시어머니를 극진히 모시며 집안을 유지하려고 모진 고생을 겪었다.

인조반정 뒤에 풀려나온 유정량은 전창군에 봉해지고, 숭록대부에 올랐다. 병자호란 때 의병장으로 활약하는 등 나라에 충성을 다했고, 호란 뒤에 청나라에 들어가 청국에 잡혀간 백성들을 귀향시키는데 큰 공을 세웠다. 뒤에 도총관에 올라 북벌을 도모하기도 하였고, 글씨에 매우 능했다. 죽은 뒤 효정공으로 시호가 내려진 유정량은 아홉 아들을 두어 대를 이었고, 모두 관직에 나가 가문을 다시 일으켜 세웠다.

유영경의 묘소는 오늘날의 경기도 남양주시 별내면 덕송리 전주유씨 5대 봉군 묘역에 정경부인 창원 황씨와 함께 마련되어 있다.

1892년에 묘역 입구에 세워진 신도비의 비문은 강원도 관찰사 겸 수군 절도사였던 유영경의 조카 유항이 지어 두었던 것을 그의 12대손 유대수가 써서 세웠다.

[승진과정]

1572년[23세]	선조 5년 춘당대 문과 병과 급제, 정언 등 청요직을 역임
1583년[34세]	선조 16년 7월 헌납
1589년[40세]	선조 22년 4월 홍문록 명단에 들다.
1592년[43세]	선조 25년 4월 사간, 4월 13일 임진왜란,
	7월 10일 통정대부 호조참의, 7월 15일 승정원 승지,
	7월 17일 동부승지, 7월 24일 황해도 관찰사
1593년[44세]	선조 26년 6월 행 호조참의 겸 황해도 관찰사,
	12월 동지중추부사
1595년[46세]	선조 28년 6월 형조참판
1596년[47세]	선조 29년 5월 대사간, 7월 대사헌, 12월 형조참판
1597년[48세]	선조 30년 1월 병조참판
1598년[49세]	선조 31년 1월 병조판서, 2월 대사헌, 2월 병조참판
1599년[50세]	선조 32년 6월 병조판서, 10월 대사헌.
	북인이 대북·소북으로 갈라지니 소북의 영수가 되다.
1601년[52세]	선조 34년 3월 형조판서
1602년[53세]	선조 35년 1월 이조판서, 3월 우의정
1604년[55세]	선조 37년 5월 좌의정, 6월 25일 왜란 호성공신 2등,
	전양부원군에 책봉
1604년[55세]	선조 37년 12월 6일 영의정
1607년[58세]	선조 40년 10월 9일 새벽에 임금이 쓰러지다.
	10월 11일 전위의 명령을 거두어 달라고 보고하다.
1608년[59세]	선조 41년 1월 정인홍의 유영경 탄핵상소
	2월 1일 선조 승하
	2월 2일 내전에서 유영경 등에게 선조의 유훈을 내리다.
1608년[59세]	광해 즉위년 2월 2일 광해군 즉위
	2월 14일 영의정 면직, 2월 20일 관작 삭탈,
	3월 10일 중도부처, 3월 17일 위리 안치
	3월 18일 경흥으로 정배, 9월 5일 자결하도록 명하다.
1612년[사후]	7월 유영경의 집을 헐고 못을 파도록 하다.
1623년	인조반정 이후 복권되다.